新元史

第八册

列傳（三）

柯劭忞 撰

張京華 黄曙輝 總校

上海古籍出版社

新元史卷之一百六十六　列傳第六十三

張禧弘綱　賈輔文備　王國昌通　解誠　趙匣剌　孔元　張洪　趙伯成　虎益　張萬家奴保童

孝忠　郭昂嘉　綦公直忙古台　完顏石柱　程介福　張立

張禧，東安州人。父仁義，金末徙益都。及太宗下山東，仁義乃走信安，信安守將張進用爲裨將。大兵圍信安，仁義率敢死士三百開門出戰，圍解，以功署軍馬總管。固守十年，不能支，始與進來降。率其部曲，從宗王合丹略地河南，授管軍元帥。後攻歸德，中流矢卒，追贈縣侯。

禧年十六，從大將阿朮魯攻徐州、歸德，復從元帥察罕攻壽春、安豐、廬、滁、黄、泗諸州，皆有功。禧素峭直，爲主將所忌，誣以他罪，欲殺之。禧子弘綱入獄省其父，獄卒並縶之。乘間與父脱械同逸，求援於王鶚，鶚薦禧與其子弘綱俱入見。從世祖南伐，進攻鄂州。諸軍穴城以入，宋樹柵爲夾城於内，入戰者輒不利，乃以厚賞，募敢死士。禧與弘綱俱應募，由城東南入。將至城下，世祖憫其父子俱死，遣阿里海牙諭禧父子止一人。進戰，禧槍折，取弘綱槍以入，戰良久，身中十八矢，一矢鏃貫腹，悶絶復甦，曰「得血竭飲之，血出可生。」世祖亟命取血竭療之。瘡既愈，復從大將納剌忽，與宋兵戰於金口、李家洲，皆捷。

世祖即位，賜金符，授新軍千户。三年，從征李璮。時宋乘璮叛，遣夏貴襲取蘄縣、宿州等城。禧移兵攻之，貴走，盡復諸城。至元元年，擢唐、鄧等州民軍總管。宋侵均州，總管李玉山敗走，帝命禧代之。三年，與宋將吕文焕戰於高頭赤山，乘勝復均州。四年，改水軍總管，益其軍二千五百，令習水戰。

五年，從攻襄、樊。六年七月，夏貴率兵援襄陽，禧從元帥阿朮戰卻之。七年，與宋將范文虎戰於雲壽洲。九月，復戰於竹根灘、餓虎崖，俘斬二千餘人。八年，江水暴溢，范文虎以戰艦千餘艘援襄陽，阿朮命禧夜率輕舟銜枚出敵艦之後，插葦識水深淺。及還，即使禧率四翼水軍進戰，宋兵潰，追至淺水，奪戰艦七十餘艘。九年，攻樊城，焚其串樓，敗宋將張貴於鹿門山。十年，行省集諸將，問破襄陽之策，禧言：「襄、樊夾漢水爲城，敵人横鐵鎖水中，斷鎖以絶其援，則樊城必下。樊城下，則襄陽可圖。」行省從之。及襄陽降，授宣武將軍、水軍萬户，佩金虎符。丞相伯顔因命禧爲水軍先鋒。

十二年，敗宋將孫虎臣於丁家洲。九月，從阿朮與宋都統姜才戰，有功，加信武將軍。

十三年，從下温、台、福建。十四年，加懷遠大將軍、江陰路達魯花赤、水軍萬户。十六年，入朝，進昭勇大將軍、招討使。

十八年，加鎮國上將軍、都元帥。朝廷議征日本，禧請行，即日拜行中書省平章政事，與右丞范文虎、左丞李庭，同率舟師至日本。禧捨舟築壘平湖島，約束戰艦各相去五十步，以避風濤。八月，颶風大作，文虎、庭戰艦悉壞，禧所部獨完。文虎議還，禧曰：「士卒溺死者半，其脱死者皆壯士也。曷若乘其無回顧心，因糧於敵，以立奇功？」文虎等不從，曰：「還朝問罪，吾輩自當之。」禧乃分船與之。時平湖島尚屯兵四千〔二〕，禧悉棄舟中所有馬七十匹，以載兵歸。二十八年卒，年七十五。至治三年，贈推誠著節功臣、榮禄大夫、湖廣行省平章政事、柱國、齊國公，謚忠烈。

子弘綱，字憲臣。從禧伐宋，屢有功。自管軍總把、佩銀符，換金符爲千户，升總管、廣威將軍、招討副使，加定遠大將軍、招討使，襲鎮江陰。從參政高興破建德溪寨諸賊，後賜三珠虎符，授昭勇大將軍、河南諸翼征行萬户。從右丞劉深征八百媳婦，師次八番，與叛蠻宋隆濟等戰，歿。贈宣忠秉義功臣、資善大夫、湖廣等處行中書省左丞、上護軍，追封齊郡公，謚武宣。子漢，當襲職，讓其弟鼎。漢後爲監察御史，累官至集賢直學士。鼎，襲江陰水軍萬户。

賈輔，字元德，祁州蒲陰人。金貞祐初，領鄉兵，以功授蒲陰尉。尋擢爲令。時土豪王知領祁州，貪婪爲民害，州人逐之，推輔爲刺史。行臺即授輔宣武將軍、祁州刺史。輔保境息民，衆安之。遷濬州防禦使，仍知祁州。武仙守真定，潛兵襲之，輔挺身來降。詔以輔爲萬户張柔之副，仍領祁州事。柔開都元帥府於滿城，輔行元帥事於祁，號南府。從柔定山東，屢戰有功，遷左副元帥。柔開府於保州，復以輔副之。柔將兵在外，輔居守，事無鉅細，一決於輔。輔涖政嚴明，千里之外肅然。金亡，有朝士五十餘人流徙境内，輔厚爲資給，由是士論歸之。丞相耶律楚材遺書稱美，且贈以詩，奏輔兼行臺事。輔力辭。乃以其子文備爲千户，佩金符，以輔商處行臺事，領順天等路如故，亦佩金符。憲宗四年，入覲和林，帝欲以政事畀之，輔已疾甚，是年卒，年六十三。帝聞，驚悼曰：「吾方欲用之，天遽奪去耶！」賻廐馬五匹，俾輿歸以葬。六子，文備最知名。

文備，字仲武，襲父千户。張柔命屯三汊口，備宋兵。宋以雲梯來攻，文備鏖戰卻之。憲宗賜弓矢、銀盂，復令襲父左副元帥職，兼領順天路。

中統二年，升開元路女真、水達達等處宣撫使，佩金虎符。三年，遷開元、東京、懿州等處宣慰使。四年，改授萬户，領張柔所部軍，屯亳州。至元二年，加昭勇大將軍，真定路總管，兼府尹。六年，調衛輝路總管。七年，授西蜀成都統軍，以疾不赴。八年，授宿州萬户。尋改河南等路統軍，圍襄、樊。九年，移蔡州，兼水陸漕運，宋兵截運道，文備敗之，併奪其船。統軍罷，敕文備入覲，賜弓矢、金鞍、錦衣、白金。十一年，復授萬户、漢軍都元帥，領劉整軍駐亳州。宋將夏貴引兵來襲，文備邀擊，大破之。賜金鞍、金織文段、白金。

丞相伯顔伐宋，文備領左翼軍以從。抵郢州，宋築二城，夾江布戰艦數千艘於江中，陳兵兩岸，軍不得進。文備引舟由淪河徑出大江，攻武磯堡，大軍繼之，遂取鄂、漢。以功賜白金，加昭毅大將軍，守鄂州。十二年，從平章政事阿里海牙取湖南。至潭州城下，文備冒鋒鏑，炮傷右手，流矢中左臂，宋轉運判官鍾蜚英等以城降。十三年，加昭武大將軍，守潭州。十四年，衡、永、郴等州寇發，文備悉討平之。十五年，進鎮國上將軍、湖南道宣慰使，徇瓊、崖等州及廣東瀕海諸城。十六年，召還拜浙東宣慰使，加金吾上將軍，鎮慶元。十八年，復授都元帥。二十年，改江東宣慰使，討建寧盜黄華。二十二年，拜荆湖占城行中書省參知政事。二十三年，改湖廣行省參知政事。二十四年，致仕，後十七年以疾卒。延祐四年，贈江西等處行中書省左丞，追封武威郡公，謚莊武。

王國昌，膠州高密人。初爲膠州千户。中統元年，入覲，遷左武衛親軍千户，佩金符。召問軍旅之事，國昌奏對甚悉，帝嘉之，賜白金、錦袍。至元五年，有上書言高麗境内黑山海道至宋境爲近，帝命國昌往視之。泛海千餘里，風濤洶湧，國昌神色自若，至黑山乃還。帝延見，慰勞之。時遣使諭日本，令國昌率兵護送，道經高麗。高麗叛臣據珍島，因命國昌與經略使卯突、史樞等攻之。八年，復遣使至日本，命國昌屯於高麗之義安郡以爲援。冬十月，卒於軍。子通嗣。

通，初襲爵爲左衛親軍千户。十二年，從諸軍伐宋，渡江，鎮鄂州。時潭州不下，兵薄其城，通以所將千人破其柵，宋兵遁去。通縱兵追擊，殺獲其衆。以功進武節將軍。從攻静江，克之。十四年，改侍衛親軍千户。明年，通上書言：「今南方已定，北陲未安，請屯田於和林，率所部自效。」帝慰勞遣之。從破叛王於金山，俘獲生口及牛、馬、羊、駝不可勝計。進顯武將軍，賜金虎符，升僉左衛親軍都指揮使。從討乃顔，遷副都指揮使。明年，屯田瓜、沙諸州，進階明威將軍。武宗即位，命總京城衛兵。樞密院復奏通攝左丞，領諸衛屯田兵。尋遷屯儲衛親軍都指揮使，鎮海口，以疾卒。子燕出不花，襲武德將軍，右衛親軍副都指揮使。

解誠，易州定興人。善水戰。從伐宋，以功授金符、水軍萬户，兼都水監使。焦湖之戰，獲戰艦三百艘，援兵不敢動，乘勢追敗之，奪其軍糧三百餘石。從攻安豐、壽，復泗、亳諸州，俱有功。又從下雲南大理，以功賜金虎符。從攻鄂州，奪敵艦千餘艘。世祖嘉其功，降璽書奬之。李璮反，奉命率所部會東平，卒於軍中。後贈推忠宣力功臣、龍虎衛上將軍、同知樞密院事、上護軍，追封易國公，謚武定。子汝楫襲，從討李璮。至元六年，從行元帥趙壁，以舟師敗夏貴於龍尾州。襄、樊平。汝楫功多，賜銀萬五千兩。十一年，又從阿里海涯敗高世傑於洞庭湖，卒。贈推忠效節功臣、資德大夫、中書右丞、上護軍，追封易國公，謚忠毅。子帖哥襲。從征廣西，下静江府，改授水軍招討使。尋復爲萬户。從征交趾有功，升廣東道宣慰使，卒。贈資德大夫、河南江北等處行中書省左丞、上護軍、平陽郡公，謚武宣。子世英，由監察御史遷山南江北道僉事，卒。

趙匣剌，失其籍貫。以父任爲千户，佩金符。中統三年，守東川。四年，宋夏貴以兵侵虎嘯山，元帥欽察遣匣剌禦之，貴敗走。宋劉雄飛以兵犯青居山，匣剌與戰於都尉壩，復敗之。欽察攻釣魚山，别遣匣剌以兵千五百略地至南壩，敗宋軍，獲軍士五十七人，老幼三百四十人。從攻大良平，宋昝萬壽運糧至渠江之鵝灘，匣剌邀擊之，宋兵大敗。匣剌亦被三創，鏃中左肩不出。欽察惜其驍勇，取死囚二人，刲其肩，視骨節淺深，知可出，鑿創，拔鏃出之，匣剌神色不動。

至元三年，擢東川路先鋒使。四年，元帥拜答攻開州，至萬寶山，遣匣剌以兵五百人禦宋軍，獲四十人。五年，兼管京兆、延安兩路新軍，戍東安、虎嘯山兩城。宋楊立以兵護糧送大良平，匣剌率所部與立戰於三重山，斬首百五十級。立敗走，棄其糧千餘石。並奪其甲仗、旗幟而還。

六年，行院遣匣剌攻釣魚山之沙市，焚其敵樓。從左丞曲力吉思等入朝，詔賞白金五十兩、細甲一注。九年，統軍合剌攻釣魚山，以匣剌爲先鋒，領兵千人略地至葛樹坪，與宋兵遇，生獲二十餘人，斬首四十級。十年三月，復從合答攻釣魚山之沙市，匣剌乘夜蟻附而登，殺其守兵，生獲二十餘人。又擊敗宋將張珏於武勝軍，行院拔禮義山寨，命匣剌守之。十二年，率舟師會攻釣魚山，戰數有功。進圍重慶，宋將趙安勒兵出戰，匣剌逆敗之。行院以其疾作，命返瀘州。瀘州復叛，匣剌與從者二十人皆死。子世顯，船橋副萬户。

孔元，字彦亨，真定人。驍勇有智略，隸丞相史天澤麾下。從取焦湖，圍壽春，先登，拔其西堡。又從圍泗州，拔之。又從攻五堂山寨，俘其衆以歸。憲宗八年，從攻樊城，元率死士，斬首十九級以獻。中統元年，扈駕北征。二年，宣授管軍總把。至元十一年，從伐宋，爲前鋒，所向克捷。十四年，進武略將軍、管軍千户。明年，還軍，北征，進武義將軍侍衛親軍千户，賜佩金符。又明年，討叛王失里木等，從行院別乞里迷失追其衆至兀速羊而還，分軍扼其要害，餘衆遂潰，獲輜重牛馬。帝大悦，賞賚甚厚〔二〕，加宣武將軍右衛親軍總管。十九年，以疾卒。子鷹揚，襲授昭信校尉、右衛親軍弩軍千户，仍佩金符。至大元年，以疾卒。子成祖襲，延祐二年卒。子那海襲。

張洪，河間滄州人。以千户從討李璮，賜金符。至元四年，董修大都城，賞金織衣。十一年，從征五河口。十四年，從討叛王撒里蠻，擢宣武將軍、侍衛親軍總管。還至和林塔迷兒之地，輜重爲賊所掠。十六年，進左衛親軍副都指揮使。十七年，加安遠大將軍。二十四年，扈駕征乃顔。明年，以昭毅大將軍致仕。子奉政，襲千户，僉左衛親軍都指揮司事。元貞元年，提調左衛屯田。大德十一年，卒，子庸嗣。

趙伯成，真定人。父偉，黑軍百户。伯成襲職，隸萬户邸澤部下。從攻鄂州，李璮反，從澤討之，俱有功。改隸招討使野的迷失部下。從渡江伐宋，留戍黄州。至元十三年，張世傑挾宋益、衛兩王走福建。伯成從野的迷失攻克建寧，署伯成建寧安撫司達魯花赤。盜起南劍州，犯建寧，伯成一發，殲其渠魁，餘衆奔潰。行省以伯成署軍民達魯花赤。明年，討平慶元浦城亂民，兼署建寧路萬户，賜金符，授管軍千户。十七年，都昌賊杜萬一作亂，伯成與方安撫討平之，生禽萬一，磔以徇。復以管軍千户守建寧。十六年，授管軍總管。二十年，黄華叛，伯成連戰敗之。未幾，華衆號二十萬來攻，伯成據水拒之，潛從上游泅以濟，賊大敗，華遂不振。二十四年，移守南劍州。是冬，鍾明亮叛，伯成偕達魯花赤脱歡討之，超拜漳州新軍副萬户。二十九年，移伯成守漳州之雲霄隘，盜不敢犯，民德之。大德初，劉大老犯漳州，伯成拒戰，刀中項及腰。時伯成年六十七，乃移疾北歸。至大二年，卒於家。子仲立，嗣爲副萬户。

虎益，河西人。父穆蘇和勒善，爲夏兀納城鈐部官，首出降。從李恒父惟忠，隸於諸王哈札爾，官淄川軍民總管。卒。益，姓其祖名，爲虎氏。從討李璮有功，賜鞍馬、弓矢、甲冑。以承事郎、知萬户府事，從恒下襄陽。又從徇地江西，破劉槃、熊飛諸軍。凡定江西州七、福建州三、廣東州十四。護送宋丞相文天祥至京師，擢中順大夫、龍興路達魯花赤，歷撫州、袁州、徽州三路，累擢少中大夫。乞病歸，卒於家。

張萬家奴，失其籍貫。父札古帶，事睿宗於潛邸。從破金，有功，賜虎符，授河東南北路船橋隨路兵馬都總管、萬户。從圍嘉定，歿於軍。

萬家奴數從都元帥亦答火魯征討，有功。中統二年，從都元帥紐璘入朝，授以父官。宋兵入成都，從行院阿脱擊破之。至元四年，帥師立眉、簡二州。從也速答兒攻瀘州，大敗宋軍，俘四十餘人。七年，率諸軍城章廣平，與宋人戰，斬首三百餘級。攻重慶，破朝陽寨。時諸將攻瀘州多失利，乃詣闕請自任攻取之效，許之。率舟師百五十艘，自桃竹灘至折魚灘，分守江面。先據神臂門，爲梯衝，登城，殺二百餘人。斬關而入，遂拔之。加昭勇大將軍。從圍重慶，將其衆斷馬湖江，分兵水陸往來爲游徼。加昭毅大將軍，以所部轉餉成都及下流諸屯。遷招討使，與都元帥藥剌海討亦奚不薛，平之。進副都元帥。詔其子孝忠爲船橋萬户，以萬家奴將四川、湖南兵征哈剌章。時雲南惡昌、多興、羅羅諸蠻皆叛，州郡莫能制，萬家奴率所部討平之，民爲立生祠。二十年，征緬，戰殁。

雲南王命次子保童將其軍，從攻太公城，有功，襲副都元帥。又從討吐番，至甘州山丹，亦戰殁。

孝忠少從父軍中。至元十九年，從都元帥也速答兒討亦奚不薛，遇其衆於會靈關，追至沙谿，敗之。克龍家寨、阿那關，遂進攻亦奚不薛，大破之。又以八百人敗阿永蠻於鹿札河。乘勝至打鼓寨，諸蠻悉平。以功賜金帛、弓矢、鞍轡，還軍成都。二十二年，從討烏蒙蠻，復擊降大垻、都掌、蟻子諸蠻，加明威將軍。二十七年，從討叛王，至沙、瓜諸州還。賜虎符，僉書四川等處行樞密院事。院罷，以本軍萬户鎮成都，卒。

郭昂，字彦高，彰德林州人。稍通經史。至元二年，上書言事，平章廉希憲材之，授山東統軍司知事。尋改經歷，遷襄陽總軍司，轉沅州安撫司同知，佩金符。招降溪洞八十餘柵。播州賊張華聚衆容山，昂討華，斬之，山猺、土獠諸洞盡降。十六年，以諸洞酋入朝，帝賜金綺衣、鞍轡，進安遠大將軍。徇沅州西南界，復新化、安仁二縣。擒劇賊張虎，縱之，曰：「汝非吾敵，願降即來，不然吾復擒汝不難也。」明日虎降，其衆三千餘人悉使歸民籍。軍還，衆斂白金以獻，一無所受。至江陵，衆復追至，請納其金，昂悉上之行省。宰臣令藏於庫，以示諸將。十九年，授溪洞招討使，換虎符。二十六年，江西盜起，昂討平之，進平南安、明揚、上龍巖、湖緣村、石門、鴈湖、赤水、黑風峒諸蠻，立太平寨而還。會大饑，以賊酋家資賑饑民。授萬户，賜金虎符，鎮撫州。是年，宜黄縣南坑盜起，行省檄昂捕之。昂議環賊出入之境，各以兵殲其居民。行軍令史李榮抗言不可，請招諭其衆，昂從之。獲盜首四人，餘悉散走。未幾，赴廣東監造戰船，遇賊，移檄諭以禍福。廣東素服其威信，檄至即降。授廣東宣慰使。卒，年六十一。子：震，杭州路鎮守萬户；惠，僉江西廉訪司事；豫，知寧都州。惠子嘉。

嘉字元禮，由國子生登泰定三年進士第，授彰德路林州判官。累遷翰林國史院編修官，除廣東道宣慰使司都元帥府經歷。未幾，入爲京畿漕運使司副使，尋拜監察御史。會朝廷以海寇起，欲於浙東温、台、慶元等路立水軍萬户鎮之，擢嘉禮部員外郎，乘驛至慶元，與江浙行省會議可否。嘉至，詢父老，知其弗便，請罷之。授廣寧路總管，兼諸奧魯、勸農、防禦。屬盜起，軍旅數興，供餉無虚日，民苦和糴轉輸，吏胥得因緣爲奸。嘉設法弟其户口甲乙，民甚便之。詔團結義兵，嘉招集民兵數千，教以坐作進退，號令齊一，賞罰明信，故東方諸路義兵，稱廣寧爲最。十八年，寇陷上京，嘉率義兵援之。既而遼陽陷，嘉率衆巡邏，去城十五里，遇青號賊五百餘人，紿言官軍。嘉疑其詐，分兵兩隊夾攻之，生擒賊數百，死者無算。嘉見賊勢日熾，孤城無援，乃集同官議攻守之計。衆皆失措，嘉曰：「吾計決矣！」因出所有家貲犒義兵，且曰：「自我祖宗有勳王室，今之盡忠，吾分内事也。況身守此土，當生死以之，餘不足恤矣。」頃之，賊至圍城，有呼者曰：「遼陽我得矣，何不出降？」嘉挽弓射呼者，中其左頰，墮馬死，賊稍引退。嘉開門逐之，賊大至，力戰以死。事聞，贈崇化宣力效忠功臣、資善大夫、河南江北等處行省、左丞、上護軍，封太原郡公，謚忠烈。

綦公直，字世美，益都樂安人。爲益都勸農官，又爲沂、莒、膠、密、寧海五州都城池所千户。至元十年，賜金符，監造征日本戰船於高麗。世祖知其勇，召見，命與忽不烈拔都等同行荆南等處招討司事。抵峽州青草灘，霖雨，不進，還屯玉泉山。率兵三千，攻安進寨，破之，獲牛馬七百。還至襄陽，樞密院復命督造戰船。襄陽既下，敕領鄧州、光化、唐州漢軍及郢、復熟券軍九千二百人，從諸軍南伐。十二年冬，至隆興。宋軍突出逆戰，公直敗之，追抵城下，踰壕焚其樓櫓，斬首萬餘級，隆興降。由是南安、吉、贛皆望風款附，平堡柵六百餘所〔三〕。公直又令第三子忙古台攻梅關，破淮德山寨，入廣東，所嚮克捷，詔授公直武毅將軍、管軍千户。

入覲，加昭勇大將軍、管軍萬户，佩金虎符，領侍衛親軍鎮別失八里。時伯延、伯答罕、秃忽魯叛於西夏，命公直率所部討平之。十八年五月，擢輔國上將軍、都元帥、宣慰使。初，帝詔以長子泰襲萬户，公直自陳年老，乞以泰爲樂安縣尹，就養其父，仍終身勿徙他職。至是，乃以忙古台襲萬户，佩金虎符，從之鎮。公直陛辭曰：「臣父喪五年，願葬以行。」帝許之。至家，葬事畢，遂計樂安稅課及貧民逋負，悉以賜金代輸。二十三年，諸王海都叛，侵别失八里，公直從丞相伯顔戰於洪水山。援兵不至，第五子瑗力戰而死，公直與妻及忙古台俱陷於賊。

二十四年，忙古台奔還，授定遠大將軍、中侍衛親軍副都指揮使，改湖州炮手軍匠萬户。討衢州山賊有功，加昭勇大將軍。泰，後終於知寧海州。

完顔石柱，契丹人。祖德住，仕金爲管軍千户。父拿住，歸太祖，從征西域、河西。又從太宗攻下鳳翔、同州，有功，賜號拔都兒，佩銀符，爲同州管民達魯花赤，改賜金符，兼征行千户，總管拔都軍。憲宗以拿住年老，命石柱襲其職，從世祖征合剌章。還，又從都元帥紐璘攻馬湖江。石柱奪浮橋有功，賞白金七百五十兩。進至龍化縣，與宋兵戰，大敗之。中統二年，以前功，授征行萬户，佩金符。三年，從都元帥帖哥攻嘉定有功，改賜金虎符。至元四年，敗宋兵於九頂山，生獲四十餘人。五年，攻瀘州之水寨及五獲寨，渡馬湖江，迎擊宋兵，敗之。從行省也速帶兒攻建都，建都降。從攻喜定，復瀘州，取重慶，石柱之功居多。十四年，遷昭勇大將軍。十六年，授四川東道宣慰使。十七年，改鎮國上將軍、四川西道宣慰使，總管隨路八都萬户。二十年，拜四川行省參知政事，卒。弟真童，襲爲隨路八都萬户。

程介福，字伯强，太原祁縣人。父達，太祖十三年率衆來降，授提控。累遷管民總管，賜銀符。太宗四年，發平陽、河中、京兆民户二千屯田鳳翔，以達領之。换金符，位總管上。大軍伐蜀，其往來供億，屯民出十之七。達卒，介福嗣。

憲宗二年，宋制置使余玠潛遣偏將燒絶棧道，自率諸軍攻圍興元城，旦夕且陷。介福將屯兵五百，從大帥赴援，道路不通。有三人自玠營亡歸，爲介福所獲，貰之，使爲嚮導，槎山通路，直出陳倉，玠以爲從天而下，焚圍宵遁。帝收諸將符節。二年，介福入覲，再賜金符，位總管上，制許專生殺。民有毆其兄死者，其父以金賂介福曰：「季子償死，吾誰與爲養？幸哀而宥之！」介福曰：「賊殺同氣，其不仁甚於虎狼，貸之何以坊民撝？」其父出，立誅之。遷武略將軍、知弘州，有惠政。後以病卒。子檜，八番副都元帥，賜虎符。孫文演，陝西萬户。

張立，泰安長清人。初隸嚴實麾下，略地江淮，以功署百户。憲宗征蜀，徵諸道兵，立佐劉千户將東平兵從行。次大獲山，宋人阻山塹江，恃以自固。立攻其外堡，克之，奪戰艦百餘艘。從攻釣魚山，復力戰，有功，賜金帛。中統初，從世祖北征，還，授管軍總把，佩銀符。至元二年，進侍衛軍鎮撫，換金符。八年，改侍衛軍千户。尋遷左衛親軍副指揮使，賜金虎符。十四年春，率步卒千人，轉粟和林。至應昌，有叛將潛謀不軌，以騎三千躡立後，欲乘間奪其資糧。立覺其有異，環車爲柵，以自衛。賊衆已合，矢如雨下。初，立發上都，每車載二板以備不虞。至是，立板於車上，矢不能入。相持累日，卒達和林。十六年，增置前後衛，進明威將軍，後衛親軍都指揮使，賜雙珠虎符，加昭勇大將軍。長子温，以世爵爲千户，加宣武將軍、右衛親軍總管。父子並佩虎符，鄉里榮之。立以老病致仕，卒於家，年六十七。

立精敏，常督營繕之役。白河宫殿落成，世祖命賜金以旌其勞，立固辭不受。乃致仕，詔以立次子珪代領環衛，以立所佩金符賜之。珪卒，子伯潛襲。

【校勘記】

〔一〕「平湖島」，原作「平壺島」，據上文及《元史》卷一六五列傳第五十二《張禧傳》改。

〔二〕「賫」，原作「賁」，據《元史》卷一六五列傳第五十二《孔元傳》改。

〔三〕「所」，原作「其」，據《元史》卷一六五列傳第五十二《綦公直傳》改。

新元史卷之一百六十七　列傳第六十四

游顯　賈居貞鈞　趙炳　李德輝呂𡒄[一]　張德輝　馬亨　何榮祖　程思廉

游顯，字子明，本代州崞縣大姓。金宣宗遷汴，徙其族於許州臨潁。太宗四年，拔許州，顯隸大帥巴而思不花部下，以善國語，擢爲經歷。後與千户阿思蘭從諸王伐宋，略房州，禽宋將何太尉。襄陽下，授副達魯花赤。十年，襄陽别將劉義叛，執顯等送於建康。宋將劉石河薦其才於制置使孟珙，珙移鎮鄂州，使顯從石河戍淮北，遂與田僧住二騎夜遁，至新野境，遇阿思蘭巡徼，偕至察罕軍中。十二年，入覲，太宗賜白金五萬兩、錦衣二襲，襄陽新附民二百家爲佃户，且曰：「昔太祖時，一回鶻人迎降，授以璽書，從其所爲。今亦授卿璽書，從其所爲。」

憲宗即位，授金符，爲大帥卜憐吉歹佐。瀕行，賜之酒，辭，帝曰：「卿朕前不飲，將無人處耶？」對曰：「臣不敢面欺，今效死行間，從此十年不飲酒。」帝大悦。八年，帝自將伐蜀，顯謂：「道路險遠，饋運甚艱，六師出此，非萬全之策，不如從關東直臨江漢。」帝曰：

「朕業已至此，闕東之事付之朕弟，宜即彼言之。」九年，世祖自開平南伐，顯謁見湯陰。至黄陂，使顯督别帖萬户戰船。篙工不足，顯取降人立兩幟，下令之曰：「能用篙者左，否則右。」得九百人濟江。授銀章，行宣撫使事。

世祖踐阼，詔顯位中書左丞、大名宣撫使張文謙下。中統二年，代文謙爲宣撫使。三年，李璮反，以顯行宣慰司於大名、洺、磁、懷、孟等州，及河南東西兩路，皆隸之。有誣顯嘗與璮通書者，帝曰：「顯豈爲此事？鷙鳥爲狐所憎耳！」及籍璮家，果無顯書。敕以誣告人付顯，聽其甘心，其人亡命。逾年，顯召其妻子，諭使出，其人膝行祈死，顯曰：「汝生死惟吾，其忍殺汝？」待之如平時。

顯以平賊入賀。故事，非國人不入宫門，席地坐，不設榻，侍宴不稱觴。至是，顯請稱觴，詔允之，並賜黄金一斤。他日，帝宴坐虎帳，顯至，衛士呵止之，呼於廷中。帝曰：「是非游顯聲耶？」召入，詰之，顯以實對，帝命之出。裕宗時爲中書令，適至，復召入，俾盡所言。對曰：「臣聞將改宣撫司爲宣慰司。若不選賢能任之，雖變易官名，猶惡鼓不鳴，而新其枹聲，豈加大耶？」因歷短諸臣，無少隱借。帝顧裕宗曰：「汝他日求可用者，須此輩人。」

至元二年，進嘉議大夫、益都路總管。未幾，改南京路總管。四年，改大都路總管，兼府尹。乘輿歲至大都居冬，餱糧藁秸，多不給直，率出於中下之户，豪强不及。顯以物力多寡差賦之，民力紓其半。入言：「安童、伯顏兩丞相，一治中書事，一爲樞密，則軍政必齊肅於前。」從之，以伯顏同知樞密院事。六年，授河北、河南道提刑按察使。八年，改總管襄陽水軍萬户，又改陝西、四川道提刑按察使。皇子安西王出鎮陝西，載順聖皇后賜物數十車，用事者欲置於憲府，副使張庭瑞不受。皇子聞其事，將按治庭瑞〔一〕，顯力爲陳辯，且責同事者曰：「昔線真罷右丞相，入爲宣徽使，有干以事者，謝曰：『吾守鬻釜者，他非所知。』汝乃王之庖人，不師此而越職沮撓風紀，儻帝聞之，謂王不戢左右，奈何？」皇子雖不説，然素知顯爲人，由是庭瑞得免重譴。

伯顏濟江，授顯前軍宣撫使。大軍圍平江，顯以七騎抵城下，呼曰：「我游宣撫也。告汝州將，宜早納款。」宋將王安撫即以城降。授顯平江路宣撫使。十四年，遷中訓大夫、浙西道宣慰使。入覲，帝顧謂之曰：「卿老人，宣力多年。」賜榻坐，輟大官所上食之，賜白貂裘。顯奏言：「江南賴陛下神武，文軌已同，惟官吏敷宣聖化者，不稱任使。」敕與中書言之。十六年，遷中奉大夫、中書右丞、行浙西宣慰使。十九年，拜榮禄大夫、江淮等處行中書省平章政事。卒，年七十四。

顯推誠感物。有竊戍兵馬者，律當倍償，顯先假公帑償之，與盜期，歸取於家；如期而反，悉輸官罰。在平江，貸倉穀一百三十萬於民，約秋熟償官，及期無少折閲。二事人尤頌之。

子永錫，海北廣東道廉訪使；永禄，知綏德州。

賈居貞，字仲明，真定獲鹿人。祖守謙，金尚書右丞。父頤，金蔡州觀察推官。居貞甫冠，爲行臺從事，有餽黄金五十兩者，居貞卻之。太宗聞其事，稱爲清慎，特敕有司給銀百兩。世祖在潛邸，召對稱旨，使監築上都城，以母憂歸。中統元年，授中書左右司郎中。居貞習國語，命特入奏事。從帝北征，賜西錦服，以賞其勞。一日，帝問郎俸幾何，居貞如數對。帝謂太薄，敕增之。居貞辭曰：「不可以臣而紊官制。」劉秉忠奏居貞參知政事，又辭曰：「他日有援臣例求執政者，何以處之？」帝嘉其能讓。

至元元年，授參議中書省事。與左丞姚樞行省河東山西，罷諸侯世襲，立遷轉法。五年，再爲左右司郎中。阿合馬當國，忌之，改給事中，同丞相史天澤等纂修國史。十年，克宋襄陽，以居貞知襄陽府，旋擢襄陽路總管，佩虎符。十一年，伯顔伐宋，授居貞宣撫使，議行省事。鄂州降，留居貞與阿里海牙戍之，授僉行中書省事。居貞建議曰：「江陵要地，宋制閫重兵所屯。聞諸將不睦，城中又患疾疫，薪芻乏絶，閉門不敢樵採。宜乘間取之，若春水漲，彼乘上流而下，則鄂、漢危矣。」驛聞，詔從之。十二年春，阿里海牙攻江陵，使居貞守鄂州。居貞嚴戢吏卒，有縱暴於民者，立斬之。發倉廩以振流亡，弛湖荻禁，免括商船，聽民用宋之楮幣，宋宗室仰食於官者，依舊廩之，州境遂安。宋將婁安邦以信陽降，入覲，裨將陳思聰屠其家。居貞以計召思聰至，數其罪，誅之。蘄州盜起，屬縣民傅高亦聚衆應之。居貞移檄諭以禍福，衆皆降，獲高，磔死。居貞初遣萬户鄭鼎討賊，鼎疑城中大姓皆與高通謀，請殲之以絶禍本，居貞不從。鼎留其部將於鄂，戒之曰：「吾還軍，汝即舉烽，内外合發，當盡殺城中大姓。」會鼎戰敗溺死，其事洩露，鄂人尤感頌居貞。十四年，拜中奉大夫、湖北宣慰使。

十五年，遷參知政事。未幾，改江西行省參知政事。瀕行，老幼號泣相送，刻其像祀於州學。詔捕受厓州僞命者，逮繫三百餘家，居貞悉出之，下令凡收藏宋告身者，悉投水火，有妄訐者坐死。十五年，江西大水，居貞發粟振之，遣吏具舟載糜粥以食餓者，全活無算。冬，大雪墮地旋消。右丞塔出，貴胄也，顧謂居貞曰：「國家有江南，北寒宜減三月。」居貞曰：「相公襲貂裘，熾炭於前，張幄於後，言是則宜。彼庭立之甲士，必以爲加三月矣。」塔出謝其失言，由是師事居貞，事無大小，悉以咨之。南安李梓發作亂，居貞請自討之，諭其衆降，梓發自焚死，不戮一人。都昌杜萬一僭號，擁衆數萬，居貞曰：「都昌與吾南康祇隔一湖，不速誅此賊，南康將亂。」乃遣部將方招討伏兵舟中，僞爲賈，徑造都昌，禽萬一，磔之。有列通賊姓名百餘人來上者，居貞曰：「元惡已誅，蔓延何爲？」取其牒燒之。十七年，朝廷再伐日本，造戰艦於江南。居貞欲入朝奏罷其事，未行，以疾卒，年六十三。贈推忠輔義功臣、銀青榮禄大夫、中書平章政事，追封定國公，謚文正。居貞貌粹言温，侃侃易直。性好學，軍中以橐駝負書讀之。從世祖北征，猶進講《資治通鑑》。子鐸，淮東宣慰使；鏞，禹城尹；鍔，知鹽官州；鈞，最知名。

鈞，字元播。幼淵默有度量。由榷茶提舉拜監察御史，出僉淮東廉訪司事、行臺都事，入爲刑部郎中，改右司郎中、參議中書省事。至大二年，拜參知政事，議罷尚書省所立法。遷僉書樞密院事。三年，復改參知政事，賜錦衣、寶帶。鈞爲政持大體，不孑孑鈞名譽。皇慶元年，卒。詔賻錢三百萬。子汝立。

趙炳，字彦明，惠州灤陽人。父弘，有勇略，元初爲征行兵馬都元帥。炳幼孤，鞠於從兄。歲饑，就食平州，遇盜，縛兄，將殺之。炳年十二，泣請代死，盜驚異，舍之而去。甫冠，以勳臣子侍世祖於潛邸，性勤恪，眷顧日厚。世祖復立撫州，即以炳爲撫州長官。憲宗九年，王師伐宋，括兵斂財，燕薊騷動。師還，炳迓於中途，具以事聞，返所括兵及横斂之財於民。

中統元年，命判北京宣撫司事。時參知政事楊果爲宣撫使，聞炳至，喜曰：「吾屬無憂矣！」三年，括北京鷹房等户丁爲兵，蠲其賦，使炳統之。時李璮叛據濟南，炳將千人從大軍討璮，獨當城北面，有俘獲輒縱之去，曰：「脅從者不足治也。」濟南平，入爲刑部侍郎，兼中書省斷事官。有攜妓登龍舟者，炳按以法。未幾，其人死，子訴冤，詔讓之。既而謂侍臣曰：「炳用法太峻，然非徇情者。」改樞密院斷事官。濟南妖民作亂，授炳濟南路總管，賜金虎符，加昭勇大將軍。炳至，止誅首惡，餘黨悉解散。歲凶，發廩賑民，而後上聞，朝廷不之罪也。遷遼東提刑按察使。

至元九年，帝以陝西重地，思用剛鯁舊臣治之，徙炳京兆路總管，兼府尹。皇子安西王開府陝西，詔王治宫室，悉聽炳裁制。王府吏卒横暴，炳以法繩之。王曰：「後有犯者，勿啟請，君自處之可也。」由是豪猾斂戢。詔以解州鹽賦給王府經費，歲久積逋二十餘萬緡，有司追理，僅獲三之一，民已不堪。炳密啟於王曰：「十年之逋，豈可責償一日？與其衰斂病民，孰若貸之？」王善其言，遽命免徵。會王北伐，詔以京兆一年之賦充軍資，炳復請曰：「所徵逋課，足供軍用，請免歲賦以蘇民。」令下，秦民大悦。十四年，加鎮國上將軍、安西王相。王府冬居京兆，夏徙六盤山，歲以爲常。王北伐六盤，守者搆亂。明年春，六盤再亂。炳悉討平之。王還，賚賜有加。

是歲十一月，王卒。十六年秋，詔炳入覲，帝勞之曰：「卿去數載，衰白若此，關中事煩可知。」及詢民間利病，炳悉陳之，因言：「王卒之後，運使郭琮、郎中郭叔雲竊弄威柄，恣爲不法。」帝卧，遽起曰：「聞卿言，使老者增健。」飲以上尊馬湩，改中奉大夫、安西王相，兼領陝西五路、西蜀四川課程、屯田事，餘職如故。即令乘傳，偕敕使數人往按之。至則琮等假王妃之命，入炳罪，收炳及其妻孥囚之。王妃在六盤，徙炳於平凉北崆峒山。炳子仁榮訴於上，詔近侍二人馳驛至六盤，械琮等偕來。琮等留使者，醉以酒，先遣人毒炳於平凉獄。其夜星隕，有聲如雷，炳年五十九，時十七年三月也。帝聞之，撫髀歎曰：「失我良臣！」俄械琮等百餘人至，帝親鞫之，盡得其實。命仁榮手刃琮、叔雲於東城，籍其家以付仁榮。仁榮辭不受。帝善之，别賜鈔二萬二千五百緡爲治喪具。蒙古舊制，無賻臣下禮，異數也。六月，詔雪炳冤，特贈中書左丞，謚忠愍。子六人：仁顯、仁表、仁榮、仁旭、仁舉、仁軌。仁榮，大德八年拜中書參知政事。

李德輝，字仲實，通州潞縣人。生五歲，其父將卒，指德輝謂家人曰：「吾爲吏，治獄不尚苛刻，天或報之。是兒其大吾門乎！」父卒，德輝哀毀如成人。及長，嗜讀書，家貧無以自給。年十六，監豐州酒税，有暇則市筆札録書，夜誦之。未幾，自免歸，從先生長者講學。世祖在潛藩，用劉秉忠薦，使侍裕宗講讀。京兆爲世祖分地，擇能理財賦者供給軍儲。立從宜府，以德輝與孛得乃爲使。時汪德臣屯利州，扼四川襟喉，數萬之師仰哺於從宜府。德輝募民入粟，散錢幣，給鹽券爲直，陸挽興元，水漕嘉陵，未期年，軍儲充羨。

中統元年，調燕京宣撫使。燕多劇賊，造僞鈔，結死黨殺人。德輝悉捕誅之，令行禁止。然事多不白中書，由是忤平章王文統意，罷去。三年，文統以反誅，德輝起爲山西宣慰使。勢家籍民爲奴者，咸免之，復業近千人。

至元元年，罷宣慰司，授太原路總管，兼府尹。至郡，有惠政。五年，徵爲右三部尚書。有訟財而失其兄子者，德輝曰：「此叔殺之無疑。」遂竟其獄。權貴人爲請者甚衆，德輝不應。罪狀既明，請者慚服。

七年，帝以蝗旱爲憂，命德輝録囚山西、河東。行至懷仁，有魏甲發得木偶，告其妻挾左道爲厭勝，謀不利於己，已定讞。德輝察其冤，知魏妾所爲。召妾鞫之，不移時而服，遂杖其夫而論妾死。

初，德輝與阿合馬同侍帝於潛邸，至是，爲平章政事用事，德輝不至其門，阿合馬求好，拒之愈力。後阿合馬敗，人皆歎服。

八年，授中奉大夫、參知北京行尚書事。九年，罷尚書省，以故官參知北京行中書省事。皇子安西王鎮關中，改安西王相。至則視涇河營牧故地，可得數千頃，起廬舍，疏溝澮，假牛種田，歲得粟麥芻藁萬計。

十二年，詔以王相宣撫西川。時重慶猶城守不下，朝廷置行樞密院於東、西川，合兵萬人圍之。德輝至成都，兩府争遣使咨受兵食方略，德輝戒之曰：「宋已亡矣，重慶以彈丸之地不降，何待？政懼公輩之殺掠耳！曏日中使奉璽書肆赦，公輩既不肯明言以須其至，反購得軍吏杖之，僞爲得罪，投入城中，水陸之師繼進，是堅其不下也。中使不喻詐計，竟以不奉詔復命，如是者非玩寇而何？况軍政不一，朝夕敗矣，豈能成功？」德輝返，未至陝西，瀘州叛，而重慶之兵果潰。

明年，再圍重慶，踰月拔之。紹興、南平、夔、施、思、播諸山柵皆下，而東川樞府尚獨圍合州。德輝乃出合州俘繫順慶獄者，縱之使歸，語州將張珏，以「宋室既亡，三宫皆北，能早自歸，必取將相與夏、吕比」。又爲書以禮義禍福，反復譬解之，以爲「汝之爲臣，不親於宋之子孫；合之爲州，不大於宋之天下。彼子孫已舉天下而歸我，汝猶負阻窮山，而曰『吾忠於所事』，惑莫大焉。」珏未及報。

十四年，詔以德輝爲西川行樞密院副使，仍兼王相。諸軍既發，德輝留成都，給軍食。是年，復瀘州。十五年，合州將王立遣李興、張郃十二人詗事成都，皆獲之。德輝釋不殺，復爲書縱歸，使諭立如諭珏者，辭尤剴切。初，德輝妹爲立所獲，詭稱王氏，兄事立。至是，知德輝在成都，以手書與之，立亦計夙與東川有怨，懼誅，使興等懷蠟書至成都請降。十六年，德輝以兵數百人赴之。東川害其來，皆曰：「公昔爲書招珏，竟無功。今立，珏牙校也，習狙詐不信，特以計致公來，使與吾争功，延命晷刻耳，未必誠降。」德輝曰：「昔合州以重慶存，故同惡相濟。今已孤絶，窮而來歸，亦其勢然。吾非攘人之功者，誠懼公等憤其後服，誣以抗蹕先朝，利其剽奪，而快意於屠城也。吾爲國活此民，豈計汝嫌怒哉！」即單舸濟江，薄城下，呼立出降，安集其民而返。合州人咸繪象事之。

十七年，置安西行中書省，以德輝爲行省參知政事。是年，西南夷羅施鬼國既降復叛，詔雲南、湖廣、四川合兵三萬人討之。兵且壓境，德輝適被命，乃遣安珪馳馹止三道兵勿進。復遣張孝思諭鬼國趣降。其酋阿察熟知德輝名，曰：「是活合州李公，其言明信可恃。」即身至播州，泣且告曰：「吾屬百萬人，微公來，死且不降。今得所歸，蔑有二矣。」德輝以其言上聞，乃改鬼國爲順元路，以其酋爲宣撫使。其後有以受鬼國馬，譖德輝於朝者，帝曰：「是人朕所素知，雖一羊不妄受，寧有是耶！」十月，改安西行省爲陝西四川行省，以德輝爲行省左丞。德輝未聞命而卒，年六十三，謚忠宣。

卒之夕，有星如斗隕於館垣外，德輝歎曰：「吾死徵也。」及卒，蠻夷爲位哭之，哀如私親。王立衰絰，率合州人拜，哭聲震山谷。播州立廟祀之。

德輝招降合州，行院都事吕埊佐之，州人繪埊像，與德輝同祀。埊，字伯充，河內人，後徙京兆。從許衡受學，衡爲國子祭酒，舉埊爲伴讀。至元十三年，擢陝西道按察司知事，未行，會宋降人言：「有吕子開，爲宋制置司參謀官，今居鄂州，其人知宋事，宜徵用之。」朝廷議遣使召子開。或言：「子開，埊之從叔，宜遣埊往。」埊慨然請行。子開既入覲，拜翰林直學士，辭不就。

十四年，授埊四川行樞密院都事。李德輝行西院事於成都，獲宋合州守將王立偵卒，將殺之，埊勸釋之，使歸諭立降，立果降。德輝承制，授立安撫使、知合州。東院忌德輝成功，械立於長安獄。埊以事至京師，言於許衡。衡白其事於賀仁傑，奏釋立。賜埊金織衣、刀弓、鞍勒，權行省左右司郎中。十九年，調同知順慶行總管府事，二十年，徵爲國子司業，俱不就。三十年，改華州知州，有惠政。仁宗即位，召拜翰林學士。未幾，以年老致仕，卒，年七十八。贈陝西行省參知政事，追封東平郡公，謚文穆。

張德輝，字耀卿，冀寧交城人。天資剛直，博學，有經濟才。史天澤辟爲經歷官，從伐宋。天澤欲戮逃兵，德輝救止之，配令穴城。光州山民據寨自保，天澤議攻之，德輝曰：「鄉民爲自守計，當曉以禍福。」果相率來降。

定宗二年，世祖在潛邸，召見，問曰：「孔子殁已久，其性安在？」對曰：「聖人與天地相終始，殿下能行孔子之道，性即在是矣。」世祖又問：「遼以釋廢，金以儒亡，有諸？」對曰：「遼事臣不知，金事臣所親睹。宰執中雖用一二儒者，餘皆武弁世爵，及論軍國事，又不使預聞。國之存亡，自有任其責者，儒何咎焉？」世祖然之。又問祖宗法度，德輝指銀盤，喻曰：「創業之君，如製此器，選精金，良匠規而成之，以畀後人。宜擇謹厚者掌之，乃永爲寶用。」又問中國人才，德輝舉魏播、元好問、李冶等以對。

三年春，釋奠致胙於世祖。世祖問孔子廟祀之禮，對曰：「孔子爲萬世師，廟祀之禮於孔子無所損益，特以見時君崇儒重道之意耳。」又問：「典兵與宰民者，害孰甚？」對曰：「軍無紀律，信爲民害。若親民之吏，頭會箕斂，以毒天下，則其害尤烈。」世祖曰：「然則奈何？」對曰：「擇宗室之賢者如口温不花使掌兵，勳舊如忽都虎使治民，則天下均受其賜矣。」德輝乞假歸，薦白文舉、鄭顯之、趙元德、李造之、高鳴、李盤、李濤等。又條先務七事，曰：敦孝悌，擇人才，察下情，貴兼聽，親君子，信賞罰，節財用。世祖以字呼之，賜賚優渥。尋與元好問北覲，推世祖爲「儒教大宗師」，世祖悦而受之。因啓：「累朝蠲儒户兵賦，乞令有司覈實奉行」，從之。仍命德輝提調真定學校。

世祖即位，起爲平陽、太原路宣撫使。河東徭役，官吏率賦一征十。德輝覈户籍，均其等第，出納有法，宿弊頓除。又州縣多世守，吏互爲朋黨，德輝取奸贓尤甚者數十人，械庭下，杖而逐之，所部肅然。兵後，孱民依託豪右，及身雇於人者，歲久掩爲家奴，德輝悉還爲良民。是時，平陽路僉兵戍秦、鞏，其帥紐璘重調千餘人，守吏莫敢申理；鳳翔屯田兵八百餘人，屯罷，兵不歸籍。德輝奏還之，悉從其請。

中統二年，考績爲十路最。陛見，世祖勞之，命疏急務，條四事，曰：「嚴保舉以取人才，給俸禄以養廉吏，易世官而遷都邑，薄刑罰而勿屢赦。」世祖嘉納焉。遷東平路宣慰使，奏免遠輸豆粟二十萬斛、和糴粟十萬斛。竇合丁令民税而後輸，德輝曰：「是誣上以朘下也，且孰任後期之責？」奏罷之。宣慰使八剌議誅盜賊，德輝曰：「吾不敢曲法從汝殺人也。」

至元三年，參議中書省事。五年，擢侍御史，辭不拜。或言邊將冒兵廩，敕按之。德輝奏曰：「若重繩以法，則人不自安。今但易其部署，選武毅有幹略者任之，又時委憲司體究，則宿弊自除。」又命德輝議御史臺條例，德輝曰：「御史，執法官，今法令未修，何所據而行？陛下宜慎思之。」有頃，復召曰：「朕慮之熟，卿力行可也。」對曰：「必欲行此，乞立宗正府，以正宗室、外戚，屏絶女謁，毋令奏事，諸局承應人皆得按治之。」世祖默然。德輝請老，命舉任風憲者。疏烏古倫真、張邦彦、徒單公履、張蒙、張肅、李盤、張昉、曹椿年、西方賓、周止、高逸民、王博文、劉郁、孫汝楫、王惲、胡祗遹、周砥、李謙、魏初、鄭扆，凡二十人。卒，年八十。

德輝嘗與元好問、李冶游封龍山，時人號爲「龍山三老」云。

馬亨，字大用，邢州南和人。少孤，事母孝。太宗始建十路徵收課稅使，河北東西路使王晉辟亨爲掾，以才幹稱。晉薦於中書令耶律楚材，授轉運司知事，累擢轉運司副使。太保劉秉忠薦亨於世祖，召見潛邸，甚器之。既而籍諸路户口，以亨副八春、忙哥撫諭西京、太原、平陽及陝西五路。既還，圖山川形勢以獻。使者多以賄敗，惟亨等各賜衣九襲。

憲宗三年，世祖征雲南，留亨爲京兆榷課所長官。京兆，藩邸分地也。亨以寬簡治之，不事掊克，涖政五年，民安而課裕。憲宗遣阿藍答兒等覈京兆錢穀，亨輦歲辦課銀五百錠輸之藩府，道出平陽，與之遇。亨策曰：「見之則銀必拘留，不見則必以罪加我。與其銀弗達王府，寧獲罪焉。」避而過之。阿藍答兒果怒，遣使逮之。世祖詢亨曰：「汝往，得無摭汝罪耶？」對曰：「無害，願一行。」乃慰遣亨。既至，窮治百端，竟無所得，惟以支竹課分例錢充公用及僦公廨輦運脚價爲不應，勒償其直而已。世祖知其誣，更賜銀三十二錠。

九年，從世祖攻鄂州。洎北還，遣亨馳驛往西京等處罷所僉軍，並撫諭山西河東、陝右漢中復遣轉餉，饋江北諸軍。中統元年，世祖即位，陝西四川立宣撫司，詔亨議陝西宣撫司事。尋賜金符，遷陝西、四川規措軍儲轉運使。時阿藍答兒等叛，亨與宣撫使廉希憲、商挺謀誅之。尋建行省，命亨兼陝西行省左右司郎中。興元糧五萬石欲轉餉太安軍，計傭直萬緡，衆推亨往。時丁内艱，以攝省府事强起之。至則以兵官丁産均其役，不閱月而事集。興元判官費正寅狡悍不法，亨白省府，欲以法繩之，反誣構行省前在關中有異謀。詔左丞粘合珪讞之。亨力辯，其冤始得釋。

四年，遷陝西五路、西蜀四川廉訪都轉運使。未幾，朝廷以考課，檄諸路轉運使至京師，併轉運司入總管府，授亨工部侍郎、解鹽副使。亨上言：「以考課定賞罰，其人甫集，而一切罷之，則是非安在？宜還其命書，俾仕者有所勸勉。」從之。

亨復上便宜六事：「一曰東宮保傅當用正人，以固國本；二曰中書大政擇任儒臣，以立朝綱；三曰任相惟賢官，不必備，今宰相至十七員，宜加裁汰；四曰左右郎署毗贊大政，今用豪貴子弟，豈能贊襄？五曰六曹之職分理萬機，今止設左右二部，事何由辦？六曰建元以來，便民條畫已多，有司往往視爲具文，宜令憲司糾舉，務在必行。」疏聞，帝即召見，問：「卿比安在，胡不早言？」亨對曰：「新自陝西來覲。」帝諭曰：「卿久著忠勤，自今不令卿遠出矣。」至元三年，進嘉議大夫、左三部尚書，尋改户部尚書。有賈胡恃制國用使阿合馬，欲貿交鈔本，私平準之利，以增歲課爲辭。帝以問，亨對曰：「交鈔可以權萬貨者，法使然也。法者，主上之柄。今使一賈擅之，廢法從私，將何以令天下？」事遂寢。

七年，立尚書省，仍以亨爲尚書，領左部。亨上言：「尚書省專領金穀百工之事，銓選宜歸中書，以示無濫。」尋爲平章阿合馬所忌，以誣免官。會大兵圍襄、樊，廷議河南行省調發軍餉，詔以阿里爲右丞，姚樞爲左丞，亨爲僉省，任其事。十年，還京師，以病請告。十四年卒，年七十一。子紹庭，雲南諸路肅政廉訪司副使。

何榮祖，字繼先，其先太原人，金亡徙家廣平。榮祖狀貌魁偉，額有赤文如雙樹，背負隆起。有相者謂曰：「子位極人臣，且壽相也。」何氏世業吏，榮祖尤爲通敏。累遷中書省掾，擢御史臺都事。始折節讀書，日記數千言。阿合馬方用事，置總庫於其家，以收西方之利，號曰和市。監察御史范方等劾之，論甚力。阿合馬知榮祖主其謀，奏爲左右司都事，以隸己。未幾，御史臺除治書侍御史，擢侍御史。又出爲山東按察使。

有帖木剌思者，以貪墨爲僉事李唐卿所劾，適濟南有上變者，唐卿察其妄，取訟牒焚之。帖木剌思乃告唐卿縱反者，逮繫數十人，獄久不決。詔榮祖與郝禎、耿仁鞫之。榮祖得其情，欲抵告者罪。禎、仁議以失口亂言之罪坐之，榮祖不可。俄遷河南按察使，仁等竟薄其罰予杖，然株連者俱得釋，唐卿之誣亦白。

平凉府言有降民二十餘口，叛歸江南，安西行省欲上聞，會榮祖來爲參政，止之曰：「何必上聞朝廷？此輩去者，皆人奴耳。今聞江南平，遁往其家，移文捕之可也。」已而逃者俱獲，果人奴也，治以本罪，而付其主。其涖事明決多類此。

除雲南行省參知政事，以母老辭。又拜御史中丞，復出爲山東、山西道按察使。時宣慰使樂實、姚演開膠州海道，敕禁戢諸人沮撓。糧舶遇暴風，多漂覆，樂實弗信，督漕卒償之，搒掠酷毒，自殺者相繼，按察官懼違制，莫敢言。榮祖曰：「第言之！若朝廷見譴，吾自當之！」即入奏，詔免其徵。

至元二十五年，召爲中書參知政事。二十六年，改尚書參知政事。時桑哥專政，亟於理算錢穀，人受其害。榮祖數請罷之，帝不從，懇請不已，始稍緩之，而畿内民苦尤甚，榮祖每以爲言。同僚曰：「上既爲免諸路，惟未及京師，可少止，勿言也。」榮祖執愈堅，至於忤旨，不少屈，竟不署其牘。未踰月，其弊皆上聞，帝乃思榮祖言，召問所宜。榮祖請於歲終立局考校，人以爲便，著爲令。詔賜鈔萬二千貫。榮祖既與桑哥異議，乃以病告，特授集賢大學士。

二十八年，起爲尚書左丞。桑哥敗，改右丞。奏行所定《至元新格》。請改提刑按察司爲肅政廉訪司，而立監治之法。又上言：「國家用度，不可不足；天下百姓，不可不安。今理財者弗顧民力之困，言治者弗圖國計之大。且當用之人恒多，而得用之人恒少，省部宜擇材用之。按察司雖監臨一道，其職在於除蠹弊，苟有弗至，則臺、省又當遣官體察之，庶有所益。」帝深然之。屢以老疾乞解機務，詔免署事，惟預中書省議，而食其禄。

三十一年，拜昭文館大學士，預中書省事，又加平章政事。以水旱請罷，不允。先是，榮祖奉敕定律令，書成已久，至是乃得請於上，詔未及頒行，適子秘書少監惠卒，遂謝病返廣平。卒，年七十九。贈光禄大夫、大司徒、柱國，追封趙國公，謚忠肅。

榮祖身至大官，而僦第以居，飲器用青瓷杯。中宫聞之，賜以上尊及金五十兩、鈔二萬五千貫，俾置器買宅，以旌其廉。所著有《大畜十集》，又有《學易記》、《載道集》、《觀物外篇》等書。

程思廉，字介甫，其先洛陽人，後徙東勝州。父恒，佩金符爲沿邊監榷規運使、解州鹽使。思廉從白恪受業，學有師法。中統元年，用太保劉秉忠薦，給事裕宗潛邸，以謹愿聞，命爲樞密院監印。至元七年，平章政事哈丹行省河南，署爲都事。丞相史天澤尤器之。時方規取襄、樊，使思廉督轉餉粟至，多露積，一夕大雨，思廉安卧不起。行省召詰之，思廉曰：「此去敵近，中夜騷動，衆必驚疑，或致他變。縱有漂没，不過軍中一日糧耳。」聞者韙之。

十二年，調同知淇州，辭不就。丁父憂。服除，授東平路判官。入爲監察御史，以劾權臣阿合馬繫獄，其黨巧爲機穽，思廉居之泰然，卒不能害。

十六年，出僉河東、山西道提刑按察司事。大同楊刺真犯酒禁，敕誅之。思廉以罪不至死，論奏數四，卒得減輕。累遷河北、河南道按察副使。道過彰德，聞兩河歲饑，而徵租益急，欲止之。有司謂法當上請，思廉曰：「若然，民已不堪命矣！」即移文罷徵，後果得請。

二十年，河北復大饑，流民渡河求食。朝廷遣使者會監司官於河上，禁流民南渡。思廉曰：「民急於就食，豈得已哉？天下一家，河北、河南，皆吾民也。」亟命縱之，且曰：「雖得罪死，不恨。」奏入，帝不之罪也。衛輝、懷孟大水，思廉臨視賑貸，全活甚衆。水及城不没者數板，思廉督修堤堰，恒露宿城上，水不爲患，民德之。未幾，陝西行省舉思廉爲興元路總管，遷陝西漢中道按察使，並以母老不赴，俄丁母憂。

二十七年，立雲南行御史臺，起復思廉爲御史中丞。或疑思廉必不拜，思廉曰：「前昧死陳請，以老母故。今吾母已亡，當馳驅邊徼，以贖前罪。」甫踰小祥，即素服就道。始至，蠻夷酋長來見，思廉奉宣德意，綏輯遠人，且明示禍福，使毋自外，聞者慴服。雲南學校無釋奠禮，思廉舉春秋祭祀之禮，集省臺以下官百餘人，公服跪拜。蠻夷化之，子弟始有從學問禮者。

成宗即位，除河東山西廉訪使。太原歲飼諸王駝馬一萬四千餘匹，思廉請止飼千匹。平陽諸郡歲輸租税於北方，民甚苦之，思廉請輸河東近倉。舊法，決事咸有議劄，權歸曹吏。思廉自判牘尾，某當某罪，吏皆束手。思廉累任風憲，剛正疾惡，言事剴切。如請早建儲貳、辨尊卑服制、議封謚、養軍力、定律令，皆當時急務。與人交有終始，或有疾病死喪，問遺賙卹，往返數百里，不憚勞，仍爲之經紀家事。好薦達人物，或者以爲好名，思廉曰：「若避好名之譏，人不復爲善矣。」思廉伯父震，金南渡後爲監察御史，有剛直名。思廉言論風采，皆不愧其伯父云。元貞二年卒，年六十二，謚敬肅。

史臣曰：游顯、賈居貞、李德輝之愛民，趙炳、張德輝之守法，馬亨、何榮祖、程思廉之匡君，出任方面，入官臺省，譬之緝衆腋而成裘，構羣材以造厦。此至元之治，所以庶幾貞觀也。

【校勘記】

〔一〕「吕彧」，「吕」字原脱，據正文補。魏源《元史新編》、曾廉《元書》均作「吕彧」。

〔二〕「庭瑞」，原作「廷瑞」，據上下文及姚燧《牧庵集》卷二二《榮禄大夫江淮等處行中書省平章政事游公神道碑》改。

新元史卷之一百六十八　列傳第六十五

郝經 苟宗道

郝經，字伯常，其先潞州人，徙澤州陵川。祖天挺，父思温。天挺有重名，元好問之師也。金末，思温辟地河南魯山。賊至，經母許匿窨中，賊爇火熏之，悶絶。經以蜜和寒菹汁，決母齒飲之，始蘇。時經甫九歲，人皆異之。金亡，徙順天，爲守帥張柔、賈輔所知，延爲上客。二家藏書皆萬卷，經博覽，學日進。

憲宗元年，世祖以皇弟開幕府金蓮川，召經。咨以時務，條上數十事，世祖大悦，遂留王府。及伐宋，經從至濮州。有得宋人奏議以獻，言衝要宜防者凡七道。下諸將議，經曰：「古之一天下者，以德不以力。彼今未有敗亡之釁，我乃空國而出，諸侯窺伺於內，小民凋弊於外。經見其危，未見其利也。王不如修德布惠，敦族簡賢，綏懷遠人，順時而動，宋不足圖也。」世祖愕然曰：「汝與張拔都議邪？」經對曰：「經少館張柔家，聞其議論。此則經臆説，柔不知也。」世祖以楊惟中爲江淮、荆湖南北等路宣撫使，經爲副使，將歸德軍，先至江上，宣布恩信，納降附。惟中欲還汴，經不可，惟中怒，經率麾下先發，惟中愧謝，乃與經俱行。

經聞憲宗在蜀，久無功，進《東師議》曰：

經聞圖天下之事於未然則易，救天下之事於已然則難。已然之中復有未然者，使往者不失而來者得遂，是尤難也。國家以一旅之衆，奮起朔漠，斡斗極以圖天下，馬首所向，無不摧破。滅金源，並西夏，蹂荆、襄，克成都，平大理，奄征四海，有天下十八，盡元魏、金源故地而加多。惟宋不下，未能混一，連兵構禍踰二十年。何曩時掇取之易，而今日混一之難也？

夫取天下，有可以力并，有可以術圖。并之以力則不可久，久則頓弊而不振；圖之以術則不可急，急則僥倖而難成。要之，成功各當其可，不妄爲而已。國家創業垂五十年，而一之以兵，遺黎虔劉殆盡。自古用兵未有如是之久者也，其力安得不弊乎？且括兵率賦，朝下令而夕出師，躬擐甲胄，跋履山川。以志則鋭，以力則强，以土則大，而其術則未盡也。苟於諸國既平之後，息師撫民，創法立制，上下井井，不撓不紊，任老成爲輔相，選賢能爲任使，鳩智計爲機衡，平賦以足用，屯農以足食，内治既舉，外禦亦備。如其不服，先以文誥，拒而不從，而後伺隙觀釁，以正天伐。自東海至於襄、鄧，重兵數道，以爲正兵。自漢中至於大理，輕兵捷出，以爲奇兵。帥臣得人，師出以律，高拱九重之内，而海外有截矣。是而不爲，乃於間歲遽爲大舉，上下震動，兵連禍結，底安於危，是已然而莫可止者也。東師未出，大王仁明，則猶有未然者，可不議乎？

國家用兵，一以國俗爲制，而不師古，不計師之衆寡，地之險易，敵之强弱，必合圍把矟，獵取之若禽獸然。鞭弭所屬，指期約日，萬里不忒，得兵家之詭道，而長於用奇。自澮河之戰，乘勝下燕、雲，遺之而去，似無意於取者。既破回鶻，滅西夏，乃出兵關陝以敗金師，然後知所以深取之，長於用奇也。既而由金、房出繞潼關之背以攻汴，自西和徑入石泉、威、茂以取蜀，自臨洮、吐番穿徹西南以平大理，皆用奇也。夫攻其無備，出其不意，而後可以用奇。豈有連百萬之衆，首尾萬餘里，六飛雷動，乘輿親出，竭天下，倒四海，大極於遐徼之土，細窮於委巷之民，撞其鐘而掩其耳，囓其臍而蔽其目，如是用奇者乎？是執千金之璧而投瓦石也。

其初以奇勝也，關隴、江淮之北，平原曠野之多，而吾長於騎，故所向不能禦。兵鋒新鋭，民物稠夥，擁而擠之，郡邑自潰，而吾長於攻，故所擊無不破，是以用奇而驟勝。今限以大山深谷，阨以重險薦阻，迂以危途繚徑，我乘險以用奇則難，彼因險以制勝則易。況於客主勢懸，蘊蓄情露，雖有奇謀秘略，無所用之。力無所用與無力同，計不能行與無計同。泰山壓卵之勢，河海濯爇之舉，擁遏頓滯，盤桓而不得進，所謂强弩之末不能射魯縞者也。

爲今之計，則宜救已然之失，防未然之變而已。西師既構，猝不可解。如兩虎相鬬，入於巖阻，見之者辟易不暇，又焉能以理相喻，使之逡巡自退？彼知其危，竭國以并命；我必其取，無由以自悔。兵連禍結，何時而已？殿下宜遣人稟命於行在所，大軍壓境，遣使喻宋，示以大信，令降名進幣，割地納質。彼必受命，姑與之和，偃兵息民，以全吾力，而圖後舉，天地人神之福也。稟命不從，殿下之義盡，而後進吾師，重慎詳審，不爲躁輕，假西師以爲奇，而用吾正。申以文移，喻以禍福，使知殿下仁而不殺，非好攻戰鬬土地，不得已而用兵之意。誠意昭著，恩信流行，然後閱實精勇，制節以進。既入其境，敦陳固列，緩爲之行。彼善於守，而吾不攻。彼恃堅城以不戰老吾，吾合長圍以不攻困彼，吾用吾之所長，彼不能用其長。選出入便利之地爲久駐之基，示必取之勢。毋焚廬舍，毋傷人民，開其生路，以攜其心，亟肄以疲之，多方以誤之。兵勢既振，蘊蓄既見，則以輕兵掠兩淮，杜其樵採，遏其糧路，使血脈斷絶，各守孤城，示不足取。即進大兵，直抵於江，沿江上下列屯萬竈，號令明肅，部曲嚴整，首尾綿構，各具舟楫，聲言徑渡。彼必震疊，自起變故。蓋彼之精鋭盡在兩淮，江面闊越，恃其巖阻，兵皆柔脆，用兵以來未嘗一戰，焉能當我百戰之鋭？一處崩壞，則望風皆潰，肱脾不續，外内限絶。勇者不能用，而怯者不能敵，背者不能返，而面者不能禦。水陸相濟，必爲我乘。是兵家所謂避堅攻瑕，避實擊虚者也。

如欲存養兵力，漸次以進，以圖萬全，則先荆後淮，先淮後江。彼之素論，謂有荆、襄則可以保淮甸，有淮甸則可以保江南。先是我嘗有荆、襄，有淮甸，皆自失之。今當從彼所保以爲吾攻。命一軍出襄、鄧，直渡漢水，造舟爲梁，水陸濟師。以輕兵綴襄陽，絶其糧路，重兵趨漢陽，出不意以伺隙。不然，則重兵臨襄陽，輕兵捷出，穿徹均、房，遠叩歸、峽，以應西師。如夔門不守，大勢順流，即並兵大出。摧拉荆、郢，横潰湘、潭，以成犄角。一軍出壽春，乘其鋭氣，並取荆山，駕淮爲梁，以通南北。輕兵抄壽春，而重兵布於鍾離、合肥之間，據濡須，塞皖口，南入舒、和，西及於蘄、黄，徜徉恣肆，以覘江口。烏江採石，廣布戍邏。偵江渡之險易，測備禦之疏密，徐爲之謀，而後進師，所謂潰兩淮之腹心，抉長江之襟要也。一軍出維揚，合爲長圍，示以必取。而以輕兵出通、泰，直塞海門、瓜步、金山、柴墟河口，遊騎上下，吞江吸海，並著威信，遲以月時，以觀其變，是所謂圖緩持久之勢也。三道並出，東西連衡。殿下或處一軍，爲之節制，使我兵力常有餘裕，如是則未來之變或可弭，已然之失一日或可救也。

議者必曰：三道並進，則兵分勢弱，不若併力一向，則莫我當也。曾不知取國之術與争地之術異。併力一向，争地之術；諸道並進，取國之術也。昔之混一者，皆若是矣。晉取吴，則六道進；隋取陳，則九道進；宋之於南唐，則二面皆進。未聞以一旅之衆，而能取國者，或者有之，僥倖之舉也。豈有堂堂大國，師徒百萬，而爲僥倖之舉乎？况彼渡江立國，百有餘年，紀綱修明，風俗完厚，君臣輯睦，内無禍釁，東西南北，輪廣萬里，不可謂小。自敗盟以來，無日不討軍實而申警之，當我强對，未嘗大敗，不可謂弱。豈可蔑視，謂秦無人，直欲一軍倖而取勝乎？秦王問王翦以伐荆，翦曰：「非六十萬不可。」王曰：「將軍老矣。」命李信將二十萬往，不克，卒畀翦以兵六十萬而後舉楚。蓋衆有所必用，事勢有不可懸料而倖取者。故王者之舉必萬全，其倖舉者，崛起無賴之人也。

嗚呼！西師之出，已及瓜戍，而猶未即功。國家全盛之力在於東師，若亦直前振迅，鋭而圖功，一舉而下金陵、舉臨安則可也。如兵力耗弊，役成遷延，進退不可，反爲敵人所乘，悔可及乎？雖然，猶有可憂者。國家掇取諸國，飄忽凌厲，本以力勝，今乃無故而爲大舉，若又措置失宜，無以挫英雄之氣，服天下之心，則稔惡懷姦之流，得以窺其隙而投其間，國内空虛，易爲摇盪。臣愚所以諄諄於東師，反覆致論，謂不在於已然而在於未然者，此也。

及世祖渡江圍鄂州，聞憲宗崩，召諸將密議，經復進議曰：

《易》言：「知進退存亡而不失其正者，其惟聖人乎！」殿下聰明睿知，足以有臨；發强剛毅，足以有斷。進退存亡之正，知之久矣。嚮在沙陀，命經曰：「時未可也。」又曰：「時之一字最當整理。」又曰：「可行之時，爾自知之。」大哉王言！「時乘六龍」之道，知之久矣！自出師以來，進而不退。經有所未解者，故言於真定，於曹、濮，於唐、鄧。亟言不已，未賜開允。今事急，故復進狂言。

國家自平金以來，惟務進取，不遵養時晦，老師費財，卒無成功，三十年矣。蒙哥罕立，當安静以圖寧謐，無故大舉，進而不退。畀王東師，則不當復進也而遽進。王以有命不敢自逸，至於汝南，既聞凶訃，即當遣使徧告諸帥，各以次退，修好於宋，歸定大事，不當復進也而遽進。以有師期，會於江濱，遣使喻宋，息兵安民，振旅而歸，不當復進也而又進。既不宜渡淮，又豈宜渡江？既不宜妄進，又豈宜攻城？若以幾不可失，敵不可縱，亦既渡江，不能中止，便當乘虚取鄂，分兵四出，直造臨安，疾雷不及掩耳，則宋亦可圖。如其不可，知難而退，不失爲金兀朮也。師不當進而進，江不當渡而渡，城不當攻而攻，當速退而不退，當速進而不進，情見勢屈。舉天下兵力不能取一城，則我竭彼盈，又何俟乎？

且諸軍疾疫已十四五，又延引月日，冬春之交，疫必大作，恐欲還不能。彼既上流無虞，呂文德已并兵拒守，知我國疵，鬬氣自倍。兩淮之兵盡集白鷺，江西之兵盡集隆興，嶺廣之兵盡集長沙，閩、越沿海，巨舶大艦以次而至，伺隙而進。如遏截於江、黃津渡，邀遮於大城關口，塞漢東之石門，限郢、復之湖濼，則我將安歸？無已，則突入江、浙，擣其心腹。聞臨安、海門已具龍舟，則已徒往。還抵金山，并命求出，豈無韓世忠之儔？且鄂與漢陽分據大别，中挾巨浸，號爲活城，肉薄骨并而拔之，則彼委破壁孤城而去，泝流而上，則入洞庭，保荆、襄，順流而下，則精兵健櫓，突過滸、黄，未易遏也。亦徒費人命，安所得哉？

雖然，以王本心，不欲渡江，既渡江，不欲攻城，既攻城，不欲並命，不焚廬舍，不傷人民，不易其衣冠，不毁其墳墓，三百里外不使侵掠。或勸徑趨臨安，曰其民人稠夥。若往，雖不殺戮，亦踐蹂，吾所不忍。若天與我，不必殺人；若天弗與，殺人何益？而竟不往。諸將歸罪士人，謂不可用，以不殺人故不得城。大王曰：『彼守城者祇一賈制置，汝十萬衆不能勝，汝輩之罪也，豈士人之罪乎？』益禁殺人，巋然一仁，上通於天，久有歸志，不能遂行耳。

然今事急，不可不斷也。宋人方懼大敵，自救之師雖則畢集，未暇謀我。第吾國內空虛，塔察國王與李行省肱髀相依，在於背脅。西域諸胡窺覘關隴，隔絶旭烈大王。病民諸姦各持兩端，觀望所立，莫不覬覦神器，染指垂涎。一有狡焉，或啟戎心，先人舉事，腹背受敵，大事去矣。且阿里不哥已行赦令，令脱里赤爲斷事官、行尚書省，據燕都，按圖籍，號令諸道，行皇帝事矣。雖大王素有人望，且握重兵，獨不見金世宗、海陵之事乎？若彼果決，稱受遺詔，便正位號，下詔中原，行赦江上，欲歸得乎？

昨奉命與張仲一觀新月城，自西南隅，萬人敵，上可並行大車，排槎串樓，締搆重複，必不可攻，祇有許和而歸耳。斷然班師，亟定大計，銷禍於未然。先命勁兵把截江面，與宋議和，許割淮南，漢上梓、夔兩路，定疆界歲幣。置輜重，以輕騎歸，渡淮乘驛，直造燕都。則從天而下，彼之姦謀僭志，冰釋瓦解。遣一軍逆蒙哥罕靈輿，收皇帝璽。遣使召旭烈、阿里不哥、摩哥及諸王駙馬，會喪和林。差官於汴京、京兆、成都、東平、西京、北京，撫慰安輯，召真金太子鎮燕都，示以形勢。則大寶有歸，而社稷安矣。

會宋賈似道亦遣間使請和，迺班師。

世祖即位，經上《立政議》曰：

臣聞所貴乎有天下者，謂其能作新樹立，列爲明聖，德澤加於人，令聞施於後也。非謂其志得意滿，苟且而已也。志得意滿，苟且一時，草木並朽而無聞，是爲身者也，於天下何有？有志於天下者，不貴也。爲人之所不能爲，立人之所不能立，變人之所不能變，卓然與天地並，沛然與造化同，雷厲風飛，日星明而江河流，天下莫不貴之。而己不以爲貴，以爲己所當爲之職分也。古之有天下者，莫不然；後之有天下者，亦莫不當然。

天下，一大器也。綱紀禮義者，天下之元氣；文物典章者，天下之命脈。非是，則天下之器不能安。小廢則小壞，大廢則大壞。小爲之脩完，則小康；大爲之脩完，則太平。故有志於天下者，必脩之而不棄也。以致治自期，以天下自任，孳孳汲汲，持扶安全，必至成功而後已。使天下後世稱之曰：「天下之禍至某君而除，天下之亂至某君而治，天下之亡者至某君而存，天下之未作者，至某君而作。」配天立極，繼統作帝，熙鴻號於無窮，若是則可謂有志於天下矣。

由漢以來，尚志之君六七。作於漢，則曰高帝，曰文帝，曰武帝，曰昭帝，曰宣帝，曰世祖，曰明帝，曰章帝，凡八帝。於三國，則曰昭烈一帝。於晉，則曰孝武一帝。於元魏，則曰孝文一帝。於宇文周，則曰武帝一帝。於唐，則曰高祖，曰文皇，曰玄宗，曰憲宗，曰武宗，曰宣宗，凡六帝。於後周，則曰世宗一帝。於宋，則曰太祖，曰太宗，曰仁宗，曰高宗，曰孝宗，凡五帝。於金源，則曰世宗，曰章宗，凡二帝。是皆光大炳烺，不辱於君人之名，有功於天下甚大，有德於生民甚厚。人之類不至於盡亡，天下不至於皆爲草木鳥獸，天下之人猶知有君臣父子夫婦昆弟，人倫不至於大亂，綱紀禮義、典章文物不至於大壞，數君之力也。嗚呼！上下數千載，有志之君僅是數者何？苟且一時者多，而致治者鮮也。雖然，是數君者，獨能樹立，功成治定，揄揚於千載之下，豈不爲英主也哉！其視壞法亂紀，斁彝倫，毒海内，覆宗社，碌碌以偷生，孑孑以自蔽，其爲庸懦者，可爲憫笑也。

國家光有天下，緜歷四紀，恢拓疆宇，古莫與京。惜乎攻取之計甚切，而脩完之功弗逮。天下之器日益弊，而生民日益憊也。蓋其幾一失，而其弊遂成。初下燕雲，奄有河朔，便當創法立制，而不爲。既並西域，滅金源，蹂荆襄，國勢大張，兵力崛阜，民物稠夥，大有爲之時也。苟於是時，正綱紀，立法度，改元建號，比隆前代，使天下一新，漢、唐之舉也，而不爲。於是法度廢則綱紀亡，官制廢則政事亡，都邑廢則宫室亡，學校廢則人材亡，廉恥廢則風俗亡，紀律廢則軍政亡，守令廢則民政亡，財賦廢則國用亡。天下之器雖存，而其實則無有。

賴社稷之靈，祖宗之福，兵鋒所向，無不摧破。穿徹海嶽之鋭，跨凌宇宙之氣，騰擲天地之力，隆隆殷殷，天下莫不懾伏。當太宗皇帝臨御之時，耶律楚材爲相，定税賦，立制作，榷宣課，分郡縣，籍户口，理獄訟，別軍民，設科舉，推恩肆赦，方有志於天下。而一二不逞之人，投隙抵罅，相與排擯，百計攻訐，乘宫闈違豫之際，恣爲矯誣，卒使楚材憤悒以死。既而牽連黨與，倚疊締構，援進宵人，畀之以政，相與割剥天下。而天下被其禍，荼毒宛轉，十有餘年，生民顒顒，莫不引領望明君之出。

先皇帝初踐寳位，皆以爲致治之主，不世出也。既而下令鳩括符璽，督察郵傳，遣使四出，究核徭賦，以求民瘼，汙吏濫官，黜責殆遍。其願治之心亦切也。惜其授任皆前日害民之尤者，舊弊未去，新弊復生，而致治之幾又失也。

今陛下統承先王聖謨，英略恢廓，正大有一天下之勢。自金源以來，綱紀禮義、文物典章，皆已墜没，其緒餘土苴，萬億之能一存。若不大爲振澡，與天下更始，以國朝之成法，援唐、宋之故典，參遼、金之遺制，設官分職，立政安民，成一王法，是亦因仍苟且，終於不可爲，使天下後世以爲無志於天下。曆代綱紀典刑至今而盡，前無以貽謀，後無以取法，壞天地之元氣，愚生民之耳目，後世之人因以竊笑而非之，痛惜而歎惋也。

昔元魏始有代地，便參用漢法，至孝文遷都洛陽，一以漢法爲政。典章文物粲然，與前代比隆。至今稱爲賢君，王通修《元經》即與爲正統，是可以爲監也。金源氏起東北小夷，部曲數百人，渡鴨緑，取黄龍，便建位號，一用遼、宋制度。收一國名士，置之近要，使藻飾王化，號十學士。至世宗與宋定盟，内外無事，天下晏然，法制修明，風俗完厚，真德秀謂金源氏典章法度在元魏右，天下亦至今稱爲賢君。燕都故老語及先皇者，必爲流涕，其德澤在人之深如此，是又可以爲監也。

今有漢、唐之地而加大，有漢、唐之民而加多。雖不能便如漢、唐，爲元魏、金源之治亦可也。陛下睿禀仁慈，天錫勇智，喜衣冠，崇禮讓，愛養中國，有志於爲治，而爲豪傑所歸、生民所望久矣。但斷然有爲，存典章，立綱紀，以安天下之器，不爲苟且一時之計，奮揚乾綱，應天革命，進退黜陟，使各厭伏，天下不勞而治也。今自踐祚以來，下明詔，蠲苛煩，立新政，去舊汙，登進茂異，舉用老成，緣飾以文，附會漢法，斂江上之兵，一視以仁，兼愛兩國，莫不思見德化之盛，至治之美也。

但恐害民餘孽，扳附姦邪，更相援引，比周以進。若不辨之於早，猶夫前日也。

以有爲之姿，據有爲之位，乘有爲之勢，而不爲有爲之事，與前代英主比隆，陛下亦必愧怍而不爲。《書》曰：「罔不在厥初。」《易》曰：「履霜堅冰至。」《詩》曰：「如彼雨雪，先集維霰。」《春秋》書：「元年春王正月。」皆謹之於初，辨之於早也。有有爲之志，而不辨姦邪於早而卻之，則鑠剛以柔，蔽明以暗，終不能以有爲。蓋彼姦人易合難去，誘之以甘言，承之以令色，賂之以重寶，便辟迎合，無所不至。不辨之於早而拒之，則墮其計中，授之以柄而隨之耳。昔王安石拜參政，吕獻可即以十罪劾之。温公謂太早，獻可曰：「去天下之害，不可不速，異日諸君必受其禍。」安石得政，宋果以亡。温公曰：「吕獻可之先見，范景仁之勇決，吾不及也。」

夫月暈而風，礎潤而雨，理有所必然。雖天地亦可先見，况於人乎？方今之勢，在於卓然有爲，斷之而已。去舊汙，立新政，創法制，辨人材，綰結皇綱，藻飾王化，偃戈卻馬，文致太平，陛下今日之事也。毋以爲難而不爲，毋以爲易而不足爲，投機挈會，比隆前王，政在此時。不累於宵人，不惑於羣言，兼聽俯納，臣之所願也。

世祖深韙其言，欲大用之。

時王文統當國，忌經，思擯之於外。中統元年，世祖議遣使於宋，告即位，且徵前日請和之議，仍敕沿邊諸將毋鈔掠，經入辭，請與蒙古人偕往。帝不許，曰：「卿等往即可，彼之君臣皆書生也。」賜蒲萄酒，詔曰：「朕初即位，庶事草創，卿當遠行，凡可輔朕者，亟以聞。」經奏便宜十六事，辭多不載。

或謂經：「宋人譎詐，盍以疾辭？」經曰：「自南北構難，兵連禍結。苟能弭兵靖亂，吾學爲有用矣。雖蹈不測之淵，吾所甘心也。」既行，文統陰屬李璮侵宋，欲假手害經。經至濟南，璮以書止之，經奏其事於朝。宋敗璮軍於淮安。經至宿州，遣副使劉仁傑、參議高翿請入國期，不報。遺書宰相及淮帥李庭芝，庭芝復書，果疑經。而賈似道方以卻敵爲功，恐經至謀泄，館經真州。經乃表奏宋主曰：「願效魯連之義，排難解紛，豈知唐儉之徒，款兵誤國。」又數上書宋主及宰執，極陳戰和利害，且請入見及歸，皆不報。驛吏棘垣鑰户，晝夜守邏，欲以動經，經不屈。經待下素嚴，又久羈困，多怨者。經諭曰：「嚮受命不進，我之罪也。一入宋境，死生進退，聽其在彼，我終不能屈身辱命。汝等不幸，宜忍以待之，我觀宋祚將不久矣。」至元十二年，丞相伯顏南伐，帝遣禮部尚書中都海牙及經弟行樞密院都事庸入宋，問執行人之罪。宋懼，遣總管段佑以禮送經歸。似道之謀既泄，尋竄死。經道病，帝遣樞密院官及尚醫近侍迎勞，所過父老瞻望流涕。明年夏，至闕，賜宴内廷，賞賚有差。秋七月卒，年五十三。敕官爲護喪還葬，謚文忠。官其子采麟奉訓大夫、知林州。後贈昭文館大學士、司徒、冀國公。

經爲人尚氣節，爲學務有用。及被留，思託言垂後，撰《續後漢書》、《易春秋外傳》、《太極演》、《原古録》、《通鑑書法》、《玉衡貞觀》等書，及文集，凡數百卷。其文豐蔚豪宕，善議論。詩尤奇崛。拘使館十六年，從者皆通於學。開封民射雁金明池，得繫帛詩云：「霜落風高恣所如，歸期回首是春初。上林天子援弓繳，窮海纍臣有帛書。」後題曰：「中統十五年九月一日放雁，獲者勿殺，國信大使郝經書於真州忠勇軍營新館。」咸謂經之忠節所感動。時南北隔絶，經不知改元，故題曰「中統十五年」云。

二弟彝、庸，皆有名。彝字仲常，隱居以壽終；庸字季常，潁州知州。子采麟，累官集賢直學士、山南江北道肅政廉訪使。

從經使宋者，有苟宗道，字正甫，保定人。官都事。經授以經學，官至國子祭酒、江南行臺治書侍御史，卒。

史臣曰：郝經屢進言於世祖，以伐宋爲連兵構禍。就成敗論之，其言似迂而不切。然謂「如其不服，先以文誥，拒而不從，再行天伐」，異日蒙古滅宋，卒不外此。蓋王者之師，誠不以陰謀詭計爲勝算也。宋人自亡其國，無足論者。以經之學識，而不獲用於至元之世，惜哉！

新元史卷之一百六十九　列傳第六十六

陳祐 思謙　天祥

陳祐，一名天祐，字慶甫，趙州寧晉人。祖忠，字公茂，有學行，鄉黨尊而師之，稱爲茂行先生。父子安，早卒。

祐少好學，家貧，母張氏翦髮易書使讀之，長遂博通經史。時諸王得自辟官屬，穆哥王府署祐爲尚書。王分土於河南，又表祐爲河南府總管。下車之日，禮聘名士李國維、楊杲、李微、薛元等，咨以治道，奏免征西軍數百家及椒竹諸税、糧料等錢，又上便民二十餘事，朝廷皆從之。

世祖即位，分陝、洛爲河南西路。中統元年，真除祐爲總管。時州縣官未給俸，多貪暴，祐獨以清慎見稱，在官八年，如始至之日。至元二年，改南京路治中。適大蝗，徐、邳尤甚，責捕急。祐部民丁數萬人至其地，謂左右曰：「捕蝗慮其傷稼也。今蝗雖盛，而穀已熟，不如令早刈之。」或以事涉專擅，不可。祐曰：「救民獲罪，亦所甘心。」即諭使刈穀，兩州之民皆賴焉。

三年，朝廷以祐降官無名，乃賜虎符，授嘉議大夫、衛輝路總管。衛當四方衝要，號爲難治。祐申明法令，創立孔子廟，修比干墓，請列於祀典。及去官，民爲立碑頌德。

祐上書世祖，言樹太平之本有三，曰：

臣聞殷、周、漢、唐之有天下也，天生創業之君，必生守文之主。蓋創業之君，天所以定禍亂；守文之主，天所以致隆平也。昔我聖朝之興，太祖皇帝龍飛朔方，雷震雲合，天下響應，統一四海，雖湯、武之盛，未之有也。天眷聖朝，實生陛下，陛下神武聖文，經天緯地，能盡守文之美，兼隆創業之基，典章文物，燦然可觀。暨遐陬絶域之民，上古所不能臣者，陛下悉能臣之，雖高宗之興殷，成、康、宣王之興周，文、景、光武之興漢，太宗、憲宗之興唐，無以過也。是以海内豪傑之士，翕然嚮風，咸謂天命陛卜啟太平之運者有四，民望陛下樹太平之本者有三，臣請條列而言之。

陛下昔在藩邸之初，奉辭伐罪，西舉大理，勢若摧枯，南渡長江，易於反掌。此天命陛下揚萬里之威，定四方之亂，將降大任於陛下。即位之後，内難方殷，藩王之搆亂者在北，逆賊之連禍者在東，然天戈一指，俱從蕩平。此天命陛下消藩鎮有釁之權，新唐、虞無爲之化，將以躋斯民於仁壽之域也。臣故曰天命陛下。

啟太平之本者有三：其一曰太子國本，建立之計宜早。臣聞三代盛王有天下者，皆以傳子，非不欲法堯、舜禪讓之美也，顧其勢有不能爾。何則？俗有厚薄，時有變遷，苟或傳非其人，禍源一啓，則後世争奪之亂未易息也，以是見聖人公天下之憂深矣。故孟軻曰：「天與賢則與賢，天與子則與子。」夫所謂天與子者，非謂天有諄諄之言告諭人主以傳子之計也，政謂時運推移，無非天理。聖人能與時消息，動合天意，故自天祐之，吉無不利。是以三代享祚長久，至有踰六七百年者，以其傳子之心，公於爲天下，不私於己故也。伏見聖代隆興，不崇儲貳，故授受之際，天下憂危。曩者建藩屏之國，授諸侯之兵，所以尊王室，衛社稷，實祖宗創業之宏規也。迨乎中統之初，頗異於是。恃其國之大也，謀傾王室者有之；恃其兵之强也，圖危社稷者有之。當是之時，賴陛下斷自聖衷，算無遺策。故總攬權綱，則藩鎮之禍消；深固根本，則朝廷之計定。此陛下守文之善經也。何以言之？天下者，太祖之天下也；律令者，太祖之法令也。陛下豈欲變易舊章，作爲新制，以快天下耳目之觀聽哉？誠以時移事變，理勢當然，不得不爾，期於宗社之安而已矣。由此觀之，國本之議，昭然甚明，不可緩也。語曰：「雖有智慧，不如乘勢，雖有鎡基，不如待時。」今年穀屢登，四海晏然，此其時矣；億兆戴德，侯王向化，此其勢矣。夫天與不受，則違天意；民望不副，則失民心。失民心則可憂，違天意則可懼，此安危之機，不可不察也。伏惟陛下上承天意，下順民心，體三代宏遠之規，法《春秋》嫡長之義，内親九族，外協萬邦，建皇儲於春宮，隆帝基於聖代。俾入監國事，出撫戎政，絶覬覦之心，壹中外之望，則民心不摇，邦本自固矣。陛下藴謙光之德，縱不欲以天下傳子孫，獨不念宗廟之靈，社稷之重，生民之塗炭乎？願陛下熟計而爲之，則天下臣民之幸甚矣。

其二曰中書政本，責成之任宜專。臣伏見陛下勵精爲治，頻年以來，建官分職，綱理衆務，可謂備矣。曰中書，曰御史，曰樞密，曰制國用，曰左右部。夫承命宣制，奉行文書，銓叙流品，編齊户口，均賦役，平獄訟，此左右部之責也。通漕運，謹出納，充府庫，實倉廩，百姓富饒，國用豐備，此制國用之職也。修軍政，嚴武備，闢疆埸，肅號令，謹先事之防，銷未形之患，士馬精强，敵人畏服，此樞密之任也。若夫屏貴近，退姦邪，絶臣下之威福，强公室，杜私門，糾劾非違，肅清朝野，非御史不能也。如斗之承天，斟酌元氣，運行四時，條舉綱維，著明紀律，總百揆，平萬機，求賢審官，獻可替否，内親同姓，外撫四夷，綏之以和，鎮之以静，涵養人材，變化風俗，立經國之遠圖，建長世之大議，孜孜奉國，知無不爲，作新太平之化，非中書不可也。皇天以億兆之命，懸之於陛下之手，陛下父事上天，子愛下民，其道無他，要在慎擇宰相，委任責成而已。陛下，元首之尊也；中書，股肱之任也；御史，耳目之司也。方今之宜，非中書則無以尊上，非御史則無以肅下；下不肅，則内慢，上不尊，則外侮。内慢外侮，亂之始也；上尊下肅，治之基也。故《虞書》載明良之歌，賈生設堂陛之喻，其旨豈不深且遠哉！凡今之所以未臻於至治者，良由法無定體，人無定分，政出多門，不相統一故也。臣謂諸外路軍民錢穀之官，宜悉委中書通行遷轉。其賞罰黜陟，一聽於中書。其善惡能否，一審於御史。如此則官有定名之實，法有畫一之規矣。又大臣貴和，不貴同。和於義，則公道昭明，有揖讓之治；同於利，則私怨萌生，起忿争之亂。此必然之效也。誠能中外戮力，將相同心，和若鹽梅，固如金石，各慕相如、寇恂相下之義，夾輔王室，協贊聖猷。陛下臨之以日月之明，懷之以天地之量，操威福之權，執文武之柄，俾知法有定體，人有定分。上之使下，如身之運臂，臂之任指；下之事上，如足之承身，身之尊首。各勤厥職，各盡迺心。夫如是，天下何憂不理，國勢何憂不振乎？雖西北諸王未覲天顔，東南一隅未霑聖化，其來庭之議，稱藩之奏，可尅日而待，不足爲陛下憂也。所可憂者，大臣未和，公道未昭，羣小流言，熒惑聖聽，干撓庶政，虧損國威，摧壯士之心，鉗直臣之口。至使人情以緘默爲賢，以盡節爲愚，以告訐爲忠，以直言爲諱，是皆姦人敵國之幸，非陛下之福也。臣恐此弊不已，習以成風，將見私門萬啟於下，公道孤立於上，雖有夔、皋爲臣，伊、周作輔，亦不能善治矣。陛下有垂成太平之功，而復有小人基亂之釁，此臣所以爲陛下惜也。今大臣設有姦邪不忠，竊弄威柄者，御史自當劾之，乃其職也；百官自當論之，乃其分也。烏在無賴小人不爲鄉黨所齒者，驟興攻訐之風於朝廷之上乎？臣知國家承平吉祥之言，必不出於若輩之口也，惟陛下遠之，則天下幸甚。

其三曰人材治本，選舉之方宜審。臣聞君天下者，勞於求賢，逸於得人，其來尚矣。蓋天地間，有中和至順之氣，生而爲聰明特達之人，以待時君之用。是以聖王遭時定制，不借材於異代，皆取士於當時。臣愚以爲，今之天下，猶古之天下也；今之君臣，猶古之君臣也；今之人材，猶古之人材也。顧惟陛下求之與否爾。伏見取人之法，今之議者，互有異同。或以選舉爲盡美，而賤科第；或以科第爲至公，而輕選舉。是皆一己之偏見，非古今之通論也。夫二帝、三王以下，隋、唐以上，數千百年之間，明君睿后所得社稷之臣，王霸之輔，蓋亦多矣。其豐功盛烈，章章然著於天下後世之耳目者，跡其從來，亦可考也。或起於耕耘，或來於版築，或獵於屠釣，或因獻言而入侍，或由薦進而登朝。至於賢良方正、孝廉、貢舉之途，遭際萬殊，不可勝紀，豈一出於科第乎？自隋、唐以降，迄於宋、金，數百年間，代不乏人，名臣偉器，例皆以科第進，豈皆一出於選舉乎？及遇合於君，聚精會神於朝廷之上，皆能尊主庇民，論道佐時，寧復有彼優此劣之間哉？夫士之處世，亦猶魚之處水，其取之之術，固有筌罾罟釣之不同，期於得魴得鯉則一也。臣愚謂方今取士，宜設三科，以盡天下之材，以公天下之用。亡金之士，以第進士歷顯官，耆年宿德老成之人，分布臺省，咨詢典故，一也。內則將相公卿大夫，各舉所知，外則府尹州牧，歲貢有差，進賢良則受賞，進不肖則受罰，二也。頒降詔書，布告天下，限以某年開設科舉，三也。三科之外，繼以門廕勞閥參之，可謂才德兼收，勳賢並進。如此則人人自勵，多士盈朝，將相得人於上，守令稱職於下，陛下端拱無爲而天下治矣。夫天下，猶重器也。器之安危，置之在人。陛下誠欲措天下於泰山之安基，宗社於磐石之固，可不以求材爲急務乎？《詩》曰：「濟濟多士，文王以寧」，其斯之謂歟！

抑臣又聞，凡人臣進深計之言於上，自古爲難。昔漢賈誼當文帝治平之世，建言諸侯强大將不利於社稷，譬猶抱火厝之積薪之下而寢其上，火未及然，因謂之安。安上全下之計，莫若衆建諸侯而分其力。可謂切中時病矣。然舉朝皆以誼言爲過，故帝雖嘉之，而不能用。逮景帝之世，七國連兵，幾危漢室，誼之言始驗於此矣。董仲舒當武帝窮兵黷武之時，重斂繁刑之際，一踵亡秦之覆轍，唯崇尚虛文，而欲求至治。

仲舒以爲宜更化，而不更化，雖有大賢大能善治，譬之琴瑟不調；當更張而不更張，雖有良工不能善鼓。又言臨淵羡魚，不如退而結網；臨政願治，不如退而更化。可謂深識治體矣。然當時皆以其言爲迂，故帝雖納之，而不果行。逮至季年，海内虚耗，户口減半，帝於是發仁聖之言，下哀痛之詔，仲舒之言始驗於此矣。向若文帝早從賈誼，武帝早用仲舒，其禍亂之極，必不至此。漢之爲漢，又豈止如是而已哉？洎乎有唐馭宇，太宗皇帝清明在躬，以納諫爲心，而魏徵之倫恥其君不及堯、舜，是以知無不言，言無不聽，聽無不行。故能身致太平，比功較德，優邁前主矣。

臣誠才識駑鈍，不足以比擬前賢，如霄壤涇渭，固自有間。然於遭逢聖明，誠誠懇懇，志在納忠，其義一也。臣請以人身之計言之：冬之祁寒，夏之甚暑，此天時變於上者也，在修人事以應之。故祁寒則衣裘，甚暑則服葛，非人情惡常而好變也，蓋亦理勢當然，不得不爾，期於康寧其身而已矣。國計安危，理亦如此。臣愚切謂三本之策，若施之於太祖用武之世，有所未遑；行之於陛下守文之時，誠得其宜。此天下之公論，非臣一人之私意也。

書上，事雖未能盡行，時論韙之。

六年，以提刑按察司兼勸農使，遷祐爲山東東西道提刑按察使。時中書、尚書二省並立，世厭其煩，欲合爲一，集大臣議之。祜還朝，特命預其議。阿合馬爲尚書平章政事，欲奏中書右丞相安童爲太師，因罷中書省，懼祜有異同，許以祜爲尚書參知政事。及入議，祜極言：「中書政本，祖宗所立，不可罷；三公古官，今徒存虚位，不須設。」阿合馬怒其忤己，除祜僉中興等路行尚書省事。

西涼隸永昌王府，其達魯花赤及總管爲人誣搆，王欲悉致之法，祜力辯其冤。王怒甚，祜執議彌固。王亦尋悟，二人皆獲免，持祜泣曰：「公再生父母也。」朝廷大舉伐宋，遣祜僉山東民軍。民聞祜來，皆曰：「陳按察來，必無私。」於是逃匿者皆出，應期而辦。十二年，授南京總管，兼開封府尹。屬吏聞祜至，多震懾失措。祜因謂曰：「何必若是？前爲盜跖，今爲顔子，吾以顔子待之；前爲顔子，今爲盜跖，吾以盜跖待之。」由是吏知修飭，不敢弄法。十四年，遷浙東道宣慰使。時江南初附，軍士俘温、台民數千口，祜悉奪還之。未幾，行省榷民商酒税，祜請曰：「兵火之餘，遺民宜從寬恤。」不報。

遣祜檢覆慶元、台州民田。及還，至新昌，值玉山鄉盜起，倉猝不及爲備，中流矢而卒，年五十六。贈推忠秉義全節功臣、江浙等處行中書省左丞，追封潁川郡公，謚忠定。父老請留葬會稽，不得，乃立祠祀之。祜能詩文，有《節齋集》。

三子：夔，芍陂屯田萬户。在揚州，聞祜遇盜死，泣請行省，願復父讎。擒其賊魁，戮於紹興市。累遷朝列大夫、慶元路治中。皋、奭，皆侍儀司通事舍人。孫思魯、思謙，思魯襲芍陂屯田萬户。祐弟天祥。

思謙，少孤，警敏好學。天曆初，丞相高昌王亦都護舉思謙，時年四十矣。召見興聖宫。明年，授典寶監經歷，改禮部主事。首言：「教坊、儀鳳二司，請併入宣徽，以清禮部之選。其官屬不當與羣臣並列朝會，宜置百官之後，大樂之前。」詔從之，而二司隸禮部如故。

至順元年，拜西臺監察御史，條上八事：一曰正君道，二曰結人心，三曰崇禮讓，四曰正綱紀，五曰審銓衡，六曰勵孝行，七曰紓民力，八曰修軍政。先是，關陝大饑，民多鬻産，及歸，皆無地可耕。思廉請聽民倍直贖之，使富者收兼入之利，貧者獲已棄之業。從之。監察御史李擴行部甘肅。金州民劉海延都，其男元元，自稱流民王延禄，非海延都之子，告海延都掠其財。擴聽之，以酷刑拷其父〔一〕。思謙劾擴逆父子之倫，壞朝廷之法，遂抵擴罪。

明年，遷太禧宗禋院都事。九月，拜監察御史，首言：「户部賜田，諸怯薛支請海青、獅、豹肉食，及局院工糧。好事布施，一切泛支，較之至元三十年以前增數十倍，至順元年經費缺二百三十九萬餘錠。宜節無益不急之費，以備軍國之用。」又言：「軍站消乏，僉補則無殷實之户，接濟則無羨餘之財。倘有征行，必括民間之馬，苟能脩馬政，亦其一助也。今西越流沙，北際沙漠，東及遼海，地氣高寒，水甘草美，無非牧養之地。宜設羣牧使司，統領十監，專治馬政，并畜牛羊。」又言銓衡之弊：「入仕之門太多，黜陟之法太簡，州郡之任太淹，京朝之職太速。」設三策以救四弊：「一曰至元三十年以後增設衙門冗濫不急者，從實減并，其外有選法者，并入中書。二曰參酌古制，設辟舉之科，令三品以下各舉所知，得才則受賞，失實則受罰。三曰古者刺史入爲三公，郎官出宰百里，蓋使外職識朝廷治體，内官知民間利病。今後歷縣尹有能聲善政者，授郎官、御史，歷郡守有奇才異績者，任憲使、尚書。其餘各驗資品通遷，在内者不得三考連任京官，在外者須歷兩任乃遷内職。凡朝缺官員須二十月之上，方許遷除。」帝俞其奏，命中書議行之。時有官居喪者，往往奪情起復。思謙言：「三年之喪，謂之達禮。自非金革，不可從權。」遂著於令。詔起報嚴寺，思謙曰：「兵荒之餘，當罷土木，以紓民力。」帝悦，曰：「此正得祖宗立臺憲之意，繼此事有當言者無隱。」賜縑帛旌之。未幾，遷右司都事。

元統二年五月，轉兵部郎中。十一月，改御史臺都事。後至元元年，出爲淮西道廉訪副使，期月引疾歸。六月，召爲中書省員外郎，上言：「强盜但傷事主者，得死罪。故殺，從而加功者，與鬬而殺人者例，杖一百七十下，得不死，與宰牛馬之罪無異。是視人與牛馬等也，法應加重。因姦殺夫，所姦妻妾同罪。律有明文。今止坐所犯，與律不合。」事下刑部議，皆爲改定。

至正元年，轉兵部侍郎。丁内艱，服除，召爲右司郎中。歲凶，盜賊蠭起，剽掠州縣。思謙白於執政，當竭府庫以賑貧民，分兵鎮撫中夏，以防後患。不從，後卒如思謙言。

五年，參議中書省事。轉刑部尚書，改湖廣廉訪使。八年，遷淮東宣慰司都元帥。九年，遷浙西廉訪使、湖廣行中書省參知政事，辭。十一年，改淮西廉訪使。尋召入爲集賢侍講學士，修定刑律。十二年，拜治書侍御史。明年，擢御史中丞。思謙以年近七十，上章告老，不允。特旨進榮禄大夫，仍御史中丞。入謝，感疾，明日卒。贈宣猷秉憲佐治功臣、翰林學士承旨、榮禄大夫、柱國，追封魯國公，謚通敏。

天祥，字吉甫。少隸軍籍，善騎射。中統三年，李壇叛，河北河南宣慰司承制授天祥千户，屯三汊口，以遏宋兵。事平，罷歸。初，天祥未知學，祐不之奇也。别數歲，獻所爲詩於祐。祐疑假手它人，及與語，出入經史，大爲嗟異。

至元十年，起爲郢、復州等處招討司經歷，從大兵渡江，論軍事，深爲行省參政賈居貞所重。十三年，興國軍以籍兵器倡亂，行省命天祥權知軍事。父老上謁，天祥諭之曰：「捍衛鄉井，誠不可無兵，任事者籍而收之，操持過急，故致亂爾。今令汝輩權置兵仗以自衛，何如？」民皆稱便。乃白其事於行省曰：「鎮遏姦邪，當實根本。若内無備禦之資，則外生窺覦之釁，此理勢必然者也。推此軍變亂之故，正由當時處置失宜，疏於外而急於内。凡在軍中者，寸鐵尺杖不得在手，遂使姦人得以竊發，公私同被其害。今此地再經殘破，單弱至此，若猶相防而不相保信，豈惟外寇可憂，第恐舟中之人皆敵國矣。莫若推赤心於人，使戮力同心，與均禍福，人則我之人，兵則我之兵，靖亂止姦，無施不可。惟冀少加優容，然後責其必成之效。」行省許以便宜處置。凡天祥所施設，皆合衆意。由是流移復業，以至鄰郡之民來歸者相繼。分寧盜起，諜者至，吏請捕之，天祥曰：「彼以官吏貪暴故叛。今我一軍三縣，官無侵漁，民樂其業，使之告其徒黨，則諜者反爲我用矣。」遂一無所問。

居歲餘，詔改本軍爲路。有代天祥爲總管者，變更舊政，天祥去未久而興國復亂。壽昌府及大江南北諸城，多乘勢殺守將以應之。時方改行省爲宣慰司，參政忽都帖木兒、賈居貞、萬户鄭鼎爲宣慰使。鼎帥兵討之，至樊口溺死。賊遂聲言攻陽羅堡，鄂州大震。忽都帖木兒恇怯不敢出兵。天祥言於居貞曰：「陽羅堡依山爲壘，素有嚴備，彼若來攻，我之利也。且南人輕進易退，官軍憑高據險，出精兵擊之，必獲全勝。」居貞深然之，乃引兵伏於青山，賊至，果爲官軍所敗。復遣天祥權知壽昌府事，授兵二百人。亂民聞官軍至，皆依險自保。天祥以衆寡不敵，遣人諭以禍福，使各歸田里，惟擒其渠魁毛遇順、周監斬於鄂州市，得金二百兩，詢知爲鄂州賈人物，召而還之。賊黨王宗一等十三人亦就擒，以冬至日放還家，約三日歸獄，皆如期而至。白宣慰司盡縱之，由是無復叛者，百姓爲立生祠。

二十一年三月，拜監察御史。會右丞盧世榮以掊克聚斂，權傾一時。御史中丞崔彧言之，帝怒，欲致之法，世榮勢焰益熾。左司郎中周戭因議事有可否，世榮誣以沮法，奏令杖一百，然後斬之，百僚震慴，無敢言者。二十二年四月，天祥上疏極論世榮姦惡，曰：

盧世榮以商販所獲之貲，趨附權臣，營求入仕，輿贓輦賄，輸送權門，所獻不充，又別立欠少文券銀一千錠，由白身擢江西榷茶轉運使。專務貪饕，所犯贓私，動以萬計。其隱秘者固難悉舉，惟發露者乃可明言。凡掊取於人及所盜官物，略計：鈔以錠計者二萬五千一百一十九，金以錠計者二十五，銀以錠計者一百六十八，茶以引計者一萬二千四百五十有八，馬以匹計者十五，玉器七事，其餘繁雜物件稱是。已經追納及未納見追者，人所共知。

今不悔前非，狂悖愈甚。以苛刻爲自安之策，以誅求爲干進之門。而又身當要路，手握重權，雖位在丞相之下，朝省大政，實得專之。是猶以盜蹠而掌阿衡之任，不止流殃於當代，亦恐取笑於將來。朝廷信其虚誑之説，俾居相位，名爲試驗，實授正權。校其所能，敗闕如此；考其所行，毫髮無稱。此皆既往之真跡，可謂已試之明驗。若謂必須再試，止可叙以他官，宰相之權，豈宜輕授？夫宰天下譬猶製錦，初欲驗其能否，先當試以布帛，如無成效，所損或輕。今捐相位以試驗賢愚，猶捐美錦以較量工拙，脱致隳壞，悔將何及？

國家之與百姓，上下如同一身。民乃國之血氣，國乃民之膚體。未有耗其血氣，能使膚體豐腴者。是故民富則國富，民貧則國貧，民安則國安，民困則國困，其理然也。昔魯哀公欲重斂於民，問於有若，對曰：「百姓足，君孰與不足？百姓不足，君孰與足？」以此推之，民以賦輕而後足，國以民足而後安。《書》曰：「民爲邦本，本固邦寧。」歷考前代，因百姓富足以致亂，百姓困窮以致治，自有天地以來，未之聞也。夫財者，土地所生，民力所集，天地之間，歲有常數。惟其取之有節，故其用之不乏。

今世榮欲以一歲之期，致十年之積，廣邀增羨之功，不恤顛連之患。視民如讎，爲國斂怨。果欲肆意誅求，何所不得？然其生財之本既已不存，斂財之方復何所賴？將見百姓由此凋耗，天下由此空虚，安危利害之機，有不可勝言者。

計其任事以來，百有餘日。今取其所行與所言，已不相副者，略舉數端：始言能令鈔法如舊，鈔愈虛耗；始言令百物自賤，物愈騰貴；始言課程增添三百萬錠，不取於民而辦，今卻迫脅諸路官司增數包認；始言能令民快樂，今所措置無非敗法擾民者。若不早有更張，須其自敗，猶蠹雖除去，木病亦深，始嫌曲突徙薪，終見焦頭爛額。事至於此，救將何及？

臣亦知阿附權要則榮寵可期，違忤重臣則禍患難測。緘默自固，亦豈不能？正以事在國家，關繫不淺，憂深慮切，不得無言。

奏上，世祖遣使召天祥與世榮俱至上都，面質之。比至，即日縛世榮於宮門外。明日入對，天祥於帝前再舉其未及言者，帝稱善。世榮遂伏誅。五月，朝廷録天祥從軍渡江及平興國、壽昌之功，擢吏部郎中。

二十三年四月，除治書侍御史。六月，命理算湖北湖南行省錢糧。天祥至鄂州，即上疏劾平章要束木凶暴不法。時桑哥竊國柄，與要束木姻黨，誣天祥以罪，欲殺之，繫獄幾四百日。二十五年春正月，遇赦得釋。二十八年，擢行臺侍御史。未幾，以疾辭歸。三十年，授燕南河北道廉訪使。

元貞元年，改山東東西道廉訪使。山東盜起，詔求弭盜方略。天祥奏，所擬事條，皆切於時用。執政頒行諸路，由是羣盜屏息。平陰縣女子劉金蓮，假妖術惑衆，所至官爲建神堂，愚民奔走事之。天祥謂同僚曰：「此婦以神怪惑衆，聲勢如此。若復有狡獪之人輔之，仿漢張角、晉孫恩之所爲，必成大害。」遂命捕繫之，杖於市，自此妖妄屏息。天祥言山東宣慰司官冗宜罷，因劾宣慰使貪暴黷治諸事，不聽。遂以任滿辭職。

大德三年六月，遷河北河南廉訪使，以疾不起。六年，拜江南行臺御史中丞。上疏論征西南夷事，曰：

兵有不得已而不已者，亦有得已而不已者。惟能得已則已，可使兵力日强，以備不得已而不已之用，是之謂善用兵者也。去歲行省右丞劉深遠征八百媳婦，此乃得已而不已之兵也。彼荒裔小邦，遠在雲南之西南又數千里，人皆頑愚無知。取之不足以爲利，不取不足以爲害。深欺上罔下，帥兵伐之。經過八番，縱横自恣，恃其威力，虐害居民。中途變生，所在皆叛。深既不能制亂，反爲亂衆所制。軍中乏糧，人自相食。計窮勢蹙，倉皇退走，棄衆奔逃，僅以身免。朝廷再發陝西、河南、江西、湖廣四省兵，使劉二霸都總督，以圖收復叛地。湖北、湖南大起丁夫，運送軍糧，至播州交納，其正夫與擔負自己糧食者，通計二十餘萬。正當農時，興此大役，驅愁苦之人，往返數千里中，何事不有？或所負之米盡到，固爲幸矣。然官軍數萬止仰今次運米，自此以後，又當如何？

比問西征敗卒及其將校，頗知西南遠夷之地，重山複嶺，陡澗深林。軍行徑路在於其間，窄處僅容一人一騎，上如登天，下如入井。賊若乘險邀擊，我軍雖衆，亦難施爲。又毒霧、煙瘴之氣，皆能傷人。羣蠻既知大軍將至，若阻要害以老我師，進不得前，旁無所掠，士卒饑餒，疫病死亡，將有不戰自困之勢，不可不爲深慮也。

且自征伐倭國、占城、交趾、爪哇、緬國以來，近三十年，未嘗見有尺地一民內屬之益，計其所費錢財，死損軍數，不可勝言。又聞八番羅國，向爲征西官軍擾害，捐棄生業，相繼逃叛，怨深入於骨髓，皆欲得其肉而分食之。人心所惡，天意亦憎。惟須上承天意，下順人心，早正深之罪，續下明詔，示彼一方。仍諭自今再無遠征之役以招之，使官民上下，皆知不與區區小醜爭一旦之勝負也。

昔大舜退師而苗民格，充國緩戰而諸羌安，事載經傳，爲萬世法。爲今之計，宜駐兵近境，使其水路經通，或用鹽引茶引，或用寶鈔，多增米價和市軍糧。但法令嚴明，官不失信，米船必蔽江而上，軍自足食，民亦不擾。內安根本，外固邊陲。以我之鎮靜，御彼之猖狂，布恩以柔之，畜威以制之，期之以久，服之以漸。此王者之師，萬全之利。若謂業已如此，欲罷不能，亦當慮關繫之大，審詳成敗，算定而後用兵。彼溪洞諸蠻，各有種類，必無同心敵我之理。但急之則相救，緩之則相疑。俟彼有可乘之隙，我有可動之時，徐命諸軍，數道俱進。服從者恩之以仁，拒命者威之以武。恩威相濟，功乃易成。若仍蹈深之覆轍，恐他日之患有甚於今日也。」不報，遂謝病去。

七年，召拜集賢大學士，商議中書省事。八月，地震，河東尤甚。詔問弭災之道，天祥言：「陰陽不和，天地不位，皆人事失宜所致。」執政者以其言切直，抑不以聞。天祥還都且一歲，未嘗得見帝言事，常鬱鬱不自釋。八年正月，移疾歸。至通州，中書遣使追之，不肯還。帝聞之，賜鈔五千貫，仍命給驛傳，官護送至其家。九年五月，拜中書右丞，議樞密院事。提調諸衛屯田，以年老固辭。十一年，仁宗在懷州，遣使賜幣帛、上尊酒。至大四年，仁宗即位，復遣使召之，不起。延祐三年四月，卒，年八十七。累贈推忠正義崇德佐理功臣、河南江北等處行中書省平章政事，追封趙國公，謚文忠。

史臣曰：陳祐建言三本，皆當世之要務。天祥抨擊姦臣，尤爲侃直。方之軾、轍，庶幾媲美。思謙議論可觀，出爲方面，未著名蹟，殆非治事之才歟？

【校勘記】

〔一〕「拷」，原作「考」，據文意改。《元史》卷一八四列傳第七十一《陳思謙傳》作「以酷法抑其父」。

新元史卷之一百七十　列傳第六十七

許衡師敬　劉因　吴澄當

許衡，字仲平，懷州河内人。生有異禀，與羣兒嬉，即立進退周旋之節，羣兒莫敢犯。年七八歲，受學於塾師，凡三易師，所授書輒不忘。其師辭於父母曰：「此兒穎悟非常，他日必有過人者，吾非其師也。」有道士款其門，謂父母曰：「此兒氣骨不凡，當謹視之，異日名冠天下，富貴不足道也。」金末，徭役繁興，衡從其舅受吏事。久之，以應辦宣宗山陵，州縣追呼旁午，衡歎曰：「民不聊生，欲督責以自免，吾不爲也。」遂不復詣縣，決意求學。父母以世亂，欲衡習占候之術，爲避難計。於日者家見《尚書疏》，乃就宿其家手録之。由是知考求古學，一言一行，必質於書，時人亦稍從受學焉。

未幾，避亂於徂徠山，轉徙大名。時竇默以經術得名，見衡，敬禮之，相遇則危坐終日，出入於經史百家之説，互相難問。姚樞以道學自任，聞衡苦學力行，過大名訪之。樞隱居蘇門山，傳伊、洛之學於趙復。衡至蘇門，見樞，得伊川《易傳》，朱子《論孟集注》、《中庸大學章句》、《或問》、《小學》諸書，乃手寫以歸，謂學徒曰：「昔所授殊孟浪，今始聞進學之序。若必欲相從，當悉棄前日所學章句之習，從事於小學洒掃應對，以爲進德之階。」乃悉取舊書焚之，使門人自小學入。衡以身先之，家貧，躬耕自養，年不熟則食糠茹菜，處之泰然。

樞應世祖聘，衡獨處蘇門，始有任道之意。及樞爲勸農使，薦衡於世祖，以爲京兆提學。世祖南征，衡復歸懷州。

中統元年，召衡赴上都。入見，帝問所學，曰：「孔子。」問所長，曰：「虛名無實，誤達聖聽。」問科舉之學，曰：「不能。」帝曰：「卿言務實。科舉之學虛誕，朕所不取也。」明年三月，復召至上都。時王文統秉政，深忌樞、默等，疑衡附和之。五月，奏以樞爲太子太師，默太子太傅，衡太子太保，陽尊之，實不欲其侍左右。默以屢言文統不中，欲倚東宮避之。衡以爲不可，且曰：「禮，師傅與太子位東西鄉，師傅坐，太子乃坐。公等能爲此事否？不然，是師道自我而亡也。」樞然之，與默等懷制立殿下，五辭乃免。改授衡國子祭酒。既拜命，復以疾辭。九月，得請歸，仍奉敕教授懷孟路弟子。

三年九月，召至大都。中書左丞張文謙見衡，請執弟子禮，衡拒之。文謙數忤倖臣，被譴責，請教於衡。衡貽書，教以存誠克己之學。至元元年，懇請返懷州，帝許之。六月，迅雷起於堂下，從者皆驚仆，衡獨不爲動。二年，帝復徵之。衡至上都，即奏震雷之罰，不當入覲，帝不許。十二月，敕入中書省議事，衡以疾辭。丞相安童素慕衡名，謁於行館，及還，謂左右曰：「若輩自謂相去幾何？蓋什百而千萬也，是豈繒繳之可及哉！」

三年春，召至檀州。敕諭衡曰：「竇漢卿獨言王文統，當時汝何不言？豈孔子之教，使汝如是乎？抑汝不遵孔子之教乎？往者不咎，今後毋然。省中事前雖命汝，汝意猶未悉，今再命汝。汝之名分，其斟酌在我。國事所以無失，百姓所以得安，其謨猷在汝。正當黽勉從事，毋負平生所學。安童尚幼，未更事，汝其輔導之。」衡對曰：「聖人之道，至大且遠。臣平生雖讀其書，所得甚淺。既承特命，願罄所知。安童聰明，有執守，告以古人言語，悉能領解。但慮中有人間之，則難行矣。」

是年夏，分省至上都，衡疏陳五事。其一曰：

自古立國，有大規模。規模既定，然後治功可期。昔子產相衰周之列國，孔明治西蜀之一隅，且有定論，終身由之。而堂堂天下，可無一定之制哉？前代北方之有中夏者，必行漢法，乃可長久。故後魏十六帝，百七十年；遼九帝，二百有八年；金九帝，百二十年，皆歷年最多。其他不行漢法，如劉、石、姚、苻[一]、慕容、赫連等，專尚威力，劫持鹵莽，皆不過二三十年而傾敗相繼。夫陸行宜車，水行宜舟，反之則不能行。

幽燕食寒，蜀漢食熱，反之則必有變。以是論之，國家既自朔漠入中原，居漢地，主漢民，其當用漢法無疑也。然萬世國俗，累朝勳舊，一旦驅之下從臣僕之謀，改就亡國之俗，其勢有甚難者。夫寒之與暑，固爲不同。然寒之變暑也，始於微温，而熱而暑，積百有八十二日而寒始盡。暑之變寒，其勢亦然，是亦積漸之驗也。苟能漸之摩之，待以歲月，心堅而確，事易而常，未有不可變者。以北方之俗，改用中國之法，非三十年不可成功。在昔平金之日，即當議此，顧乃遷延歲月，養成尾大之勢。祖宗失其機於前，陛下繼其難於後。雖曰守成，實同創始，規模又難於曩時。惟亟亟講求得失而法戒之，不雜小人，不責近效，不恤流言，則周、漢不難復，遼、金不難躒也。

其二曰：

天下之務，萃於中書，不勝其煩，然大要用人、立法而已。人之賢否，未知其詳，固不可遽用。若或已知其爲君子、爲小人，而復遲疑兩可，莫決進退，用君子恐其迂闊，用小人冀收其捷效，是徒曰知人，而實不能用人，亦何益哉？人莫不飲食也，獨膳夫能調五味之和；莫不睹日月也，獨星官能步虧食之數。今里巷之談，動以古爲詬戲，不知今日口之所食，身之所衣，孰非古人遺法？豈天下之大，國家之重，而獨無必然之成法乎？夫治人者法，守法者人。人法相維，上安下順，而君相不勞。今立法用人，縱未能遽如古昔，然已仕者當給俸以養其廉，未仕者當寬立條格，俾就叙用，則失職之怨少可舒矣。外設監司以察汙濫，内專吏部以定資歷，則非分之求漸可息矣。再任三任，抑高舉下，則人才爵位略可平矣。至於貴家之世襲，品官之任子，版籍之數，續當議之，亦不可緩也。

其三曰：

爲君當知爲君之難。蓋上天爲下民作之君師，非以安佚娱之，乃以至難任之也。古帝明王，莫不兢兢業業，豈故爲自苦哉？誠深知爲君之難，則有一息，不敢暇逸者。請言其要，曰：踐言難，知人難，用賢難，去邪難，得人心難，合天意難。何者？

人君不患出言之難，而患踐言之難。知踐言之難，則其出言不容不慎。「一日二日萬幾」，人君以一身一心臨斷之，欲言之無失，豈易得哉？故有昔之所言而今日忘之者，今之所命而後日違之者。可否異同，紛更變易，紀綱不得布，法度不得立，臣下無所持循。此無他，至難之地不以難處而以易處故也。苟從《大學》之道，以修身爲本，凡一言一行，必求其所當然，不牽於愛憎，不激於喜怒，虚心端意而審處之，鮮有不中者。奈何爲上多樂舒肆，爲下多事容悦。夫私心盛則不畏人，欲心盛則不畏天。以不畏天、不畏人之心，所日務者皆快心之事，則口欲言而言，身欲動而動，又安肯兢兢業業，熟思而審處之乎？此人君踐言之難，又難於在下之人也。

人之情僞有易有險，險者難知，易者易知。且又有衆寡之分焉，寡則易知，衆則難知。故在上難於知下，而在下易於知上。處難知之地，御難知之人，欲其不見欺也，難矣！人君處億兆之上，操予奪進退賞罰生殺之權，不幸見欺，則以非爲是，以是爲非，其害可勝既乎？人君惟無喜怒也，有喜怒，則贊其喜以市恩，鼓其怒以張勢；人君惟無愛憎也，有愛憎，則假其愛以濟私，藉其憎以復怨。甚至本無喜也，誑之使喜；本無怒也，激之使怒；本不足愛也，而譽之使愛；本無可憎也，而短之使憎。若是，則進者未必君子，退者未必小人，予者未必有功，奪者未必有罪，賞罰生殺，鮮得其正。人君不悟其受欺也，而反任之以防天下之欺，患尚可言邪？大抵人君以知人爲貴，以用人爲急，用得其人，則無事於防。既不出此，則所近者争進之人耳，好利之人耳，無恥之人耳。彼挾詐用術，投間抵隙，以蠱君心。欲防其欺，雖堯、舜不能也。此知人之難也。

能知賢則必任賢。賢者以公爲心，以愛爲心，不爲利回，不爲勢屈，置之周行，則庶事得其正，天下被其澤，其於人國，重固如此也。然其人必難進易退，輕利重義。人君雖或知之而召之命之，泛如廝養，賢者有不屑也。雖或接之以貌，待之以禮，然而言不見用，賢者不處也。或用其言而復使小人參之，責小利，期近效，有用賢之名，無用賢之實，賢者亦豈肯尸位素餐以取譏天下後世哉？且賢不惟難進也，而又難合。人君處崇高之地，大抵樂聞人過而不樂聞己過，務快己心而不務快民心。賢者欲匡而正之，扶而安之，如堯、舜而後已，故其勢恒難合。况姦邪佞倖，醜正惡直，肆爲詆毁，多方以陷之，將見罪戾之不免，又可望事得其正，而天下被其澤邪？此任賢之難也。

姦邪之人，其心險，其術巧。惟險，故千態萬狀而人莫能知；惟巧，故千蹊萬徑而人莫能禦。其諂似恭，其訐似直，其欺似可信，其佞似可近。勢在近習，則結近習，勢在宫闈，則媚宫闈。或以甘言誘人於過，而後發之，以示其無黨。務窺人君之喜怒而迎合之，竊其勢以立己之威，結其愛以濟己之欲，愛隆於上，威擅於下。大臣不敢議，近親不敢言，毒被天下，而上莫之知。所謂城狐社鼠而求去之，固已難矣。然此猶人主之不知者也。至若宇文士及之佞，太宗灼見其情而不能斥；李林甫妒賢嫉能，明皇洞見其姦而不能退。邪之惑人有如此者，可不畏哉？此去邪之難也。

夫上以誠愛下，下以忠報上，感應之理則然。禹抑洪水以救民，啟又能敬承繼禹之道，其澤深矣，一傳而太康失道，則萬姓仇怨而去者，何邪？漢高帝起布衣，天下景從，滎陽之難，紀信至捐生以赴急，則人心之歸可見矣。及天下已定，而沙中有謀反者，又何邪？非戴上之心有時忽變，特由使之失望，使之不平，然後怨怒生焉。禹、啟愛民如赤子，而太康逸豫以滅德，是以失望。漢高以寬仁得天下，及其已定，乃以愛憎行誅賞，是以不平。古今人君，凡有恩澤於民，而民怨且怒者，皆類此也。人君有位之初，既出美言而告天下矣，既而實不能副，故怨生焉。等人臣耳，無大相遠，人君特以己之私而厚一人，則其薄者已觖望，况於薄有功而厚有罪，人得不憤於心邪？得人心之道，不在於要結，而在於修身。誠使一言一動，必可爲天下之法，一賞一罰，必求合天下之公，則億兆之心，將不求自得，又豈有失望不平之累哉？此得人心之難也。

三代而下，稱盛治者，無如漢之文、景。然攷之當時，天象數變，山崩地震未易遽數，是將小則有水旱之災，大則有亂亡之應。而文、景克承天心，一以養民爲務，今年勸農桑，明年減田租，懇愛如此，是以民心洽而和氣應。臣竊見前年秋，孛出西方，彗出東方，去年冬，彗見東方，復見西方，議者謂當除舊布新，以應天變。臣以爲曷若直法文、景，恭儉愛民，爲本原之治。《書》曰：「天視自我民視，天聽自我民聽。」以是論之，則天之道恒在於下，恒在於不足也。君人者，不求之下，而求之高，不求之不足，而求之有餘，斯其所以召天變也。其變已生，其象已著，乖戾之幾已萌，猶且因仍故習，抑其下而損其不足，謂之合天，不亦難乎？

此六者，皆難之目也。舉其要，則修德、用賢、愛民三者而已，此謂治本。本立則紀綱可布，法度可行，治功可必。否則愛惡相攻，善惡交病，生民不免於水火，以是爲治，萬不能也。

其四曰：

農桑學校，治法之大綱也。古之賢君莫如堯、舜，賢臣莫如稷、契。亦不過播百穀以厚民生，敷五教以善民心，此教養之道，民可使富，兵可使强，人才可使盛，國勢可使重，必然之理也。今國家徒知斂財之巧，而不知生財之由；徒知防人之欺，而不知養人之善；徒患法令之難行，而不患法令無可行之地。誠能優重農民，勿擾勿害，驅游惰之人歸之南畝，課之種藝，懇喻而督行之，十年已後，倉廩之積當非今日之比矣。自都邑而至州縣，皆設學校，使皇子以下至於庶人之子弟，皆入於學，以明修己治人之要道，十年已後，人材之盛、風俗之美，又非今日之比矣。二綱既張，萬目斯舉，否則富强之效皆不可期也。

其五曰：

天下所以定者，民志定，則士安於士，農安於農，工商安於爲工商，而後在上之人始安如泰山。今民不安於白屋，必求禄仕；仕不安於卑位，必求尊榮。四方萬里，輻輳並進，各懷無恥之心，在上之人可不爲寒心哉？臣聞取天下者尚勇敢，守天下者尚退讓，各有其宜，不可不審。然欲民志之定者，必先定君志。君志之定，莫如慎喜怒而修號令。古之帝王潛心恭默，不易喜怒。其未發也，雖至近莫能知；其發也，雖至親莫能移。喜怒發必中節，是以號令簡而無悔也。

書奏，帝嘉納之。衡多病，帝聽五日一至省，時賜尚方名藥、美酒。四年，乃聽其歸。五年，復召見。六年，命與太常卿徐世隆定朝儀，又詔與太保劉秉忠、左丞張文謙定官制。衡歷攷古今分并統屬之序，定爲圖。七年，奏上之。

未幾，阿合馬爲中書平章政事，領尚書省六部事，勢傾朝野，一時大臣多附之。衡每與之議，必正言不少讓。已而其子又有僉樞密院之命，衡獨執議曰：「國家事權，兵、民、財三者而已。今其父典民與財，子又典兵，不可。彼雖不反，此反道也。」阿合馬面質衡曰：「汝何言吾反？汝實反耳！人所嗜好，權勢、爵禄、聲色，汝皆不好，惟欲得人心，非反而何？」衡曰：「王平章不好權勢、爵禄耶？何以反？」阿合馬銜之，亟薦衡宜在中書，欲中以事。俄除左丞，衡屢入辭，帝命左右掖出之。從幸上京，復論列阿合馬專權罔上、蠹政害民若干事，不報。因謝病，請解機務，帝惻然，召其子師可入諭旨，且命舉自代者。衡奏曰：「用人，天子之大柄也。臣下泛論其賢否則可，若授之以位，當斷自宸衷，不可使臣下有市恩之漸。」

帝久欲開太學，會衡求罷益力，乃從其請。八年，以爲集賢大學士，兼國子祭酒，親爲擇蒙古弟子使教之。衡聞命，喜曰：「此吾事也。國人子太樸未散，視聽專一，若置善類之中涵養數年，必爲國用。」乃請徵其弟子王梓、劉季偉、韓思永、耶律有尚、吕端善、姚燧、高凝、白楝、蘇郁、姚燉、孫安、劉安中十二人爲伴讀，分處各齋，以爲齋長。時所選弟子皆幼稚，衡待之如成人。講課少暇即習禮，或習書算。少者則令習拜跪揖讓，進退應對，或射，或投壺，負者罰讀書若干遍。久之，諸生人人自得，尊師敬業，下至童子，亦知禮節。十年，阿合馬屢毁漢法，諸生廩食或不繼，衡固請退。帝命諸老臣議其去留，竇默亦爲衡請，乃聽衡歸，以贊善王恂攝學事。劉秉忠等奏，乞以衡弟子耶律有尚、蘇郁、白楝爲助教，守衡規矩，從之。

十三年，詔王恂定新曆。恂以爲曆家知曆數而不知曆理，宜得衡領之。乃以集賢大學士兼國子祭酒，領太史院事，召至京。十七年，曆成，奏上之，賜名曰《授時曆》，頒行天下。語詳《郭守敬傳》。

六月，以疾請歸。皇太子爲請於帝，授子師可爲懷孟路總管以養之，且使東宫官諭衡曰：「公毋以道不行爲憂也，公安則道行有時矣，其善藥自愛。」十八年，衡病革，逢家祭，扶起奠獻如儀。既徹，餕而卒，年七十三。是日，雷電，大風拔木。懷孟人無貴賤少長，皆哭於門。四方學士，不遠數千里祭哭墓下。

北方文學自衡開之，當時名公卿多出其門。丞相安童事以師禮，卒稱賢相。惟值王文統、阿合馬相繼用事，未獲大行其志，論者惜之。大德元年，贈司徒，謚文正。至大三年，加贈正學垂憲佐運功臣、太傅、開府儀同三司，追封魏國公。皇慶二年，詔從祀孔子廟廷。延祐初，又詔立書院於京兆以祀之，給田奉祠事，賜名魯齋書院。魯齋，衡在大名時所署齋名也。

二子：師可，懷孟路總管；師敬，累官山東廉訪使。泰定二年，奏請頒族葬制，禁用陰陽邪説，從之，入爲中書參知政事，遷左丞，令與紐澤等編譯《帝訓》。書成，經筵進講，仍令皇太子閲之。三年，帝幸上都，命師敬與兀伯都剌等居守。是年，譯《帝訓》成，更名《皇圖大訓》。後卒於官。孫從宣，河北河南道廉訪使。元統二年，録衡孫從宗爲異珍庫提點。

劉因，字夢吉，保定容城人。世爲儒家。父述，邃於性理之學。中統初左三部尚書劉肅宣撫真定，辟武邑令，以疾辭歸。年四十無子，因生之夕，述夢神人騎馬載一兒至其家曰：「善養之。」乃名曰駰，字夢驥，後改今名及字。

因天資絶人，三歲識書，日記千百言，過目成誦。六歲能詩，七歲能屬文，落筆驚人。甫弱冠，才器超邁，思得如古人者友之，作《希聖解》。國子司業研彌堅教授真定，因從之游，同舍生皆不能及。初爲經學，究訓詁注疏之説，輒歎曰：「聖人精義，殆不止此。」及得周、程、張、邵、朱、吕之書，一見能發其微，曰：「我固謂當有是也。」因蚤喪父，事繼母孝。雖貧，非其義，一介不取。家居教授，師道尊嚴，弟子造其門者，隨材器教之，皆有成就。嘗愛諸葛孔明「静以修身」之語，表所居曰「静修」。

不忽木以因學行薦於朝。至元十九年，詔徵因，擢右贊善大夫。初，裕宗建學宫中，命贊善王恂教近侍子弟，恂卒，乃命因繼之。未幾，以母疾辭歸。明年，丁内艱。二十八年，復遣使者以集賢學士徵因，以疾固辭，且上書宰相曰：

因自幼讀書，聞大人君子之餘論，雖他無所得，至如君臣之義，自謂見之甚明。

如以日用近事言之，凡吾人所以得安居而暇食，以遂其生聚之樂者，是誰之力與？皆君上之賜也。是以凡我有生之民，或給力役，或出知能，亦必各有以自效焉。此理勢之必然，亘萬古而不可易，莊周氏所謂「無所逃於天地之間」者也。

因生四十三年，未嘗效尺寸之力，以報國家養育生成之德。而恩命連至，因尚敢偃蹇不出，貪高尚之名，以負我國家知遇之恩，而得罪於聖門中庸之教也哉？且因之立心，自幼及長，未嘗一日敢爲崖岸卓絶、甚高難繼之行。平昔交友，苟有一日之雅者，皆知因之此心也。但或者得之傳聞，不求其質，止於踪跡之近似者觀之，是以有高人隱士之目，惟閣下亦知因之未嘗以此自居也。

向者先儲皇以贊善之命來召，即與使者俱行，再奉令旨教學，亦即時應命。後以老母中風，請還家省視，不幸彌留，竟遭憂制，遂不復出，初豈有意於不仕邪？今聖天子選用賢良，一新時政，雖前日隱晦之人，亦將出而仕矣，況因平昔非隱晦者邪？況加以不次之寵，處之以優崇之地邪？是以形留意往，命與心違，病卧空齋，惶恐待罪。

因素有羸疾，自去年喪子，憂患之餘，繼以痁瘧，歷夏及秋，後雖平復，然精神氣血，已非舊矣。不圖今歲五月二十八日，瘧疾復作，至七月初二日，蒸發舊積，腹痛如刺，下血不已。至八月初，偶起一念，自歎旁無期功之親，家無紀綱之僕，恐一旦身先朝露，必至累人，遂遣人於容城先人墓側，修營一舍，儻病勢不退，當居處其中以待盡。遣人之際，未免感傷，由是病勢益增，飲食極減。至二十一日，使者持恩命至，因初聞之，惶怖無地，不知所措。徐而思之，竊謂供職雖未能扶病而行，而恩命則不敢不扶病而拜。因又慮，若稍涉遲疑，則不惟臣子之心有所不安，而蹤跡高峻，已不近於人情矣。是以即日拜受，留使者，候病勢稍退，與之俱行。遷延至今，服療百至，略無一效。乃請使者先行，仍令學生李道恒納上鋪馬聖旨，待病退，自備氣力以行。望閣下俯加矜憫，曲爲保全。因實疏遠微賤之臣，與帷幄諸公不同，其進與退非難處之事，惟閣下始終成就之。

帝聞之，曰：「古有所謂不召之臣，其斯人之徒歟！」

三十年夏四月卒，年四十五。無子。延祐中，贈翰林學士、資善大夫、上護軍。追封容城郡公，謚文靖。歐陽元贊因畫像，曰：「微點之狂，而有沂上風雩之樂；資由之勇，而無北鄙鼓瑟之聲。於裕皇之仁，而見不可留之四皓；以世祖之略，而遇不能致之兩生。烏乎！麒麟、鳳凰，固宇内之不常有也，然而一鳴而《六典》作，一出而《春秋》成。則其志不欲遺世而獨往也，明矣。亦將從周公、孔子之後，爲往聖繼絶學，爲來世開太平者邪！」論者以爲知言。吴澄於當時學者最慎許可，獨推敬因，自謂不及云。

因所著有《四書精要》三十卷，詩文集二十二卷。門人新安人劉英、王綱、梁至剛，容城人梁師安，俱高尚不仕。

吴澄，字幼清，撫州崇仁人。幼穎異。五歲，日受千餘言，夜讀書達旦。母憂其過勤，不多與膏火。澄候母寢，燃膏復誦。九歲，日誦《大學》二十過，次第讀《論語》、《中庸》，如是者三年。

十九歲，著論曰：「堯、舜而上，道之元也；堯、舜而下，其亨也；泗、洙、鄒、魯，其利也；濂、洛、關、閩，其貞也。分而言之，上古則羲皇其元，堯、舜其亨乎！禹、湯其利，文、武、周公其貞乎！中古之統，仲尼其元，顔、曾其亨乎！子思其利，孟子其貞乎！近古之統，周子其元也，程、張其亨也，朱子其利也。孰爲今日之貞，未之聞也。然則可以終無所歸乎？」其以道統自任如此。

宋咸淳七年，試禮部不第。時宋亡徵已見，澄以其學教授鄉人，作草屋數間，題其牖曰：「抱膝《梁父吟》，浩歌《出師表》。」程鉅夫與澄爲同學，知其意，題之曰「草廬」。學生遂稱之曰「草廬先生」。

至元十二年，撫州内附。樂安丞蜀人黄西卿不肯降，遁於窮山中，招澄教其子，澄從之。樂縣人鄭松又招澄居布水谷，乃著《孝經章句》，校定《易》、《書》、《詩》、《春秋》、《儀禮》，及大、小《戴記》。二十三年，程鉅夫奉詔求江南遺逸，强起澄至京師。未幾，以母老辭歸。二十五年，鉅夫白於執政：「吴澄不欲仕，所著《詩》、《書》、《春秋》諸書，得聖賢之旨，可以教國子，傳之天下。」敕江西行省繕録其書以進，州縣以時敦禮。

元貞二年，董士選爲江西行省左丞，雅敬澄。及拜行臺御史中丞，入奏事，首以澄薦。未幾，士選遷樞密副使，又薦之。一日，議事中書省，起立謂丞相完澤曰：「士選所薦吴澄，經明行修，大受之才。」平章政事不忽木曰：「樞密質實，所薦天下士也。」遂授應奉翰林文字、同知制誥、兼國史館編修官。有司敦勸久之，乃至。而代者已到官，澄即日南歸。明年，除江西等處儒學副提舉，三月，以疾辭。

至大元年，召爲國子監丞。先是，許衡爲祭酒，始以朱子《小學》等書授弟子，久之漸失其傳。澄廣以經義，各因其材質，反覆訓誘其學，誠篤不及衡，而淹博過之。

皇慶元年，遷司業，爲教法四條：一曰經學，二曰行實，三曰文藝，四曰治事。未及行。又嘗爲學者言：「朱子於道，問學之功居多，而陸子静以尊德性爲主。問學不本於德性，必偏於言語訓釋之末。故學必以德性爲本，庶幾得之。」議者遂以澄爲陸氏之學，非衡尊信朱子本意云。澄一夕謝病南歸，諸生有不謁告而從之者。俄拜集賢直學士，特授奉議大夫，俾乘驛至京師。次真州，疾作，不果行。

英宗即位，超遷翰林學士，進階太中大夫。先是，詔集善書者，粉黄金爲泥，寫浮屠《藏經》。帝在上都，使左丞速速，詔澄爲序。澄曰：「主上寫經，爲民祈福。若用以追薦，臣所未知。蓋福田利益，雖人所樂聞，而輪迴之事，彼習其學者猶或不言。不過謂爲善之人，死則上通高明，其極上則與日月齊光；爲惡之人，死則下淪汙穢，其極下則與沙蟲同類。其徒遂爲薦拔之説，以惑世人。今列聖之神，上同日月，何庸薦拔？且國初以來，凡寫經追薦，不知凡幾。若未效，是無佛法；若已效，是誣其祖也。撰爲文辭，不可以示後世，請俟駕還奏之。」會帝崩而止。

泰定元年，初開經筵，首命澄與平章政事張珪、國子祭酒鄧文原爲講官。先是，至治末，作太廟，議者習見同堂異室之制，乃作十三室。未及遷奉，而英宗崩，有司疑於昭穆之次，命廷臣集議。澄議曰：「世祖混一天下，悉攷古制而行之。古者，天子七廟，廟各有宫。太祖居中，左三廟爲昭，右三廟爲穆，昭穆神主，各以次遞遷，其廟之宫，如今之中書六部。夫省部之設，亦倣金、宋，豈宗廟叙次而不攷古制乎？」議上，有司以急於行事，竟如舊次云。

時澄已有去志，會修《英宗實録》，命總其事，居數月，《實録》成，即移病不出。中書左丞許師敬奉敕賜宴國史院，仍致朝廷勉留之意。澄宴罷即出城登舟去。中書聞之，遣官乘驛追之，不及而還，言於帝曰：「吴澄，國之名儒，朝之舊德。今請老而歸，安忍重勞之？宜特加褒異。」詔進資善大夫，仍以金織文綺二端及鈔五千貫賜之。

初，延祐中，蠲虚增之税，惟江西增税三萬餘緡不獲免，後又行包銀法，民困益甚。泰定元年，澄白執政，免包銀，獨增税如故。至是，澄與宣撫副使齊履謙言之，始奏請蠲免。

澄於《易》、《書》、《詩》、《春秋》、《禮記》各有《纂言》，盡破傳注穿鑿之習。其《書纂言》祇注今文二十八篇，不用僞孔古文，尤爲絶識。又訂《孝經》定本，合古、今文，分經一章，傳十二章。校正《皇極經世書》及《老子》、《莊子》、《太玄經》、《樂律》、《八陣圖》、郭璞《葬書》，皆行於世。其《儀禮》逸經八篇、傳十篇，危素得其稿本，補刊之。

澄卒於至順元年，年八十五。贈江西行省左丞、上護軍，追封臨川郡公，謚文正。五子：文，同知柳州路總管府事；京，翰林院典籍官。文子當。

當，字伯尚。侍澄至京師，補國子生。久之，澄既卒，從澄游者悉就當卒業。至正五年，以父蔭授萬億四庫照磨，未上，用薦者改國子助教。詔修遼、金、宋三史，當預編纂。

書成，除翰林修撰。七年，遷國子博士。明年，遷監丞。十年，擢司業。明年，遷翰林待制，又改禮部員外郎。十三年，擢監察御史，復爲國子司業，累遷禮部郎中，除翰林直學士。

時江南兵起且五年，大臣有薦當世居江西，習民俗，且其才可任政事者。特授江西肅政廉訪使，偕江西行省參知政事火你赤〔二〕、兵部尚書黄昭，招捕江西羣盜，便宜行事。當以朝廷兵力不給，既受命，至江南即招募民兵。由浙入閩，至江西建昌，招安新城盜孫塔。道路既通，乃進攻南豐。

十六年，調檢校章迪率本部兵，與黄昭夾攻撫州，復崇仁、宜黄，於是建、撫兩郡悉定。是時，參知政事朵歹總兵，積年無功，忌當屢捷，功在己上，又以爲南人不宜總兵，構飛語，謂當與黄昭皆通寇。乃除當撫州路總管，昭臨江路總管，並供億平章火你赤軍。火你赤殺當從事官范淳及章迪，將士皆憤怒不平，當諭之曰：「上命不可違也。」火你赤又上章誣劾二人，詔當與昭皆罷總管，除名。

十八年，火你赤自瑞州還龍興，當與昭皆留軍中，不敢去。先是，當平賊功狀自廣東海道未達京師，而朵歹、火你赤等公牘先至，故朝廷責當與昭，皆除名。及得當功狀，始知其誣，拜當中奉大夫、江西行省參知政事，昭湖廣行省參知政事。命未下，陳友諒已陷江西諸郡。火你赤棄城遁。當乃著道士服，杜門不出，日以著書爲事。友諒遣人辟之，當卧床不食，以死自誓。乃舁床載送江州，拘留一年。終不爲屈，始得歸隱，居廬陵吉水之谷坪。逾年，以疾卒，年六十五。著有《周禮纂言》及《學言藁》。

史臣曰：許文正應召過真定，劉文靖謂之曰：「公一聘而起，無乃太速乎？」文正曰：「不如此則道不行。」及文靖不受集賢之聘，或問之，曰：「不如此則道不尊。」君子之道，或出或處，或默或語，惡可軒此而輊彼也！自朱子以後，博通經術，未有及吴文正者。擬之四科：許，德行；劉，言語；吴，其文學歟！

【校勘記】

〔一〕「苻」，原作「符」，據文意改。

〔二〕「政事」，原倒作「事政」，據文意乙正。

新元史卷之一百七十一　列傳第六十八

李治 朱世傑　楊恭懿　王恂　郭守敬　齊履謙

李治，字仁卿，真定藁城人。本名治，後改今名。登金進士第，辟知鈞州事。大兵入鈞州，治北渡河，僑寓忻、崞諸州。世祖在潛邸，聞其賢，遣使召之，且曰：「素聞仁卿學優才贍，潛德不耀，久欲一見，其勿辭。」既至，問：「亡金居官者孰賢？」對曰：「險夷一節，惟完顔仲德。」又問：「合達及布哈何如？」對曰：「二人短於將略，任之不疑，此金所以亡也。」又問魏徵、曹彬，對曰：「讜言忠論，唐之諍臣，徵爲第一。彬伐江南，不妄殺一人，擬之方叔、召虎可也。」又問：「今有如魏徵者乎？」對曰：「近世側媚成風，欲求魏徵之賢，實難其人。」又問人才賢否，對曰：「天下未嘗無才，求則得之，舍則失之。如魏璠、王鶚、李獻卿、藺光庭、趙復、郝經、王約等，皆有用之才，又皆王所聘者，舉而用之，何所不可！然四海之大，豈止此數子？誠能旁求於外，則人才彙進矣。」世祖嘉納之。

中統元年，復聘之，欲處以清要，以老病，懇乞還山。至元二年，召爲翰林學士〔一〕、知制誥同修國史。就職朞月，復以老病辭。

冶精於算法，著《測圓海鏡》十二卷。其自序曰：

數本難窮，吾欲以力强窮之，不惟不能得其凡，而吾之力且憊矣。然則數果不可窮耶？既已名之數矣，則又何爲而不可窮乎？故謂數爲難窮，斯可；謂爲不可窮，斯不可。何則？彼冥冥之中，固有昭昭者存。夫昭昭者，其自然之數也。非自然之數，其自然之理也。推自然之理，以明自然之數，則雖遠而乾端坤倪，幽而神情鬼狀，未有不合者矣。予自幼喜算數，恒病考圓之術乖於自然，如古率、徽率、密率之不同，截弧、截矢、截背之互見，内外諸角，析剖支條，莫不各自名家。及反覆研究，而卒無以當吾心者。老大以來，得洞淵之術，日夕玩繹，而鄉之病我者始爆然落手而無遺。客有從余求其説者，於是又爲衍之，遂累一百七十問。既成編，客復目之爲《測圓海鏡》。昔半山老人集唐百家詩選，自謂廢目力於此，良可惜。明道以謝上蔡記誦爲玩物喪志，况九九之賤技乎？耆好酸鹹，平生每自戒約，竟莫能已，吾亦不知其然而然也。故嘗爲之解曰：由技兼乎事者言之，夷之禮，夔之樂，亦不免爲一技；由技進乎道者言之，石之斤，扁之輪，非聖人之所與者乎？覽吾之書，其憫我者當以百數，笑我者當以千數。乃吾之所得，則自得焉耳，寧復計人憫笑哉？

又著《益古演段》三卷，以發揮天元如積之術，與《測圓海鏡》相表裏。治病且革，語其子克修曰：「吾平生著述可盡燔，獨《測圓海鏡》雖小術，吾嘗精思致力，後世必有知者，庶可布廣垂永乎！」卒，年八十有八，謚文正。治之立天元術，在算學中爲最精。

同時有朱世傑，充類盡義，演爲四元，與治並稱絶學。世傑，字漢卿，寓大都，不知何許人。著《四元玉鑑》三卷，凡二百八十問，列開方演段諸圖凡四：一曰「今古開方會用之圖」；二曰「四元自乘演段之圖」；三曰「五和自乘演段之圖」；四曰「五較自乘演段之圖」。謂「算學精妙，無過演段，前明五和，後辯五較，自知優劣也」。次則假令四問。其立天元曰「一氣混元」，天地二元曰「兩儀象元」，天地人三元曰「三才運元」，天地人物四元曰「四象會元」。法以元氣居中，立天元一於下，地元一於左，人元一於右，物元一於上。乘除往來，用假象真，以虛問實，錯綜正負，分成四式，必以寄之剔之，餘籌易位而和會，以成開方之式焉。

又撰《算學啟蒙》三卷，自乘除加減以至天元如積，總二十門，較《四元玉鑑》爲便於初學。世傑書之茭艸形段，如象招數、果垛疊藏諸術，與郭守敬授時草平立定三差，所謂垛積招差者相通。故祖頤序世傑之書，謂與授時術相爲表裏焉。

楊恭懿，字元甫，奉元高陵人。父天德，金興定進士，以安化令兼録事及州判官。金章宗南郊，太常卿孫通祥授幣而立，御史將劾其不恭。從天德問之，曰：「授坐，不立。」御史慙而止，由是知名。

恭懿博學强記，通《易》、《禮》、《春秋》三經。年二十四，始得朱子《集注》、《章句》及《太極圖説》、《小學》、《近思録》諸書，歎曰：「人倫日用之常，天道性命之妙，皆萃於此書矣！」許衡至陝西，恭懿敬事之，所造益深。丁父憂，水漿不入口者五日，杖而後起，斥浮屠法不用。衡會葬歸，謂門人曰：「楊君居喪盡禮，其功可當於肇修人紀也。」御史王惲薦其賢。

至元七年，與許衡俱被召。恭懿辭。衡拜中書左丞，與丞相安童共事，日譽恭懿賢，安童以聞。十年，帝遣協律郎申敬召之，以疾辭。十一年，裕宗教下中書，使如漢聘四皓者以聘恭懿。安童遣郎中張元智致裕宗命，恭懿始至京師。帝遣國王和童勞之，召見，詢其先世及師承本末甚悉。恭懿退而嘔血，帝復賜醫藥。侍講學士徒單公履請設科取士，詔與恭懿議之。恭懿言：「明詔有云：『士不治經學、孔孟之道，日爲詩賦空文』，此言誠萬世治安之本。今欲取士，宜敕有司舉有行檢、通經史之士，使無投牒自薦，試以《五經》、《四書》大小義、史論、時務策。夫既從事實學，則士風純，民俗厚，國家得識治之才矣。」奏入，帝善之。安童咨世務於恭懿，倚以自助，會其北征，恭懿遂乞病歸。

十三年，詔修曆法。或薦恭懿嘗推曆，終一甲子，得日月薄食者七十有奇。十六年，召恭懿撰《曆議》。十七年，《授時曆》成，恭懿與許衡等上之。是日，諸臣方跪讀奏，帝命衡與恭懿起，曰：「卿二老，毋自勞也。」授集賢學士，兼太史院事。明年，復告歸。

二十年，召爲太子賓客。二十二年，召爲昭文館大學士，領太史院事。二十九年，召議中書省事。皆不行。三十一年卒，年七十，謚文康。

恭懿疾革，門人問之，忽太息曰：「有是哉？國衰矣！」聞者亂以他言。後成宗登極，詔下，則世祖果以是日崩，人以爲至誠所格云。子宙，蒲城令。

王恂，字敬甫，中山唐縣人。父良，金末爲中山府掾。時民遭寇亂，多以詿誤繫獄，良前後所活數百人。已而棄去吏業，潛心伊洛之學，及天文、律曆，無不精究。年九十二卒。

恂性穎悟，生三歲，家人示以書，輒識風、丁二字。母劉氏，授以《千字文》，再過目即成誦。六歲就學，十三學九數，盡通其法。太保劉秉忠北上，過中山，見而奇之。及南還，從秉忠學於易州之紫金山。

秉忠薦之世祖，召見於六盤山，命輔導裕宗，爲太子伴讀。中統二年，擢太子贊善，時年二十八。三年，裕宗封燕王，守中書令，兼判樞密院事，敕兩府大臣，凡有咨稟，必令王恂與聞。初，中書左丞許衡集唐、虞以來嘉言善政，爲書以進。世祖嘗令恂講解，且命太子受業焉。又詔恂於太子起居飲食，慎爲調護，非所宜接之人，勿令得侍左右。恂言：「太子，天下本，付託至重，當延名德與之居處。」帝深然之。

恂早以算術名，裕宗嘗問焉。恂曰：「算數，六藝之一。定國家，安人民，乃大事也。」每侍左右，必發三綱五常、爲學之道，及歷代治忽興亡之所以然。又以遼、金之事近接耳目者，論著其得失上之。裕宗問以心之所守，恂曰：「許衡嘗言：人心如印板，惟板本不差，則雖摹千萬紙皆不差；本既差，則摹之於紙無不差矣。」詔擇勳戚子弟，使學於恂。及恂從裕宗撫軍稱海，乃以諸生屬之許衡。衡告老而去，復命恂領國子祭酒。國學之制，實始於此。

帝以金《大明曆》歲久浸疏，欲釐正之，知恂精於算術，遂以命之。恂薦許衡能明曆理，驛召衡赴闕，命領改曆事，官屬悉聽恂辟置。至元十六年，授嘉議大夫、太史令。十七年，曆成，賜名《授時曆》。

十八年，卒，年四十七。初，恂病，裕宗屢遣醫診治。及葬，賻鈔二千貫。後帝思治曆之功，以鈔五十貫賜其家。延祐二年，賜推忠守正功臣、光禄大夫、司徒、上柱國、定國公，謚文肅。子寬、賓，並從許衡游，得星曆之傳於家學。裕宗嘗召見，語之曰：「汝父起於書生，貧無貲蓄。今賜汝五千貫鈔，用盡可復以聞。」恩恤之厚如此。寬由保章正，歷兵部郎中，知蠡州。賓由保章副，累遷秘書監。

郭守敬，字若思，順德邢臺人。生有異稟，巧思絶人。祖父榮，通算學，習水利。時劉秉忠、張文謙、張易、王恂同學於易州紫金山，榮使守敬從秉忠受學。

中統三年，文謙薦守敬於世祖。召見，面陳水利六事：一，引中都玉泉水至通州，又於蘭榆河口開河，避浮雞㴃之險。二，引順德達活泉灌田。三，開順德澧河故道。四，引漳、滏二河入澧河灌田。五，引懷孟沁河入御河灌田，六，開黄河引河，由新、舊孟州至温縣灌田。世祖歎曰：「任事者如此，人不爲素餐矣！」授提舉諸路河渠。四年，授銀符、河渠副使。

至元元年，從張文謙行省西夏。修中興路唐來、漢延二渠，凡舊渠之壞廢者，皆更立閘堰以通灌溉，民便之。

二年，授都水少監。守敬言：「京師西麻峪村，分引盧溝水東流，穿西山而出，是爲金口，灌溉之利，不可勝言。兵興以後，典守者以大石塞之。若按故蹟，使水通流，可以助京畿之漕運。」又言：「當於金口西預開減水口，通大河，防漲水突入之患。」帝善之，而未施行。

十二年，丞相伯顔伐宋，議立水站，命守敬按視。守敬自陵州至大名，又自濟州至沛縣，又南至吕梁，又自東平至綱城，又自東平清河逾舊黄河至御河，自衛州御河至東平，自東平西南水泊至御河，乃得汶、泗與御河相通形勢，爲圖奏之。

初，秉忠以《大明曆》自遼、金承用二百餘年，浸已後天，議修正之，事未及行而秉忠卒。十三年，宋平，帝思用其言。遂以守敬與王恂率南北日官，分掌測驗推步於下，而命文謙與樞密副使張易領之，左丞許衡以通算理，亦命參預其事。守敬以測驗由於儀表，作簡儀、仰儀、正方案、景符、闚几諸器，測驗之精，不爽毫釐。是年，都水監併於工部，守敬除工部郎中。

十六年，改局爲太史院，王恂爲太史令，守敬爲同知太史院事，賜印，立官署。及奏進儀表式，守敬當世祖前指陳算理，至於日昃，帝聽之無倦容。奏請設監候官二十七所，立表取直測景，從之。自丙子之冬至日測晷景，得丁丑、戊寅、己卯三年冬至加時，減《大明曆》十九刻二十分，又增損古歲餘歲差法，上考春秋以來冬至，無不盡合。以月食術及金水二星距、冬至日躔，校舊曆，退七十六分。以日轉遲疾中平行度，驗月離宿度，加舊曆三十刻。以綫代管窺測赤道宿度，以四正定氣立損益，以定日之盈縮，分二十八限爲三百六十六，以定月之遲疾。以赤道變九道定月行，以遲疾轉定度分定朔，而不用平行度。以日月實合時刻定晦，而不用虛進法。以躔離朓朒定交食。其法視古皆密。又悉去諸曆積年日月法之傅會，一本天道自然之數，可以施之永久。

十七年，新曆成。守敬與諸臣奏上，賜名《授時曆》，頒行天下。

十九年，王恂卒。時新曆雖頒，然推步之式，與立成之數，皆未有定稿。守敬比次編類，整齊分秒，爲《推步》七卷，《立成》二卷，《曆議稿》三卷，《乾坤選釋》二卷，《上中下三曆法式》十二卷。二十年，守敬拜太史令，奏上之。又有《時候箋注》二卷，《修改源流》七卷，《儀象法式》二卷，《晷景考》二十卷，《五星細行考》五十卷，《古今交食考》一卷，《新測二十八舍雜坐諸星入宿去極》一卷，《新測無名諸星》一卷，《距離考》一卷，並藏之官。

二十八年，守敬建言引白浮泉水經瓮山泊，自西水門入城，匯於積水潭，復出南水門入舊運糧河，可省通州至大都陸運之費。從之。事具《河渠志》。

三十年，世祖還自上都，過積水潭，見舳艫蔽水，大悦，賜名通惠河，賜守敬鈔一萬二千五百貫，以舊職兼提調通惠河漕運事。三十一年，拜昭文館大學士、知太史院事。

大德二年，召守敬至上都，議開鐵幡竿渠。守敬奏：「山水頻年暴下，非大爲渠堰，廣六七十步不可。」執政難之，縮其廣三之一。明年大雨，山水下注，渠不能容，漂没人畜廬帳，幾犯行宫。成宗謂左右曰：「郭太史神人也，惜其言不用耳。」七年，詔内外官年及七十，並聽致仕，獨守敬不允。自是翰林、太史院、司天臺官不致仕，著爲令。延祐三年卒。

其門人齊履謙謂守敬：「純德實學，爲世師法，其不可及者有三：一曰水利之學，二曰曆數之學，三曰儀象製造之學。」許衡尤推服守敬，以爲異人云。

史臣曰：先正阮文達公有言：「推步之要，測與算二者而已。郭守敬簡儀、仰儀之製，前此言測候者未及也。垛積招差、句股弧矢之法，前此言步算者弗知也。測之精，算之密，上考下求，若應準繩，可謂集古法之大成，爲將來之典要者矣。」

齊履謙，字伯恒，大名人。父義，通算術。履謙年十一，教以推步星曆之法。至元十六年，初立太史局，改治新曆，履謙補星曆生。太史王恂問以算數，履謙隨問隨答，恂大奇之。新曆成，復預修《曆經》、《曆議》。二十九年，授星曆教授。都城刻漏舊以木爲之，其形如碑，名碑漏，内設曲筒，鑄銅爲丸，自碑首轉行而下，鳴鐃以爲節。久壞，晨昏失度。大德元年，中書省使履謙視之，因見刻漏旁有宋舊銅壺四，於是按圖考定蓮花、寶山等漏，命工改作。又請重建鼓樓，增置更鼓，當時遵用之。

二年，遷保章正，始專曆官之政。三年八月朔，時加巳，依曆，日蝕二分有奇，至其時不蝕。履謙曰：「當蝕不蝕，在古有之，矧時近午，陽盛陰微，宜當蝕不蝕。」遂考唐開元以來當蝕不蝕者凡十事以聞。六年六月朔，時加戌，依曆，日蝕五十七秒。衆以涉交既淺，且近濁，欲匿不報。履謙曰：「吾所掌者，常數也，其食與否，則係於天。」獨以狀聞，及其時，果食。衆嘗争没日，不能决，履謙曰：「氣本十五日，而間有十六日者，餘分之積也。故曆法以所積之日，命爲没日，不出本氣者爲是。」衆服其議。

七年，上以地震，詔問弭災之道。履謙按《春秋》，言：「地爲陰而主静，妻道、子道、臣道也。三者失其道，則地爲之弗寧。大臣當反躬責己，去專制之威，以答天變。」時成宗寢疾，宰相有專威福者，故履謙言及之。九年冬，始立南郊，祀昊天上帝，履謙攝司天臺官。

舊制：享祀，司天雖掌時刻，無鐘鼓更漏，往往至旦始行事。履謙請用鐘鼓更漏，俾早晏有節，從之。

至大二年，太常請修社稷壇，及浚太廟庭中井。或以太歲所直，欲止其役。履謙曰：「國家以四海爲家，歲君豈專在是耶？」三年，擢授時郎、秋官正，兼領冬官正事。四年，仁宗即位，臺臣言履謙有學行可教國學子弟，擢國子監丞，改授奉直大夫、國子司業，與吳澄並命，時號得人。未幾，復以履謙僉太史院事。

皇慶二年春，彗星出東井。履謙奏宜增修善政，以答天意，因陳時務八事。仁宗爲之動容，顧宰臣命速行之。延祐元年，復以履謙爲國子司業。時初命國子生歲貢六人，以入學先後爲次第。履謙曰：「不考其業，何以興善得人？」乃酌舊制，立升齋、積分等法，每季考其學行，以次遞升。既升上齋，又必踰再歲，始與私試。孟月、仲月試經疑、經義，季月試古賦、詔、誥、章、表、策，蒙古色目試明經策問。辭理俱優者一分，辭平理優者爲半分，歲終積至八分者充高等，以四十人爲額。然後集賢、禮部定其藝業及格者六人，以充歲貢。三年不通一經及在學不滿一歲者，並黜之。帝從其議。

五年，出爲濱州知州，丁母憂，不果行。至治元年，拜太史院使。泰定二年九月，以本官奉使宣撫江西、福建，黜罷官吏貪污者四百餘人。州縣有以先賢子孫充房夫諸役者，悉遺之。福建憲司職田，每畝歲輸米三石，民不勝苦。履謙命准令輸之，由是召怨。及還都，憲司果以他事誣之。未幾，皆坐事免，履謙始得直，復爲太史院使。天曆二年九月卒。

著《大學四傳小注》一卷，《中庸章句續解》一卷，《論語言仁通旨》二卷，《書傳詳説》一卷，《易繫辭旨略》二卷，《易本説》四卷，《春秋諸國統紀》六卷，《經世書入式》一卷，《外篇微旨》一卷，《二至晷景考》二卷，《經串演操八法》一卷。

履謙以律本於氣，氣候之法具載前史，欲擇僻地爲密室，取金門之竹及河内葭莩以候氣，列其事上之。又得黑石古律管一，長尺有八寸，外方，内圓空，中有隔，隔中有小竅。隔上九寸，其空均直，約徑三分，以應黄鐘之數；隔下九寸，其空自小竅殺至管底，約徑二寸餘。其製與律家所説不同，蓋古所謂玉律者也。適履謙遷他官，事遂寢，有志者深惜之。至順三年五月，贈翰林學士、資善大夫、上護軍，追封汝南郡公，謚文懿。

【校勘記】

〔一〕「學士」，原作「舉士」，據《元史》卷一六〇列傳第四十七《李冶傳》改。

新元史卷之一百七十二 列傳第六十九

張庭珍庭瑞 張立道 梁曾 李克忠稷

張庭珍，字國寶，臨潢全州人。父楫，金商州南倉使。太宗四年，籍其民數千來降，命監榷北京路課，改北京都轉運使，因家焉。

庭珍性彊毅，通知經術，尤長《左氏春秋》。憲宗元年，授必闍赤。高麗不請命，擅徙於江華島，遣庭珍詰之，且詗其叛服。其王言：「臣事本朝未嘗不謹，而大軍猶侵掠，避而逃，不得已也。」且賂庭珍金銀數千兩。庭珍勃然曰：「王以天子之使爲求貨來耶？」撝之去，反命，以狀聞。詔禁戍兵勿擅入高麗地。憲宗伐宋，至閬州，授庭珍安撫使。

世祖即位，自將討阿里不哥，以庭珍諳悉漠南道路，遣立沙井諸驛，兼督糧運。至元四年，授同僉吐蕃經略使。

六年，授朝列大夫、安南國達魯花赤，佩金符，使安南。國王陳光昺立受詔，庭珍責之曰：「皇帝不欲並汝土地，而聽汝稱藩，德至厚也。汝猶依宋爲脣齒，妄自尊大。今百萬之師圍襄陽，拔在旦夕，席捲渡江，則宋亡矣，汝將何恃？且雲南之兵，不兩月可至汝境，覆汝宗祀不難，其審處之！」光昺惶恐，下拜受詔。既而語庭珍：「天子憐我，使者來迺待我無禮。汝官爲朝列大夫，我，王也。與我抗禮，可乎？」庭珍曰：「可。王人雖微，序於諸侯之上。」光昺曰：「汝見雲南王，拜否？」庭珍曰：「雲南王，皇子也。汝蠻夷小國，豈得比雲南王？況天子命我爲安南長官，位居汝上耶？」光昺曰：「既稱大國，何索吾犀、象？」庭珍曰〔一〕：「貢獻方物，藩臣之職宜然。」光昺無以應，使其人露刃環立，以恐庭珍。庭珍解所佩刀弓，坦卧室内，曰：「聽汝所爲。」庭珍嫌江水温惡，不可飲，索井汲。其人不許，曰：「吾俗多投毒井中，飲常死。」庭珍曰：「吾自求飲，死不汝責。」卒汲之，於是安南人皆讋服。明年，遣使偕庭珍入貢。庭珍以所對光昺之言奏聞，帝大悦，使翰林學士承旨王磐爲文紀之。

遷行省郎中，與阿里海涯從數騎抵襄陽城下，呼宋將吕文焕，諭以禍福。文焕帳前將田世英、曹彪執其總管武榮來降。文焕益懼，明日，遣其黑楊都統來納款。將還報，庭珍曰：「此吕氏心腹將，不如留之，以伐其謀。」元帥阿朮然之，乃留不遣。又明日，文焕舉城降。以功遷中順大夫、遥授知歸德府、行樞密院經歷。俄復爲行省郎中，賜金虎符，再遷襄陽路總管，兼府尹，又改郢、復二州達魯花赤。

十四年，擢嘉議大夫、平江路達魯花赤。十五年，改同知浙江道宣慰使，未行，又改大司農卿。丁母憂，軍興聞喪不得輒行，庭珍請納制書爲民，行省知不可奪，聽之。庭珍行橐蕭然，惟文書襆被而已。家居，又丁父憂。起復南京路總管，兼開封府尹。河北旱，流民南渡，州縣避損户口罪，謾以逃聞，朝廷遣使者邀截，流民不欲還。庭珍謂使者曰：「吾不忍老稚顛踣，甘受專輒之咎。」下令諸渡口濟之。事聞，詔御史按治。御史廉知其實，奏之，事寢不下。河決，灌太康，漂溺千里。庭珍括民船數百艘，又編木爲筏，載糗糧，四出救之，全活甚衆。水入善利門，庭珍頹城爲堰以禦之，水退，復發民築外堤，起陽武黑石，東盡陳留張弩河，綿亘三十里，河患始平。

至元十七年，卒於官，年五十六。庭珍性清慎，丞相伯顏嘗語人曰：「諸將渡江，無不剽掠，惟我與國寶斷斷自守耳。」聞者以爲知言。子岳，提舉郢、復、魚湖；崇，四川行省宣差。弟庭瑞。

庭瑞，字天表。幼以功業自許，兵法、地志、星曆、卜筮，無不推究。以宿衛從憲宗伐蜀，爲先鋒。中統二年，授元帥府參議，留戍青居山。又將兵城虎嘯山。宋將夏貴以兵數萬圍之。城當炮，皆穿，築栅守之。栅壞，仍依大樹張牛馬皮以拒炮。貴絶其水道，庭瑞取人畜溲沸煮之，瀉土中以泄臭，人日飲數合，脣皆瘡裂。堅守踰月，援兵不敢進。庭瑞度宋兵稍懈，分兵夜劫貴營，殺都統欒俊、雍貴、胡世雄等五人，貴遁走。以功授奉議大夫、知高唐州，改濮州尹，遷陝西、四川道按察副使。坐事，左遷四川屯田經略副使。東西川行樞密院發兵圍重慶，朝廷知庭瑞練習軍事，換成都路總管，佩虎符，舟楫、兵仗、糧儲皆倚以辦。

擢諸部蠻夷宣撫使。碉門羌因入市爭價，殺人，繫碉門魚通司獄中。羌酋怒，斷繩橋，謀入劫之。魚通司來告急，左丞汪惟正問計，庭瑞曰：「羌俗暴悍，以鬬殺爲勇。今如蜂毒一人，而即以寇盜待之，不可。宜遣使往諭禍福，彼悟，當自歸。」惟正曰：「使者無過於君。」遂從數騎，抵羌界。羌陳兵以待。庭瑞進前，語之曰：「殺人償死，羌與中國法同。有司繫其人，欲以爲見證耳。而汝即肆行無禮，如行省聞於朝，召近郡兵空汝巢穴矣。」其酋長棄槍弩，羅拜曰：「我裂羊脾卜之，視肉之文理何如，其兆曰：『有白馬將軍來，可不勞兵而罷。』今公馬果白，敢不從命！」乃論殺人者，餘盡縱遣之。遂與約：自今交市者，以碉門爲界，無相出入。

官買蜀茶，增價鬻於羌人。庭瑞更變引法，使引納二緡，而付券於民，聽其自市於羌，羌、蜀俱便之。

都掌蠻叛，蠻善飛槍，聯松枝爲牌自蔽。行省命庭瑞討之。庭瑞所射矢，出其牌半幹，羣蠻大駭，即請服。惟斬其酋德蘭酉等十餘人，而降其餘民。授敘州等處蠻夷宣撫使，改潭州路總管。時湖廣省臣要束木務聚斂，庭瑞乃謝病歸。以疾卒。

庭瑞初屯青居，其地多橘樹。庭瑞課士卒日入橘皮若干儲之，人莫曉也。賈人有喪其資不能歸者，人給橘皮一石，及售於中原，價倍蓰，莫不感之。家有愛妾，一日見老人與之語，乃其父也。妾以告，庭瑞召其父謂之曰：「汝女居吾家，不過羣婢，歸嫁則良人矣。」盡取奩裝書券還之，時人以爲難。

張立道，字顯卿。其先陳留人，後徙大名。父善，金進士。大兵下河南，善以策干太弟拖雷，命爲必闍赤。立道年十七，以父任備宿衛。至元二年，爲郎中，奉使安南。四年，命使河西，給所部軍儲，以幹敏稱。皇子忽哥赤封雲南王，詔以立道爲王府文學。勸王務農厚民，即署立道大理等處勸農官，兼領屯田事，佩銀符。尋與侍郎寧端甫使安南。

八年，雲南三十七部都元帥寶合丁專制歲久，有竊據之志。忌忽哥赤來爲王，設宴置毒酒中，且賂王相府官無泄其事。立道聞之，趨入見。守門者拒之，立道怒與爭。王聞其聲，使人召立道，乃得入，爲王言之。王引其手使探口中，肉已腐矣。是夕，王卒。寶合丁使人諷忽哥赤妃索王印，立道潛結義士，得十三人，約共討賊，刺臂血和金屑飲之，推一人走京師告變。事頗露，寶合丁囚立道，將殺之。人匠提舉張忠，立道族兄也。結壯士夜劫於獄，出之，共亡至吐蕃界，遇帝所遣御史大夫博羅歡、吏部尚書别帖木兒。遂與立道還，按寶合丁及王府官受賂，皆伏誅。召立道等入朝，問王卒時狀。帝聞立道言，泣數行下，歔欷久之，曰：「汝等爲我家事甚勞苦，今欲事朕乎？事太子乎？事安西王乎？惟汝擇之。」立道奏願留事陛下。於是賜立道金五十兩，以旌其忠。張忠等亦授官有差。

尋復使安南。十年三月，領大司農事，未幾，授大理等處巡行勸農使，佩金符。其地有昆明池，夏潦暴至，冒城郭。立道役丁夫二千人治之，洩其水，得良田萬餘頃。土人雖知蠶桑，未得飼蠶之法，立道始教之，收利十倍。

十五年，除中慶路總管，佩虎符。先是，雲南不知尊孔子，祀晉王羲之爲先師。立道首建孔子廟，置學舍，擇蜀士之賢者，迎爲弟子師，歲時率諸生行釋菜禮。行省平章賽典赤表言於朝，敕進秩以褒之。

十七年，入朝，力請於帝，以雲南王子也先帖木兒襲王爵，帝從之。遂命立道爲臨安廣西道宣撫使，兼管軍招討使，仍佩虎符。陛辭，賜弓矢、衣服、鞍馬。始赴任，會禾泥路大首領必思反，扇動諸蠻夷。立道發兵討之，拔其城，徇金齒甸，越麻甸，抵可蒲，皆下之。二十二年，又籍兩江儂士貴、岑從毅、李維屏所部二十五萬餘户歸有司。遷臨安廣西道軍民宣撫使。復創廟學於建水州，書清白之訓於公廨，以警貪墨，風化大行。入朝，值桑哥用事，遂謝病家居。條時務十二策，帝嘉納焉。

二十八年，武平地陷，命立道爲本路總管，以賑其災。未行，安南世子陳日燇遣其臣嚴仲維、陳子良等詣京師請襲爵。先是，其國王陳日烜累召不至，遣諸將討之，失利而還。帝怒，欲再發兵，丞相完澤、平章不忽木言：「蠻夷小邦，不足勞中國。張立道嘗再使安南，有功，今遣立道往，宜奉命。」帝召至香殿，諭之，授禮部尚書，佩三珠虎符，賜衣段、金鞍、弓矢以行。

至安南界，謂郊勞者曰：「語爾世子，當出城迎詔。」日燇乃率其屬焚香伏謁道左。既抵府，日燇拜跪，聽詔如禮。立道傳上命，數其罪，爲書曉之曰：「至誠一念，不避嫌疑；兩國之間，正言損益。立道發乘之日，朝廷大臣有言曰：『小國多疑，汝等當宣言以曉之。』惟汝蕞爾之邦，形服而心猶未化。雖任土修貢之不闕，而未盡其誠。問罪興師，固大朝之正理；藏鋒避鋭，亦小國之卑情。奈何與鎮南王拒敵爭衡，敢忘君臣之分？曩所謂『小杖則受，大杖則逃』者，斯言安在？倘大朝撫有汝國，國人必棄土地而匿於海隅，雖生何異於死，雖存何異於亡？此海隅之不可伏者一也。江南四百餘州，不能當中原之一戰，安南與江南衆寡何若？安能以拒上國乎？今年與戰，明年與戰，小國之衆能有幾何？此人力之衆不可恃者二也。宋之有國，三百餘年，一旦掃地俱空，唇亡齒寒，理有必至。今不至於遽寒者，以其先附大朝，天道相應，氣運相通也。今捨天道而尚人力，豈不達天之道歟？此歷數之遠不可賴者三也。愚聞：『順天者昌，逆天者亡。』古之諸侯或朝覲於京師，或會同於邦嶽。因軍旅之事，踰時越境，不以爲難，何憚山高水闊之勞？而成禍結兵連之釁。所謂『毫釐失之千里』者也。今之急務，在於悔過自新，趨朝待罪。聖天子爲萬邦之首，焉肯食言？必赦前過而加大恩，計無加於此者。汝之小國，不圖今日之利，悔將無及。呼吸之機，間不容髮，吾非説客，汝勿涉疑。」讀罷，其君臣皆俯首聽命。

翌日，迎立道入見，謂立道曰：「比三世辱公使。公，大國之卿，小國之師也，何以教我？」立道曰：「昔鎮南王奉詞致討，汝非能勝之也，由其不用嚮導，率衆深入，不見一人，遲疑而還。曾未出險，風雨驟至，弓矢盡壞，衆不戰而自潰，天子亦既知之。汝所恃者，山海之險，瘴癘之惡耳。且雲南與嶺南之人，習同而技力等，今發而用之，繼以北方之勁卒，汝復能抗哉？汝戰不利，不過遁入海中。島夷乘釁，必來寇抄汝。汝食少不能支，必爲彼屈。汝爲其臣，孰若爲天子臣？今海上諸夷歲貢於汝者，亦畏我大國之爾與也。聖天子有德於汝甚厚，前年之師，殊非上意，邊將譏汝爾。汝曾不悟，不能遣一介之使謝罪請命，輒稱兵抗拒，逐我使人，以怒我大國之師。今禍且至矣，惟世子計之。」日燇拜，且泣涕曰：「公言良是。爲我計者，皆不知出此。前日之戰，救死而已，寧不知懼？天子使公來，必能活我。」北面誓死，不敢忘天子之德。出奇寶爲賄，立道一無所受，但要日燇入朝。日燇曰：「貪生畏死，人之常情。誠有詔貸以不死，臣將何辭！」乃先遣其臣阮代之、何惟嚴等，隨立道上表謝罪，修歲貢之禮如初。廷臣有害其功者，以爲必先朝而後赦。日燇懼，卒不敢至，議者惜之。

二十九年，遣立道奉使按行兩浙。尋授四川南道宣慰使，遷陝西漢中道肅政廉訪使。皇曾孫松山封梁王，出鎮雲南。廷議求舊臣可輔王者，立道遂以陝西行臺侍御使拜雲南行省參知政事。視事期月，卒於官。

立道三使安南，官雲南最久，得土人之心，爲立祠於鄯善城西。所著詩文有《效古集》、《平蜀總論》、《安南録》、《雲南風土記》、《六詔通説》。子元，雲南行省左右司郎中。

梁曾，字貢父，大都大興人。少好學，日記數千言。中統四年以翰林學士承旨王鶚薦，辟中書左三部令史，三轉爲中書省掾。至元十年，用累考及格，授雲南諸路行省都事，佩銀符。久之，擢員外郎。十五年，轉同知廣南西路左右兩江宣撫司事。明年，除南陽府知府。唐、鄧二屬州爲襄陽府所奪，曾力争，卒復舊制。南陽在宋末爲邊郡，地無桑柘，而歲賦絲，曾請折輸布，一郡稱便。

十七年，遣使安南，召見，賜三珠金虎符、貂裘一襲，進兵部尚書。明年，日烜遣其叔遺愛，奉表從曾獻方物。二十一年，除曾湖南宣慰司副使，以疾去官。

二十九年，改淮西宣慰司副使，復以親老辭。召至京師，敕曾再使安南，授吏部尚書，賜三珠金虎符、襲衣、乘馬、弓矢、器幣，以禮部郎中陳孚爲副。十二月，改授淮安路總管而行。明年正月，至安南。其國門中曰陽明，左曰日新，右曰雲會。安南人郊迎，請由日新門入。曾大怒曰：「奉詔不由中門，是我辱君命！」即回館。既而請由雲會門，曾復執不可，始自陽明門迎詔入。又責日燇親出迎詔，且講本朝尚右之禮，以書往復者三。三月，其國相陶子奇等從曾詣闕請罪，並上萬壽頌、金册表、方物，而以黄金器遺曾爲贐，曾不受。

八月，還京師，進所與陳日燇往復議事書。帝大悦，解衣賜之，且令坐地上。右丞阿里意不然，帝怒曰：「梁曾兩使外國，汝何敢爾？」是日，有親王至自和林，帝命酌酒，先賜曾，謂親王曰：「汝所辦者汝事，梁曾所辦，吾與汝之事，汝勿以爲後也。」復於便殿賜酒饌，夜二鼓乃出。明日，詔陳其方物象、鸚鵡於庭，而命曾引所獻象。曾以袖引之，象隨曾如素馴者。復命引他象，亦然。帝以曾爲福人，且問曰：「汝亦懼否？」對曰：「雖懼，君命不敢違。」帝曰：「善。」或讒曾受安南賂者，帝以問曾。曾對曰：「安南以黄金器遺臣，臣不受，以屬陶子奇矣。」帝曰：「此餽賮，受之可也。」尋賜白金、金幣。中書以使安南三珠金虎符與之，仍乘傳之任。

大德元年，除杭州路總管，户口復者五萬二千四百户。請禁莫夜鞫囚及游街之刑，著爲令。四年，丁内艱。先是，丁憂制未行，曾奏請終制如禮。七年，除潭州路總管，辭不赴。服除，拜兩浙都轉運鹽使。又明年，拜雲南行省參知政事，賜三珠金虎符。尋召還，以母喪未葬，扶柩北歸，至長蘆，賜鈔一百錠使營葬。十年，召爲中書參議。預内燕，賜只孫一襲。十一年，出爲河南行省參知政事。尋遷湖廣行省參知政事。四年，以疾罷，敕賜藥物。

皇慶元年，仁宗以曾前朝舊臣，特授昭文館大學士、資德大夫。累章乞致仕，不允，復起爲集賢侍講學士。國有大政，必命曾與諸老議之。延祐元年，奉詔代祀中岳，中道以病致仕。至治二年，卒，年八十一。

李克忠，字公瑾，滕州人。父顯，倜儻善騎射，從族人李元至都，受知於諸王脱端，以管軍千户領鄒縣尉，累遷河南等路管民權府。克忠幼警敏，好讀書。至元十二年，世祖遣哈撒兒海牙、奴剌丁使安南，以克忠佐之，授安南達魯花赤府知事。詔有司依使緬事例，厚給資裝。既至，克忠要以三事：一曰國主親朝，二曰遣子入侍，三曰籍户口歸朝廷。安南人不從。克忠以書諭其國主，又不報，乃還。時吐蕃梗命，雲南行省創開新路於納洪土老蠻，克忠等始得平行而返。十四年夏，至上都，召見大安閣，賜金符，擢奉訓大夫、工部郎中，兼計議官。

十五年，偕禮部尚書柴椿、會同館使哈剌脱因、工部員外郎董瑞安、南人黎克，復賫璽書諭日烜入朝。十六年，克忠等返。十一月，復遣克忠再往，以竟使事。十七年四月，偕其陪臣黎仲陀等，齎表奉貢物詣闕下。世祖大悦。用事大臣欲克忠往謁，克忠曰：「論功行賞，國有常典。吾豈奔走權門者耶？」竟不往。久之，授奉議大夫、同知岳州路總管府事。初至，教郡人藏冰，已而大疫，以冰療之，全活甚衆。遷泰州尹，又選爲海北廣東道提刑按察副使，進階中順大夫，以親老乞養歸。旋起爲同知吉州路總管府事。延名儒以興郡學，士論稱之。大德五年，卒，年五十六。

子希顔，以父廕授進義校尉、南昌縣主簿。江西行省參知政事郝天挺雅重之，辟行省掾。又從平章散朮台討寧都賊有功，遷承事郎、袁州路知事，終太常太樂署令。子稷。

稷，字孟豳。幼穎敏，八歲能記誦經史。從其父官袁州，師夏鎮。又從官鉛山，師方回。鎮與回俱名儒，稷兼得其傳。

泰定四年，登進士第，授淇州判官。調海陵縣丞，入爲翰林國史院編修官，擢御史臺照磨。至正初，出爲江南行臺監察御史，遷都事，又入爲監察御史。劾奏閹宦高龍卜「侵撓朝政，擅作威福，交通時相，請謁公行，爲國基禍，乞加竄逐，以正邦刑」。章上，流高龍卜於高麗。又言：「御史封事，須至御前開拆，以防壅蔽之患。言事官須優加擢用，以開諫諍之路。殿中侍御史、給事中起居注，須任端人直士，書百司奏請及帝所可否，月達省臺，付史館以備纂修之實。」承天護聖寺火，敕更作，稷上言：「水旱相仍，公私俱乏，不宜妄興大役。」議遂寢。會朝廷方注意守令，因言：「下縣尹多從吏部銓注，宜併歸省選。茶、鹽、鐵課，責備長吏，動受刑譴，何以臨民？宜分委佐貳。投下達魯花赤蠹政害民，宜爲佐貳。」帝悉可其奏。遷中書左司都事，又四遷爲户部尚書。

十一年，廷議以中原租税不實，將履畝起税。稷詣都堂言曰：「今妖寇竊發，民庶流亡，此政一行，是驅民爲盜也。」宰相韙之。尋參議中書省事，俄遷治書侍御史。

十二年，從丞相脱脱征徐州。賊平，謁告歸滕州。既而召爲詹事丞，除侍御史，遷中書參知政事。皇太子受册，攝大禮使，除樞密副使。帝躬祀郊廟，攝太常少卿。尋爲侍御史，又爲中書參知政事。俄進資善大夫、御史中丞，尋特加榮禄大夫。至正十九年，丁母憂。詔起復爲陜西行省左丞、樞密副使。乞終制，不起。服闋，命爲大都路總管，兼大興府尹，除副詹事。二十四年，出爲陜西行臺中丞，未行，改山東廉訪使。得疾，上章致仕。還京師卒，年六十一。贈推忠贊理正憲功臣、集賢大學士、榮禄大夫、柱國，追封齊國公，謚文穆。

稷爲人孝友恭儉，處家嚴而有則，與人交一以誠恪。尤篤於鄉黨朋友之誼。中丞任擇善、陳思謙既没，皆撫其遺孤。出入臺省者二十年，爲時名卿云。

史臣曰：張庭珍諸人，皆奉使安南有名跡者。中統元年，安南世子光昺上書，請三年一貢，從之。庭珍爲安南達魯花赤在至元六年，又責其入貢，疑非事實。是時江南未平，陳氏倚宋爲屏蔽，或有倔强之辭，然謂其露刃以脅使者，亦誣矣。蓋私家傳狀所載者，不可以盡信也。

【校勘記】

〔一〕「庭珍」，原作「庭昮」，據文意改。

新元史卷之一百七十三　列傳第七十

郭汝梅　張炳　袁裕　孟祺　王庭玉〔一〕　劉好禮　李元　張礎　陳元凱　許楫　孫顯　王顯祖

郭汝梅，字和卿，大都瀰陰人。金末，大兵陷瀰陰，屠之。汝梅方七歲，其父琪禱於神，願佑此兒，使宗嗣不絕。及濼河，琪力不能負，欲棄之。遇赤犢，乘以渡河，獲免。汝梅年十八，父老稱其幹略，使攝知縣事。

太宗二年，立十路徵收課税所。耶律楚材奏充燕京都税司，以理劇知名。中統初，汝梅以久管徵收，非本志，使其子翰承襲。

中統三年，阿合馬奏本路員多，宜汰之，疏其勤幹得力者任使如故。起汝梅再充課税所官。創建驛舍百餘，民不知擾。每歲應給行宫所需，未嘗闕誤。益户口萬餘。遷中都路總管，兼大興尹，階昭勇大將軍。數引見，奏對稱旨。五年卒。

先是，汝梅從憲宗幸柳林，憲宗問近郊户籍，汝梅倉卒不能對。從吏劉伯傑代應之，帝甚悦，曰：「是人爲官寧有不能者？」後伯傑亦以吏事知名。

張炳，字彦明，濟南濟陽人。祖全，父信，以貲雄於鄉。太宗四年，歲饑，出粟賑貸，鄉人賴以全活。炳幼穎悟力學。始補掾史，上計行省，有積年勾考未輸銀十萬五千兩。炳條陳切至，遂獲免。徵擢行省斷事官。

中統元年，辟爲中書省掾。俄遷右司提控案牘，管都督府員外郎。轉山東路廉訪轉運司經歷，考課爲天下最，遷廉訪司參議，兼攝濟南、益都、濱棣三路奥魯花赤。至元二年，改濟南路奥魯花赤。四年，轉陝西五路西蜀四川行中書省左右司員外郎。八年，進階奉訓大夫、兗州知州。屬縣有黠吏挾官府爲暴横，炳繩之以法，杖而逐之，民大悦。

十一年，改淮西等路行中書省左右司郎中。丞相阿塔海進攻瓜州、鎮江，炳運糧儲，供器械，凡二年。十三年，丞相阿朮攻揚州，宋將李庭芝棄城走泰州，炳至揚州城下，招諭制置朱焕以城降，庭芝亦就擒。炳傳檄未下州郡，皆望風款附。從阿朮入覲，世祖賜錦衣、鞍勒。十三年，擢大中大夫，揚州路總管府達魯花赤，商議行中書省事，佩金虎符。時行省在揚州，據南北要津，炳勞來撫恤，上下安之。

十六年，改鎮江路總管府達魯花赤，謝病歸。購書八萬卷，以萬卷送濟南府學。二十一年，起爲東昌路總管，吏民畏服，以治最稱。二十五年，卒，年六十四。延祐五年，贈太中大夫、東昌路總管，追封清河郡侯，謚敬惠。子用中，沂州山場同提舉。

袁裕，字仲寬，河南洛陽人。幼孤，從兄避難聊城，因家焉。中統初，由聊城縣丞，辟中書右司掾，建言給重囚衣糧醫藥，免籍其孥産，止令出焚瘞錢，著爲令。順天路民王住兒因鬭誤殺人，其母年七十，言於朝：「妾寡且老，恃此兒爲生，兒死則妾亦死。」裕白執政，誤殺非故犯，當矜其母，乞宥之。執政以聞，囚得免死。南京總管劉克興掠良民爲奴，後以矯制獲罪，當籍没。裕請止籍其妻子，奴得復爲良者數百人。

至元六年，遷開封府判官。洧川縣達魯花赤貪暴，盛夏役民捕蝗，禁不得飲水，民不勝忿，擊斃之。有司當以大逆，置極刑者七人，連坐者五十餘人。裕白：「達魯花赤自犯衆怒而死，安得盡罪百姓？」議誅首惡一人，餘各杖之。部使者録囚至縣，疑其太寬。裕辨益力，遂白其事於中書省，竟從裕議。

八年，拜監察御史。俄授西夏、中興等路新民安撫副使，兼本道巡行勸農副使，佩金符。時徙鄂州民萬餘於西夏，有司雖給廩食，而失業者猶多。裕與安撫使獨吉請於朝，計丁給地，立三屯，使耕以自養，官民便之。又言：「西夏羌渾雜居，驅良莫辨，宜驗已有從良書者，則爲良民。」從之。得八千餘人，官給牛具，使力田爲農。

十三年，進甘州等路宣撫副使，兼西夏、中興等路新民安撫副使。十八年，調南陽知府。明年，召拜刑部侍郎，出爲順德路總管。鐵冶提舉張鑑無子，買妾，其妻妒而殺之。裕捕其妻，訊之，論如律。其用法嚴明如此。二十一年，卒於官，年五十九。

裕以兄有鞠育之恩，令其子師愈推蔭於兄子，師愈後仕至侍御史。

孟祺，字德卿，宿州符離人。父仁，有學行。金亡北徙，寓濟州魚臺縣，州帥石天禄禮之，辟詳議府事。

祺敏悟，早知問學，從父游東平。時嚴實修學校，招致生徒。祺就試，登上選，辟掌書記。廉希憲、宋子貞俱薦之，擢國史院編修官。遷應奉翰林文字，兼太常博士。一時典册，多出其手。

至元七年，使高麗。還，稱旨，授山東西道勸農副使。十二年，丞相伯顔伐宋，授祺行省咨議官，遷郎中。伯顔雅信任之。宋舟師陳焦山，祺言於諸將曰：「敵軍下流，宜乘勢速進，以奪彼氣。」從之，宋師大敗。時伯顔以兵事入覲，聞之喜曰：「祺書生，乃知兵若是！」

諸將欲直趨臨安，伯顔問計，祺對曰：「宋人之計，惟有竄閩。若以兵迫之，彼必速逃。一旦盜起臨安，三百年之積，焚掠無遺矣。宜以計緩之，使彼不懼。譬取果，稍待時日耳。」伯顔曰：「善。」乃遣人持書至臨安慰諭之，宋人果不復議遷。先是，宋降表稱姪、稱皇帝，伯顔拒不納。祺自請至臨安徵降表，會宋執政於三省。夜三鼓，議未決，祺正色責之，始定議。宋謝太后内批用寶，祺攜之以出，並取十二璽獻於伯顔。伯顔親封之，祺曰：「管鑰自有主者，公勿封。一有不謹，恐異時姦人妄相污染，不能自明。」伯顔韙之，使祺籍宋册寶及太廟禮樂器、郊天儀仗，秘書省、國子監、國史院、學士院、太常寺圖書、祭器等物。伯顔發臨安，趣宋主顯及全太后入覲。祺宣讀詔書：「免牽羊係頸之禮。」太后聞之，泣謂宋主曰：「荷天子聖慈活汝，當望闕拜謝。」宋主拜畢，子母皆肩輿出宫。

伯顔奏祺前後功多，且薦祺可任大事。授嘉興路總管，佩虎符。勞徠撫字，甚有能名。後以疾解官。十八年，擢浙東海右道提刑按察使。辭不赴。二十八年，帝遣祺招諭爪哇，其酋不聽命，黥祺以辱之。帝大怒，遂決計用兵。祺未幾卒，年五十一。贈宣威安遠功臣、中奉大夫、中書參知政事、護軍、魯郡公，謚文襄。子遵、遹。

王庭玉，字國寶，保定清苑人，本完顔氏。父安住，金懷遠大將軍、安州刺史。太祖十三年，來降，譯姓王氏，改名安。庭玉隸萬户張柔部下，以材勇聞。憲宗九年，從攻鄂州有功，擢亳州萬户府首領官，遷河南路統軍司知事。從圍襄樊，城光化州，賜衣襖、鞍轡、銀、錢鈔有差。改招討司經歷，佩銀符。

從大軍濟江，敗宋將孫虎臣於丁家洲。追至龍江磯，獲宋小校二人，自稱太平州帳下，持守將蠟書以獻。軍中欲殺之，庭玉力争曰：「是絶人降附之心也。」受其書而遣之。明日，大軍至太平，守將即開門降。由是爲丞相伯顔所知。建康下，以庭玉僉江東宣撫司事。元帥唆都悉以郡事委之，庭玉招撫流亡，甚獲民譽。

十四年，授建康路總管府治中。伯顔曰：「王治中，吾帥府師也，事何憂不治？」十五年，擢朝列大夫、招信路總管府達魯花赤，佩虎符。招信尋改臨淮，庭玉换金符。伯顔聞之，咨中書省，仍佩虎符。臨淮多盜，有二男子飲兵家，庭玉使録事徐霆逮捕之，果盜魁。盡獲其黨一百七十六人，戮七十人，餘悉宥之，民遂安堵。録事李娃過臨淮，吏誣爲盜，庭玉覆訊之，察其冤，娃得免死。

御史大夫相威奏江南廉能吏五十人，庭玉其一也。改授漣、海州等處屯田總管。先是，上屯田策者，以墾荒爲名，官給鈔買牛，實未嘗有牛。每歲輸牛皮，妄言牛死，官又給鈔補之，冒濫無已。庭玉白其事於中書，罷之，爲怨家所誣。世祖素知庭玉長者，寢不問。庭玉乃棄官歸。大德二年，卒，年七十一。

劉好禮，字敬之，汴梁祥符人。父仲澤，金大理評事，遥授同知許州，徙家保定之完州。好禮通國語，廉訪司辟爲參議，改永興府達魯花赤。至元元年，以侍儀廉希逸薦，召見奏對稱旨。五年，應詔，建言：「有司奏請，宜先啟皇太子。陝西重地，宜封皇子、諸王以鎮之。築都城，宜給直以市民地。選格不宜以中統三年爲限。」帝是其言，敕中書施行。

七年，遷吉思昂可剌、烏斯、撼合納、謙州、益蘭州五部斷事官，以比古之都護，治益蘭。其地距京師九千餘里，民俗不知陶冶，水無舟航，以杞柳爲器皿，刳木爲槽以濟水。好禮請工匠於朝，以教其民，土人便之。或言榷鹽、酒，可以佐經費，好禮曰：「朝廷設官要荒，務以綏遠，寧欲奪民利耶？」言者慚服。

十年，北邊諸王叛，執好禮軍中。其大將以好禮善應對，釋之。十六年春，叛王召好禮至謙謙州，曰：「皇帝疑我，至有今日。」好禮曰：「不疑。果疑王，召王至京師，肯還之耶？」叛王語塞。十七年春，好禮率衆南歸，中道遇叛王軍，迫好禮西踰雪峨嶺。好禮以衣服賂其千户，始獲東出鐵壁山口，數日，從者繼至，且千人。中道糧絶，捕獵以爲食。七月，至珠爾海，與戍兵接，得乘傳至昌州。入見，帝賜之食。

十八年，授嘉義大夫、澧州路總管〔二〕。十九年，入爲刑部尚書，俄改禮部，又改吏部。好禮建言：「象力最巨，上往還兩都，乘輿駕象，萬有一變，事不可測。」未幾，象驚，幾傷從者。二十一年，出爲北京路總管，再入爲户部尚書。二十五年六月卒，年六十二。子晸，爲河西隴右道肅政廉訪使。

李元，字善長，滕州人。父浩，精於醫術。竇默薦浩於世祖，以老不能就徵，詔有司歲廩之，終其身。召元至京師，賜宴萬安閣，俾掌御藥局。奏對稱旨，賜白金五百兩。從北安王那木罕征西域，元以兵力不足，言於王曰：「今深入敵國，兵不盈萬，恐不任戰事，請益府兵以備不虞。」王從之。王恩遇益厚，以王妃妹妻元。

至元七年，世祖以王守上都，署元爲斷事官。時饋餫不及，兵以剽掠自給。元諭富民預輸租賦，得萬餘石以贍軍食。至元十四年，諸王昔里吉叛，劫北安王於阿力麻里。元爲昔里吉所拘，後脱走，至阿赤潭城，收餘衆，兼道東歸。至瞻思谷水，又爲叛王海都所獲，挈之西行數千里，至垂水川，守衛愈嚴，六年不令他徙。

二十二年，海都言於篤哇：「北安王留此，瘠甚，儻病死，則搆怨日深，不如還之。」元遂從北安王歸，晝夜兼行，遇大軍於馬絮思水。明年，始達上都。六月，覲世祖於行在。世祖三招使前，詢其來狀，謂左右曰：「此人萬里歸我，其忠孝雖蒙古人弗逮。」賜錢五千貫，貂裘、貂帽各一，錦帛三千匹，授奉訓大夫、都總管府達魯花赤。改順德路總管，晉嘉議大夫，遷通議大夫、益都路總管，又改般陽路。以年老致仕，卒於家，年八十四。

元敦厚明敏，善於撫馭，所至有聲，其忠信尤爲遠人所服。追封東平郡公，謚忠穆。

張礎，字可用。其先渤海人，曾祖琛，徙通州。祖伯達，從忽都虎那顔略地燕、薊。金守將蒲察七斤以城降，忽都虎承制以伯達爲通州節度判官知通州。父範，爲真定判官，因家焉。礎業儒，廉希憲薦於世祖。時真定爲阿里不哥分地。阿里不哥銜礎不附己，遣使言於世祖：「張礎我分地人，宜歸我。」世祖謂使者曰：「兄弟至親，寧分彼此？我方有事於宋，待天下平定，當遣礎還。」憲宗九年，從世祖伐宋，文檄悉出其手。

中統元年，立行中書省，以礎權左右司掾。尋出爲彰德路拘摧官，復入爲右三部員外郎。賜金符，爲平陽路同知轉運使。改知獻州、同知東平府事，又改知威州。有婦人騎驢過市，投下官暗赤之奴引鳴鏑射婦人墜地，奴匿暗赤家。礎大怒，將以其事上聞，暗赤懼，乃出其奴，論如律。

至元十四年，遷江南浙西道提刑按察司副使，佩金符。遂安縣貧民負險爲亂，命礎與同知浙西道宣慰使劉宣捕之。宣即欲進兵，礎曰：「江南新附，宜遣人招諭，以全衆命。」宣不可，礎曰：「諭之不來，用兵未晚。」遂遣人諭以禍福，逆首果自縛請罪，礎釋之，宣乃歎服。累遷嶺南廣西道、嶺北湖南道提刑按察副使。授賓州路總管，不赴。拜國子祭酒，尋出爲安豐路總管。三十一年，卒，年六十三。贈昭文館大學士，追封清河郡公，謚文敏。子淑，衛輝路推官。

陳元凱，字時舉，冀寧臨晉人。父膺，東平路勸農使。元凱通經術，得中原文獻之傳。至元三年，太保劉秉忠薦於裕宗。元凱舉止詳雅，占對稱旨。除宮籍監，出爲同知復州路總管府。二十年，拜江西行省郎中。時盜賊蠭起，省中議討賊方略。元凱曰：「破賊在擇良將。」舉招討使郭彦高可用。彦高方被誣繫獄，衆難之。元凱曰：「使功不如使過，况非其罪乎？」乃命彦高討捕，悉平之。廣東賊黎德據海州抄略，右丞忽都鐵木兒討擒之，欲獻俘京師。元凱請曰：「黎德么麽小醜，宜速殺之，以謝百姓。」即命磔德於市。移富州尹，元凱謂僚屬曰：「今日當以安百姓爲急務。百姓安，則農不待勸而衣食足，盜賊自息矣。」居三月，盜賊屏跡，流亡復業，治行爲江西第一。

擢江州路總管。改海北廣東道肅政廉訪使，以疾不赴。元貞元年，復授龍興路總管。龍興爲徽仁裕聖皇太后分地，陛辭。太后諭之曰：「汝舊臣，宜加意撫治。」賜錦衣以寵其行。歲大水，民多餓莩，元凱請於行省，罷河泊稅，聽民自取，全活無算。大德元年，拜嶺北湖南道肅政廉訪使，請告歸。五年，起爲建康路總管，又辭歸。十一年，拜浙東海右道肅政廉訪使，復告老，不俟報而行。卒於家，年七十八。

許楫，字公度，冀寧忻州人。幼從元好問學。年十五，以儒生中詞賦，選河東宣撫司。又舉楫賢良方正。楫至京師，平章王文統命爲中書省掾，以不任簿書辭，改知印。丞相安童、左丞許衡深重之。一日，從省臣立殿下，世祖見其美髯魁偉，問曰：「汝秀才耶？」楫頓首曰：「臣學秀才耳，未敢自謂秀才也。」帝善其對，授中書省架閣庫管勾，兼承發司事。

未幾，立大司農司，以楫爲勸農副使。時商挺爲安西王相，遇於途，楫因言京兆之西荒田數千頃，宋、金皆嘗置屯，如募民立屯田耕種，得穀可以給王府之需。挺以其言入奏，從之。三年，屯成，果獲其利。尋佩金符，爲陜西道勸農使。

至元十三年，宋平，帝命平章廉希憲行中書省於荆南，以楫爲左右司員外郎。父老輿金帛求見，楫曰："汝等已爲大元民矣，今置吏以撫字汝輩，奚用金帛爲？"明年，擢嶺北湖南提刑按察副使。武岡富民毆死軍人，陰以家財之半誘其佃者代己款伏。楫審得其情，釋佃者，以富民抵罪。改江西道提刑按察副使。行省命招討使郭昂討叛賊董旗，兵士俘掠甚衆，楫釋良民六百口，遣還鄉里。

二十三年，授中議大夫、徽州路總管。桑哥立尚書省，會計天下錢糧，參知政事忻都、户部尚書王巨濟倚勢刻剥，遣吏徵徽州民鈔，多輸二千錠。巨濟怒其少，欲更益千錠。楫詣巨濟曰："公欲百姓死耶？生耶？如欲其死，雖萬錠可徵也。"巨濟以其詞直，乃免徵。楫考滿，去。績溪、歙縣民柯三八、汪千十等，因歲饑，阻險爲寇，行省右丞教化以兵捕之，相拒七月，始使人諭之降。三八等曰："但得許總管來，我等皆降矣。"行省驛召楫至，命往招之。楫單騎趨賊壘，衆見楫來，皆拜曰："公既來，請署榜以付我。"楫白教化，請退一舍，聽其來降。不從。會以參政高興代教化，楫復以前言告之，興從其計，賊果降。二十四年，授太中大夫、東平路總管，謝事卒，年七十一。

孫顯，字榮甫，鄭州管城人。以書吏從大軍伐宋。宋平，擢中順大夫，遥授知英德府、同知太平路總管府事。未幾，改江西行省郎中。至元十八年，遷少中大夫、同知荆湖北道宣慰司事。時阿合馬秉政，遣使者鉤考湖廣財賦，集諸道官吏於行省，以顯主會計。使者多方羅織，橐數易不定。顯庭辯曰：「册已造矣，何紛紜如此？有絲髮隱匿，願身任其咎。」使者爲之斂戢。

二十三年，廷議以宋平賞格過優，例降顯朝列大夫、福建行省郎中。省臣盜官鈔十三萬錠，事發，獨顯無所染。南雄械賊百餘人當死，顯訊之，惟戮三十人，餘皆縱遣。安溪賊連十五寨爲亂，顯諭下之。行省議，但誅首惡，既又欲屠之，分其子女。顯拔劍止之曰：「前議云何？敢言殺掠者，論如律。」磔首惡一人，而事定。

大德二年，復少中大夫、懷孟路總管，兼諸軍奥魯，兼管内勸農事。卒，六十一。

先是，惟河南路課竹税，懷孟與輝州雖産竹，無税。自馮德用爲河南都漕運使，始請籍兩郡竹園爲官有，隸於制國用使司。設法峻密，雖園中取一竿，亦坐以自盜之罰。然竹日損耗，官民交病。顯白其事於户部，請責園主輸竹税，聽其斬伐。從之。諸王、妃主道經懷孟，賦木席爲屋，絡繹周之。前期一月具，而不至，民守視不敢去，去則官吏擅取其物，無所控告。顯製卉布爲大幕，容數百人，可以離合舒卷，以輕車載之，送往迎來，民甚便之。二事尤爲人所頌云。

顯繼妻李氏，封肉瘵顯疾。顯卒，斷髮納棺中，誓不再醮。以節行稱於世。

王顯祖，字繼先。其先高平人，後徙居邢州。金人南渡，河北隔絶，州民推顯祖父明爲節度判官。木華黎徇地至邢州，明以城降，授本州節度副使，佩金符。明卒，顯祖襲節度判官。世祖在潛邸，過邢州，劉秉忠與明有舊，引顯祖入見。顯祖年十四，狀貌奇偉，世祖酌酒賜之，使爲秉忠養子。

中統三年，邢州改順德府，顯祖遷府判官。從大軍討李璮，先登陷陣，數有功。調衛州判官，又調宣德府判官。秩滿，遷同知濱州事，以病去官。復起爲同知德州事，尋除鈞州尹。在任六年，威惠大行。丁母憂，時服制未定，顯祖首行三年喪，解官廬墓。

至元二十八年，湖廣行省平章要束木以貪暴聞。世祖震怒，命哈剌哈孫往鞫之。除顯祖行省副理問官，窮治黨與，追賊以鉅萬計，民大説。官庫被盜，不獲，逮繫百餘人。顯祖推問得實，乃庫兵自盜也。盡釋之，咸羅拜而去。三十一年，行省檄顯祖整理湖南等七路錢糧，凡無名之賦、有徵不納之額，顯祖悉蠲之，著爲令。

元貞元年，改濱州尹。州民苦鹽貴，顯祖申請先散鹽，而後支價，歲省民錢一萬二千餘錠，民刻石頌之。是時山東鹽法壞亂，行省以顯祖才任繁劇，除山東東路同知都鹽運使事。首尾六年，增鹽引十四萬有奇。大德九年，遷少中大夫、江西袁州路總管，顯祖以年老辭。十一年，卒，年六十七。子郁，襲同知邢州事。

史臣曰：蒙古初定中原，以武夫悍卒世襲地方長吏。至世祖，始詔諸路管民官治民，管兵官治兵，各有所司，不相統攝。於是擢用賢能爲諸路總管，休養生息，與民更始。故吏治蒸蒸，庶幾唐、宋，如郭汝梅、張炳等，皆良吏也。考其名蹟，可以見世祖之知人善任焉。

【校勘記】

〔一〕「王庭玉」，原作「王廷玉」，據正文及任士林《松鄉集》卷三《臨淮府君王公墓誌銘》改。

〔二〕「澧州」，原作「灃州」，據《元史》卷一六七列傳第五十四《劉好禮傳》改。

新元史卷之一百七十四　列傳第七十一

李秉彝　覃澄　謝仲温　姜彧　高源　韓政　馮岵　胡祗遹　王綱思聰　曹世貴　詹士龍　高良弼　白棟　孫澤良楨　趙宏偉璉　琬

李秉彝，字仲常，通州潞縣人。幼沉毅，見人倨坐，輒色變，由是衆異焉。七歲讀書，日千言。十歲，能習古篆隸。年二十餘，謁行省，粘合重山辟爲掾。未幾，遷都事，説重山曰：「金亡，人材無所附麗。天下初定，宜拔其尤者，爲朝廷用。」重山韙其言，首聘王磐授子弟經。於是士大夫相繼登重山之門參議。王文統投書重山，請立河南行省，曰：「距河阨南北之勢，用財結上下之交，可以得志。」秉彝斥爲邪説，願勿聽，後文統果敗。遷員外郎，從世祖伐宋渡江，將士争掠金帛，秉彝獨載書萬卷以還。

中統三年，遷中興等處行省郎中。時兵亂初平，民艱食。秉彝奉命賑恤，全活無數。至元二年，徙四川，民苦竹税，奏罷之。遷大中大夫，佩金符，爲彰德宣課運使。課最，擢尚書户部侍郎。

八年秋，中原蝗，銜命往捕，有不盡心者，聽以軍法從事。秉彝訖事，未嘗操切。明年，京師饑，朝廷用秉彝言，發廩賑之。又明年，魚兒泊饑，亦奉命賑其民。出爲都提舉漕運使，中臺察廉能，奏授陝西、四川道按察副使，巡行灌州。州故有李公堰，當三江口，遇水漂悍輒壞，歲調民夫修之。秉彝以爲築之堅可已患，父老謂壅遏漲勢，恐爲成都害。秉彝令投石水中，問曰：「水從石上過耶？石下耶？」皆曰：「從石上。」秉彝曰：「水從石上過，寧有壅遏之患乎？」督有司三月堰成。自是大水至，冒堰上行，旱則瀦以溉田，費省而利興。

十四年，除江州路總管。屬邑有剽掠者，有司以叛告，官軍既至，俘良民甚衆。秉彝要於路，詰無辜者千餘人，悉縱之。黄州叛，九江戍卒僅五百人。吕師龍新降爲招討使，擁精騎數千，檄使捍禦，不聽。秉彝夜登庾樓，遥望小舟順流下，邏獲七人自黄州來，持叛書期師龍以五月十六日爲内應。秉彝即偕其計議官陳文彬見師龍，諭以利害。師龍自誓不知，秉彝曰：「審爾，請分兵守城。」師龍從命，九江遂安堵。其兄師夔自江西奉黄金二百兩、白金二千兩、奴婢十人爲謝，卻不受。義門陳氏苦縣吏貪酷，戕吏卒，秉彝曰：「非叛也。」遣人招撫之，闔族千餘口皆得免。遷湖州總管。踰年，又徙常德。官種柑橘五百株，以代民貢。歲歉，黜同僚議，不俟命，開倉救饑者，民立碑頌之。

十九年，擢通議大夫、兩浙轉運使。轉正議大夫，除工部尚書。復出爲兩浙轉運使，兼杭州諸色課程及市舶。前同知納速剌丁倚權臣勢，奪秉彝職，候理算，欲因以誣秉彝，卒不得毫髮私，羣小讋服。歸至鎮江，病卒，年六十五。

覃澄，字彦清，興德懷來人。父資榮，仕金爲縣令，率衆款附，以金符授元帥左都監，令如故。改賜金虎符，升行元帥府事。復以其弟資用代充元帥左監軍。資用卒，以澄代之，年十八。

太宗八年，州縣置達魯花赤以監守令。不習國語者，則受命於譯人。澄慮見欺，日與習國語者游，歲餘，悉通曉，與達魯花赤議事，應答無滯，人以爲不學而能。燕京置斷事官，建行臺府，檄澄往受事。澄請省工料費，凡横取於民，皆減之。文谷水分溉交城，爲平州知州所遏，交城人訟之，終不直。澄争於行省，知州噤屈，水利大興。俄入覲，因耶律楚材面陳：「乙未料民，率以無産僑民入籍，及賦下，悉逃避，責徵實存，官稱貸納之，困不能償，以子爲母，息日增，謂之牸生利。」帝憫之，勅免其逋賦公私之負，三年勿徵，子母相當，止其息，民困大蘇。壬子，復料民，澄削其逃户，不入籍，民尤頌之。

世祖平大理還，澄上謁，帝喜其容止，留居藩府，以其弟山阜代爲交城令。憲宗疑世祖有貳心，遣劉太平等置計局於京兆，條百四十有二事，多方鉤覆，且興大獄。世祖遣澄與庫濟勒見太平等通款曲，世祖亦入朝。事始解。

世祖南征，使澄專治懷孟。歲旱，鑿唐温渠，引沁水灌河内諸縣。中統元年，詔獎其練習政事，授懷孟路總管，賜金符，又換虎符。至元二年，省懷孟、衛輝兩路入彰德，改授同知總管府事。丁憂，起復，遷少中大夫、平涼路總管。七年，散階例降二等，改奉議大夫、司農少卿。尋遷京兆路總管，兼府尹。又改陝西四川道提刑按察使。詔禁有妻者娶妾，澄建言：「不孝有三，無後爲大。請四十無子者，聽其娶妾。」中書韙之。

十年，宋將昝萬壽入寇，大敗僉省嚴忠範於成都，入其郛。世祖械忠範至都，遣澄代之。澄練兵儲餉，宋人知其有備，不敢犯。十一年，西南夷羅羅斯内附，以澄爲副都元帥、同知宣慰司事。澄不習水土，竟以疾卒，年五十八。

初，游顯爲大名路宣撫使，爲諸路總管求金符，奏已上，澄白於中書，辭不受，曰：「上不識覃澄耶？乃爲顯所舉！」省臣爲去其名。其剛介如此。劉秉忠常謂：「天下長吏，如邢之張耕，懷孟之覃澄，何憂不治！」許衡亦重其爲人，稱爲當時循吏焉。

子克修，陝西漢中路提刑按察使，亦有能名。卒，贈禮部尚書，追封弘農郡侯，謚文憲。

謝仲温，字君玉，豐州豐縣人。父睦歡，以貲雄鄉里。大兵南下，轉客兀剌城。太祖攻西夏，過其城，睦歡與其帥迎降。從攻西京，睦歡力戰先登，連中三矢，仆城下。太宗見而憐之，命軍校拔矢，縛牛剖其腸，納睦歡於牛腹中，良久乃甦。後官至太原路金銀鐵冶達魯花赤。

仲温通書史，初見世祖於野狐嶺，命備宿衛。凡行幸，必在左右。及城上都，以仲温爲工部提領，督其役。帝曰：「汝但執梃，雖百千人，寧不懼汝耶！」憲宗九年，大軍圍鄂，軍餉缺，仲温教兵士罾魚以充食。帝喜，謂侍臣曰：「朕思不及此。」飲以駝乳。一夕，帝聞敵軍讙譟，命警備。仲温奉繩床，帝憑其肩以行，至旦不寐。

中統元年，擢平陽、太原兩路宣撫使。二年，改西京。至元九年，遷順德路總管。時方用兵江淮，有寡婦鬻子以償轉輸之直，仲温出俸金贖還之。十六年，遷湖南宣慰使。二十二年，改淮東。歲旱，仲温導白水塘溉民田，公私賴之。三十年春，入見，帝曰：「汝非謝仲温乎？朕謂汝死矣！」從容語及攻鄂時事。帝喜甚，諭曰：「汝將復官乎？朕爲汝擇之。」對曰：「臣老矣，一子早亡，惟有孫孛完，幸陛下憐之。」即日命備宿衛。大德六年，卒，年八十。子蘭，江州達魯花赤，先卒。蘭子孛完，冀寧等路管民提舉司達魯花赤。

姜彧，字文卿，萊州萊陽人。父椿，與張榮有舊，避楊安兒之亂，依榮於濟南。榮愛彧才，辟爲掾。遷左右司都事，進郎中。斷事官遣彧詣闕，奏割陵州五城屬於榮，以彧爲參議官。

中統元年，彧從榮孫宏入朝，密奏李璮反狀已露，宜先其未發制之。不報。明年，璮果反，襲陷濟南。彧從宏討璮，見賊勢已蹙，城旦夕且下，乃夜謁諸王哈必赤，請諭諸將勿入城縱兵，哈必赤從之。明日，賊開門出降，哈必赤下令：「將士敢入城者，以軍法論。」城中安堵如故。

以彧知濱州。時行營多占民田爲牧地，縱牛馬壞稼。彧請分畫牧地疆界，捕壞稼者，置之法。又課民種桑，人名爲「太守桑」，歌曰：「田野桑麻一倍增，昔無粗麻今纊繒，太守之賢如景星。」後遷東平府判官。

至元五年，召拜治書侍御史。七年，出爲河北河南道提刑按察使，賜金虎符。改信州路總管，累遷陝西漢中、河東山西提刑按察使。拜行臺御史中丞，後謝病歸。尋起爲燕南河北道提刑按察使，以老病致仕。三十年，卒，年七十六。子四人：迪吉、從吉、吕、璞。

高源，字仲淵，晉州饒陽人。父汝霖，真定廉訪司照磨，使東平，遇盜死。源幼力學，事母孝，補縣吏。中統初，擢衛輝路知事。遷齊河縣尹，有遺愛。去官十年，民猶立碑頌之。再遷行臺都事，僉江南浙西道提刑按察司事。劾常州路達魯花赤馬怨奪民田及他不法事，怨懼，走賂權臣阿合馬，以他事誣源。既繫獄，一日忽釋之，莫知所由。先時，源鄰里多阿合馬姻戚，素知源事母孝，至是，聞源坐非辜，悉詣阿合馬曰：「源孝子也，非但我知之，天必知之。若妄殺源，悖天不祥。」阿合馬感悟，得不死。

尋除河間等路都轉運副使，撫治有條，竈户逃者皆復業，常賦外羨餘至十萬緡。至元二十四年〔一〕，改江東道勸農營田使。二十八年，遷都水監，開通惠河，由文明門東七十里與會通河接，置閘七，橋十二，人蒙其利。授同知湖南道宣慰司事。卒，年七十七。

韓政，字君用，益都人。父松之，從金四駙馬伐宋，戍山陽，戰歿。政幼孤，習醫術以自給。後從諸王塔察兒鎮遼東，塔察兒白其計畫於世祖，帝奇之。至元十三年，相威爲征西都元帥，討西番，授政嘉議大夫、漢軍元帥監軍，佩金虎符。軍中大驚，曰：「監軍非國姓不可得。」裕宗在東宫，亦疑之。政入辭，命挽强弓，彀而復引者三。裕宗歎曰：「皇帝善任使若是。」賜錦衣一襲以行。

政西逾大磧，斬馘甚多。軍還，授前衛親軍副都元帥、指揮使，兼領左右衛屯田軍馬。奏以屯田統屬於衛，而治其無良者。從之。十九年，加正議大夫，充樞密院判官。俄拜治書侍御史，劾中書右丞盧世榮牟利，卒正其罪。二十三年，出爲淮東道提刑按察使。善決疑獄，爲吏民所稱。卒，年六十六。贈嘉議大夫、尚書、上輕車都尉、南陽郡侯，謚威敏。子拱，增城縣尹；振，昌國州知州；極，御藥副使。

馮岵，字壽卿，中山人。祖父壁，金同知集慶軍節度使。父渭，右三部郎中。初，壁從金宣宗南渡，與渭母相失。渭徒行千里求之，哀動行路，時稱爲「馮孝子」。

岵聰悟好學，辟中書省掾。故事，諸曹皆出爲總管、判官。岵以忤執政，獨抑爲真定轉運經歷。遷無極令，考最，換曲周令。大軍圍襄陽，籍河北民兵濟之。岵視丁地入中甲者，户抽一人。賄託不行，富室計無所施，民翕然頌之。宋平，擢奉議大夫、僉山南湖北道提刑按察司事，改嶺北湖南道，又改河北河南道。劾罷貪吏三百餘人，籍没贓賂至三千錠。怨家訟岵不法十餘事，詔御史按之，皆不實，抵誣者罪。擢岵朝請大夫、江西湖北道提刑按察副使。尋告歸。起爲山北遼東道提刑按察副使，以疾辭。再换山南江北道，命下數日而卒，年五十九。

岵文章雄剛深古，淺學不能句讀。晚號雪厓。疾篤，猶自書「馮孝子墓」、「雪厓墓」，伐石爲阡表焉。

胡祗遹，字紹聞，磁州武安人。少孤，自力於學。中統初，張文謙宣撫大名，辟員外郎。明年，入爲中書詳定官。至元元年，授應奉翰林文字，尋兼太常博士，著《禮論》以糾時之弊政，曰：

聖人之制，禮通貴賤之情，而嚴上下之分。故曰：「履雖美，不加於枕；冠雖敝〔二〕，不以苴履。」尊卑分定故也。羣臣之視天子，如地之於天然。而篡弒之凶，古亦有之，何自而來哉？聖人作《易》，於坤之初六謹爲之戒曰：「初六履霜，陰始凝也。馴致其道，至堅冰也。」又曰：「臣弒其君，子弒其父，其所由來者漸矣。」賈誼見漢法不敬大臣，曰：「天子之尊如堂，大臣如陛，衆庶如地。」今大臣下獄，賤隸得搏執而笞辱之。

然則堂不幾於無陛乎？今之大臣有罪，則杖辱於市，小人興譌造訕，揶揄詬罵，無所不至。漢之大臣，天子罪之，賈誼猶爲之太息。今之大臣，小民得以罪之，此風一長，有識者甚爲寒心。

近歲以來，奴訐主，妻妾告夫，子弟訟父兄，編民把執詬辱官吏，輿臺皂隸謗訕大臣，凶險姦邪，百無忌憚。白晝殿廷之上，穢言褻語，肆口而出。聖德天聰，豈不知其爲惡？然而樂聞不禁者，上欲發欺蔽，摘姦邪，通冤抑，抑豪横也，故特借凶人之口，來端直之言耳。殊不察即位以來，所聞之言，無大利害，適足爲弄口舌者進身之階虛。失大臣之禮，瀆上下之分。朝廷之上，無禮無威；閭里之間，彝倫攸斁。無知之氓，習見官府之不足畏，一旦饑饉凶荒，狐鼠嘯聚，郡縣之權若之何制之？今之大臣不以爲憂，反以私門豢養凶人，使之遞相訐制，何其愚也！必欲通上下之情，擢一二直節敢言之臣，如古之納言者，何求而不得？何必以嘵嘵之小人，瀆日月之明哉？

後調户部員外郎，轉右司員外郎，尋兼左司。時阿合馬當國，官冗事煩。祗遹建言：「省官莫如省吏，省吏莫如省事。」忤其意，出爲冀寧路治中，兼提舉本路鐵冶，將以歲賦不辦責之。及涖職，乃以最聞，改河東山西道提刑按察副使。

江南平，遷荆湖北道宣慰副使。有佃户訐田主謀爲不軌，祗遹察其誣，坐告者。十九年，遷濟寧路總管，上八事於樞府：曰役重，曰逃户，曰貧難，曰正身入役，曰僞署文牒，曰官吏保結，曰有名無實，曰合併偏頗。樞府采其言，著爲令。濟寧移治鉅野縣，兵後流亡未復，士不知學。祇遹選郡中子弟教之，親爲講説，文學最於他郡。擢山東東西道提刑按察使，以敦教化爲先務。有父子兄弟相告者，必諭以倫常之重，不獲已始繩以法。召拜翰林學士，不至。改江南浙西道提刑按察使，未幾，乞病歸。

二十九年，徵耆德十人，以祇遹爲首，以病辭。三十年，卒，年六十七。延祐五年，贈禮部尚書，謚文靖。子持，太常博士。

王綱，字政之，安平人。性倜儻，少爲縣吏，不骫骳從俗。大軍伐宋，亟饋餉，自淮以北，徵斂尤重。綱在潁州，首建互市之法，公私賴之。累擢工部主事。世祖建大都，綱預營繕之役，以功最，遷兵部員外郎，轉刑部。讞獄概以平恕。豪右匿良民爲奴，綱擿其實，免之。尋遷工部郎中。阿合馬擅利權，蠹倖百出。綱疏言其弊，忤阿合馬，出爲益都淘金總管府經歷。

至元十九年，擢奉議大夫、山東道提刑按察副使，尋改湖南道。湖南俗輕悍善訟，且歸附未久，守令率贓賄自恣，綱力革其弊，犯者以法繩之，一道帖然。二十四年，遷海北廣東道提刑按察使。或勸以臨海炎瘴，宜勿行。綱曰：「使者受天子命，若以炎瘴棄之，誰當往者？」既至，疾作，還至潭州卒，年五十四。子思敬，弋陽尹；思忠，淮東屯田副總管。弟經子思聰。

思聰，字德明。由書掾累擢廬陵尹，以才幹選除廣州路推官。屬縣豪右有誣民以罪者，獄成，彌縫無間。思聰疑而詰之，竟得其實。擢海漕千户，賜金符。進朝列大夫、衢州路治中，致仕，卒。

曹世貴，字仲明，睢州考城人。父鸞，以材武爲劉整所薦，官規運庫提舉。世貴由翰林國史院書寫，授元帥府提控。世祖遣諸王塔察兒伐高麗，平章政事趙壁行征東省，以世貴爲行省宣差，使於高麗。其臣林衍陳兵以逆，世貴厲聲曰：「汝海邦小夷，敢脅天子之使，是反也！」立斬十餘人，衍等讋服。

擢忠翊校尉、城武令，有惠政，民勒石頌之。遷同知隆興州。羣盜據山洞，官軍不能討，使世貴招之，即相率來降。累遷朝列大夫、福建閩海道提刑按察副使，糾行省平章政事默勒賊民蠹政，詔誅之。遷中順大夫、興化路總管，改福建都轉運鹽使。卒，年六十一。子定國，江陰尹；靖國，同知武昌榷茶提舉。

詹士龍，字雲卿，光州固始人。父鈞，爲宋勇勝軍都統，戍鄂州，以偏師來往渠、巴等州，數與元兵拒戰。至南平隆化縣，身受九創，被執。元帥欲生降之，不屈，不食八日死。

士龍方在襁褓，與其母俱北徙。時董文忠從世祖南征，以士龍見於世祖。世祖歎曰：「忠臣宜有佳兒！」即以士龍屬之文忠，撫爲己子。年十八，魁梧精敏，馳射能命中如破。文忠歎曰：「都統有後矣！」士龍固不識所謂也。後諸兄忌之，至詈爲虜子。士龍乘間訴於文忠，語之故，士龍涕泣，欲復姓不可得。一日，從獵滹沱河上，復跪請於文忠。文忠戲之曰：「爾欲復姓耶？爲我投石水中，浮則從爾，否從我。」左右咸以爲笑，士龍仰天祝曰：「使詹氏不絕，石當浮。」因抱石投水中，石盤旋於急溜中，若沉若浮者數四，文忠愕然，以手拊髀曰：「天也！詹都統其不死乎！」即日命士龍復詹姓。文忠卒，士龍哭之慟，服斬衰三年。

試經學、吏事高等，授高郵興化尹。時兵後，士龍招撫流亡，户口日增。又籍官田入學宫，召佃種之，歲得穀三百五十石，以贍肄業者。縣東五十里濱海，苦水患，宋范仲淹爲令，築堤捍之，名捍海堰。歲久圮壞，高郵、寶應、海陵諸州皆被水，士龍以狀聞，請發民夫修之。堤成，延亘三百里，數州賴之。當興工時，掘地獲方石，刊四字曰「遇詹再修」，衆異之。工竣，擢兩淮都轉運鹽使司判官。

調淮安路推官。旋擢江南行臺監察御史。時桑哥柄國，虐焰方熾，士龍曰：「吾居言路，豈敢畏死？」即抗章劾之。未幾，桑哥伏誅，由是得名。復請病歸。起爲奉訓大夫、僉廣西肅政廉訪司事，居官二年，復以疾歸。卒，年五十八。子澍，岳州華容縣尹，有廉惠聲。

高良弼，字輔之，真定平山人。父進。真定，莊聖太后分邑也。置規運庫，以進爲庫使。良弼幼端重如成人。真定火，延燒千家，良弼言於父曰：「吾家幸完，盍發粟賑災？」進大爲嗟異。既長，事世祖於潛邸。

世祖即位，使管真定路財賦。至元二年，授奉議大夫、同知南京都漕運使，賜金符。

六年，改河南拘榷税課使。未幾，遷同知河南都轉運使。歲饑，賤糶廪粟以濟貧民。大軍圍襄陽，抽河北諸路民轉漕粟，不時至。良弼請增價以糴，則人趨利自至，功將倍蓰。從之，由是軍儲充溢。

秩滿，改知鳳翔府。倡民導汧水，起遥望盡閣底五十里，溉田三千畝，水輪十七。岐人惠之，稱爲「高氏渠」。晉中順大夫、同知陝西都漕運使。漕使郭琮貪婪不法，良弼歛手避之，琮敗，獨無所染，猶以連坐免官。

二十四年，起爲少中大夫、淮安路總管。淮安以征日本，治海艦，歲購材萬餘。富商通有司，分入其利，積材已十三萬。良弼下車，吏又請四十萬緡如歲例，良弼白其事於行省，罷之。富商夜持五萬緡餽良弼，良弼曰：「若欲貨取吾耶？」叱之去。未幾，行省報下，如舊例購材。良弼曰：「吾言不效，尸位何爲？」壹鬱發疾而卒，年六十六。子琬，宜陽縣尹；珪，海船總管，征交趾戰歿。

白楝，字彦隆，冀寧陽曲人。少受業於許衡。衡爲國子祭酒，奏用舊弟子十二人，楝與焉。衡引疾歸，以楝與耶律有尚爲國子助教。後侍講於裕宗，楝爲講「鄭伯克段於鄢」，裕宗語人曰：「是非空言，意固有在也。」俄改國史館編修，仍兼助教。

擢監察御史，疏劾阿合馬陰賊不法諸事。阿合馬誣棟糾摘不實，捕送刑部，獄引鄰婦，使誣棟竊相來往，鄰婦不肯從，事始釋。又劾西京宣慰使倒拉沙以私憾殺其幕僚，時論偉之。

出僉陝西漢中道提刑按察司事。有陰濟人遇仇家，問所挾何書，其人紿之曰：「反書也。」仇家至延安上變。棟往讞其獄，株連二百餘人，悉釋之，科以妄言之罰。有中使括馬延安，聞棟秉燭治獄，歎曰：「世有勤於職事如斯人者乎！吾歸見陛下，當首言之。」

未幾，改僉河南河北道提刑按察司事，又改燕南河北道，丁父憂，歸，旋丁母憂，哀毁骨立，卒於苫次，年四十六。

孫澤，字潤甫。其先本女真人烏古孫氏，後徙大名，從漢俗，以孫爲氏。祖璧，金明威將軍，兼軍資庫使，入蒙古爲税課所詳議官。父仲，大都廣濟倉使。

澤幼倜儻，以經濟自負。辟充淮東大都督府令史，改差行征東元帥府提控案牘。宋亡，其遺臣擁立廣王昺於福州。元帥唆都南征，檄澤爲軍師。由分水嶺趨建安，攻克南劍州，宋廣王遁入海。移攻興化，其守將陳瓚既降復叛，唆都怒，議屠城。澤曰：「首惡者瓚耳，餘皆脅從，不宜妄殺。」唆都從之，戮瓚於市，一城獲免。十月，唆都與江西行省左丞塔出合軍，自甲子門入海，襲漳、潮二州。至惠州，頓兵海豐縣，澤請濟師於萬户喬惟忠，選精騎，從唆都直搗廣州。十二月，抵其城下，入之。十五年，還軍福建。往返數千里，戰勝攻取，用澤策畫居多。授福建道宣慰司都事。未幾，改立行省，就遷行省都事。唆都拜參知政事，入朝，澤從至大都，代之占對，世祖甚嘉之，賜錦衣一襲，授承直郎、知興化軍。

十六年，改軍爲路，立總管府，以澤行總管府事。時姦民私立頭目，侵漁良懦，鄉人苦之。官或追逮，輒拒不受命。澤至，拘索宣敕或軍前文字，盡追毁之，姦豪束手，州縣之令始行。陳瓚既誅，三縣之民以詿誤受戮者，猶三千餘家。有司欲没其田産，行省委官勘驗，鄉民聞之，咸竄伏山澤，相挺爲盜〔三〕。澤揭榜曉諭，叛首伏辜，餘皆不問，降者給還田宅，不幸殺死無後，許親屬承接，官不得擅没。於是遠近相應攜持而出，各安其業。三縣爲澤立生祠，作佛事以報之。議者又欲拘刷鄉兵充籍，置立手號。澤力阻不從，乃親詣行省上言：「此等皆田野耕農，自護身家，非有舊籍可稽，聽爲民便。」從之，民大悦。澤又興學校，延召生徒，刊補書版，就道化堂行鄉飲酒禮。觀者歎息，以爲復睹太平。

二十一年，例降驟遷官，調永州路通判。湖廣行省平章要束木挾桑哥勢，恣爲貪虐，吏民重足而立。一日，遣其黨趙萬户以取勘和買紗羅，至州，氣焰張甚。澤從容告之曰：「新附民易動，一有不靖，譴責官吏，君獨得安乎？」趙感動，不竟其事而去。二十六年，理算令下，澤曰：「吾不親行，其禍不解。」即至行省上計，要束木怒，拘澤於行省，澤不爲動。他郡根株連逮，因此破家者十有二三，獨永州無擾累，民立石頌之。武岡、寶慶盜發，行省檄澤收捕。澤戮盜魁三十一人，釋脇從五百餘人，一道肅清。

二十八年，要束木伏誅。擢澤奉訓大夫、充行省左右司員外郎。平章闊里吉思雅敬澤，薦澤諳習兵事。元貞二年，從闊里吉思撫定生黎。越海攻占城，行軍方略，一以委澤。事平，授海北海南道宣慰副使。旋改廣西兩江道僉都元帥府事。海濱夷獠雜處，吏民不遵法度，狃以爲常。澤創立司規二十二章，簡易可行。奏請減併站驛，攢挪馬匹，以寬民力，從之。又以糧税太重，災荒之後，宜從優恤，詔免廣西糧税一年，民皆感悦。

澤行部，視民間利害事，輒興革之，孜孜詢訪，如恐不及。道過象州，歲饑，澤發廩米二千石賑之。至臨賀，又發廩米一千二百石以賑饑。皆不待報，以便宜行事。

邕州議創屯田，委澤經畫，澤徧歷荒徼，臨交阯界，起雷白等十寨陂堰八處，開水田五百二十頃，編立排甲人夫四千六百餘户，歲收五萬餘石，公私便之。猺人符文真告元帥薛直干奪民牛、邀取金銀等罪，行省檄澤驗治。澤躬入海島，理出平民四百八十二名，牛五十餘頭，金銀什物有差。

廣西道肅政廉訪使舉澤才任風憲，大德六年，授海北海南道肅政廉訪使。澤抵任，例得圭田米五百餘石。澤曰：「吾尚未涖事，遽食重禄，可乎？」悉舉籍撥入儒學，以爲養士之費。澤患愚民絓刑綱，摹印格例三千餘册，犯某事則抵某罪，名曰《社長須知》。月集老幼聽之，仿《周禮》月吉讀法之意。於是人知自重，犯罪者少。

雷州地近海，東南有潮汐之患，西北廣衍平衺，宜爲陂濼。澤深究水利，出私帑雇役四十人，浚通舊湖，築陂四千餘丈，竭三溪瀦之隄，旁置石閘七。復鑿渠，自西而東，環而南，長八千七百六十餘丈。渠上置閘六，通支流，以溉東南際海之田。新堤外復鑿二十四渠，以溉西北之田，長萬三千六百五十餘丈。建八橋以通行旅。渠之首尾有閘，官司之，時其消長而啟閉之。附城山田作石渠，引西湖注之。又築塘馬家梢，以障潮汐之患，撥水户守之。自是瀉鹵萬頃，悉爲沃壤。澤爲政，規畫宏遠，措置精密，大率類此。

至大元年，遷福建閩海道肅政廉訪使，以母老乞養，不待命而去。事聞，改授江東建康道肅政廉訪使，以便養母。歲餘，丁母憂，去官。延祐二年，卒於家，年六十六。累贈推忠靖遠著節功臣、榮禄大夫、中書平章政事、柱國，追封魏國公，謚正憲。

澤於書無所不讀，尤精陰陽、曆算之學。諸葛亮木牛流馬法，澤以意爲之，轉運如飛。

渾天儀以水激輪，澤以汞代之，不差晷刻。著《棋法》十卷，《忍經》一卷，《集字選玉》二卷。

子良楨。良楨，字幹卿。資稟絶人，喜讀書，蔭補江陰判官。調婺州武義縣尹，改漳州路推官。上言：「律，徒者不杖。今杖而又徒，非恤刑意。宜加徒，減杖。」遂定爲令。移泉州，益以能稱。天曆初，拜陝西行臺監察御史，劾遼陽行省左丞相達識帖睦邇賣國不忠，援漢高帝斬丁公故事，以明人臣大義。並劾御史中丞胡居祐姦邪，皆罷之。擢行臺都事，猶以言不盡行，自免歸。

復起爲監察御史。良楨以惠宗初覽萬幾，不可不求賢自輔，疏言：「天曆數年，紀綱大壞，元氣傷夷。天祐聖明，入膺大統，而西宮秉政，姦臣弄權。今天威一怒，陰晦開明，以正大名，以章大孝，此誠兢兢業業、祈天永命之秋，其術在乎敬身修德而已。今經筵多兼領職事，大臣數日一進講，不逾數刻而罷，而暬御小臣恒侍左右，何益於盛德哉？臣願招延儒生若許衡者數人，寘於禁密，常以唐虞三代之道，啟沃宸衷，日新聖德，實萬世無疆之福。」又以「國俗，父死則妻其後母，兄弟死則納其妻，父母死無丁憂制。請下禮官有司，及右科進士在朝者會議，自天子至於庶人皆從禮制，以明萬世不易之道」。又言：「處士劉因學術可比許衡，宜從祀孔子廟庭。」皆不報。

宦者罕失嬖妾，殺其妻，糜其肉飼犬。上疏乞寘罕失重典，並論宦寺交結廷臣之害，宜加汰黜。憸人尤忌之。

至正四年，遷刑部員外郎，再遷中書省左司都事。出爲江東道廉訪司副使，不就。六年，授平江路總管，復不就。八年，召爲右司員外郎，擢郎中。尋遷廣東道肅政廉訪使，未行，還爲郎中，遷福建道肅政廉訪使。中道召還，參議中書省事，兼經筵官。十一年，拜治書侍御史，擢中書參知政事、同知經筵事。十三年，擢左丞兼大司農卿，仍同知經筵事。時中書參用非人，良楨不能行其志。會軍餉絀，請與右丞悟良哈台主屯田，歲入二十萬石。

東宮未建，良楨屢言之。車駕幸上都，始册皇太子，立詹事院，驛召良楨爲副詹事。良楨每直端本堂，則進正心誠意之説，親君子、遠小人之道，皇太子嘉納焉。

十四年，出爲淮南行省左丞。初，泰州賊張士誠既降復叛，進據高郵。太師脱脱奉詔總諸軍討之，良楨與參議，龔伯璲等皆從行。高郵垂克，會詔罷脱脱兵柄，有上變告伯璲等勸脱脱勒兵北嚮者，下其事逮問，詞連良楨，簿對無所驗。仍除中書左丞，分省彰德，調給軍食。未幾，召還京師。十六年，進階榮禄大夫，賜玉帶。十七年，除大司農。十八年，遷右丞，仍兼大司農，辭不允。有姦民誣告知宜興州張復通賊，中書將籍其孥吏，抱牘請署名。良楨曰：「吾腕可斷，牘不可署。」同列變色，卒不能强之。良楨登政府，多所建白。罷福建、山東食鹽，浙東西長生牛租，瀕海被災圍田税，民皆德之。嘗論《至正格》輕重不倫，吏得夤緣爲姦，舉明律者數人，參酌古今，重加釐訂。書成，良楨已以病去官。未幾卒。

初，良楨曾祖壁改烏古孫氏爲孫氏，良楨自以金源舊族，不宜忘本，復改爲烏古孫氏。

史臣曰：漢霍光廢昌邑王，立宣帝，嚴延年劾其擅廢立，大逆亡道。文宗篡立，達識帖睦邇迎降，烏古孫良楨劾其賣國不忠。二人者，皆能明君臣之義，使後世之亂賊有所顧忌，而不敢動於惡。嗚呼！豈尋常敢言之士所能及哉！

趙宏偉，字子英，潁州人。至元十三年，大兵伐宋，宏偉以書謁，副元帥宋都觮奇之。從略臨江，下吉州，俱有功，署爲吉州參佐官。時江淮初附，吉之亂民復聚衆抗命，宋都觮使宏偉討之，道與賊遇。宏偉設伏橋下，以火攻之，賊敗走趨橋，伏發，盡殲之。乘勝擣其巢穴，賊悉衆來拒，宏偉諜知賊已過，還襲其背，大敗之，禽斬賊首，一州遂安。宋廂軍將王昌、張雲誘新附五營兵爲亂，事覺，昌就禽，宏偉夜襲雲，斬之，俘其黨五百人。以功授泰和縣尹。宋都䚟欲盡誅之，宏偉曰：「此屬詿誤，非得已，誅之無以安反側。」衆得免死。宋相文天祥部將羅開禮、葉良臣謀攻吉、贛諸州，宏偉斬良臣，俘開禮，而釋其餘衆。十五年，賜金符，提舉瓜洲渡。頃之，以例免，改衡州路總管府治中。宏偉大興屯墾，亂民皆去盜爲農，州以寧謐。後以疾告歸。

大德五年，用中丞董士恒薦，起僉浙西道肅政廉訪司事。先是，鎮江大旱，蠲民租九萬五千石，已而吏畏飛語，復徵之，民無所出。行臺移宏偉核其事，宏偉卒蠲之。大風海溢，常、潤等州民多凍溺，宏偉欲發粟賑之，有司以未得報爲辭。宏偉曰：「擅發之罪，坐我一人。」由是全活者十餘萬。官調所部造船，自淮入河至臨清。時山東饑，宏偉建議：「此有餘粟，彼有饑民，宜以有餘救民不足。」行省韙其言，漕粟五萬石於山東。遷江南行臺都事。十一年，江南饑，宏偉請以贓罰銀賑之，同僚猶豫未決，宏偉正色力爭。中丞廉恂歎曰：「吾佐得趙君，尚何憂國事哉！」卒如宏偉議。

召拜御史臺都事，疏言：「朝廷百官，宜各供其職，以襄時政。」士論稱之。仁宗在東宮，聞其名，禮遇甚厚，常以字呼之。居一歲，宏偉復告歸，出爲浙東海右道廉訪副使，詣東宮辭，仁宗出衣緞，使自擇而賜之。擢江南行臺侍御史。皇慶二年，以年及七十，致仕。

延祐二年，復起爲福建道肅政廉訪使，以疾辭。泰定三年，卒。贈嘉議大夫、禮部尚書、上輕車都尉，追封天水郡侯，謚貞獻。子思恭、思敬。思敬有文行，以處士徵爲教授。孫璉、琬。

璉，字伯器。至治元年，登進士第，授嵩州判官，再調汴梁路祥符縣尹。入爲國子助教。累遷湖廣行省左右司郎中，除杭州路總管。杭州地大事繁，長吏多不稱其職。璉爲人强毅開敏，精力絶人，吏莫不服其明決。浙右病於徭役，民充坊、里正者，皆破其家。朝廷令行省召八郡守集議便民之法，璉獻議，以屬縣坊正爲雇役，里正用田賦以均之。民咸以爲便。有盜誘其同惡，持刃斫市人以索金，人無敢言者。璉曰：「此不可恕也！」遣卒掩捕之，盡戮於市。踰年，召拜吏部侍郎，杭人思之，刊其政績於碑。

歷中書左司郎中，除禮部尚書，尋遷户部，拜參議中書省事，出爲山北遼東道廉訪使。是時河南兵起，兩淮亦騷動，朝廷乃析河南，立淮南江北行省於揚州，以璉參知政事。璉方病水腫，即輿疾而行。既至分省，鎮淮安，又移鎮真州。會張士誠爲亂，陷泰州興化，行省遣兵討之不克，命高郵知府李齊招諭之。士誠請降，行省授以民職，且乞從征討以自效，遂移璉鎮泰州。璉乃趣士誠，治戈船趨濠、泗。士誠疑憚不肯發，又覘知璉無備，遂復反。夜四鼓，縱火登城。璉力疾捫佩刀上馬，與賊鬭。賊圍璉，邀至其船。璉詰之曰：「汝輩罪在不赦，今既宥汝，又錫以名爵，朝廷何負於汝？乃既降復反邪！汝棄信逆天，滅不旋踵。我執政大臣，豈爲汝賊輩屈乎！」賊以槊撞璉墮地，欲舁登其舟。璉瞋目大罵，遂死之。其僕揚兒以身蔽璉，亦俱死。事聞，賻鈔三百錠，仍官其子錡。

璉弟琬，字仲德，仕至台州路總管。至正二十七年，方國瑛以舟挾琬至黄巖。琬潛登白龍奥，舍於民家，絶粒不食。人勸之食，輒瞑目卻之，七日而死。

史臣曰：李秉彝諸人，皆世祖、成宗時之監司。其盡心民事，糾劾官邪，可謂稱其職者。白棟劾阿合馬，詹士龍劾桑哥，尤不愧於鯁亮。「風雨如晦，雞鳴不已」，二子有焉。

【校勘記】

〔一〕「至元」，原作「正元」，據《元史》卷一七〇列傳第五十七《高源傳》改。

〔二〕「敝」，原作「幣」，據賈誼《新書》及《漢書·賈誼傳》改。

〔三〕「相挺爲盜」，「挺」原作「㨗」，據文意改。

新元史卷之一百七十五　列傳第七十二

賀仁傑勝　太平　也先忽都　賈昔剌丑妮子　虎林赤　禿堅不花　吕合剌天麟　天祺

賀仁傑，字寬甫，其先隰州人，後徙京兆鄠縣。父賁，數從軍有功。長安兵後，積尸徧野，賁買地金天門外，爲大冢瘞之。嘗治室，獲白金七千五百兩。世祖以皇太弟征雲南，駐兵六盤，賁獻五千兩以佐軍資，且言其子仁傑才可用。世祖即召仁傑直宿衛。世祖踐阼，賜賁金符、總管京兆諸軍達魯花赤。卒，贈推忠立義功臣、銀青光禄大夫、司徒、追封雍國公，謚忠宣。

仁傑從世祖征雲南，有功，與董文忠同侍帷幄，多所裨益，又厚重不泄，世祖深愛重之。他人入直滿三日則更，獨仁傑、文忠侍上疾，或一月不出。

至元十六年，宋合州守將王立降於西川行樞密院李德輝，東川行樞密院與德輝争功，奏誅立。會西川都事吕堅具立降附本末來，上白其事於許衡，衡告仁傑，仁傑奏於世祖，遂釋立。事具《李德輝傳》。

世祖一日召仁傑至榻前，賜以白金，曰：「此汝父獻朕者，可持歸養母。」辭，不許。仁傑白其母鄭氏，鄭曰：「君賜也，宜仁吾宗。」悉散之。

世祖欲選童女充後宮，及有司和買多非土產，山後諸郡縣鹽禁爲民害，仁傑皆奏罷之，民爲立生祠於李老峪。又永盈司倉任文通稅民不入粟，而私給券取直，懼事覺，乃先言他吏爲之，罪當誅。仁傑謂：「罪許自首。今文通雖誣人，事與自首同。若殺之，是塞悔過之途。」帝然之，乃重杖文通而貸其死。

十八年，上都留守闕，宰相擬數人皆不稱旨，世祖顧仁傑曰：「無以易卿者。」特授正議大夫、上都留守，兼本路總管、開平府尹。明年，賜三珠虎符，進資德大夫，兼虎賁親軍都指揮使，尋加榮禄大夫、中書右丞，留守如故。桑哥奏：「上都留守司錢穀多失實。」召留守剌忽耳及仁傑廷辨。仁傑曰：「臣漢人，不能戢姦，致錢穀耗，臣之罪也。」剌忽耳曰：「臣掌印，凡事必關白臣而後行，今錢穀耗，臣之罪也。」世祖曰：「讓人以名爵者有之，未有争引咎者也。」皆置勿問。

仁傑妻劉氏卒，世祖欲爲娶貴族，固辭，乃娶平民女，已而失明，夫婦相敬如賓，未嘗置媵妾。大德九年，年七十二，致仕，拜光禄大夫、平章政事，商議陝西行中書省事，賜金幣、袍帶有差。以子勝襲上都留守。仁宗立，以仁傑世祖舊臣，召赴闕，行至樊橋而卒。

贈恭勤竭力功臣、儀同三司、太保、上柱國，追封雍國公，謚忠貞。延祐六年，加贈推誠宣力翊運功臣、太師、開府儀同三司、上柱國，追封奉元王。子勝。

勝，字貞卿，小字伯顔，以小字行。從許衡學，通經傳大義。年十六，入直宿衛，凝重寡言，世祖器之。是時天下初定，外事以遽聞者，世祖亟欲賜報，輒遣勝。勝日馳千里，受命無留行，復命無後期，凡交、廣、雲南、西域之地，皆至焉。

乃顔叛，世祖親征，勝扈從。將戰之夕，惟近臣只兒哈良帶劍立武帳外，雖親貴不能輒入。獨勝受密旨，出入指授諸將方略。明日，世祖禽乃顔。帝顧謂侍臣曰：「昨日之戰，飛矢及於朕前，毅然無懼色者，惟伯顔一人耳。」

帝親征，都人洶懼，故亟還。夜行卧輿中，寒甚，勝解衣以身温帝足，始酣寢。伶人迎駕，蒙彩毛爲獅子舞，乘輿象驚，奔踶不可制。勝投身象前，令後至者斷靷縱之，乘輿乃安。勝創甚，世祖親撫之，遣尚醫尚食護視。俄拜集賢學士，領太史院事，賜一品服。

至元二十八年二月，拜尚書省參知政事。及桑哥敗，罷尚書省，改歸中書。世祖問：「誰可相者？」勝對曰：「天下公論，皆屬完澤。」遂相完澤，而以勝爲中書參知政事。勝年甫二十八，參決大政，明允稱職。三十年，改僉樞密院事。

大德九年，勝父仁傑請老，以勝代爲上都留守，兼本路都總管、開平府尹，兼虎賁親軍都指揮使。至大三年，進領左丞相，階光禄大夫，行上都留守，兼本路總管府達魯花赤。延祐二年，加開府儀同三司、上柱國。歲饑，勝輒發倉廩賑民，自劾待罪。仁宗報曰：「祖宗以上都之民付卿父子，欲安之，卿能如此，朕復何憂？」吏持上供物入宫門，暮不得出，所司奏誅之。勝曰：「此非闌入也。」力争之，吏得免死。奉全州高甲隸虎賁籍，甲死，子幼，官利甲家貲，使人强娶其婦。勝辨於帝前，不聽娶，高氏始獲全，民爲勝立祠上都西門外。仁宗復命畫工寫勝像賜之，俾傳示子孫。未幾，以足疾請老，不許，賜小車出入禁闈。

初，上都富民張弼死，其奴索逋錢，毆負錢者至死。治獄者教奴引弼子，並下獄。丞相鐵木迭兒受弼子賂六萬緡，使大奴脅勝出之，又强以他姦利事，勝不從。一日，鐵木迭兒坐都堂，盛怒，以官事召勝，將罪之。勝抗言：「大奴所干非法，不敢從，他實無罪。」鐵木迭兒語詘，事得解。已而中丞楊朶兒只、平章蕭拜住廉知其所受贓，使御史玉龍帖木兒、徐元素按之，據實入奏。仁宗素惡鐵木迭兒，欲誅之。鐵木迭兒走匿興聖宫，太后爲言，乃奪其印綬，罷之。

仁宗崩，英宗在諒闇，鐵木迭兒復相，即執楊朶兒只、蕭拜住，矯詔殺之，又誣勝便服迎詔，大不敬，棄市，並籍其家。勝足疾，乘所賜小車迎詔，鐵木迭兒遂誣爲便服。英宗誅合散等，布告天下，尚及勝前事，曰：「賀勝輕侮詔書，殊乖臣禮，不加懲創，曷示等威！」蓋猶信鐵木迭兒之誣云。後聞勝母老，憫之，乃以所籍京兆田宅還其家。泰定初，詔雪其冤，贈推忠宣力保德功臣、太傅、開府儀同三司、上柱國，追封秦國公，謚惠愍。至正三年，加贈推忠亮節同德翊戴功臣、太師，晉封涇陽王，改謚忠宣。子惟一、惟賢。惟賢，大中大夫、同知上都留守司事。

惟一，字允中，後賜姓蒙古氏，名太平。資性開朗，幼如成人。受學於趙孟頫，又師雲中吕弼。泰定初，襲父職爲虎賁親軍都指揮使，尋擢陝西漢中道廉訪副使。文宗即位，召爲工部尚書，都主管奎章閣工事，又除上都留守同知。

元統初，召爲樞密副使，遷同知樞密院事，尋拜御史中丞。中書參議佛家閭，憸人也。御史劾其罪，宰相庇之，寢不報，太平引疾家居。

至正二年，命爲中書參知政事，辭。俄進右丞，又辭。會御史祁君璧復劾佛家閭，黜之，太平乃起視事。時粟貴，金銀賤，太平請出官錢買之。後兵興，卒獲其用。又請慎選守令，仍遣使覈其治行最者，增秩，賚以金幣。從之。四年，拜中書平章政事。五年，罷爲宣徽院使。宣徽典司飲膳，權貴多橫索，太平閱其籍，惟太常禮儀使阿剌不花無之，因請帝擢居近職，並厚賜之。

六年，拜御史大夫。故事，非國姓不授御史大夫。太平辭，詔賜姓而改其名。七年，再遷中書平章政事，班同列上。國王朵兒只爲左丞相，奏言：「臣藉先臣之蔭，備位宰相，願得與太平共事。」十一月，拜太平左丞相，朵兒只右丞相，太平辭，不允，仍詔示天下。明年二月，詔修后妃、功臣傳，特命太平同監修國史，異數也。九年七月，罷爲翰林院學士承旨，俄謫山西。太平還奉元，閉門謝客。

十五年，河南盜起，詔以太平爲江浙行省左丞相。未行，改淮南行省左丞相，兼知樞密院事，總制諸軍，駐濟寧。軍餉絀，太平使有司給官兵牛具，種麥自食，軍賴以濟。十六年，移駐益都。未幾，除遼陽行省左丞相。

十七年五月，復拜中書左丞相。時毛貴據山東，官軍屢敗。十八年，自河間入寇，京師大震。廷議遷都避之，太平力争以爲不可。會劉哈剌不花禦賊於柳林，大敗之，貴衆潰走濟南，京師解嚴。

已而皇后奇氏爲皇太子求内禪，遣宦者朴不花諭意，太平不答。皇后又召太平至宫中，置酒，申前意，太平依違而已。皇太子令御史劾中丞禿魯鐵不花，未及奏，御史遷他官去。皇太子疑太平之子也先忽都泄其事，遂決意逐之。知樞密院事紐的該聞而歎曰：「善人，國之紀也，茍去之，國將奚賴？」數於帝前左右之。俄紐的該卒，皇太子令御史買住、桑哥失理劾左丞成遵、參知政事趙中下獄死，以二人爲太平之黨也。太平乃引疾辭位。

二十年二月，拜太保，養疾家居。是年，陽翟王阿魯輝帖木兒反，兵逼上都。皇太子言於帝，起太平爲上都留守，欲陷之於死地。會阿魯輝帖木兒敗於老章，其部將脱歡縛送於太平。脱歡，也先忽都之舊部也。太平不受使，生致闕下誅之。

太平復引疾乞歸。詔拜太傅，賜田若干頃，俾歸奉元。帝欲相伯撒里，辭以老，非得太平共事不可。於是密旨復留太平毋行，太平至沙井，聞命而止。皇太子惡其去而復留也，二十三年，令御史大夫普化劾以違命之罪，詔悉拘所授宣命及賜物，安置陝西西邊。右丞相搠思監希皇后意，復劾之，詔安置於吐蕃，尋遣使者逼令自裁。太平至東勝，賦詩一篇自殺，年六十三。

初，别怯兒不花與脱脱有夙怨，脱脱謫陝西，别怯兒不花欲中傷之，賴哈麻營救獲免。太平與别怯兒不花、韓嘉納等十人約爲兄弟。及太平爲左丞相，韓嘉納爲御史大夫，惡哈麻，諷御史沃呼海壽劾之。哈麻知其事，愬於帝前。疏入，帝斥弗納。明日，疏再上，僅奪哈麻及其弟雪雪官，太平罷爲翰林學士承旨，韓嘉納出爲江浙行省平章政事。已而脱脱復相，乃謫太平於陝西，杖韓嘉納，流於尼嚕罕以死。又劾也先忽都不應僭娶宗室女，脱脱之母聞之，謂脱脱兄弟曰：「太平好人，何害於汝？而欲去之！汝兄弟如不信吾言，非吾子也。」事始得釋。

太平引太不花爲平章政事，太平罷相，太不花黨於脱脱，故太平怨之。及再爲左丞相，太不花督諸軍討賊，久無功，疏請太平至軍中供其餉。太平知太不花害己，諷御史只違兒海劾之，又力言於帝，削太不花官爵，安置蓋州，卒使劉剌哈不花殺太不花父子於路。脱脱之搆太平，與太平之殺太不花，皆以朋黨修舊怨，爲君子所訾。

然太平留意人才，疏薦完者都、執禮哈郎、董摶霄、張樞、李孝光等，皆當時賢者。至於沙汰僧道，以減耗蠹，給教官俸，以防虛冒，請賜經筵講官坐，以崇聖學，又考求死節之士，雖平民亦予贈謚，有官者就世其子孫，天下尤爲感動，故一時稱爲賢相云。

子均。均，字公秉，後改名也先忽都。少好學，有俊才。累遷殿中侍御史、治書侍御史、翰林侍讀學士，皆兼虎賁親軍都指揮使。被劾，從太平歸奉元，居六年，召爲兵部尚書、同知樞密院事，改通政院使。太平再相，授知樞密院事，進太子詹事。

十九年，賊由開平東犯遼陽，詔也先忽都將兵討之，有功。旋罷爲上都留守，又改宣政院使。丁内艱，搠思監强起之，又爲御史也先帖木兒等所劾罷。已而搠思監誣也先忽都與老的沙、蠻子、按難答識里、沙加識里、脱歡等謀爲不軌，鍛鍊其獄。帝知其無罪，欲釋之，特命大赦。而擲思監增入條畫内，獨不赦也先忽都等。惟老的沙匿於孛羅帖木兒軍中，獲免，蠻子等皆貶死。也先忽都當貶撒思嘉之地，道過朵思麻，行宣政院事桓州閭素受知於太平，留之。擲思監復劾也先忽都違命，杖殺之，年四十四。也先忽都以宰相子，傾身下士，名譽藉甚。有詩集十卷。

史臣曰：皇太子圖内禪，皇后奇氏召宰相太平言之，使太平告以君臣、父子、夫婦之正，雖殞其身，豈非堂堂社稷臣哉！乃依違答之，既罹於亂賊之黨，又爲孽后所困，父子俱不得其死。嗚呼！何其庸且闇也！

賈昔剌，大都大興人。其父爲庖人。昔剌體貌魁梧，太祖十九年，因近臣入見莊聖皇后，遂從睿宗於和林，典御膳。以鬚黄，賜名昔剌，氏族與蒙古同，甚見親幸。又以昔剌漢人，不習和林風土，命居灤州，已復思之，曰：「昔剌在，吾飲食殊甘。」促召入供奉。世祖在潛藩，知其厚重，俾迎皇后於鴻吉剌之地，自是預帷幄密計。賜牝馬及駒三十匹，並牧户與之。時兵餘，數以所賜分還鄉里。世祖即位，立尚食、尚藥二局，賜金符，提點局事。卒，追封聞喜郡侯，謚敬懿。子丑妮子。

丑妮子，幼時世祖愛之，嘗坐之御席旁。從征雲南，躍馬入水，斫戰船，帝奇其勇敢，而戒其輕鋭。憲宗九年，從伐宋，還自鄂州，卒。追封臨汾郡公，謚顯毅。子虎林赤。

虎林赤有智略。阿里不哥叛，出名馬以助官軍。從幸和林，中道大風，晝晦，敵猝至，虎林赤擊走之。還，佩其大父金符，提點尚食、尚藥二局，歷尚膳使，兼司農。嘗入侍，帝問：「治天下以何爲本？」曰：「重農爲本。」「以何爲先？」曰：「用賢爲先，用賢則天下治，重農則百姓足。」帝深嘉之，超拜宣徽使，辭，改僉院事，仍領尚膳使，卒。贈榮禄大夫、絳國公，謚忠靖。子禿堅不花。

禿堅不花，襲世職爲尚食、尚藥局提點。世祖以故家子獨奇之，謂他日可大用，使在左右。從征乃顔，軍次杭海，敵猝至，禿堅不花突其陣，破走之。移軍哈罕，大風，晝晦，敵兵千人鼓譟以進。禿堅不花奮擊，身被十餘創，猶力戰，復大破之，帝嘉其壯勇。杭海叛衆請降，咸謂親犯王師，宜誅之。禿堅不花曰：「杭海本吾人，或誘之以叛，豈其本心哉？且兵法，殺降不祥。宜赦之。」帝曰：「禿堅不花議是。」擢同僉宣徽院事。每論政帝前，言直而氣不懾，帝亦知其直，令察宿衛之士有才器者，以名聞，論薦數十人用之，後皆稱職。

成宗即位，諸侯王會於上京，凡芻餼宴享之節，賜予多寡之分，無一不當。帝喜曰：「宣徽得禿堅不花，足矣！」進同知宣徽院事。四年，帝不豫，召入侍疾。疾愈，賜錢不受，解衣賜之。嘗從巡，幸禁中，衛士感奮，欲有所言。帝進而問之，皆曰：「臣等宿衛有年，日膳充、歲賜以時者，誠荷陛下厚恩，亦由宣徽有能官禿堅不花其人也。」帝悦，賜珠袍，超拜宣徽使。辭曰：「先臣服勤三世，位不過僉佐，臣何敢有加？」帝嘉其退讓，允其請。九年，北方乞禄倫部大雪，奏買駝馬補其死損，出衣幣於內府，自往給之，全活者數萬人。還，賜七寶笠。十年，帝病甚，復入侍疾。及大漸，內難將作，守正無所回撓。

武宗即位，進階榮禄大夫，遥授平章政事，商議宣徽院事，行金復州新附軍萬户府達魯花赤。至大二年，詔出金帛大賚北邊諸軍，以禿堅不花明習事宜，且不憚勞苦，使即軍中與其帥月赤察兒定議分給之，諸部大悦。拜宣徽使，出內藏兼金帶賜之。爲同官賈廷瑞所嫉，廷瑞請以宣徽院爲門下省，尚書省奏廷瑞擅易官制，帝大怒，欲殺之。禿堅不花力諫，帝曰：「賈廷瑞毀卿，不直一錢，卿何力言邪？」對曰：「廷瑞所坐不當死，不敢以臣私嫌，誤陛下失刑。」廷瑞遂得免。轉光禄大夫。

仁宗即位，加金紫光禄大夫。延祐四年，朔方又大雪，禿堅不花請賑之如大德時，且出私家馬二百匹以爲助。賜錢酬其價，不受，帝解御衣賜之。是時托恩幸以邀賞賚者，禿堅不花輒抑弗予。鐵失、王廷顯，皆同官也。鐵失私取海舶之貨，禿堅不花曰：「此軍國所資，非人臣所得擅。」鐵失銜之。又賜廷顯玉帶，廷顯欲取大官羊錢三百緡充其價，禿堅不花亦執不從。於是怨之者衆。七年，以疾去官。

英宗在諒闇，鐵失構禿堅不花於興聖太后，奏殺之。後鐵失伏誅，禿堅不花之冤始白。贈推忠宣力守諒功臣、太傅、開府儀同三司、上柱國，追封冀國公，謚忠隱，又進封冀安王。加贈其曾祖昔剌推忠翊運功臣、金紫光禄大夫、太保，進封絳國公；祖丑妮子崇德效節功臣、儀同三司、太傅、柱國，追封絳國公；父虎林赤推誠宣力守德功臣、太師、開府儀同三司、上柱國，進封臨汾王。四子：曰班卜，曰忽里台，皆官監察御史；曰也速古，章佩監少監；曰禿忽赤，中書客省使。

吕合剌，本遼東咸平人，後徙大都。祖元，金監軍。太祖八年，率所部來降。父惠賢，事順聖皇后，與其妻董氏爲皇子北安王保傅。

合剌性廉直。爲金玉局使，奏釋宋俘鉗鈦輸作，教以工事。累遷工部侍郎、將作監使。桑哥誣奏丞相安童，合剌力爲之辨，事始釋。成宗即位，拜中書參知政事，遷大司徒，卒。贈金紫光禄大夫，謚忠惠。五子，天麟、天祐、天祺最知名。

天麟，元貞二年由工部尚書拜中書參知政事。大德六年，遷左丞，卒。天祐亦官至大司徒。

天祺，幼從合剌入見，世祖即以爲可大任。合剌選將作局吏，詔用天祺，合剌執不可，改同知異樣局總管府事。元貞初，累遷秘書監。繼其父爲將作監使，擢集賢學士，遷大都留守，兼少府監，人莫敢干以私。至大初，擢河東山西道肅政廉訪使，以老母辭，改禮部尚書。丁母憂，屢詔起之，天祺固辭。服除，授壽福院使。延祐四年，拜集賢大學士，與聞國政。宰相忌其切直。遂稱疾辭歸。

文宗即位，起爲陝西等處行省平章政事。時關陝連年大旱，天祺發鈔百萬緡、米萬石，命有司賑之。禱雨，不食三日，天果雨，歲乃大稔。至順二年冬，以疾乞還，父老哭而留之。天祺未至都，帝數問：「呂平章至否？」入見，上慰勞之，賜酒食，且曰：「卿病愈，當大用。」天祺頓首謝。後至元三年三月，卒，年七十。呂氏自元至天祺，世以忠謹事上，有漢萬石君之家風。子延壽，大都人匠府達魯花赤、同知異樣局事。

新元史卷之一百七十六　列傳第七十三

洪福源茶邱　君祥　萬　王綧阿剌帖木兒　兀愛

洪福源，本高麗唐城人。父大純，爲麟淵都領，因家焉。太祖十一年，契丹叛衆乞奴、金山等竄於高麗，陷江東城，據之。十三年，太祖使哈真等追討之，大純率衆迎降，仍歸高麗。十七年，太祖又遣着古與等十二人使於高麗，偵其虛實，還，遇害。太宗二年，以高麗殺使者，遣大將撒禮塔伐之。時福源爲西京郎將，與其黨畢賢甫殺宣諭使鄭毅、朴禄全，據西京，内附。高麗遣兵馬使閔曦攻之，獲賢甫，腰斬之。福源來奔，高麗執其父大純及大純弟百壽，徙餘民於海島，西京遂爲邱墟。福源從撒禮塔攻拔四十餘城，又與阿兒禿進至王京〔一〕。高麗王瞮乃遣其弟懷安公侹請降，遂置東京及州縣達魯花赤七十二人，以福源爲東京總管，領高麗軍民。瞮畏福源搆釁，官其父大純爲大將軍，百壽爲郎將，以張暐爲福源女婿，賄遺不絕。

四年，高麗復叛，殺所置達魯花赤，遁入江華島。福源招集北邊四十餘城遺民，以待王師。太宗復遣撒禮塔討高麗，福源從大軍攻處仁城。撒禮塔中流矢卒，副將帖哥引兵還，福源留戍。

五年，高麗悉衆攻之，陷西京。福源率所部來歸，處於遼、瀋二州之地。六年，賜金符，爲管領高麗軍民長官，仍令招流民之未附者。又諭高麗臣民有執王瞰及搆亂之人來獻者，與福源同處東京，優加恩禮擢用。若大兵已至，拒者死，降者生，其降民令福源統之。

七年，太宗命唐古拔都兒偕福源進討，攻拔龍岡、咸從二縣，鳳、海、洞三州，又拔金山、歸、信、昌、朔等州。十一年二月，入朝，賜鎧甲、弓矢及金織文緞、金銀器、金鞍勒等。

定宗初，命阿母河行省軍與福源攻拔威州平虜城。

憲宗即位，改授虎符，仍爲前後歸附高麗軍民長官。三年，命諸王耶虎與福源攻拔禾山、東州、春州、三角山、楊振、天龍等城。四年，又攻拔光州、安城、忠州、玄鳳、珍原、甲向、玉果等城。八年，福源入朝，留和林。

高麗既納款，永寧公綧爲質子，寓於福源家，福源待之甚厚，久乃與福源有隙。福源令巫作木偶人，縛手足，埋於第，或投井中咀咒。綧從者李綱知之，以奏憲宗，遣使驗之。福源曰：「兒子病瘧，故用之以厭瘧鬼，非有他也。」因謂綧曰：「公受恩於我久矣，今乃使讒人陷我，所謂養犬反噬主人也。」綧妻，宗室女，聞福源詬綧，使譯者述其詞，大怒，呵福源伏於地，切責曰：「汝在高麗爲何等人？」曰：「邊城人。」又問：「我公爲何等人？」曰：「王族。」曰：「然則永寧公真汝主，汝實爲犬，反以公爲犬噬主，何也？我，皇族女，帝以公爲高麗王族而嫁之。公爲犬，安有人而與犬同處者乎？吾當奏帝！」遂行。福源號泣叩頭乞罪，綧追止之，不及。福源傾家貲備賄賂，與綧倍道追之。中途遇敕使，令壯士數十人蹴殺福源，籍没家貲，械其妻及子茶邱、君祥等以歸。

福源死時年五十二。中統二年，茶邱雪父冤，贈嘉議大夫，瀋陽侯，謚忠憲。福源七子，俊奇、君祥最知名。

俊奇，小字茶邱。幼以驍勇聞，受知世祖，以小字呼之。中統二年，命襲父職，管領歸附高麗軍民總管。至元六年，高麗權臣林衍叛。冬十一月，詔以其軍三千從國王頭輦哥討平之，遷江華島所有臣民復歸王京。十二月，帝命茶邱率兵，往鳳州等處立屯田總管府。八年二月，入朝，賜鈔百緡。林衍餘黨裴仲孫等立高麗王禃親屬承化侯爲王，引三别抄軍據珍島以叛。五月，茶邱偕經略使欣都討破之，其黨金通精率餘衆走躭羅。帝遣侍衛親軍千户王岑與茶邱議征取之策，茶邱表陳：「通精之黨多在王京，可使招之，招而不從，擊之未晚。」從之。俄敕往羅州道監造戰船，且招降躭羅。茶邱得通精之姪金永等七人使招通精，不從，留金永，餘盡殺之。十年，詔茶邱與欣都率兵渡海，攻躭羅，通精伏誅，悉免其脅從者。高麗始平。

茶邱奉詔來見高麗王，不拜，以中書省牒索其叔父百壽。高麗拜百壽樞密副使，致仕，將遣之。茶邱故遷延不去，欲以激帝怒。時高麗官奴崇讓等謀殺達魯花赤，事覺，捕鞫之。茶邱欲使崇讓等詞連本國，因襲滅之，密與達魯花赤脱朶兒議之。國禮，凡議事，議合則脱冠以示同意。茶邱等皆脱冠，脱朶兒不脱，爲之辨明，事始得已。

十一年，又命監造戰船，經營征日本事。三月，授昭勇大將軍、安撫使，高麗軍民總管如故。又命茶邱提點高麗農事。八月，授征東右副都元帥，與都元帥忽敦等領舟師二萬，渡海征日本，拔對馬、一岐、宜蠻等島。十四年正月，授鎮國上將軍、征東都元帥，鎮高麗。二月，率蒙古、高麗、女真、漢軍，從伯顏北征叛臣只兒瓦歹等。四月，至脱剌河，猝與賊遇，茶邱突陣無前，伯顏以其勇聞，賜白金五十兩、金鞍勒、弓矢。

十七年，授龍虎衛上將軍、征東行省右丞。十八年，與右丞欣都將舟師四萬，由高麗金州合浦以攻日本。時右丞范文虎等兵十萬由慶元、定海等處渡海，期至日本一岐、平户等島合兵登岸。秋八月，遇颶風，舟壞而還，茶邱僅以身免。十九年十月，命茶邱於平灤黑堝兒監造戰船七百艘，以圖再舉。二十一年十一月，復授征東行省右丞。二十三年，命往江浙等處遣漢人復業。

二十四年，乃顏叛，車駕親征，賜以翎根甲、寶刀，命率高麗、女真、漢軍扈從。猝遇乃顏騎兵萬餘，時茶邱兵不滿三千，衆有懼色。茶邱夜令軍士多裂裳帛爲旗幟，斷馬尾爲旄，林中張設疑兵。乃顏大驚，以爲官兵大至，遂潰走。帝聞之，厚加旌賞。凱還，授遼陽等處行尚書省右丞。二十七年，以疾辭。

叛王哈丹等竄入高麗西京，中書省特起茶邱鎮遼東，帝遣闊里台孛羅兒賜以金字圓符，命茶邱便宜行事。二十八年，以疾卒，年四十八。

茶邱常怨本國，弟君祥獨謂「寧怨永寧公，不敢負國」云。子四人，長曰萬，最知名。

君祥，小字雙叔。福源第五子也。年十四，隨兄茶邱見世祖於上都，帝悦，命劉秉忠相之。秉忠曰：「是兒目視不凡，後必以功名顯，但當致力於學耳。」令選師儒誨之。至元三年，籍高麗民三百人爲兵，令君祥統之。從禿花禿烈、伯顏等軍築萬壽山，復從開通州運河。帝親諭之曰：「爾守志忠勤，朕所知也。」帝嘗坐便殿，閲江南輿地圖，欲召知者詢其險易。左丞相伯顏、樞密副使合達以君祥應旨，奏對詳明，帝悦，酌以巨觥，顧謂伯顏曰：

「是遠大器也。」

六年，林衍叛，從頭輦哥征之。八年，戍河南。九年，掠淮西，破其大凹城。十年，從元帥孛羅罕襲淮東之陽湖，俘其男女、牛馬。

十一年，入朝，帝命伯顏伐宋。朝議以宋之兵力多聚兩淮，聞我欲渡江，彼必移師拒守。遂命右衛指揮使禿滿歹，率輕鋭二萬攻淮安以牽制之，君祥以蒙古漢軍都鎮撫從行。後伯顏既渡江，帝命禿滿歹還軍蕭縣。時君祥奉使伯顏軍中。宋黄州制置使陳奕降，其子巖知漣水軍，伯顏遣三十騎往招之，因令君祥入奏。帝曰：「卿可急還，陳知府降，即偕來也。」及與巖入朝，宴勞甚厚。從元帥孛魯罕攻清河，拔之。海州安撫使丁順約降，孛魯罕令君祥以聞，時伯顏方朝上都，見君祥，甚喜，遂從南伐。

伯顏克淮安，至揚州，分兵攻淮西。宋制置使夏貴遣牛都統以書抵伯顏曰：「諺云：『殺人一萬，自損三千。』願勿廢國力，攻奪邊城。若行在歸附，邊城焉往？」伯顏遣君祥以牛都統入見，留三日，還軍中。仍傳旨諭伯顏曰：「事難遥度，宜臨幾審圖之。」伯顏師次鎮江。諜報有都統洪模爲都督府將，伯顏謂君祥曰：「汝同姓，可往招之。」模即迎降。師進次臨平山，距臨安五十里，模來報曰：「宋丞相陳宜中、殿帥張世傑皆已遁去，惟三宫未行，宜早定計，以活生民。」伯顏遂令模護送三宫，以君祥從行。宋平，擢武略將軍、中衛親軍千户。十五年，命僉江南民兵。進明威將軍、中衛親軍副都指揮使。十七年，進昭勇大將軍。十九年，授樞密院判官。二十三年，轉昭武大將軍、同僉樞密院事。

二十四年，乃顔叛，從世祖親征。每駐蹕，君祥輒以兵車外環爲營衛，布置嚴密，帝嘉之。凱旋，加輔國上將軍。編次上起居爲《東征録》。二十八年，授遼陽行省右丞，用樞密院留，復居舊職。俄加集賢大學士，依舊同僉樞密院事。議者欲自東南海口辛橋開河合灤河，運糧至上都，敕與中書右丞阿里相其利害。還，極言不便，罷之。帝又欲征日本，令高麗造船。君祥進言曰：「軍事重大，宜遣使問高麗，然後舉兵。」帝然之，遣君祥使於高麗。還，改僉書樞密院事。明年，又使君祥兄子波立兒至高麗，監造戰船。波立兒望見王宫，下馬流涕曰：「今雖衣錦還鄉，然勞吾父老，甚可愧也！」高麗王嘉君祥不忘故國，封爲益城侯、修文殿大學士。

成宗即位，詔裁減久任官。知樞密院暗伯等奏：「君祥在樞密十六年，最爲久者。」帝曰：「君祥始終一心，可勿遷也。」大德二年，復遣君祥使於高麗。臺臣劾君祥以他事，中道追還。三年，奉使江浙，問民疾苦。後屏居昌平縣之皇華山。七年，擢司農卿。拜中書右丞，又爲御史所劾，改浙江行省右丞。遷遼陽右丞，建議宜新省治，增巡兵。設儒學提舉、都鎮撫等員，以興文化，修武備。未報。會武宗即位，徵爲同知樞密院事，進榮禄大夫、平章政事，商議遼陽等處行中書省事，改遼陽行省平章政事，俄改商議行省事。至大二年，卒。子邁，奉訓大夫、同知開元總管府事。

萬，小字重喜，以小字行。至元十三年，入宿衛。十八年，襲職爲懷遠大將軍、安撫使、高麗軍民總管，仍佩父荼邱虎符。

二十四年，從討乃顔。六月，至撒里禿魯之地，偕平章失剌鐵木兒與乃顔將黄海戰，大敗之。又扈駕與塔不台戰，敗之。世祖留蒙古、女真、漢軍鎮哈剌河，復選精騎，使重喜領之，扈駕至失剌斡耳朵，從御史大夫玉速帖木兒進討。七月，至扎剌麻禿，與剛家奴戰，敗之。追至蒙可山、那兀江等處，遂平金剛奴、塔不台等。九月，師還。哈丹、八剌哈赤再叛。十月，重喜從諸王愛牙哈赤、宣慰使塔出及失剌鐵木兒討之。十二月，次木骨不剌。時諸王脱歡以兵四千餘人與賊將戰，稍卻，重喜率騎兵援之，衝鋒陷陣，大破其衆。又從諸王乃蠻、愛牙哈赤、平章薛闍干與哈丹等戰於兀朮站，又戰於黑龍江，又戰於貼滿哈，皆敗之。

二十五年，重喜又從玉速帖木兒出師，五月，至貼列河，又至木骨兒抄喇，與哈丹禿魯干戰，俱有功。八月，至貴列河，重喜率所部先涉，賊遁。十月，又從玉速帖木兒至木八蘭。十二月，與古都禿魯干戰，又敗之。二十七年六月，賜白金五十兩、甲一襲。九月，至禪春，與哈丹禿魯干戰。二十八年二月，從平章薛闍干至高麗青州。五月，與哈丹戰八日，又戰，俱敗之。六月，班師，授昭勇大將軍，佩三珠虎符，職如故。十月，薛闍干以重喜入朝，且奏其功。帝喜之，賜玉帶一、白金五十兩，授龍虎衛上將軍、遼陽等處行中書省右丞。

二十九年。仍佩元降虎符，總管高麗、女真、漢軍萬户，兼安撫使、高麗軍民總管。六月，改資德大夫、遼陽等處行中書省右丞。大德十年，以其叔父君祥代之。十一年，武宗即位，重喜朝於上都。七月，復授遼陽行省右丞。至大二年，坐事謫漳州，中途遇赦而還。明年，卒。子滋，襲職。

史臣曰：洪福源以高麗西京叛，遂引蒙古之兵剗其宗社。公山弗狃有言：「君子不以所愛廢鄉。」若福源者，其公山弗狃之罪人乎！君祥能蓋前人之愆，易亂賊而爲忠孝，賢矣哉！

王綧，高麗清化侯璟之子也，封永寧公。太宗十三年，曒遣綧率質子十五人入爲禿魯花，僞稱曒子。綧善騎射，讀書通大義。憲宗三年，宗王也苦等征高麗，使綧諭國王納款。從也苦圍忠州，曒以書責綧曰：「昔爾入侍天庭之日，出自誠心，決然獨斷，以一身代韓之百姓，豈以己之安危爲慮哉？十餘年間，險阻艱難，殆不可容説。然邈在萬里外，猶望庇於本國。幸今至此，韓之百姓冀蒙救護，想爾意何如也。况孝思所格，天地感動。今大王以寬仁字小爲任，汝當切迫陳達，俾大軍早日解圍，則不特老人悦懌，一國之人俱慶更生矣。」後憲宗知綧非王子，謂曰：「汝雖非王子，亦王族之近者。久居吾國，乃吾人也。」奪阿母侃馬三百賜之。綧又從大軍伐高麗，至尚州。郎將蔡取和謂綧曰：「捐妻子，從公絶域者，欲安國家耳。今無一事利國，與叛臣何異？」乃逃歸。綧遣人追斬之。

中統元年，授金符、總管，換虎符。三年，率所部討李壇。至元七年，高麗臣林衍叛，世祖遣宗王頭輦哥討之，綧簽新附户一千三百以從。是年十一月，以疾歸。綧妻奏殺洪福源，其子洪茶邱訴於世祖曰：「真金太子中書令，綧高麗尚令，自謂品秩與皇太子等。」世祖怒，奪綧所領部衆。二十年卒，年六十一。三子：阿剌帖木兒、闊闊帖木兒、兀愛。

阿剌帖木兒，襲虎符、總管。至元八年，從討叛賊金通精，賊敗走躭羅。十一年，進昭勇大將軍，從都元帥忽都征日本。十五年，加鎮國上將軍、安撫使、高麗軍民總管，尋擢輔國上將軍、征東左副元帥。十八年，復征日本，遇颶風，没於海。

闊闊帖木兒，侍武宗於潛邸，積勞授大中大夫、管民總管。

兀愛，襲虎符、總管，擢安遠大將軍、安撫使、高麗軍民總管、征東左副元帥。二十四年，從討乃顔。復從月魯那演討塔不台、脱歡於蒙可山、那江。兀愛與八剌哈赤、脱歡相拒，戰於黑龍江，箭中右臂，裹創復戰，大破之。二十五年，從平章闊里帖木兒討哈丹，兀愛獲古都秃魯干。明年，加昭武大將軍、遼陽等處行中書省事。又明年，哈丹等收散卒號十萬，脅掠水達達、女真之地。遣兀愛鎮撫高麗，修城隍，嚴卒伍，軍威大振。九月，哈丹寇纏春，兀愛拒卻之。二十八年，入覲，賜尚方玉帶及銀酒器。二十九年，改征東左副都元帥府，立總管高麗女真漢軍萬户府，授兀愛三珠虎符、鎮國上將軍、總管高麗女真漢軍萬户府，兼瀋陽安撫使，高麗軍民總管，未幾卒。

【校勘記】

〔一〕「阿兒秃」，原倒作「阿秃兒」，據本書《札剌亦兒台豁兒赤傳》及《元史》卷一五四列傳第五十一《洪福源傳》、卷二〇八列傳第九十五《外夷一・高麗傳》乙正。又「王京」原作「玉京」，據《元史》卷一五四列傳第五十一《洪福源傳》、卷二〇八列傳第九十五《外夷一・高麗傳》改。

新元史卷之一百七十七　列傳第七十四

楊大淵文安　劉整垓　夏貴　吕文焕師夔　范文虎　管如德　王積翁都中　朱焕霽　陳奕巖　蒲壽庚　馬成龍　周全

楊大淵，成州天水人。與兄大全、弟大楫皆仕宋。大淵總兵守閬州。憲宗伐宋，圍閬州大獲城，遣宋降臣王仲入招大淵，大淵殺之。帝怒，督諸軍力攻，大淵懼，遂以城降。帝欲誅之，汪田哥諫，獲免。命招降蓬、廣安諸州。進攻釣魚山，擢大楫爲管軍總管，從諸王攻禮義城。憲宗九年，拜大淵侍郎、都行省，悉以閫外之任委之。

世祖中統元年，詔諭大淵曰：「尚厲忠貞之節，共成康乂之功。」大淵既拜命，即遣兵進攻禮義城，掠其饋運，獲總管黄文才、路鈴、高坦之以歸。二年秋，與宋將鮮恭戰，獲其統制白繼源。行省以大淵功言於朝，詔給虎符一、金符五、銀符五十七，令論功行賞，以名聞。三年春，世祖命大淵出開、達，與宋兵戰於平田，復戰於巴渠，擒其知軍范燮、統制魏興等。

先是，大淵建言，謂取江南必先取蜀，取蜀必先據夔州。乃遣其姪文安攻宋巴渠。至萬安寨，守將盧埴降。復使文安相夔、達要衝，城蟠龍山。山四面巖阻，可以進攻退守。城未畢，宋夔州路提刑鄭子發曰：「蟠龍，夔之咽喉，此必争之地也。」遂悉衆來攻。大淵聞有宋兵，即遣姪安撫使文仲赴援。宋兵宵遁，追敗之。秋七月，詔以金符十、銀符十九，賜其麾下將士，别給海青符二，俾事亟則馳奏。又賞合州之功〔一〕，賜白金五十兩。冬，大淵入覲，拜東川都元帥，與征南都元帥欽察同署事。大淵還，復城虎嘯山，以逼宋大良城，不踰時而就。

四年，宋賈似道遣楊琳賫空名告身及蠟書、金幣，誘大淵南歸。文安擒之以聞，詔誅琳。五月，世祖以大淵及張大悦復神山功，賜蒙古、漢軍鈔百錠。至元元年，大淵進花羅、紅邊絹各百五十段。詔曰：「所貢幣帛，已見忠勤，卿守邊陲，宜加優恤。今後以此自給，俟有詔乃進。」冬十月，大淵諜知宋總統祁昌由間道運糧入得漢城，乃率軍掩襲擒昌等於椒坪，俘獲輜重以數千計。明日，宋都統張思廣引兵來援，復大破之，擒其將盛總管。

二年，大淵以疾卒。八年，追封閬中郡公，謚肅翼。子文粲，襲閬、蓬、廣安、順慶、夔府等路都元帥。兄子文安。

文安，字泰叔。父大全，仕宋，守叙州。大兵入蜀，大全戰没，宋贈眉州防禦使，謚愍忠，官其長子文仲。文安方二歲，母劉氏鞠之，依叔父大淵於閬州。大淵降，授文仲安撫使。

中統元年，擢文安監軍，攻禮義城，奪其糧船。繞出通川，獲宋將黄文才、高坦之。二年，復出通川，與宋將鮮恭大戰，擒統制白繼源。三年，出開、達，擒知軍范燮、統制魏興等，授文安開、達、忠、萬、梁山等處招討使。遂築蟠龍城，以據夔、達要路。宋兵來争，文安擊敗之。四年，佩銀符，擢千户，監軍如故，進築虎嘯城。至元元年，宋都統張喜引兵攻蟠龍，敗之。喜潛師宵遁，出得漢城，文安又追擊敗之。復築方斗城，爲蟠龍聲援，令裨將高先守之。宋兵攻潼川，行省命文安赴援，敗宋師於射洪之納垻。宋都統祁昌以重兵運糧餉得漢，大淵命文安邀之。昌立栅椒原以守，連戰三日，獲昌，俘守將向良家屬，以招良，良以城降。

二年，改授金符，仍前職，還攻宋開、達等州，擒其統制張剛。八月，宋兵由開州運糧，文安率奇兵邀擊之，獲總管方富等。行省上其功，擢夔東路征行元帥，命以前後所俘入見，賜黄金、鞍馬有差。還，攻宋金州斷虎隘，殺其將梁富，擒路鈐、趙貴等。

三年春，率千户李吉等略開州，與宋將硬弓張大戰，獲統制陳德等。冬，總帥汪惟正遣裨將李木波等由間道襲開州，文安遣千户王福引兵助之。福先登，宋將龐彦海投崖死，擒副將劉安仁，留兵戍其地。宋諸路兵來援，圍城三匝，又築壘於城外。文安密遣人入城，諭以堅守。四年春，文安率兵斷宋人糧道。飛矢中文安面，拔矢力戰，大破之，殺其將張德等。已而文安以創甚，回蟠龍，宋兵遂陷開州。

五年，文仲卒。詔文安就佩金虎符，充閬州夔東路安撫使、軍民元帥，仍相副都元帥府事。閬州户口凋耗，文安教以耕桑。鰥寡不能自存，願相配偶者，並爲一户充役，民始復業。七年，從嚴忠範攻重慶，大戰於龍坎，敗宋兵。攻鏵鐵寨，擒其將袁宜、何世賢等。捷聞，詔賜白金、寶鈔、幣帛有差。冬，文粲入見，帝諭之曰：「汝兄弟宣力邊陲，朕所知也。」進文安階明威將軍。

八年秋，文安會東川統軍匣剌攻達州，三戰三捷。帝深加獎諭，進昭勇大將軍、東川路征南招討使，復賜金銀、寶鈔、鞍馬、弓矢，幣帛。

九年秋，築金湯城，積屯田之粟，以逼宋龍爪城。知宋兵必至，遣韓福出通川以牽制之，與宋兵遇於鎁耳山，敗之。宋兵輸糧達州，邀擊於盧灘峽，擒統制孫聰、張順等。宋兵復由羅頂山輸糧開、達，文安伏兵截之，擒裨將吴金等，覆其糧船；秋，宋都統閻國寶、監軍張應庚，運糧於達州，文安復邀之於瀉油坡，奪其糧。宋開州守將鮮汝忠邀文安歸路，與戰，敗之，獲總轄秦興祖、譚友孫。

十一年秋，與蒙古、漢軍萬户怯必烈等攻宋夔東，拔高陽、夔、巫等寨，擒守將嚴貴、竇世忠、趙興。因跨江爲橋，以斷宋兵往來之路。時宋以鮮汝忠、趙章鎮開、達二州，而汝忠家屬尚留開州。文安曰：「達未易攻。若先拔開州，俘其家屬，以招汝忠，則達不煩兵而下矣。」乃遣蔡邦光率千户呼延順等攻開州，盛兵駐蟠龍，以爲聲援。十二年正月，諸軍夜銜枚，薄開州城下，遣死士先登，斬關以入。及城中人知，則我軍已立旗幟於城上。守將韓明父子猶率所部巷戰，力屈就擒。文安遷汝忠家屬於蟠龍，遣部將王師能往達州招之曰：「降則家屬得全，不降則闔城塗炭，汝宜早爲計。」汝忠遂降。趙章子桂椙守師姑城，招之亦降。獨龍爪城守將謝益不降，攻之，擒統制王慶，益棄城走。於是由山等處八城皆望風歸附，凱還。獻捷京師，加文安驃騎衛上將軍，兼宣撫使，賜鈔一千錠，文粲加鎮國上將軍。

文安尋遣其兄子應之，往招都勝、茂竹、廣福三城。蒲濟川降。進攻梁山，守將袁世安皆降之。秋七月，兵至樂勝城，宋將隨方備禦，圍城四十日，竟不降。文安乃移兵攻萬州之牛頭城，遷其民進圍萬州。守將上官夔固守，文安解圍去。冬，進攻白帝城，以師老乃還。

十三年，進金吾衛上將軍，賜玉帶一。夏，朝廷遣安西王相李德輝經畫東川課程，袁世安遣使約降。文安以白德輝，德輝大喜，即遣文安招之，世安遂納款。秋七月，進軍攻萬州，遣經歷徐政諭守將上官夔降，夔不從，逾月，攻拔外城。宋將張起巖來救，遣鎮撫彭福壽迎擊，敗之，萬州奪氣。文安復傳王令旨諭夔降，終不屈。文安遣勇士梯城入，夔巷戰而死。萬州既定，遣使招鐵檠、三寶兩城守將楊宜、黎拱辰降。分兵略施州，擒統制薛忠。會大雪，遣蔡邦光夜攻之，遂拔施州。

十四年夏，進兵攻咸淳府。守將鎮撫使馬堃，文安鄉里也，諭之降，不從。冬十一月，堃力屈就擒。十五年，進兵攻紹慶府，破之，獲其守將鮮龍。東川已定，獨夔帥張起巖嬰城固守。文安遣元帥王師能招之，起巖亦以城降。夏入覲，文安以所得城邑繪圖獻之，帝勞之曰：「汝攻城略地之功，何若是多也！」擢四川南道宣慰使，解白貂裘賜之。

十七年，遣裨將王介諭降散毛諸洞蠻，以散毛酋入覲，因奏曰：「元帥蔡邦光，昔征散毛洞戰殁，可念也。」帝曰：「散毛既降而殺之，何以懷遠？」乃擢邦光子爲管軍總管，佩虎符，賜散毛酋金銀符各一，遥授文安參知政事，行四川南道宣慰使。十九年春，入覲，擢龍虎衛上將軍、中書左丞，行江西省事。二十年，改授荆南道宣慰使，卒。子良之，襲佩虎符、昭勇大將軍、管軍萬户，歷湖南宣慰副使、岳州路總管，卒。

劉整，字武仲，先世京兆樊川人，徙鄧州穰縣。整沉毅有智謀，善騎射。金亂，入宋，隸制置使趙方麾下。方臨卒，謂其子葵曰：「整才氣，汝輩不能用，宜殺之，勿留爲異日患。」葵不聽。整從孟珙攻金信陽州，爲前鋒，夜率壯士十二人渡塹登城，襲擒金將。還報，珙大驚，以爲唐李存孝率十八騎拔洛陽，今整取信陽所將更少，乃書其旗曰「賽存孝」。累遷潼川十五軍州安撫使，知瀘州軍州事。

整以北人，捍西邊有功，江南諸將皆出其下，吕文德忌之，所畫策輒擯沮，有功輒掩而不白，知俞興與整有隙，使制置四川以圖整。興以軍事召整，不行，誣搆之。整遣使訴於臨安，不得上達。及向士壁、曹世雄見殺，整益危不自保，乃謀款附。

中統二年夏，整籍十五軍州、户三十萬來降。世祖授整夔府行省，兼安撫使，賜金虎符，仍賜金、銀符，以給其將校有功者。俞興攻瀘州，整出珍寶分士卒，激使戰，敗之。復遣使以宋所賜金字牙符及佩印入獻，請益屯兵，厚儲積，爲圖宋計。三年，入朝，授行中書省於成都、潼川兩路，賜銀萬兩，分給軍士，仍兼都元帥。同列嫉整功，謀陷之。整懼，請分帥潼川。七月，改潼川路都元帥。四年五月，宋安撫高建、温和進逼成都，整援之。宋兵聞「賽存孝」至，遁去。攻潼川，又與整遇於錦江，敗走。至元三年六月，遷昭武大將軍、南京路宣撫使。

四年十一月，入朝，建言：「宋主闇臣悖，立國一隅，今天啟混一之機，臣願效犬馬勞，先攻襄陽，撤其捍蔽。」廷議沮之。整又曰：「自古帝王，非四海一家，不爲正統。聖朝有天下十七八，何置一隅不問，而自棄正統邪？」世祖曰：「朕意決矣！」五年七月，遷鎮國上將軍、都元帥。九月，偕都元帥阿术督諸軍，圍襄陽，城鹿門堡及白河口，爲攻取計，率兵五萬，鈔略沿江諸郡。六年六月，擒都統唐永堅。七年三月，築實心臺於漢水中流，上置弩炮，下爲石囤五，以扼敵船。且與阿术計曰：「我精兵突騎，所當者破，惟水戰不如宋耳。奪彼所長，造戰艦，習水軍，則事濟矣。」乘驛以聞，報可。既還，造船五千艘，日練水軍，雖雨不能出，亦畫地爲船習之，得戰士七萬。八月，復築長圍以遏外援。

八年五月，宋將范文虎遣都統張順、張貴駕輪船饋襄陽衣甲，邀擊，斬順，獨貴得入城。九月，遷河南省參知政事。九年三月，加諸翼漢軍都元帥。襄陽帥吕文焕登城，整躍馬前曰：「君昧於天命，害及生靈，豈仁者之事？又齷齪不能戰，取羞於勇者，請與君決勝負！」文焕不答，伏弩中整臂。三月，破樊城外郭，斬首二千級，擒裨將十六人。諜知文焕將遣張貴出城來援，乃分部戰艦，縛草如牛，傍漢水兩岸徧置之，衆莫測所用。九月，貴果夜出，乘輪船順流下走，軍士覘知之，兩岸爇草牛如晝，整與阿朮麾戰艦轉戰五十里，擒貴於櫃門關，餘衆盡殺之。

十一月，詔統水軍四萬户。宋荆湖制置李廷芝以金印牙符，授整漢軍都元帥、盧龍軍節度使，封燕郡王，爲書，使永寧僧持送，期以間整。永寧令得之，驛聞於朝，敕張易、姚樞雜問。適整至自軍中，言：「宋怒臣畫策攻襄陽，故設此以殺臣，臣實不知。」詔令整復書，謂：「整受命以來，惟知督厲戎兵，舉垂亡孤城。宋若果以生靈爲念，當重遣信使，請命朝廷。顧爲此小數，何益於事？」

時圍襄陽已五年，整計襄、樊唇齒，宜先攻樊城。樊城人樹栅於城外，斬木列置江中，貫以鐵索。整言於丞相伯顔，令善泅者斷木沉索，督戰艦趨城下，以回回炮擊之，焚其栅。十年正月，樊城破，遣唐永堅入襄陽，諭吕文焕，乃以城降。上功，賜整田宅、金幣、良馬。

整入朝，奏曰：「襄陽下，則臨安摇動矣。若將所練水軍，乘勝長驅，長江必非宋所有。」遂改行淮西樞密院事，屯正陽。十一年，遷驃騎衛上將軍、行中書左丞。宋夏貴悉水軍來攻，破之於大夫洲。十二年正月，詔整將所部出淮南，整鋭欲渡江，行省止之，不果行。丞相伯顔入鄂，捷至，整失聲曰：「首帥止我，使我成功後人！『善作者不必善成』，果然！」是夕憤惋而卒，年六十三。贈龍虎衛上將軍、中書右丞，謚武敏。四子：垣，嘗從父戰敗昝萬壽於通泉；埏，管軍萬户；均，榷茶提舉；垓，最知名。

垓，字仲寬。中統三年，移新附民匠於成都，以垓領其衆。時垓年十三歲。至元三年，從整入朝，授管軍萬户，佩金虎符。四年，城眉、簡二州。從圍嘉定，攻破五獲石城、白馬、資江等城寨。六年，從敗宋師於龍埧。九年，入直東宫宿衛。十年，從圍樊城。四月，御史言垓與阿里海涯子忽失海牙素不知兵，帝命以萬户還成都。十一年六月，敗宋師於嘉定城外，收撫嘉定等路，拓地一千五百餘里，以降將及蠻酋入覲，進拜都元帥。宋亡，蜀地未盡平，樞密院奏瀘州整舊治，請使垓以都元帥領之。十四年，克瀘州之珍珠堡，降其守將。十六年，入朝，拜同知四川北道宣慰司事。二十年，移四川南道。二十一年，邱德、祖趑等謀作亂，垓擒斬之。

二十三年，入朝，詔問宋降將，垓即奏：「先臣在襄陽，以吕文焕來歸，今爲右丞；在瀘州，以管如德來歸，今爲左丞。臣在西川，以昝萬壽來歸，今亦爲右丞。」帝即擢垓左丞，爲參知政事吐魯華所格而止。垓又奏：「江南平，臣不敢自言先臣功，惟上念之。」帝曰：「朕未嘗忘爾父也。」授垓鎮國上將軍、陜西、四川等處行省參知政事。旋改四川等處行省僉事，又改行尚書省事。二十九年，拜輔國上將軍、四川行省參知政事。未幾，謝病歸。

大德八年，起爲奉國上將軍、四川行省參知政事、八番、順元等處宣慰使都元帥，佩金虎符。蠻酋南列等納款，賜弓矢、衣甲。至大三年，移鎮廣東，奏言：「軍士不習水土，宜移中原，屯戍於内地。」從之。皇慶二年。卒，年六十四。

垓廉於財，卒之日，僅存中統鈔四百貫云。

夏貴，字用和，安豐人。生有異禀，暮夜能見射箭落處，人稱爲「夏夜眼」。少年以罪刺雙旗面上，又稱「夏旗兒」。以勇敢見知於吕文德。從趙范入洛陽，擢爲裨將。蒙古兵圍安豐，貴援之，築砦於瓦步，偏樹五色旗，間道率所部趨安豐。敵撤圍城兵，攻瓦步砦，竟得空城。比還安豐，則貴已登陴，遂解圍去。

嘉熙三年，壽春告急，食且盡。貴與文德定計，夜率援兵直抵城下，棄其所賫米於道。明日，敵兵見道上棄米，駭曰：「米入城中多矣！」皆有去志。貴又令舟師囊磚石，相繫擲於浮橋上，橋沉，舟師魚貫而上，卒全壽春。

淳祐六年，葵命貴援高郵，貴以兵百人赴之。夜伏敵砦外，以觜笛爲號，伏兵聞笛而起，入砦中，獲牛馬器械無算。

寶祐五年，賈似道欲城荆山，問形勢於貴。貴曰：「荆山與塗山夾束淮流，如人之喉咽，一有梗，則安豐、壽春斷，淮西必危。」似道然之，命貴董城工，擢吉州刺史、知懷遠軍。六年，兼河南招撫使，尋封壽春郡開國伯，食邑七百户。

開慶元年，命貴至懷遠，措置戰守。貴固守百餘日，會濠州援兵至，圍始解。召詣行在，賜金帶一、銀五百兩。

景定元年，兀良合台自黄州新生洲濟師北歸，貴進兵溽源，獲戰船三百餘艘。又戰於黄石港，獲馬三百餘匹，遂復壽昌。軍進至黄州團峰，去白鹿磯二十餘里，時氈帳布南北兩岸，貴以舟師陣白鹿磯浮橋下，登北岸陸戰，奪還所俘老弱三千餘人。或譖貴不戰於南岸，貴貽書賈似道曰：「敵輜重盡在北岸，攻其所必救，以速其走耳。不出三日，江面可以肅清。」於是夜率諸軍，攻斷浮橋，殺殿卒七百餘人，明日，江南無一騎，遂以大捷聞。論功，除其子松環衛官，賜金帶。尋除貴知淮安州，兼京東招撫使。

李壇南侵，貴敗之，壇僅以身免。二年，克復漣水軍及東海軍、海州，賜官會百萬貫、金帶一，又賜溧陽田三千畝。貴建第溧陽，得金龜，宋理宗書「錦龜堂」賜之。

四年，除四川安撫制置使，兼知重慶府。是年，偕張珏攻虎嘯山，敗績於鵝湖。咸淳元年，貴潛師泝資江而上，出劉整不意，斬馘數千人，整敗歸。三年，克復廣安軍，除寧武軍節度使，加食邑五百户，實封二百户。

四年，召赴行在，除沿江制置副使，知黄州。五年，除權荆湖安撫制置大使、湖廣總領、四川策應大使，知鄂州。六年，乞回黄州，七年，乞致仕，俱不允。九年，除淮西安撫制置大使，兼知黄州。十二月，阿朮攻陽羅堡，貴率兵援之。聞阿朮渡江，大驚，引麾下三百艘遁還。事具《阿朮傳》。

德祐五年，賈似道督師次於蕪湖。貴引兵會之，出一編書示似道曰：「宋曆止三百三十年。」似道俛首而已。二月，似道以精兵七萬人屬步軍指揮使孫虎臣，次池州之丁家洲，貴以戰艦二千五百亘江中，似道爲殿。貴既失利於鄂，恐似道成功，無鬭志。步軍前鋒將姜才方接戰，衆讙曰：「步師遁！」貴不戰而走，以扁舟掠似道船，呼曰：「彼衆我寡，勢不可支。」似道遽鳴鉦收軍，宋師大潰。似道召貴計事，貴曰：「諸軍膽落，吾何以戰？」乃奔廬州。阿朮乘勝東下，沿江州軍相繼降。

貴陰縱北人岳全還，致款附意，以書抵伯顏曰：「願勿費兵力攻邊城，行都若下，邊城焉往？」伯顏遣貴壻胡應雷與貴約。是時宋徵貴爲樞密副使入衛，貴不應命。至元十三年二月，貴舉淮西三府六州三十六縣以降。

貴家僮洪福從貴積勞，爲鎮巢軍統制。貴降，招福，不從。使其從子往，福斬之。貴至城下，好語紿福，請單騎入城。福信之，開門，伏兵起，執福父子。貴泣殺之，福大駡，數貴不忠而死。

四月，覲世祖於上都，令其孫貽孫權安撫事。貴條上安民十事，賜金織衣、玉帶、靴帽、鞍馬，授開府儀同三司、參知政事，行中書省事。十五年，擢左丞。十六年十月卒，年八十三。

子富，宋左領衛大將軍，知昭信軍，先貴卒；松，宋和州觀察使，戰歿，宋贈保康軍節度使，謚壯肅；柏，嘉議大夫、岳州路總管。

呂文煥，安豐人。兄文德，微時鬻薪於市，宋淮西帥趙葵見其遺履，長尺有咫，異之，招致麾下。累功授京湖安撫制置使。時劉整獻計，謂宋人所恃惟文德在鄂州，然可以利誘。乃遺以玉帶，求置榷場於樊城外，文德許之。既而言場貨每爲盜所掠，願築土牆護之，遂築壘置堡江心，起萬人臺，立撒星橋，以遏宋南北之援，時出兵哨掠襄、樊城外。文德始悟爲整所賣，疽發背死。

文煥仕宋，知襄陽府，兼京西安撫副使。時阿朮攻襄陽，文煥拒守久之。至元六年，命史天澤督兵圍襄陽，文煥遣使饋以鹽、茗。十年正月，阿里海牙等拔樊城。世祖降詔諭文焕曰：「爾等拒守孤城，於今五年，宣力爾主，固其宜也。然勢窮援絶，如數萬生靈何？若能納款，悉赦勿治，且加遷擢。」既而阿里海牙身至城下，謂曰：「君以孤軍城守者數年，今飛鳥路絶，主上深嘉汝忠，若降則尊官厚禄可得，必不負汝。」文焕疑未決。又折箭與之誓，文焕感泣，遂納筦鑰，與其子來降。

四月，從阿里海涯入朝，即爲帝畫攻鄂策，且請身爲前鋒。授昭勇大將軍、侍衛親軍都指揮使、襄陽大都督。十一年二月，拜參知政事，行省荆湖。命文焕率其麾下，臨城以善遇降將意，招諭未下州郡。十月，文焕引兵攻破沙洋城，執守將王大用、總管王虎臣，殺之。進逼新城，招都統邊居誼，不從。伏弩中其右臂，馬仆，幾被獲，衆挾以出。文焕怒，麾兵拔其城，居誼赴火死。由是江陵諸州皆下。文焕謂權守張晏然等曰：「汝國所恃者，江淮耳。今大軍飛渡，如履平地，不降何待？」晏然與都統程鵬飛皆以州軍降。時沿江諸將，多吕氏舊部，争望風款附。十二年正月，引兵至江州。從弟文福方爲湖南五郡鎮撫使，宋主促其將兵入衛。文福至饒州，殺使者，入江州迎降。宋謝后遣使諭文焕，請息兵修好，不聽。十月，伯顔分兵東下，以文焕爲鄉導，趨常州。宋遣兵部侍郎吕師孟來軍中議和，師孟，文德子也，陰請文焕贊成和議，亦不省。十二月，平江府官屬迎降於常州，文焕先往受其降。

十三年，伯顏兵至臯亭山，宋主奉表稱臣。伯顏遣文煥入臨安，閲視城塹，且賫黄榜安諭中外軍民，並入慰謝后。文煥因使人上謝表而出，有曰：「兹銜北命，來抗南師，視以犬馬，報以寇讎，非曰子弟攻其父母，不得已也，尚何言哉！」伯顏拘文天祥於軍中，天祥讓伯顏失信。文煥從旁解喻，天祥並斥其合族爲逆，文煥甚慙。

十四年，以文煥爲中書左丞，仍宣慰江東。十五年三月，詔文煥遣官招宋生熟券軍堪用者，月給衣糧，不堪者屯田近地。江東道按察使阿八赤從文煥求金銀及第宅、奴婢，不與，遂奏文煥私匿兵仗。帝命行臺御史大夫相威按之，阿八赤坐免官。二十三年，文煥以江淮行省右丞請老，許之，仍任其子爲宣慰使。後卒於家。

文德子師夔，宋提舉江州興國軍沿江制置使。陳奕既降，以兵攻蘄州，師夔與知江州錢真孫遣人如蘄請降。伯顏入江州，師夔設宴庾公樓，選宋宗室二女盛飾以進。伯顏怒曰：「吾奉天子命，帥師問罪於宋，豈以女色移吾志乎！」斥遣之。都元帥宋都觮攻撫州，命師夔以金符遺守將密佑誘之降，佑不受，死之。

師夔與謝枋得友善，至是以兵徇江西，下安仁。時枋得守信州，攻之，枋得走建陽。師夔鏤榜捕之，執其妻子下於獄。及宋主㬎在廣州，師夔復與阿里海牙、塔出等率兵逾梅嶺，襲攻之。遂以參知政事留鎮廣州。瑞州張公明訴師夔謀不軌，塔出恐師夔驚疑，乃斬公明而後聞，詔弗問。

十五年，宋制置使張鎮孫起兵復廣州，師夔執之，及其妻子械送京師，鎮孫自經死。十七年，以廣州民不聊生，召師夔赴闕詰責之。廷辯無證驗，仍還任。二十二年六月，乞假省母江州，未幾卒。

范文虎，吕文德壻也，佚其籍貫。宋咸淳中，遷殿前副指揮使。阿术攻襄、樊，宋以文虎統禁軍來援，遂蓄異志。軍中爲樂，日與妓妾擊鞠宴飲，不進攻。比戰，又不力，兵屢敗，所喪舟械甚多。及襄、樊陷，給事中陳宜中請誅文虎，賈似道庇之，止降一官，仍知安慶府。至元十二年正月，伯顔分兵至江州，文虎遣人以酒饌迎犒，且請伯顔速來。伯顔使阿术以舟師先至安慶，文虎以城降。伯顔承制遥授兩浙大都督，命招諭壽州諸鎮。復同失里伯、史樞率襄陽熟券軍降安豐、壽州、五河等處軍民，與吕文焕、陳奕攻下沿江州郡。宋謝后詔諭文虎三人使通和議，文虎等不報，乃籍三人家，妻孥多遇害。十月，命董文炳將左軍由江入海，以文虎爲鄉導，取道趨澉浦、華亭。十三年正月，伯顔分兵圍安吉，文虎致書知州趙良淳，誘之降，良淳斬其使而自經。及兵逼臨安，宋駙馬都尉楊鎮奉益、廣二王渡江，如婺州。文虎率勁兵五千追之不及，執鎮而還。伯顏以臨安爲兩浙大都督府，命文虎同忙古歹入治事。宋宗室趙孟棻謀起兵越州，事泄，被執至臨安，文虎斬之。七月，與呂師夔並參知政事。

十五年二月，與夏貴、陳巖並進中書左丞。詔諭行省東南島嶼，諸番國有慕義者，可因番舶布德意，使其來朝。文虎遣周福等偕日本僧賚詔往諭諸國，降海賊賀文達，以所得銀三千兩獻之。帝即以銀賜文虎，並賜金紋綾及西錦衣諸物。文虎薦可爲守令者三十人，帝曰：「今後所薦，朕自裁擇。」皆不聽。

十七年五月，召入朝，命招集避罪附宋蒙古、回鶻等軍，並將兵十萬，同右丞相阿剌罕征日本。十八年正月，文虎再赴闕，請給馬二千及回鶻匠人，帝曰：「戰船安用此？」亦不與。八月，軍至平壺島，遇颶風壞舟。文虎被溺，漂流一晝夜，幸附敗板得生，遂擇堅艦乘之，棄士卒於五龍山下。盡爲日本所殲，逃歸者僅三人。初議班師，張禧曰：「士卒溺死過半，其脱死者皆壯士也。曷若乘其無回顧心，因糧於敵，以圖進取？」文虎不從，曰：「還朝問罪，我自當之。」及歸，文虎奏：「遇風壞舟，將士沉溺。」世祖不之罪也。

二十四年，諸王乃顔反，帝親征，命文虎將衛軍五百鎮平灤爲策應。文虎言：「豪、懿、東京諸地，人心未安，宜立行省撫治之。」詔立遼陽行省。

二十六年，漳州賊陳機察等降，行省請斬之，文虎曰：「罪固當斬，然殺降何以示信？宜並遣赴闕。」行省從其言。蓋其意獨加厚於降人云。尋卒。

管如德，黄州黄陂人。父景模，爲宋安撫使，守蘄州。伯顔兵至，景模舉衆降，授淮西宣撫使，以老不任事。時如德爲江州都統制，遣書招之，亦以城降。先是，如德嘗被俘，思其父，與同輩七人間道南馳，爲邏者所獲，械送郡。如德伺邏者怠，即破械走達父所，景模喜曰：「真吾子也！」至是入見，世祖笑曰：「是能孝於父者。」一日，授以强弓二，如德以左手兼握，右手悉引滿之。帝曰：「得無傷汝臂乎？後毋復然。」嘗從獵，過大溝，馬不能越，如德即解衣浮渡，帝壯之，由是稱爲拔都。帝問：「朕何以得天下？宋何以亡？」對曰：「陛下以福德勝。襄、樊，宋咽喉也。咽喉破塞，不亡何待？」帝曰：「善。」授湖北招討使，總管本部軍馬。

阿朮以如德爲前鋒，攻揚州，招降鎮江、紹興諸郡。初，世祖以寶刀賜如德，及與宋戰，刀刃盡缺。宋平，入覲，如德以刀上曰：「陛下向所賜刀，歷斫宋軍，刃缺如是。」帝嘉其誠樸，遷浙西宣慰使。入奏事，帝問曰：「江南之民得無有貳志乎？」對曰：「往旱澇相仍，民不聊生，或萌他念。今屢年豐稔，民沐聖恩多矣，安敢貳？」帝悦，授福建宣慰使。

二十一年，拜泉州行省參知政事，累遷江西左丞。初，廣東賊鐘明亮率衆二萬來降，宣慰使月的迷失請以明亮爲循州知州，帝不允。明亮復叛，命如德統四省兵討之。諸將欲直擣其巢，如德曰：「今田野之民疲於轉輸，介胄之士病於暴露，重困斯民而自爲功，吾不爲也。」遣使諭以禍福，明亮復詣贛州降。詔縛至大都，如德留之不遣。明亮再反，朝廷責以玩寇，如德惶懼，卒於軍。贈平昌郡公，謚武襄。

王積翁，字良臣，福建福寧人。以叔父參知政事伯大蔭，補承務郎，調監察嚴州都酒務，累辟浙西安撫司幹辦公事。奉朝命，讞六縣獄。夜至餘杭，閱囚一百七十，當坐者僅數人，餘皆釋之。平反他縣疑獄，亦多所全活。差知富陽縣，治辦爲諸縣最。秩滿，除兩浙轉運司主管文字。奏請寬版曹催科之限，東南各路便之。六遷至知徽州，兼都督兵馬府參議官，加兵部侍郎。

德祐初，除天下兵馬都元帥益王府司馬，辭不就。改知南劍州，兼福建招捕使，進兵部尚書。是時，宋使積翁備禦上三州，以黄恮爲招捕副使，兼知漳州，備禦下三州。大兵破邵武，積翁棄南劍州走福安，密書納款。及大兵至，迎降，以積翁知建寧府。

至元十四年，大軍引還，留潛説友爲福州宣慰使，積翁爲宣慰副使，淮兵戍福州者以李雄統之。未幾，雄殺説友，以應張世傑，積翁紿雄，誅之。擢宣撫使、福州路總管，兼府尹、提刑按察使。淮兵又謀殺積翁，事覺，皆爲積翁所殺。已而劉深奏積翁嘗通書於世傑，積翁上言：「若不暫從，恐爲生靈害。」帝原其罪不問。十五年，入覲。帝使中書左丞張文謙詢以日本事，積翁畫招徠之策，甚稱帝意。授刑部尚書、福建道宣慰使，佩金虎符。入辭，賜宴便殿，使中書左丞吕文煥爲積翁起舞。十六年，復入覲，遷兵部尚書。十九年，拜江西行省參知政事，丞相安童留不遣。積翁建議開新河以通漕運，從之。使阿八赤等董其役。新河水淺，候潮爲出入，船多損壞，民苦之。既而忙古歹言海運之船悉至，役始罷。

二十一年，積翁久留京師，不見用，自詭能宣諭日本，奏言：「日本難以力服，可以計取。誠令臣備一介之使，以招徠之。事成，不至勞師傷財；事不成，亦無損於國威。」帝乃以積翁爲國信使，賜玉環連絛、納瑟瑟、袍、帽、鞾、馬鞍各一。又以日本俗尚佛，命普陀僧如智副之。積翁過温州，强取縣民任甲船，中途又以事鞭甲。將至對馬島，甲飲從者酒，盡醉，遂殺積翁，掠其貲遁去。事聞，詔廩其家，追謚積翁敬愍侯。皇慶初，贈榮祿大夫、平章政事、上柱國，追封閩國公，改謚忠愍。子都中。

史臣曰：孔子有言：「行己有恥，使於四方，不辱君命。」蓋其事有相爲表裏者。王積翁譾譾小人，冒利亡恥，世祖用之，負乘致寇，卒殞其軀。就使積翁不死，亦必啟釁納侮，辱命而返。世祖以范文虎爲將，王積翁爲使，其不得志於日本，不亦宜乎！

都中，字元俞。生三歲，以恩授從仕郎、南劍路順昌尹。七歲，從其母葉氏詣闕下，世祖閔之，給驛券南還。賜平江田八千畝，宅一區。未幾，特授都中平江路總管府治中。都中年甫十七，僚吏易視之。既遇事，剖析動中肯綮，始不敢欺。

秩滿，除浙東道宣慰副使。金華有殺人者，吏受賕，以爲病死。都中命屬吏覆按，得其情，獄具，置受賕吏於法。遷荊湖北道宣慰副使。武宗詔更鈔法，行銅錢，以都中有幹略，除江淮泉貨監。凡天下爲監者六，惟江淮所鑄獨精。

改郴州路總管。民俗喜爭鬬，都中爲立學校，製籩豆簠簋，使其民識禮樂，延宿儒教之，俗爲一變。茶陵州富民譚甲死，妻誣贅婿匿其財，獄數年不決。宣撫移其獄，諉之都中，按問得實，州長吏以下計贓至十一萬五千餘緡，民以爲神明。

遷饒州路總管。年饑，米價翔踊，都中以官倉米定價爲三等，言於行省，請糶以下等饒州價，民乃得食。未報，又於下等價減十之二，使民就糴。行省怒其專擅，都中曰：「饒去杭幾二千里，比議定往還，非半月不可。人七日不食則死，安能忍死以待乎？」行省聞之，乃罷。歲貢金，而金户貧富不同。都中考得其實，更定之。包銀之法，户不過二兩，而州縣徵之加十倍。都中責之，一以詔書從事。以内憂去郡，民爲立生祠。

服闋，除兩浙都轉運鹽使，未上，擢海北海南道肅政廉訪使。中書省臣奏國計莫重於鹽筴，又如前除鹽亭造户，三年一比附推排，世祖舊制也。任事者恐斂怨，久不舉行。都中曰：「爲吏皆避嫌怨，何以集事？」遂請於行省，徧歷三十四場，驗其物力高下以損益之。役既平，而課亦足，公私便之。遷福建閩海道肅政廉訪使，俄遷福建道宣慰使都元帥，又改浙東道宣慰使都元帥。

天曆初，徙廣東道，三易鎮，皆佩元降金虎符。惠宗時，朝廷以兩淮鹽法久壞，命都中以行户部尚書兼兩淮都轉運鹽使。尋拜河南行省參知政事，中道疾作南歸，詔即其家拜江南行省參知政事。至正元年，卒。贈昭文館大學士，謚清獻。

朱焕，泰安新泰人。宋淮安州安抚使。与李庭芝共守扬州，庭芝走泰州，焕以扬州城降。授淮东大都督，累迁福建道宣慰使，卒。

子霽，字景周。初袭父官为淮东大都督，后改都督府为总管府，以霽为扬州路总管，兼府尹，佩金虎符。治尚简静，民安之。或告嘉定富民王甲谋为不軌，行省议调兵捕之。霽曰：「此姦人利王氏财耳。从其言，民将重足而立。」命县令察其虚實，遂正誣者罪。大軍征爪哇，省檄扬州转餉十萬石，霽曰：「郡人朱清、張瑄歲漕海運米，請使清等輸之，充常賦之數。」行省韙之。

二十三年，改吉州路總管。郡有稼軒書院，爲宋名臣辛棄疾故第。國初，戍兵奪而居之。霽歸其地，列於學宮。後以病歸。二十五年，起爲平江路總管。元貞三年，遷台州路，又轉信州路、衢州路，階嘉議大夫。延祐三年，遷徽州路。七年，卒。

信州歲貢金幣，皆爲吏胥所蝕。霽親爲監視，其弊始除。徽州歲貢紙數百萬，皆賦於民，一郡受其擾累。霽按户籍，請賦田多者，並除其租，民便之。子德懋，溧陽州判官；德潤，江淮營田提舉。

陳奕，歸德永城人。初諂事賈似道之玉工陳振民爲兄，以求進，自小官躐貴顯，爲沿江制置使，兼知黄州。程鵬飛既降，以兵攻黄州，奕遣人請降於壽昌軍，且求名爵。伯顔曰：「汝但率衆來歸，何慮名爵？」許以沿江大都督，奕遂以城降。

其子巖，知安東州。奕遣人至漣州，出家書示之，巖亦降。世祖授巖淮東宣撫使。十二年五月，奕卒。巖乞解官終制，不許。十三年七月，宋姜才帥步騎來攻灣頭堡，巖大破之，獲米五千餘石。加參知政事，行省淮東。二十二年，進征東行省左丞，同征日本。二十四年五月，江淮平章政事沙不丁議裁南人官吏，帝曰：「除陳巖、吕師夔、范文虎諸人，餘從卿議。」其見信任如此。

蒲壽庚，本西域人，與兄壽宬以互市至泉州。宋咸淳末，禦海寇有功。壽庚授閩廣招撫使，以全軍來降。宋幼主過泉州，衆欲應之，壽庚閉門不納。及張世傑回軍攻城，宋宗室在城内者又謀應世傑，壽庚置酒延其人議城守事，酒半，盡殺之。世傑攻城三月閲不下，遂解去。世祖嘉其功，進昭勇大將軍、兵馬招討使。十四年，拜江西行省參知政事。子孫並爲顯仕。

馬成龍，成都廣都人。宋濠州團練使。大軍至臨安，宋謝太后詔內外悉罷兵內附，成龍奉常德府版籍以降。召見，賜金符，授昭勇大將軍、昭州安撫使。徇湖南、江西、廣東西諸路，皆下之，遷昭毅大將軍、招討使。尋拜輔國上將軍、海北海南道宣慰使。大軍征交趾，公私煩費，成龍主饋運，事辦而民不擾。又出新意，造大艦數十，名曰「海哨馬」，師賴以濟。卒，年六十六。子：興祖，明威將軍、鎮巢萬户，戰歿；壽祖，臨川縣尹；復祖，襲萬户。

周全，光州人。宋廣南西路馬步軍副總管。降於伯顏，遥授衡州知州。入覲，賜金符，遥授泉州知州，兼千户。從宋都觧平江西，又從大軍攻韶州，殺安撫使熊飛。廣東平，全功居多。十四年，從攻静江，宋將李夢龍迎降，授全管軍總管。十五年，討平贛州崖石山賊寨。十七年，進廣威將軍、管軍副萬户，鎮守龍興。二十年，以疾去官。大德九年，卒。贈懷遠大將軍萬户，追封汝南郡侯。子祖瑞襲職。

【校勘記】

〔一〕「功」字原脱，據《元史》卷一六一列傳第四十八《楊大淵傳》補。

新元史卷之一百七十八　列傳第七十五

伯帖木兒　玉哇失　哈答孫塔海　乞台哈贊赤　答答呵兒　答失蠻　曷剌不花　明安　忽林失　徹里

伯帖木兒，欽察人。至元中，充哈剌赤，入備宿衛。以忠謹，授武節將軍、僉左衛親軍都指揮使司事。二十四年，從御史大夫玉昔帖木兒征乃顔，敗賊於忽爾阿剌河，追至海剌兒河，又敗之。乃顔將金剛奴、别不台率衆走山前，追戰於札剌馬篤河。至夢哥山，賊復敗，金剛奴遁。

二十五年夏，成宗率諸軍討叛王火魯火孫。是時，哈丹秃魯干駐兀魯灰河，伯帖木兒從玉昔帖木兒至貴列兒河，哈丹來拒，伯帖木兒戰卻之，獲其將駙馬阿剌渾。成宗説，以賊將兀忽兒妻賜之。至霸郎兒，與忽都秃魯干戰，生獲忽都。九月，玉昔帖木兒使伯帖木兒至納兀河東，招集逆黨乞答直一千户、女真押兒撒及達達百姓五百户。是年冬，又從諸王乃蠻台討哈丹於斡麻站、兀剌阿，連敗其將阿秃八剌哈赤，轉戰至帖麥哈必兒哈，又敗之。進至明倫安城，哈丹遁，追敗賊於忽蘭葉兒，一日三戰。至帖里揭，挺身陷陣，中三十餘矢而還。是役也，王師失利。伯帖木兒創甚，玉昔帖木兒親視其創，罪諸將之不救者。

二十六年春正月，師還，復遣戍也真大王分地。五月，海都謀内犯，敕伯帖木兒以其軍來會。行至怯吕連河，值拜要叛，伯帖木兒即移兵討之，獲其將伯顔。帝深加獎諭，賜以所得伯顔女茶倫。是年冬，立東路蒙古軍上萬户府，統欽察、乃蠻、捏古思、那牙勤等四千餘户。擢懷遠大將軍、上萬户，佩三珠虎符。

二十七年，哈丹入高麗，伯帖木兒偕徹里帖木兒進討。二十八年正月，至鴨緑江，與哈丹子老的戰，失利。伯帖木兒以聞，帝命乃蠻台、薛徹干等援之，仍命伯帖木兒爲先鋒。薛徹干軍先至禪春州，擊敗哈丹。踰數日，乃蠻台以兵至，合攻哈丹，又敗之。伯帖木兒將百騎追哈丹，虜其妻孥。哈丹尚有八騎，伯帖木兒餘三騎，再戰，兩騎士皆重傷，不能進。伯帖木兒單騎追之，至一大山，日暮，哈丹遂遁去。乃蠻台嘉其勇，賞以老的妻完者。事聞，賜金帶、衣服、鞍馬、弓矢、銀器皿，並厚賚其軍。

二十九年，叛王揑怯兒烈在濠來倉，伯帖木兒以輕騎襲之，虜其妻子、畜産。追至陳河，揑怯兒烈以二十餘騎脱走，得所管女真户五百餘，以聞，帝命充漁户。伯帖木兒度地置馬站七，令歲捕魚以進。成宗即位，幸上都，徵其兵千人從，歲以爲常。

皇慶元年，加榮禄大夫。延祐三年，拜中書平章政事。天曆二年，知樞院事。至順二年，出爲遼東行省左丞相，卒。後至元四年，賜宣忠濟美協誠經正功臣、太傅，開府儀同三司、上柱國，追封文安王，謚忠憲。

玉哇失，阿速人。父也烈拔都兒，從其國王來歸，充宿衛。從憲宗征蜀，爲游兵，前行至重慶，戰數有功。嘗出獵遇虎於隘，下馬搏虎。虎張吻噬之，以手探虎口，抉其舌，拔佩刀刺殺之。帝壯其勇，賞黄金五十兩，别立阿速一軍，使領之。從世祖征阿里不哥，又從親王哈必失征李壇，俱有功，賜金符，授本軍千户。從克襄陽，又從下沿江諸郡。宋將洪福僞請降，誘其入城宴飲，乘醉殺之。長子也速歹兒代領其軍，從攻揚州，中流矢卒。

玉哇失襲父職，爲阿速軍千户。從丞相伯顔平宋，賜巢縣二千五十二户。只兒瓦歹叛，率所部兵擊之懷魯哈都，擒其將失剌察兒，斬之。又從丞相伯顔討叛王昔里吉等，進至斡耳罕河，無舟，躍馬亂流而渡，俘獲甚衆。時北平王爲昔里吉等所劫執，勢張甚。玉哇失力戰卻之，追至金山而返。賜銀、鈔，改賜金虎符，進定遠大將軍、前衛親軍都指揮使。

乃顔叛，世祖親征，玉哇失爲前鋒。乃顔遣哈丹領兵萬人來拒，擊敗之。追至不里古都伯塔哈，乃顔兵號十萬，玉哇失先登力戰，又敗之。追至失列門林，遂擒乃顔。賜金帶、只孫、錢幣有差。乃顔將塔不歹、金剛奴聚兵滅捏該，從大軍討平之。既而哈丹復叛於曲連江，追敗其軍。哈丹渡江遁。又與海都將八憐人帖里哥歹、必里察等戰於亦必兒失必兒，皆有功。

成宗出鎮金山，玉哇失率所部從之。又從皇子闊闊出、丞相朵兒朵懷擊海都軍，突陣而入，大敗之。復從諸王藥木忽兒、丞相朵兒朵懷敗海都將於八憐。海都以禿苦馬領精兵三萬人趨撒剌思河，欲據險以襲我師。玉哇失率善射者三百人守其隘，全軍而歸。賜鈔萬五千緡、金織段三十四。

武宗鎮北邊，海都復入寇，至兀兒朵，玉哇失敗之，獲其駝馬、器仗以獻。時海都圍札魯花赤孛羅帖木兒於小谷。武宗命玉哇失援出之，謂諸將曰：「今日大丈夫之事，舍玉哇失誰能之？縱以黄金包其身，猶未足以厭吾志也。」武宗南還，命玉哇失殿後，因留之戍邊。賜金察剌二，玉束帶、渾金段各一，仍賜秫米七十石，使爲酒以犒其軍。後海都子察八兒遣人詣闕請和，朝廷許之，撤邊備，玉哇失乃還。帝録其功，賜鈔五萬貫，進鎮國上將軍，仍舊職。大德十年五月，卒。子亦乞里歹襲。亦乞里歹卒，子拜住襲。

哈答孫，本關中人，其父剌真，從憲宗至和林，遂家焉。哈答孫年十五侍世祖於潛邸，以謹篤稱。中統初，命掌尚食局，久之，遷生料庫提點。至元二十四年，從討乃顔，有功，加武略將軍。從幸杭海，值歲饑，哈答孫請於帝，賑之，不足，濟以私財，全活甚衆。大德元年，擢懷遠大將軍、淮東淮西屯田捕打總管。武宗即位，拜淮東淮西道宣慰使。至大四年，賊起四明。賜三珠虎符，授中書右丞、浙東道宣慰使，兼都元帥，往討之。哈答孫驅賊入海，安集流亡，境内帖然。俄感瘴癘，卒，年六十五。延祐初，贈推忠效義佐理功臣、太傅、開府儀同三司、上柱國，追封秦國公，謚昭宣。子塔海。

塔海，方數歲，世祖一見奇之，命肄業國子監。成宗即位，授樞密院斷事官。大德末，輔立武宗，轉同僉樞密院事，擢樞密副使。尋遷大司農、同知宣徽院事。仁宗在東宫，或建議立黑軍衛率府，塔海力諫，仁宗嘉納之。及即位，遷集賢大學士，太醫、宣徽院使，進翰林學士承旨、知制誥兼修國史，卒。

乞台，察台氏，世祖時爲欽察衛百户，從土土哈征失烈吉及乃顔有功，賜金符，擢千户。從征忽刺出，戰於阿里台之地。元貞二年，卒。

子哈贊赤，初從土土哈征哈丹罕，戰於貴烈兒，有功。大德五年，從征杭愛。又從武宗討哈剌阿答。又從牀兀兒征不別、八憐，爲前鋒，以功受賞。皇慶二年，賜金符，爲千户。延祐四年，從周王舉兵，與諸王秃滿帖木兒戰於失剌答兒馬，不勝。王北奔金山，哈贊赤從王居其地十有三年。天曆二年，周王即位，賜金符，授昭勇大將軍、同知大都督府事，卒。

答答呵兒，脱脱忒氏。父孛兒速，世祖時直宿衛，扈駕征哈剌章。還，世祖駐蹕高阜，見河北有乘船至者，顧謂左右曰：「此賊也，奈何？」孛兒速解衣徑渡，揮戈刺殺舵手二人，拖其船近岸，賊悉就擒。以功受賞。

答答呵兒襲父職，從征孛可有功，進武德將軍、揭只揭烈温千户所達魯花赤。從征乃顔、也不干等，擒也不干，收其所管欽察户。武宗時，進懷遠大將軍、都元帥，卒。

答失蠻，哈剌魯氏。曾祖馬馬，太祖六年從其部長阿爾思蘭來朝於龍居河。馬馬子阿里，前卒，以其孫哈只爲質子。哈只後事太宗爲寶兒赤，以恭謹爲太宗所信任。從世祖取雲南、伐宋，俱有功。以疾卒。

答失蠻襲父職，爲寶兒赤，世祖甚重之。是時，阿合馬秉政，答失蠻侍左右，因極論其姦，帝怒而呵之，曰：「無預汝事！」答失蠻徐對曰：「犬馬知報其主，臣世荷國恩，豈敢知而不言？」其後阿合馬敗，帝思其直，賜玉環及鈔二千五百貫，諭以後有所知，仍盡言無隱。

二十四年，從討乃顏有功，以蒙古女脱脱倫氏妻之。帝幸杭海，使答失蠻督饋餉。晉王軍乏食，以便宜輸米給之。師還，自劾專擅，帝嘉歎不已，賜銀、鈔有差。二十七年，復立尚書省，答失蠻上疏切諫，言尤剴切。及桑哥伏誅，其言悉驗。詔賜宅一區，固辭，仍賜玉環及只孫服以旌之。

成宗即位，以奉議大夫領供膳司事。車駕親征海都，敕倍道兼行，答失蠻慮後軍不繼，請俟大衆集而後進，帝韙之。尋擢司農丞，進職爲卿。與其子買奴侍帝疾，數月衣不解帶。

成宗崩，答失蠻迎武宗於野馬川。仁宗爲皇太子，以答失蠻先朝舊臣，奏爲中書參知政事，仍兼司農卿，賜金犀帶、七寶笠、珠帽、珠衣、金五百兩、田二千畝。仁宗即位，命僉宣徽院事。同列以出納不謹陷於贓汙，答失蠻獨不與其事。累遷宣徽院使，階榮禄大夫。嘗侍坐侑食，帝問先朝舊事，答失蠻奏對稱旨，賜玉帶、海東白鶻，且命畫工繪像於内廷。

延祐四年，卒，年六十。臨卒，告其諸子曰："人之隕其世業者，必自貪與侈始，汝曹戒之！"贈推誠宣力守正功臣、太保、金紫光禄大夫、上柱國，追封定國公，謚忠亮。子：買奴，河南行省中書平章政事，以翰林學士承旨、榮禄大夫致仕；忻都，上都留守，兼本路都總管府達魯花赤；怯來，同知宣徽院事。

曷剌，兀速兒吉氏。至元九年，世祖召見，命入直宿衛。從討乃顔，賜金幣、甲冑、橐駝、鞍馬。成宗即位，命曷剌使高麗、和林、江西、福建，皆稱旨，授忠勇校尉、中書直省舍人，出爲息州達魯花赤，晉奉訓大夫。武宗即位，詔曰："曷剌，世祖舊臣，可授奉議大夫、都水監。"明年，晉嘉議大夫，金虎符，兼直東水韃靼、女真萬户府達魯花赤。延祐元年，特授資善大夫、遼陽等處行中書省左丞，仍監其軍。三年，詔爲榮禄大夫、大司農。卒，年六十三。贈推誠宣力保德功臣、太師、儀同三司、上柱國，追封薊國公，謚安穆。子不花。

不花，宿衛仁宗潛邸，及即位，授中順大夫、中書直省舍人，改直省副使。遷大中大夫、同知典瑞院。改左司員外郎、參議中書省事。延祐三年六月，拜中奉大夫、中書參知政事。十二月，罷爲資德大夫、宣徽副使、同知宣徽院事。改典瑞院使，兼襲其父監軍，佩金虎符。又改翰林學士。至治元年，仍翰林學士，監軍，領東蕃諸部軍事。後爲鐵失所譖，下獄死。泰定二年，與中政使普顏篤、指揮使卜顏忽里等，俱贈功臣及階勳、爵謚。

明安，康里氏。至元十三年，領貴赤軍，歲扈駕出入。二十年，授定遠大將軍、中衛親軍都指揮使。明年，賜佩虎符，領貴赤軍北征。又明年，立貴赤親軍都指揮使司，命爲本衛達魯花赤，領蒙古軍八千北征。明年，至別失八剌哈思之地，與海都軍戰，有功。

二十六年冬十二月，別乞憐叛，劫取官站、脱脱火孫、塔剌海等，明安率所部追擊，五戰五捷，悉還之。至杭海，亂民闊闊台、撒兒塔台等奪三站地，劫脱脱火孫，明安又引兵追敗之。

二十七年秋七月，布四麻，當先別乞失、出春伯駙馬、兀者台、朵羅台、兀兒答兒、答里雅赤等，掠四怯薛牛馬畜牧，及劫滅烈後王昔博赤並斡脱、布伯各投下民殆盡。明安將兵追擊於汪吉昔博赤之城，賊軍敗走，還所掠之民，並獲其牛馬畜牧等以歸。時出伯、伯都所領軍乏食，以明安所獲畜牧濟之。

二十九年，以功擢定遠大將軍、貴赤親軍都指揮使司達魯花赤。别失八剌哈孫羣盜起，詔以兵討之，戰於别失八里秃兒古闌，有功，又敗賊於忽蘭兀孫。大德二年，復將兵北征，與海都戰。七年，卒於軍。子曰帖哥台，曰孛蘭奚。

帖哥台，初爲昭勇大將軍、貴赤親軍都指揮使司達魯花赤，及改充萬户，則以其叔父脱迭出代之。帖哥台後以萬户改中衛親軍都指揮使，進銀青榮禄大夫、平章政事。子曰普顔忽里，曰善住。普顔忽里，懷遠大將軍、貴赤親軍都指揮使司達魯花赤。

善住，初直宿衛，歷中書直省舍人，諸色人匠達魯花赤，遷奉議大夫、僉中衛親軍都指揮使司事。天曆元年九月，賜佩一珠虎符，從丞相燕帖木兒禦敵於檀州。又率家奴那海十一人，自出乘馬，與遼東軍戰，俘八十四人以歸。

孛蘭奚，昭武大將軍、中衛親軍都指揮使。積官銀青榮禄大夫、太尉。至治元年，封知國公。子桑兀孫，中衛親軍都指揮使。桑兀孫卒，弟乞答海襲職。

忽林失，八魯剌觧氏。曾祖不魯罕罕劄，事太祖，從平諸國，充八魯剌思千户。與太赤温等戰，重傷墜馬。帝勒兵救之，以功升萬户。賜黄金五十兩、白金五百兩，俾直宿衛。祖許兒台，年十五，以勇略稱，從定宗平欽察，爲千户。又從世祖伐宋，至亳州，敗宋軍。父瓮吉剌帶，初爲軍器監官。從世祖親征阿里不哥，俄奉旨使西域籍地産，悉得其實。帝欲大用之，不及而卒。

忽林失，初直宿衛。後以千户從征乃顔，身被三十三創。世祖以克宋所得銀甕及金酒器等賜之，命領太府監。又以千户從皇子闊闊出及武宗，與海都、都瓦等戰有功，擢翰林學士承旨。俄改萬户，與叛王斡羅思、察八兒等戰，又以功授榮禄大夫、司徒，賜銀印。武宗嘗曰：「羣臣中能爲國宣力如忽林失者實鮮，其厚賚之！」於是遣使召見。未幾，武宗崩。仁宗即位，念其舊勳，賞賚特厚。未幾，卒。

子燕不倫，初奉興聖太后旨，充千户。俄改充萬户，代其父職。尋罷歸其父所受司徒印及萬户符於有司，仍直宿衛。致和元年秋八月，在上都，潛謀奉迎文宗。會同事者見執，乃率其屬奔還大都。特賜龍衣一襲，命爲通政院使。天曆元年九月，同丞相燕帖木兒敗王禪等於紅橋，又戰於白浮，戰於昌平東，戰於石槽，皆有功。拜榮禄大夫、知樞密院事，以世祖常御金帶賜之。未幾，卒。

徹里，阿速氏。父別吉八，從憲宗攻釣魚山，以功受賞。徹里事世祖，充火兒赤。從征海都，揮戈斬其前鋒，以功受賞。後從征杭海，獲其牛馬畜牧，悉以給軍食。帝嘉之，賞鈔三千五百錠，仍以分賚士卒。

成宗時，盜據博落脱兒之地，命將兵討之，獲三千餘人，誅其酋長。還，奉命同客省使拔都兒等往八兒胡之地，以前所獲人口畜牧，悉給其主。軍還，帝特賜鈔一百錠。武宗居潛邸，亦以銀酒器賞之。

至大二年，立左阿速衛，授本衛僉事，賜金符。皇慶二年，從湘寧王北征，以功賜一珠虎符。

子失列門，直宿衛。至和元年秋八月，從知院脱脱木兒至潮河川，獲完者八都兒、愛的斤等十二人，戮八人，執四人歸京師。復於宜興遇失剌、乃馬台等，敗之。賞白金、楮幣。天曆元年，從擊秃滿台兒之兵於兩家店，又從戰薊州及檀子山，俱有功。授左衛阿速親軍都指揮使，卒。

新元史卷之一百七十九　列傳第七十六

土土哈 牀兀兒 燕帖木兒 撒敦 唐其勢

土土哈，伯牙兀氏。世爲欽察部長。太祖命哲別、速不台伐欽察，土土哈祖父忽都速巒率其子班都察迎降。太宗命拔都伐斡羅斯，班都察從攻阿速蔑怯斯城，有功。後又率欽察百人從世祖征大理、伐宋。嘗侍左右，掌御廐，歲時挏馬乳以進。馬乳尚黑色，國語謂黑爲哈剌，因名其屬曰哈剌赤。以諸王哈納女弟訥倫妻之。

土土哈，班都察之子也。中統二年，父子俱從世祖討阿里不哥。班都察卒，襲父職。至元十四年，諸王脱黑帖木兒、昔里吉叛，東犯和林，掠憲宗所御大帳以去。土土哈從丞相伯顔討之，敗其將脱兒赤顔於納蘭赤剌。同時翁吉剌人只兒瓦台搆亂，脱黑帖木兒引兵應之，中途遇土土哈。將戰，先獲其候騎數十，脱黑帖木兒引去，遂平只兒瓦台。復追脱黑帖木兒等，敗之於斡歡河，返所掠大帳。

十五年，詔率欽察驍騎千人，從大軍北討。追叛王昔里吉，踰金山，擒扎忽台等以獻。

又敗寬折哥等，裹瘡力戰，獲其輜重。還朝，帝召至榻前慰勞之，賜金酒器及金幣、預宴只孫冠服、海東白鶻一，仍賜以大帳，諭之曰：「祖宗武帳，非人臣所得御，以卿能奪之，故授卿。」詔：「欽察部衆爲民及隸諸王者，皆分別籍之，隸於土土哈，户給鈔二千貫，歲賜粟帛，選其材勇者，備宿衛。」

十九年，授昭勇大將軍、同知太僕院事。二十年，改同知衛尉院事，兼領羣牧司。請以哈剌赤屯田畿内，詔給霸州文安縣田四百頃。益以宋新附軍八百人，使土土哈領之。二十一年，賜金虎符，並賜金貂、裘帽、玉帶各一，海東青鶻一，水磑一區，近郊田二千畝，籍河東諸路蒙古軍子弟四千六百人隸其麾下。二十二年，拜鎮國上將軍、樞密院副使。二十三年，兼欽察親軍衛都指揮使，聽以宗族將吏備官屬。海都兵犯金山，詔與大將朵爾朵懷共禦之。

二十四年，乃顔叛，陰遣使連結也不干、勝剌哈諸王，爲土土哈所執，盡得其情以聞。未幾，詔勝剌哈入朝，將由東道。土土哈言於北安王曰：「彼分地在東，是縱虎入山，非計也。」乃命改行西道。既而有告也不干叛者，衆欲聞於朝，然後發兵。土土哈曰：「兵貴神速，緩之非計也。」率所部疾驅七晝夜，渡圖喇河。也不干來拒戰，於博怯嶺大敗之，也不干僅以身免。世祖聞之，遣使命土土哈收其餘黨。遇賊將也鐵哥，擊走之，並擒叛王哈兒魯等。時成宗撫軍北邊，詔以土土哈佐之，追乃顏餘黨於哈拉温，獲叛王兀塔海。盡降其衆。

二十五年，諸王也只里爲叛王火魯火孫所攻，遣使告急。土土哈援之，敗其衆於兀魯灰。還至哈拉温，夜渡貴烈河，敗叛王哈丹。於是捏古思、那牙勒及欽察、乃蠻之人，皆自拔來歸。世祖多其功，以也只里女弟塔倫妻之。

二十六年，從皇孫甘剌麻討海都，抵杭愛嶺，諸軍失利，土土哈率所部力戰，翼皇孫而出。秋七月，世祖巡幸北邊，召見，慰諭之曰：「昔太祖與其臣同患難者飲班珠爾河水，今日之事，何愧昔人？卿其勉之！」後大宴羣臣，復謂土土哈曰：「北邊人聞海都言：『杭愛之役，使邊將皆如土土哈，吾屬安有今日。』」論功行賞，帝欲先欽察人。土土哈奏：「慶賞之典，蒙古將吏宜先。」帝曰：「蒙古人誠居汝右，力戰豈在汝右耶？」召諸將賞賚有差。

二十八年，土土哈奏：「哈剌赤軍逾萬人，足以備用。」詔賜珠帽、珠衣、金帶、玉帶、海東青鶻各一，復賜哈剌赤人裘各一襲，絹如之。

二十九年秋，略地金山，獲海都部衆三千餘户還至和林。詔進取乞里吉思。三十年春，次謙河，舟行數日始至其地，盡收五部之衆，屯兵守之。加龍虎衛上將軍，仍給行樞密院印。海都聞取乞里吉思，引兵至謙河。復敗之，擒其將孛羅察。

成宗即位，遣使賜銀五百兩，七寶金壺、盤、盂各一，鈔萬貫，白氈帳一，獨峰駞五。冬，召至京師，別賜麾下士鈔千二百萬貫。元貞元年春，復出守北邊。二年秋，諸王附海都者率衆來降，邊民驚擾，土土哈至玉龍罕界，饋餉安輯之，護諸王岳木忽兒等入朝。帝解御衣賜之，又賜金、銀、鈔、幣有差。

大德元年正月，拜銀青榮禄大夫、上柱國、同知樞密院事、欽察親軍都指揮使，奉命還北邊。至宣德府，以疾卒，年六十一。贈宣忠定遠佐運功臣、太尉、開府儀同三司，追封延國公，謚武毅。後進封昇王。

子八人：曰塔察兒，定遠大將軍、北庭元帥；曰太不花，御位下博兒赤；曰牀兀兒；曰別里不花，欽察親軍千户；曰帖木兒不花，建康等處哈剌赤户達魯花赤；曰歡差，欽察親軍千户；曰岳里帖木兒，僉武衛親軍都指揮使事；曰斷古魯班，欽察親軍都指揮使。

牀兀兒，初從太師月兒魯討合丹，戰於百塔山有功，拜昭勇大將軍、左衛親軍都指揮使。常執甖杓以進湩飲，親幸無比。大德元年，襲父職，率諸軍踰金山攻八鄰部。其將帖良臺阻答魯忽河，伐木柵岸。士皆下馬跪，持弓矢伏柵内，守備甚嚴。牀兀兒命吹銅角，士卒呼聲與銅角相應。其衆不知所爲，争起就馬。於是麾軍渡水，踰木栅而入，大破之。追奔五十里，盡得其人馬廬帳還。次阿雷河，與海都援八鄰之將孛伯遇。孛伯陣於山上，牀兀兒渡河蹙之，其衆崩潰，追奔三十餘里。二年，叛王都哇、徹禿等潛師襲火兒哈禿，據高山爲營，牀兀兒選勇士持挺而上，奮擊敗之。三年，入朝，成宗親解御衣賜之，拜鎮國上將軍、僉樞密院事、欽察親軍都指揮使、太僕少卿。復還邊。

時武宗以親王鎮北庭，軍事皆咨於牀兀兒。四年秋，叛王禿麥、斡魯思等犯邊，牀兀兒敗其衆於闊赤之地，逾金山乃還。五年，海都越金山而南，屯於鐵堅古山，牀兀兒復敗之。又與都哇相持於兀兒禿之地，牀兀兒率精鋭突其陣，左右奮擊，斬馘不可勝計，都哇之兵幾盡。武宗親在行間，乃歎曰：「力戰未有如此者，真可謂驍將矣！」事聞，詔遣御史大夫禿只等即赤訥思之地，集諸王大將責問功罪，咸稱牀兀兒功第一。武宗命尚楚王雅思禿公主察吉兒，帝復以御衣賜之。秋七月，入朝，帝親諭之曰：「卿鎮北邊，累建大功，雖以黄金周飾卿身，猶不足以盡朕意。」賜衣帽、金珠等物，拜驃騎衛上將軍、樞密院副使、欽察親軍都指揮使、太僕少卿，仍賜其軍萬人鈔四千萬貫。

七年，諸王都哇、察八兒、明里帖木兒等聚謀曰：「昔我太祖艱難以成帝業，我子孫弗克安享其成，連年搆兵，以相殘殺，是自隳祖宗之業也。今鎮北邊者，皆吾世祖嫡孫，吾與誰爭？且前與土土哈戰既弗勝，今與其子牀兀兒戰又無功，惟天惟祖宗意可見矣。不若遣使請命罷兵通好，庶無愧於爲太祖之子孫。」乃遣使請降。使至，帝許之。於是明里帖木兒等入朝，特爲置驛以通來往。十年，拜榮禄大夫、同知樞密院事，尋拜光禄大夫、知樞密院事，欽察左衛指揮、太僕少卿皆如故。

成宗崩，武宗方在渾麻出海上，牀兀兒請亟歸以副天下之望。武宗納其言，即日南還。及即位，加平章政事，封榮國公，授以銀印，賜尚服衣段及虎豹之屬。至大三年，入朝，加封句容郡王，改授金印。帝曰：「世祖征大理時所御武帳及所服珠衣，今以賜卿，其勿辭。」翊日，又以世祖所乘安輿賜之，且曰：「以卿有足疾，故賜此。」牀兀兒叩頭泣涕，固辭。別命有司置馬轎賜之，得乘至殿門下。

仁宗即位，入朝，特授光禄大夫、平章政事、知樞密院事、欽察親軍都指揮使、兼左衛親軍都指揮使、太僕少卿。延祐元年，討叛王也先不花等於亦忒海迷失之地，方接戰，有敵將持戟而出，牀兀兒擘其戟，揮刀斬之，乘勢奮擊，賊奔潰。遣使告捷，賜尚服。二年，敗也先不花將也不干、忽都帖木兒於赤麥干之地。追至鐵門關，遇其大軍於札亦兒之地，又敗之。四年，召入商議中書省事，知樞密院事。大理國進象牙、金飾轎，即以賜之。每見必賜坐賜食，待以宗王之禮。至治二年，卒，年六十三。後進封揚王。

子七人：曰小雲失不花，欽察親軍千户；曰燕赤不花，大司農卿；曰燕帖木兒；曰撒敦；曰燕秃哈兒，闌遺少監；曰答里，襲封句容郡王；曰潑皮罕。

燕帖木兒，事武宗於潛邸，宿衛十餘年，特見愛幸。及即位，授正奉大夫、同知宣徽院事。皇慶元年，襲左衛親軍都指揮使。泰定二年，加太僕卿。三年，遷同僉樞密院事，進僉書樞密院事。

時倒剌沙用事，災眚屢見。有右衛千户任速哥與前湖廣行省右丞速速密議曰：「英宗之弑，倒剌沙等與鐵失通謀。今姦臣當國，先帝之仇未復。武宗皇子二人，周王遠逃沙漠，難以達意；懷王人望所歸，近在金陵，若同心推戴，此不世之功也。」乃同告於燕帖木兒，燕帖木兒聞之矍然。速哥復説之曰：「公，國之世臣，以順討逆，何憂不濟？若他日有先我起事者，公必爲禍首矣。」燕帖木兒然之。

致和元年秋七月，泰定帝崩，燕帖木兒方總環衛事，留大都，乃與繼母察吉兒公主及其黨阿剌帖木兒、孛倫赤、剌剌等密議迎文宗立之。八月甲午昧爽，率勇士納只秃魯等十七人入興聖宫，集百官，執中書平章政事烏伯都剌、伯顔察兒，露刃誓衆曰：「祖宗正統屬在武宗皇帝之子，敢有不順者斬。」衆皆奔散。捕中書左丞朵朵、參知政事王士熙等下於獄，與西安王阿剌忒納失里入守内庭，即命前河南行省參知政事明里董阿、前宣政使答里麻失里乘驛至江陵，奉迎大駕，密諭河南行省平章政事伯顔簡兵扈從。

是日，推前湖廣行省左丞相別不花爲中書左丞相，詹事塔失海涯爲平章政事，前湖廣行省右丞速速爲中書左丞，前陝西行省參政王不憐吉歹爲樞密副使，蕭忙古觧爲通政使，與中書右丞趙世延、通政院使寒食分典庶務。貸在京寺觀鈔，募死士，買戰馬，運京倉粟以饋之，復遣使徵各行省之軍資器械。

諸臣既受命，未知所謝，燕帖木兒指使南向拜，衆愕然，始喻其意。燕帖木兒弟撒敦、子唐其勢在上都，密遣塔失帖木兒召之，皆棄其妻子來奔。再遣撒里不花、鎖南班趣大駕早發。又令塔失帖木兒僞爲南使云：「諸王帖木兒不花、寬徹普化，湖廣、河南省臣及河南都萬户扈從新天子，旦夕至，民勿疑懼。」以撒敦守居庸關，唐其勢守古北口。復命乃馬台僞爲北使，稱明宗從諸王兵南還。撒里不花至自江陵，詔拜燕帖木兒知樞密院事。丁巳，文宗至京師，居大内。

是時，梁王王禪及太尉不花、丞相塔失帖木兒、平章政事買閭、御史大夫紐澤等自上都來討，次榆林。詔燕帖木兒帥師禦之。九月朔，撒敦先驅至榆林西，乘其未陣薄之，王禪等大敗。詔燕帖木兒還都。已而遼東平章政事禿滿迭兒等入山海關，至遷民鎮，撒敦敗其衆於東沙流河。燕帖木兒與諸王大臣請帝早即大位，以安天下，帝以明宗居長，固辭。燕帖木兒曰：「人心向背之機，間不容髮，倘失之，噬臍無及。」帝曰：「必不得已，當明詔天下，以著予退讓之意。」壬申，文宗即位。

封燕帖木兒太平王，以太平路爲其食邑，加開府儀同三司、上柱國、録軍國重事、中書右丞相、監修國史、知樞密院事，賜黄金五百兩、白金二千五百兩、鈔一萬錠、金素織段色繒二千匹、海東白鶻一、青鶻二、豹一、平江官地五百頃。詔將大軍拒秃滿迭兒於薊州。次三河，而王禪等軍已破居庸關，進屯三塚。燕帖木兒乃蓐食倍道而還，抵榆河，聞帝出齊化門視師，單騎見帝曰：「陛下出，民必驚擾，凡戰事一以責臣，願陛下亟還。」帝乃還宫。未幾，阿速衛指揮使忽都不花、塔海帖木兒，同知台不花構變，事覺，械送京師斬之。與王禪前軍遇於榆河，敗之，追至紅橋北。王禪將阿拉帖木兒槍刺燕帖木兒，不中，燕帖木兒以刀格其槍，就斫之，中左臂。部將和尚斫忽都帖木兒，亦中左臂。二人皆王禪驍將，敵爲奪氣，遂退師白浮。燕帖木兒夜遣裨將阿刺帖木兒、孛羅倫赤、岳來吉將百騎鼓噪射其營，敵驚擾，自相蹂躪，王禪等棄甲北走。越數日，王禪復集散卒來攻，燕帖木兒堅壁不出。是夜，命撒敦、脱脱木兒伏敵營前後，吹銅角爲夾攻之勢，王禪復遁。遲明，追及於昌平北，斬首數千級，降者萬餘人。

帝遣賜上尊，諭之曰：「丞相親冒矢石，脱有不虞，其若宗社何？自後以大將旗鼓督戰可也。」對曰：「臣身先諸將，敢後者臣論以軍法。若托之諸將，萬一失利，悔將何及？」是日，還至昌平。

聞上都將竹温台、闊克襲破古北口，掠石槽，乃遣撒敦爲先驅，燕帖木兒以大軍繼之。轉戰四十里，至牛頭山，擒駙馬博羅帖木兒、平章蒙古達實、也克帖木兒等，獻於闕下，斬之。

時也先帖木兒、禿滿迭兒陷通州，將襲京師，燕帖木兒引還。十月朔，至通州，乘其初至，擊之，也先帖木兒等走渡潞河。追至檀子山棗林，也先帖木兒、禿滿迭兒與陽翟王太平、國王朵羅觧、平章塔海等來拒，士皆殊死戰。唐其勢陷陣，刺殺太平，敵始崩潰，也先帖木兒等夜遁。

諸王忽刺觧、指揮使阿刺帖木兒、安童又入紫荆關，犯良鄉。燕帖木兒循北山而西，兵士脱銜繫囊，盛莝豆以飼馬，行且食，至盧溝河，忽喇觧望風敗走。是日凱旋入都，帝大悦，賜燕興聖殿，加號達剌罕，授太平王黄金印，並降制書，賜玉盤、龍衣、珠對衣、寶珠、金腰帶。

已而禿滿迭兒復入古北口，燕帖木兒戰於檀州，敗之。萬户哈刺那懷率麾下萬人降，殺禿滿迭兒，獲忽刺觧、阿刺帖木兒、安童、朵羅觧、塔海等，盡殺之。

先是，齊王月魯帖木兒與燕帖木兒叔父蒙古元帥不花帖木兒，聞文宗即位，起兵襲上都。壬寅，倒刺沙肉袒奉皇帝寶出降。庚戌，文宗御興聖殿，受皇帝寶，下倒刺沙於獄。兩都平。賜燕帖木兒珠衣二、七寶束帶一、白金甕一、黄金瓶二、海東白鶻一、青鶻三、白鷹一、豹二。

十二月，置龍翊衛，命燕帖木兒領之。尋升爲大都督府。燕帖木兒乞罷相，還宿衛。帝曰：「卿尚未入臺，其聽後命。」天曆二年二月，遷御史大夫，依前開府儀同三司、上柱國、録軍國重事、太平王。俄復拜中書右丞相，監修國史、知樞密院事、領都督府龍翊侍衛親軍都指揮使司事，就佩元降虎符，依前開府儀同三司、上柱國、録軍國重事、答刺罕、太平王。

三月，詔燕帖木兒護璽寶北上，覲明宗於行在。監修國史、答刺罕、太平王並如故。明宗拜燕帖木兒太師，仍命爲開府儀同三司、上柱國、録軍國重事、中書右丞相。燕帖木兒恃功驕恣，明宗潛邸諸臣待燕帖木兒無加禮，燕帖木兒怒，又恐明宗躬攬萬幾、潛邸諸臣用事，奪其權寵，乃潛以弒逆之謀白於文宗。未幾，明宗暴崩。燕帖木兒以皇后命奉皇帝璽授文宗，疾驅而返，復與諸王大臣勸進。

至順元年五月，帝命獨爲丞相以尊異之，凡中書一切政務悉聽總裁，諸王、公主、駙馬、近侍人員及官員人等，敢有隔越聞奏，以違制論。

六月，知樞密院事闊徹伯，脱脱木兒等惡其權重，欲圖之，爲燕帖木兒所殺。二年二月，建第於興聖宫之西南，命留守司董其役。尋又立生祠於紅橋。詔養其次子塔喇海爲皇子。三年二月，又以燕帖木兒兼奎章閣大學士，領奎章閣學士院事。賜龍慶州之流盃園池水磑土田。又賜平江、松江、江陰蘆場、蕩山、沙塗、沙田等地。燕帖木兒奏言：「平江、松江圩田五百頃，糧七千七百石，願增爲萬石入官，以所得餘米贍弟撒敦。」詔從之。

四年，文宗大漸，遺詔立明宗之子懿璘真班，是爲寧宗，越四十三日而崩。皇后臨朝，燕帖木兒與羣臣議立文宗子燕帖古思，皇后不聽，語詳《惠宗紀》。乃迎明宗長子妥歡帖木兒於静江。至良鄉，燕帖木兒上謁，與之並馬行，馬上舉鞭指畫，告以國家多難遣使奉迎之故，妥歡帖木兒無一語酬之。燕帖木兒疑其意不可測，又恐帝即位後究其逆謀，於是妥歡帖木兒至都，遷延數月未正大位，國事皆決於燕帖木兒，白皇后行之。

燕帖木兒取泰定帝后爲夫人，前後尚宗室之女四十人，有交禮三日遽遣歸者，後房充斥不能盡識。一日，宴趙世延家，男女列坐，名「鴛鴦會」。見座隅一婦色甚麗，問曰：「此爲誰？」欲與之俱歸，左右曰：「此太師家人也。」至是，荒淫日甚，體羸溺血而卒。

燕帖木兒既死，妥歡帖木兒始即位，是爲惠宗。七月，立燕帖木兒女伯牙吾氏爲皇后，撒敦爲左丞相，唐其勢爲御史大夫。元統二年四月，授撒敦開府儀同三司、上柱國、録軍國重事、答剌罕、滎王、太傅、中書左丞相，賜廬州路爲食邑，赦世世子孫九死。贈燕帖木兒公忠開濟弘謨同德協運佐命功臣，追封德王，謚忠武。

至元元年，撒敦卒，唐其勢爲中書左丞相。伯顏爲右丞相，獨用事。唐其勢忿曰：「天下本我家天下也，伯顏何人，而位居吾上？」遂與其叔父答里交通諸王晃火帖木兒，謀廢立。郯王徹徹禿發其謀。六月晦日，唐其勢與其弟塔剌海伏兵東郊，率勇士突入宫中。伯顏及完者帖木兒、定住、闊里吉思等討禽之。唐其勢攀殿檻不肯出，塔剌海走匿皇后坐下，伯顏曳出斬之。並執皇后，鴆殺於開平民舍。答里舉兵反，殺使者哈兒哈倫、阿兒灰用以禡旗。帝遣阿弼諭之，又殺阿弼。率其黨和尚、拉拉等逆戰，爲搠思監、火兒灰、哈剌那海等所敗，遂奔於晃火帖木兒。伯顏使孛羅追獲之，斬答里於上都，晃火帖木兒自殺。

任速哥者，渤海人。文宗賞其功，授禮部尚書，累遷都水監。速速從燕帖木兒舉兵，推爲中書左丞。天曆元年，拜中書平章政事。坐受賄，徙襄陽，以母老詔留京師，未幾死。

史臣曰：燕帖木兒之材武，蓋有祖父之風，然好亂樂禍，左右文宗，以成簒弑之惡。子弟效其所爲，相挻爲亂，咸就誅夷。昔慶封附崔杼，卒滅崔氏之宗；伯顏附燕帖木兒，卒殺唐其勢、塔剌海。姦人反覆噬螯，何其相似哉！

新元史卷之一百八十　列傳第七十七

唆都百家奴　李恒世安　來阿八赤　樊楫李天祐　唐琮

唆都，扎剌兒氏。驍勇善射，宿衛世祖潛邸。從征大理。李璮叛，又從諸王哈必赤平之。還言於朝曰：「郡縣姦民多從間道鬻馬於宋境，乞免其罪，籍爲兵。」從之。得兵三千人，以千人隸唆都爲千户，命守蔡州。

至元五年，阿朮等圍襄陽，命唆都巡邏，奪宋金剛臺、筲基窩、青澗寨、大洪山、歸州洞諸隘。猝遇宋兵，敗之，斬首三百餘級。七年，宋將范文虎率舟師駐礶子灘，丞相史天澤命唆都拒卻之。明年，又敗文虎於湍灘，擢總管，分東平卒八百隸之。十年，攻樊城，唆都先登。襄陽降，再與五千人，賜弓矢、襲衣、白金等。入覲，擢郢、復等州招討使。十一年，移戍郢州之高港，敗宋師，斬首五百級，獲裨校九人，從大軍濟江。

十二年，建康降。參政塔出命唆都入城招撫，改建康安撫使。十三年，攻平江、嘉興，皆下之。帥舟師，會伯顔於皋亭山。宋平，詔伯顔以宋主入朝。留參政董文炳守臨安，令自擇副。文炳請留唆都，從之。時衢、婺諸州皆起兵，文炳謂唆都曰：「嚴州不守，臨安必危，公往鎮之。」至州，方十日，衢、婺、徽連兵來攻，唆都一戰敗之，獲章知府等二十二人，復婺州。又敗宋將陳路鈐於梅嶺，斬首三千級，又復龍游縣。攻衢州，衢守備甚嚴，唆都親率諸軍先登，拔其城。宋丞相留夢炎降。攻處州，斬首七百級。又攻建寧府松溪、懷安等縣，皆下之。

十四年，遷福建道宣慰使，行征南元帥府事，聽右丞塔出節制。塔出令唆都取道泉州，泛海會於廣州之富場。將行，信州守臣來求援曰：「元帥不來，信不可守，今邵武方屯兵觀釁，元帥旦往，邵武兵夕至矣。」唆都告於衆曰：「若邵武不下，則腹背受敵，豈獨爲信州之患乎？」乃遣周萬户等往招降之。唆都趨建寧，遇宋兵於崇安，軍容甚盛。令其子百家奴及楊庭璧等數隊夾擊之。范萬户以三百人伏祝公橋，移剌答以四百人伏北門外。庭璧陷陣深入，宋兵敗走，伏兵起邀擊之，斬首千餘級。宋丞相文天祥、都督張清合兵，將襲建寧，唆都夜設伏敗之。轉戰至南劍州，敗張清。知州王積翁走福安，遂以城降。進攻興化軍，知軍陳瓚已乞降，復閉城拒守，唆都臨城諭之，矢石雨下。乃造雲梯，攻拔其城，巷戰終日，斬首三萬餘級，獲瓚，支解以徇。分兵授百家奴，裝大艦追世傑。自將攻漳州，知州何清降。進攻潮州，知州馬發固守不下，唆都恐失富場之期，乃舍之去。

十五年，至廣州，塔出令還攻潮州。發城守益備，唆都塞塹填濠，造雲梯、鵝車，日夜急攻，發潛遣人焚之，二十餘日不能克。唆都令於衆曰：「能先登者，白身拜官，有官者增秩。」總管兀良哈耳先登，諸將繼之，戰至夕，宋兵潰，發死之，遂取潮州。進拜參知政事，行省福州。徵入覲，帝以江南既定，將有事於海外，遷左丞，行省泉州，命招諭島夷諸國。十八年，改右丞，行省占城。

十九年，率戰船千艘出廣州，浮海伐占城，分東南北三道攻之。占城兵敗，官軍入其木城，其酋遁入山谷，僞請降，招之，不至。唆都進討烏里、越里諸小夷，皆下之，屯田積穀以給軍食。二十一年，鎮南王脱歡征交趾，詔唆都帥師會之。敗交趾兵於清化府，奪義安關。脱歡命唆都屯天長以就食，與大營相距二百餘里。二十二年，脱歡引兵還，唆都不知也。交趾人告之，弗信，及至大營，已空矣。賊據乾滿江，斷其歸路，唆都力戰，死之。事聞，贈榮禄大夫，謚襄愍。子百家奴。

百家奴，至元五年從元帥阿朮攻襄陽，築新城。七年，以質子從郡王合達，敗宋兵於礶子灘。八年夏四月，宋殿帥范文虎等督糧運，輸襄陽，晝夜不絶，百家奴乘戰船順流至鹿門山，塞宋糧道，拒文虎，累有功，河南行省命爲管軍總把。

後隸丞相伯顏麾下，擢爲知印。從攻鄂州，百家奴深入，身被數創。從破沙洋堡，以立雲梯於東角樓，功第一，賜弓矢、衣甲。又從破新城，宋將王安撫棄城宵遁。伯顏以百家奴前後戰功上聞，世祖大悅，曰：「此人之名，朕心不忘，兵還時大用之，朕不食言也。今且以良家女及銀碗一賜之，以爲券。」

從圍漢陽，自沙武口曳船入江，宋制置夏貴來拒戰，百家奴與暗答孫突入敵陳擊之，宋兵奔潰，遂登江南岸，獲其戰船、器甲甚衆。轉戰至黄州，日暮，追擊夏貴至白虎山，夜分乃還，未幾，復攻破金牛垻。

十二年春正月，與千户薛赤千取雞籠洞，還至瑞昌縣，遇夏貴潰兵，復敗之。是時，宋遣兵救瑞昌，未至而城已下，復擊宋救兵，得宋所執北兵五人，圍江州，宋安撫吕師夔以城降。東下池州，從大軍敗宋平章賈似道於丁家洲，奪戰船五，擒宋統制王文虎。又從伯顏略地宣州，百家奴爲前鋒，與敵兵戰喃呢湖，敗之，奪其戰船三百。伯顏令謁只里第諸將戰功，賞百家奴銀幣以旌之，仍命爲管軍總把。俄從伯顏入朝，加進義校尉，賜銀符。攻丹陽、吕城，破常州，皆有功。至平江，都統王邦傑以城降，嘉興、湖州皆不煩兵而下。

十三年，領新附軍守鎮江。未幾，復從右丞博魯歡攻泰、壽二州，中流矢，創甚。後數日，與萬户葉了虔將兵攻泰州新城，百家奴裹創先登，破之，復被兩創。從阿朮攻下揚州，得宋制置李庭芝、都統姜才，擢武略將軍，換金符，爲管軍總管，鎮高郵白馬湖。是時，行省以百家奴襲父唆都建康安撫使，仍領本翼軍。

頃之，略地福建，定衢、婺、信等州。至新安縣，擊斬宋趙監軍、詹知縣，擒江通判。道與畲軍遇，敗之。鼓行而東，沈安撫以建寧府降。攻拔南劍州，張清、聶文慶遁去。至福州，王安撫率衆出降。進拔興化，擒成安撫及白牒都統。張世傑軍於泉州，乘戰船入海。百家奴追世傑於惠州甲子門。進至同安縣笞關寨，瀕海縣鎮悉招諭下之。白望丹等以戰船三千艘來降。十三年十二月，宋益王昰遣倪宙奉表詣軍門降。

明年春正月，振旅而還。三月，偕宙奉降表來朝，未至，授昭勇大將軍，賜虎符，管軍萬户。七月，朝於上都，升鎮國上將軍、海外諸蕃宣慰使，兼福建道市舶提舉，仍領本翼軍守福建，俄兼福建道宣慰使都元帥。是時福建多水災，百家奴出私錢市米以賑，貧民全活甚衆。十七年，朝京師，改正奉大夫、宣慰使、都元帥。

二十二年，從父唆都征交趾，唆都戰歿，百家奴從脱歡引兵還。二十七年，除建康路總管。武宗即位，遷鎮江路總管。至大四年，金瘡發，卒於家。

李恒，字德卿，西夏宗室子也。太祖伐西夏，其祖守兀納剌城，城陷，不屈死。子惟忠，方七歲，求從父死，宗王哈札爾留養之。從嗣王移相哥伐金，有功。移相哥封淄川，以惟忠爲達魯花赤，佩金符。惟忠生恒，移相哥妃愛其穎異，撫之爲子。

時宗王例遣府官一人，參決尚書事，恒代其兄爲之。李璮謀逆有迹，恒從惟忠入京師告變，璮繫其家人獄中，璮誅，得出，授恒淄萊路奧魯總管，佩金符。

至元七年，改宣武將軍、益都淄萊路新軍萬户，從圍宋襄陽，率所部築萬山堡，扼其陸路。守將吕文煥以小舟潛渡漢水偵軍勢，恒設伏敗之，於是水路亦斷。十年春，攻樊城，恒以鋭卒先登。樊城陷，襄陽遂降。捷聞，世祖賜以寶刀，遷明威將軍，佩虎符。十一年，從丞相伯顔伐宋，進至郢州。宋人以重兵戍郢，鎖戰艦爲陣。伯顔鑿黄灣拖舟泛藤湖以出唐港，棄郢去，留恒爲後拒，敗宋追兵，進拔沙洋、新城。復敗宋將夏貴於陽邏口，恒先登陷陣，額中流矢，伯顔止之，恒戰益力，射殺貴子松。鄂、漢俱下，遷宣威將軍，賜白金五百兩。

十二年，宋將高世傑窺漢、沔，乃遣恒還守鄂州。十三年，從右丞阿里海涯敗宋師於荆口，禽高世傑，遂拔岳州及沅州之沙市，傳檄歸、峽、辰、沅、靖、澧、常德諸州，皆下之。徙鎮常德。

阿里海涯徇地湖南，伯顔在浙西，世祖以地遠援疏，詔恒與宋都觧、吕師夔等開元帥府於江西，以恒爲左副都元帥。禽宋將熊飛於建昌。進圍隆興，宋將劉槃請降，恒覺其詐，陰備之，槃果以精兵來襲，恒大破之，槃乃降。軍中有得宋丞相文天祥與建昌吏民書，恒焚之，人心始靖。宋吉州知州周天禎、廣東經略使徐直諒皆請降，前江西制置使黄萬石亦以邵武降。

會陳宜中、張世傑等立益王昰於閩，州縣響應，恒敗吴浚兵於南豐。世傑遣裨將張文虎與浚合，恒敗之兜港。浚走從天祥於瑞金，恒又敗之，天祥走汀州。恒遣鎮撫孔遵追之，並敗趙孟濳兵，取汀州而還。隆興帥府誣富民與賊通，已戮百餘家，恒察其枉，盡釋之。帥府改宣慰司，加昭勇大將軍、同知江西宣慰司事。尋加鎮國上將軍、福建宣慰使，又改江西宣慰使。天祥再取汀州，圍贛州，或言天祥墳墓在吉州，若發之則天祥自敗，恒不從。分兵援贛，自率精兵襲天祥於興國。天祥走，追至空坑，獲天祥妻女，降其衆二十萬。詔與右丞阿剌罕、左丞董文炳合兵追益王。衆謂宜趨福建，恒曰：「諸軍盡趨福建，若彼竄廣東，則江西非我所有。宜從閩、廣夾攻。」衆然之。兵逾梅嶺，果與宋師遇，大敗之，益王走磵州。十四年，拜江西行省參知政事。

十五年，宋益王殂，張世傑等復立衛王昺，詔以恒爲蒙古漢軍元帥經略廣東。恒進克英德府與廣州之清遠縣，敗其將王道夫、凌震，遂入廣州。世傑等移屯厓山。時江淮行省都元帥張弘範舟師未至，恒按兵不動，分遣諸將略定梅、循諸州。凌震復寇廣州，恒敗之，禽將吏宋邁以下二百人。十六年二月，弘範至自漳州，恒率所部赴之，大破世傑等於厓山，陸秀夫抱其主昺蹈海死。是日黑氣如霧，有乘舟南遁者，恒以爲宋主昺，追至高化，詢降人，始知昺已死，遁者乃張世傑，世傑俄亦溺死於海陵港，嶺海悉平。恒入覲，世祖賞勞甚厚，將士預宴者二百餘人。

十七年，拜資善大夫、荆湖行省左丞。十九年，乞解軍職，命其長子散木觮襲本軍萬户。是年，大軍討占城，詔恒供給軍資。二十一年，詔恒從皇子鎮南王假道於交趾，以討占城，其王陳日烜拒命。二十二年，恒等縛筏爲橋，渡富良江，破其天長府，日烜航海遁。恒欲城天長，儲糧待賊來攻，衆議不果，會盛暑霖潦，軍中疫作，遂班師。王命恒殿後，且戰且行。賊閉永平關，以藥弩射恒貫膝，負創奪關出。至思明州，毒發卒，年五十。

恒純孝，瀕死謂左右曰：「爲吾語昆弟妻子，吾不得以時喪父，今棄吾母而死，吾目不瞑矣。」恒卒，家人秘之，不使其母知，恒再見夢於母曰：「兒已戰死日南。」其母泣言：「吾再夢如是，豈誠然耶？」家人始以情告之。贈銀青榮禄大夫、平章政事，謚武愍，再贈推忠靖遠功臣、太保、儀同三司，追封滕國公。

三子：世安，一名散木艄；世雄，一名囊家歹，益都淄萊萬户；世顯，一名宋都艄，同知湖南宣慰司事。

世安，字彦豪。從恒定江南，授廣州路達魯花赤。敗宋兵於海珠寺，又從恒破厓山，論諸將功賞，中書省抑之。世安言於執政曰：「非重賞，無以得人死力。大功既成，不可失信。」執政從之，以金銀符畀世安散給。遷新軍萬户，尋擢同知江西宣慰司使，特旨世襲益都淄萊上萬户。恒卒，起復僉江西等處行中書省事，兼本軍萬户。

至元二十四年，立尚書省，世安僉行尚書省事。黠僧誣告宋故相章鑒匿國璽及宋宗室，詔世安率所部捕之。世安以百騎至鑒家，搜索無驗，請坐僧誣告，又發其脅取富室寶貨事，桑哥庇之，事寢不報。

二十五年，獠賊反，命世安討之。世安冒大雨夜行五十里至信豐，出賊不意，斬馘殆盡。擢尚書省參知政事。二十七年，獠復叛，使裨將解青搗其巢穴，一戰平之。南豐、廣昌賊繼起，使弟世雄往，諭以禍福。賊降，世安誅首惡六人，餘盡貸之。尚書省罷，獨留世安一人改中書參知政事。先是，官差民户典倉庫，往往虧折，填償至於破産。世安擇府史代充其役，著爲令，民德之。三十年，省院以所獲盜四百餘人，使世安泣殺，世安與都事周元德詳爲讞定，僅戮二人。

元貞初，出爲江浙行省參知政事，改河南行省。秩滿，遷湖廣行省左丞，供平章劉國傑西征饋運。道路險惡，率斗粟運費十餘石，世安與役夫均其勞苦往返，期年，軍興不乏。

至大初，召入，加榮禄大夫、平章政事，商議樞密院事，提調諸衛屯田。皇慶元年，賜只孫順金繡段、金鞍轡、弓箭，日給世安母尚醞一壺。二年，拜江西行省平章政事。

延祐二年，寧都縣以經理錢糧激民變，省臣遣兵討之，堅守不下，乃請世安往。世安以不兼提調兵馬之職，非所當任，同僚固請不已，世安移咨樞密而後往，月餘獲其渠魁，餘悉不問。賜三珠虎符。

三年，以母年九十，乞養歸。至順元年，詔給一品全俸。二年，卒。

四子：屺，翰林直學士；嶼，懷遠大將軍，襲萬户；巖，棲霞縣達魯花赤；嶸，江西行省理問。

初，世安以本軍萬户讓其弟世雄。世雄在職十年，復讓還於嶼。嶼卒，讓於世雄子繁。繁曰：「父讓而子奪之，可乎？」不肯就，乃使世安孫保襲父職，保又讓於嶼子順。時論美之。

來阿八赤，河西人。父朮速忽里歸太祖，選居宿衛，繼命掌膳事。憲宗大舉伐宋，攻釣魚山，命諸將議進取之計。朮速忽里言於帝曰：「川蜀之地，三分我有其二，所未附者巴江已下數十州而已。地削勢弱，兵糧皆仰給東南，故死守以抗我。蜀地巖險，重慶、合州又其藩屏，皆新築之城，依險爲固。今頓兵堅城之下，未見其利。曷若城二郡之間，選鋭卒五萬，命宿將守之，與成都舊兵相出入，不時擾之，以牽制其援師。然後大軍乘新集之鋭，用降人爲鄉導，水陸東下，破忠、涪、萬、夔諸小郡，俟冬水涸，瞿唐三峽不日可下。出荊楚，與鄂州渡江諸軍合勢。如此則東南之事一舉可定，其上流重慶、合州孤危無援，不降即走矣。」諸將曰：「攻城則功在頃刻。」反以其言爲迂，卒不用。

以阿八赤往監元帥紐鄰軍，遏宋人援兵，駐重慶上流之銅羅峽，夾江據厓爲壘。宋都統甘順自州溯流西上來攻，阿八赤預積薪於二壘，然火鼓噪，矢石如雨，順流而進。宋人力戰，不能支，退保西岸，斂兵自固。黎明復至，阿八赤身率精兵，緣厓而下，宋人敗走，斬獲千人。帝聞而壯之，賜銀二錠。

憲宗崩，阿八赤從父歸。世祖即位，問以川蜀之事，阿八赤歷陳始末，誦其父前言以對。世祖撫掌曰：「當時若從此策，東南其足平乎？朕在鄂渚，日望上流之聲勢也。」

至元七年，大軍圍襄樊，發河南、北糧儲聚於淮西之義陽。慮宋人剽掠，命阿八赤督運，二日而畢。既還，世祖大悦，以銀一錠賜之。十四年，立尚膳院，授中順大夫、同知尚膳院事。十八年，佩三珠虎符，授通奉大夫、益都等路宣慰使、都元帥。發兵萬人開運河，有兩卒自傷其手以示不可用，阿八赤奏聞，斬之。二十年，以與姚演侵用官鈔二千四百錠，折閱糧米七十三萬石，詔徵償，仍議罪。二十一年二月，罷阿八赤開河之役。是年，調同僉宣徽院事，復降虎符，授征東招討使。二十二年，授征東宣慰使都元帥。

皇子鎮南王征交趾，授湖廣等處行中書省右丞，召見，世祖親解衣衣之。並賜金玉束帶及弓矢、甲胄。二十三年，改征交趾行省右丞。二十四年，又改湖廣等處行尚書省右丞，詔江淮、江西、湖廣、雲南四省所發士馬，俾阿八赤閱視。九月，領中衛親軍千人，從皇子至思明州。賊阻險拒守，與賊戰於女兒關，斬馘萬計，餘衆棄關走。於是大軍深入，進至王城，陳日烜空城而遁。阿八赤曰：「賊棄巢穴匿山海者，待吾之敝而乘之耳。將士多北人，春夏之交瘴癘作，賊弗就擒，吾不能久待矣。今出兵分定其地，招降納附，勿縱士卒侵掠，急捕日烜，此策之善者也。」時日烜屢遣使約降，欲以賂緩我師，諸將皆信其説，且修城以居而待其至。久之，軍乏食，日烜不降，擁衆據竹洞、安邦海口。阿八赤率兵往攻之，屢與賊遇，賊兵敗遁。會將士疾疫不能進，降人復叛，所得關隘皆失守，乃議班師。且戰且行，日數十合，賊據高險，發毒矢，士卒裹瘡以戰，護皇子出賊境。阿八赤中毒矢三，首、項、股皆腫，遂卒。

子寄僧，爲水達達屯田總管府達魯花赤。乃顔叛，戰於高麗雙城。調萬安軍達魯花赤。平黎蠻有功，遷雷州路總管，卒。

孫完者不花，同知潮州路總管府事；次禿滿不花、也先不花、太不花。

樊楫，冠州人。初爲軍吏，從阿里海涯下鄂州、江陵有功，以行省命爲都事。宋平，改員外郎。從阿里海涯定廣西有功，擢郎中。從張弘範攻厓山，進參議行中書省事、同知湖南宣慰司。

二十一年，擢僉荆湖占城行中書省事，從阿里海涯征交趾，未至而還。

二十四年，復討交趾，進行中書省參知政事。時三路進兵，鎮南王與右丞程鵬飛分二路，一入雲平，一入女兒關。楫與參政烏馬兒將舟師入海，與賊船遇於安江口。楫擊之，斬首四千級，遂至萬劫山，與鎮南王兵會。十二月，進攻王城，陳日烜棄城走嗽喃堡。

二十五年正月，楫攻嗽喃堡，破之，日烜走入海。交趾人皆匿其粟而逃，軍乏食。二月，王命班師。楫與烏馬兒將舟師還，賊邀遮於白藤江，舟膠淺，力戰，自卯至酉，楫被創，投水中，賊鉤致殺之。

烏馬兒與其妻妾及楫之妻妾皆爲交趾人所獲，烏馬兒旋病卒。後交趾人歸楫與烏馬兒之喪並其妻妾，誑言楫亦病死云。初，楫爲阿里海涯軍吏，擢至行省參政。及阿里海涯卒，楫與湖南宣慰使張鼎新同以黨附阿里海涯免官，命下，楫已戰殁。

至順二年，贈楫推忠宣力效節功臣、江浙行省、上黨郡公，謚忠定。

楫部將李天祐，清平人，以行省都事從楫征交趾。楫使天祐追陳日烜至宏縣，敗之。進次塔山洋，又敗之，斬首二千級，從楫班師，至白藤江，兵潰，天祐等俱被執。交趾人斷其髮，囚之。守者懈，天祐遂脱還。官至象山尹，卒。

時死事者又有唐琮。琮，内鄉人，父慶，宋諸軍統制，來降，官江漢軍民安撫使。琮襲父職，賜金虎符，進管軍總管。至元二十年，改授唐州萬户。二十四年，移屯道州。從鎮南王征交趾，戰於三江口，兵敗，殁於陣，年四十九。琮待士卒有恩，及戰死，有刲股肉以祭之者。子世忠襲。

史臣曰：世祖使脱歡伐安南，可謂以其所不愛及其所愛者矣。精兵猛將殞身鋒鏑，唆都、李恒死，來阿八赤、樊楫等繼之。脱歡之獲免，蓋幸爾，孟子之言何其不爽耶！

新元史卷之一百八十一　列傳第七十八

史弼　高興　亦黑迷失

史弼，字君佐，一名塔剌渾，蠡州博野人。曾祖彬，有膽勇，木華黎兵南下，蠡州閉城自守，彬率鄉人數百家詣營門請降，木華黎書帛爲符，遣還。既而城破，獨彬與同降者得免。

弼長通國語，膂力絶人，能挽强弓，里門有石獅重四百斤，弼舉之，置數步外。潼關守將王彦弼奇其材，妻以女，又薦於左丞相耶律鑄。弼從鑄至北京，近侍火里台見弼所挽弓，以名聞世祖。召之，試以射，連發中的，令給事左右，賜馬五匹。

中統末，授金符、管軍總管。從劉整伐宋，攻襄、樊。出挑戰，射殺二人，因横刀大呼曰：「我史奉御也。」宋兵卻退。至元十年，諸將分十三道圍樊城，弼攻東北隅，凡十四晝夜，破之，殺其將牛都統。襄陽降，上其功，賜銀及衣錦、金鞍，進懷遠大將軍、副萬户。十一年，從丞相伯顔東下，攻沙洋堡，飛矢中臂，城拔，血濡襟袖，事聞，賜金虎符。軍至陽羅堡，伯顏誓衆曰：「先登南岸者爲上功。」史格一軍先渡，爲宋將程鵬飛所敗。弼率所部繼進，鵬飛敗走，擒其將高邦顯等。大軍登南岸，論弼功第一，擢定遠大將軍。鄂州平，進至大孤山，大風，伯顏命弼禱於山神，風立止。

大兵駐瓜州，阿塔海言：「揚子橋乃揚州出入之道，宜立栅，選驍將守之。」伯顏授弼三千人立木栅，據其地。弼遽以數十騎抵揚州城，或止之曰：「宋將姜才倔强，未可易也。」弼曰：「吾栅揚子橋，據其所必争之地，才乘未固，必來攻我，則我之利也。」才果以萬衆，乘夜來攻，人挾束薪填塹。弼戒軍士無嘩，俟其至，發檑木、炮石擊之，殺千餘人，才乃退。弼出兵追之。會相威、阿朮兵繼至，大戰，才敗走，擒其將張都統。

十三年六月，才復以兵夜至，弼三戰三勝。天明，才見弼兵少，進圍弼，弼復奮擊之。騎士二人挾火槍刺弼，弼揮刀禦之，皆左右仆。及出圍，追者尚數百騎，弼殿後，敵不敢近，才奔泰州。及守將朱焕以揚州降，使麥朮受其降於南門外，而弼從數騎由保城入揚州，出南門與之會，以示不疑。授昭勇大將軍、揚州路總管府達魯花赤，兼萬户。冬，遷黄州等路宣慰使。

十五年，入朝，遷中奉大夫、江淮行中書省參知政事，行黄州等路宣慰使。盜起淮西，據司空山，弼討平之。十七年，南康都昌盜起，弼戮其黨與數十人，宥其脅從者。江州宣課司稅及米，米商不至，民皆罷市，弼立蠲之。十九年，改浙西宣慰使。二十一年，黃華反建寧，春復霖雨，米價湧貴，弼發米十萬石平價糶之，而後聞於行省。省臣欲增其價，弼曰：「吾不可失信，寧輟吾俸以足之。」省臣不能奪，益出十萬石，民得不饑。改淮東宣慰使，弼凡三涖揚州，民刻石頌之，號「三至碑」。遷僉書沿江行樞密院事，鎮建康。

二十六年，平台州盜楊鎮龍，拜尚書左丞，行淮東宣慰使。冬，入朝。時世祖欲征爪哇，謂弼曰：「諸臣爲吾腹心者少，欲以爪哇事付汝。」對曰：「陛下命臣，臣何敢自愛！」二十七年，遥授尚書省左丞，行浙東宣慰使，平處州盜。

二十九年，拜榮禄大夫、福建等處行中書省平章政事，率諸將征爪哇，以亦黑迷失、高興副之。付金符百五十、幣帛各二百匹，以待有功。十二月，弼以五千人發泉州，風急，舟掀簸，士卒皆數日不能食。過七洲洋、萬里石塘，歷交趾、占城界。明年正月，至東董西董山、牛崎嶼，入混沌大洋橄欖嶼，假里馬答、勾闌等山，伐木造小舟以入。時爪哇與鄰國葛郎構怨，爪哇酋哈只葛達那加剌，已爲葛郎酋哈史葛當所殺，其婿土罕必闍耶攻哈只葛當，不勝，退保麻喏八歇。聞弼等至，遣使以其國山川、户口及葛郎國地圖迎降，求救。弼與諸將進擊葛郎兵，大破之，哈只葛當走歸國。高興言：「爪哇雖降，儻中變，與葛郎合，則孤軍懸絶，事不可測。」弼遂分兵三道，與興及亦黑迷失各將一道，攻葛郎。至答哈城，葛郎兵十餘萬迎敵，自旦至午，葛郎兵敗，入城自守，遂圍之。哈只葛當出降，併取其妻子官屬以歸。

土罕必闍耶乞歸易降表，及所藏珍寶入朝，弼與亦黑迷失許之，遣萬户担只不丁、甘州不花，以兵二百人護之歸國。土罕必闍耶於道殺二人以叛，乘軍還，夾路攘奪。弼自斷後，且戰且行，三百里，得登舟，歷六十八日夜，達泉州，士卒死者三千餘人。有司數其俘獲金寶香布等，直五十餘萬，又以没理國所上金字表，及金銀犀象等物進。朝廷以弼亡失多，杖十七，没家貲三之一。

元貞元年，月兒魯那延奏：「弼等以五千人渡海二十五萬里，入近代未嘗至之國，俘其酋及諭降傍近小國，宜加矜憐。」遂詔以所籍還之。至大三年，起同知樞密院事，出爲江西等處行中書省右丞。延祐五年，擢中書平章政事，加銀青榮禄大夫，封鄂國公。卒，年八十六。

高興，字功起，蔡州人。少慷慨，多大節。力挽二石弓。嘗獵南陽山中，遇虎，衆驚走，興神色自若，發一矢斃之。至元十一年冬，挾八騎詣州，謁宋制置陳奕。奕使隸麾下，且奇興相貌，以甥女妻之。

十二年，丞相伯顔伐宋至黄州，從奕出降，伯顔承制授興千户。從破瑞昌之烏石堡、張家寨，進拔南陵。行省上其功，世祖命興專將一軍，常爲先鋒。宋張濡殺使者嚴忠範等於獨松關，伯顔使興問罪。師次溧陽，再戰，斬其將吴、李、杜三總管，擒裨將祝亮等四十二人，遂破溧陽，斬首七千級，授金符，爲管軍總管。從攻銀墅，拔建平，由間道奪獨松關，進至武康，獲張濡。

十三年春，宋降，伯顔北還，留興以兵取郡縣之未下者，降建德守方回、婺州守劉怡。衢、婺二州已降復叛，章焴自爲婺守，興以五千人討之。七戰，至破溪，相持四十餘日。興兵少，力戰，潰圍出，至建德，與援兵合。進戰蘭溪，斬首三千級，復取婺州，擒章焴，斬之。又戰衢州城下，斬首五百級，連戰赤山、陳家山園、江山縣，斬首三千級，虜五百人，獻魏福興等七人於行省，餘盡戮之，衢州平。追宋嗣秀、王與檡入閩，與檡據橋，陣水南，興率奇兵奪橋進戰。殺其觀察使李世達，擒與檡父子及裨將二，獲印五、馬五百匹。下興化，降宋參知政事陳文龍、制置邱德傳等百四十人，獲海舶七千餘艘。遷鎮國上將軍、管軍萬户。

十四年春，還鎮婺州，佩元降虎符，充招討使。東陽、玉山羣盗張念九、强和尚等殺宣慰使陳祐於新昌，興捕斬之。復從都元帥忙古台平福、建、漳三州，破敏陽寨，屠福成寨。十五年夏，詔忙古台立行省於福建，興立行都元帥府於建寧以鎮之。政和人黃華，邵武人高日新、高從周聚衆叛，皆討降之，以招討使行右副都元帥。

十六年秋，入朝，侍燕大明殿，悉獻江南所得珍寶，世祖曰：「卿何不少留以自奉？」對曰：「臣素貧賤，今幸富貴，皆陛下所賜，豈敢隱盜賊之物？」帝悦曰：「直臣也。」興奏：「臣部五千人冒死百戰，乞官之。」帝命興定其差等，頒爵賞。遷興浙東道宣慰使，賜西錦服、金線鞍轡。

十七年，漳州盜數萬據高安寨，官軍討之，二年不能下。詔以興爲福建等處征蠻右副都元帥，與完者都等討之。直抵其壁，賊乘高瞰下。興命人挾束薪自蔽，至山半，棄薪而退，如是六日，誘其矢石盡，乃燃薪焚其柵，遂平之。十八年，盜陳吊眼聚衆十萬，連五十餘寨，扼險自固。興攻破其十五寨，吊眼走保千壁嶺。興上至山半，誘與語，掣其手，下斬之，州境悉平。

十九年，入朝，賜銀五百兩、鈔二千五百貫及錦衣、鞍轡、弓矢。改淛西道宣慰使。降人黃華復叛，有衆十萬，興與戰於鉛山，獲八千人。華攻建寧，興疾趨，與福建軍合，華走江山洞。追至赤巖，華敗走，赴火死。二十一年，改淮東道宣慰使。二十三年，拜江淮行中書省參知政事。平婺州盜施再十。改浙東道宣慰使。

二十四年，尚書省立，拜行尚書省參知政事，捕斬盜首柳分司於婺州。丁母憂，詔起復，討處州盜詹老鷂、温州盜林雄。興潛由青田擣其巢穴，戰葉山，擒老鷂及雄，斬於温州市。又奉省檄平徽州盜汪千十等。二十八年，罷福建行省，以參知政事行福建宣慰使，諭漳州盜歐狗降之。召入朝，拜江西行省左丞。

二十九年，復立福建行省，拜右丞。爪哇黥使者孟祺，詔興爲平章政事，與史弼、亦黑迷失討之，賜玉帶、錦衣、甲胄、弓矢、大都良田千畝。三十年春，浮海抵爪哇。亦黑迷失將水軍，興將步軍，會八節澗，爪哇酋婿土罕必闍耶降。進攻葛郎國，降其酋哈只葛當，又諭降諸小國。哈只葛當子昔剌八的、昔剌丹不合，遁入山谷，興獨帥千人深入，虜昔剌丹不合。還至答哈城，史弼、亦黑迷失已遣使護土罕必闍耶歸國，具入貢禮，興深言其失計。土罕必闍耶果殺使者以叛，合衆來攻，興等力戰卻之，遂誅哈只葛當父子以歸。詔治縱爪哇者，弼與亦黑迷失皆獲罪，興獨以不預議，且功多，賜金五十兩。

成宗即位，復拜福建行省平章政事，賜玉帶，號拔都魯。大德三年，汀州總管府同知阿里，挾怨告興不法，召入對，盡得其誣狀，阿里論死。改江浙行省平章政事，賜海東青鶻，命其子伯顔入宿衛。四年，遣使賜海東白鶻、蒲萄酒、良藥。八年，授樞密副使。十年，進同知樞密院事，皆兼平章。改河南行省平章政事。

武宗即位，召見，拜左丞相，商議河南省事，賜以先朝御服。興素與張瑄善，瑄父子坐法死，興歎息曰：「海軍無張、朱，陸軍無劉二拔都，則吾死亦久矣。」哭之慟，至失明。皇慶二年秋九月，卒，年六十九。贈推忠效順佐理功臣、開府儀同三司、上柱國，追封梁國公，謚武定。元統三年，加封南陽王。

子六人：久住，泉州總管；長壽，同知建寧路總管府事；忙古台，襲萬户；伯顔，同知建國路總管府事；完者都，辰州路總管；寶哥，治書侍御史。

亦黑迷失，畏吾兒人。至元二年，入備宿衛。九年，奉世祖命使海外，入孛羅國。十一年，偕其國人，以珍寶奉表來朝，帝嘉之，賜金虎符。十二年，再使其國，與其國師以名藥來獻，賞賜甚厚。十四年，授兵部侍郎。

十八年，拜荆湖占城等處行中書參知政事，招諭占城。二十一年，召還，復命使海外僧迦剌國，觀佛鉢舍利，賜以玉帶、衣服、鞍轡。二十二年，自海上還，以湖廣行省參知政事管領鎮南王府事，復賜玉帶。與行省右丞唆都征占城，亦黑迷失言於鎮南王，請屯兵大浪湖，觀釁而後動。王以聞，詔從之。竟全軍而歸。

二十四年，使馬八兒國，取佛鉢舍利，浮海阻風，行一年乃至。得其良醫善藥，遂與其國人來貢方物，又以私錢購紫檀木殿材並獻之。嘗侍帝於浴室，問曰：「汝踰海者凡幾？」對曰：「臣四踰海矣。」帝憫其勞，又賜玉帶，改資德大夫，遥授江淮行尚書省左丞，行泉府太卿。

二十九年，召入朝，盡獻其所有珍異。時方議征爪哇，立福建行省，亦黑迷失與史弼、高興並爲平章政事。詔軍事付弼，海道事付亦黑迷失，仍諭之曰：「汝等至爪哇，當遣使來報。汝等留彼，其餘小國即當自服，可遣使招徠之。彼若納款，皆汝等之力也。」軍次占城，先遣郝成、劉淵諭降南巫里、速木都剌、不魯不都、八剌剌諸小國。

三十年，攻葛郎國，降其酋哈只葛當。又遣鄭珪招諭木由來諸小國，皆遣子弟來降。爪哇酋婿土罕必闍耶既降，歸國復叛。諸將議班師，亦黑迷失欲如帝旨，先遣使入奏，弼不從，遂引兵還，以所俘及諸小國降人入見。帝罪其與弼縱土罕必闍耶，没家貲三之一，杖十七。尋還其家貲。以榮禄大夫、平章政事爲集賢院使，兼會同館事，告老家居。仁宗念其屢使絶域，詔封吴國公，卒。

史臣曰：世祖不得志於安南，復討爪哇。海道懸絶，以五千之衆貿然深入，可謂行險僥倖，輕於一擲者矣。其喪師辱國，非諸將之罪也。

新元史卷之一百八十二　列傳第七十九

朱清　旭〔一〕　張瑄　文虎　黄真　劉必顯等　羅璧　黄頭　咬童

朱清，字澄叔，揚州崇明人。宋末，瀕海姚劉沙初漲，清母集親舊十餘家縛蘆爲屋，捕魚以給衣食。

先是，宋宰相賈似道徵相士張錦堂觀氣色，似道將坐，拂几茵者三，錦堂謬曰：「公憂民憂國，顔色未和，請俟異日。」似道使門客數請，輒曰未可。後使親密問之，錦堂曰：「一塵尚不容，安能治天下！」似道怒，欲殺之。錦堂望紫氣在東北海上，乃易姓名潛至太倉，渡海寓於崇明，尋其地，乃新漲姚劉沙也。見三五少年，皆頎偉，及見清，身長八尺，貌如彪虎，錦堂乃拜於地曰：「不圖今日得見貴人。」清母及諸婦争笑之。錦堂所見少年，即黄、劉、殷、徐、虞五萬户也。

張瑄，平江嘉定人。幼孤，從母乞食。及長，丰姿魁岸，膂力過人。好飲博，鄉里以惡少年目之。朱清販私鹽，入吴淞江，至新華鎮易米，遇瑄，結爲兄弟。爲巡鹽吏所獲，繫平江軍獄，共十八人，提刑洪起畏來涖斬，是夕夢二白虎率羣虎伏於前，寤，以爲不祥。旦出視事，獄卒枷衆囚跪廳下，孔目取準伏以筆付清，清塗五指尖以押紙，瑄亦如之。洪奇其狀貌，以爲應夢兆，乃諭之曰："今中原大亂，汝輩皆健兒，當爲國家立恢復之功。"遂釋之。

清等歸，仍劫掠爲羣盜。尉司捕之急，乃攜老幼，泛海至膠州來降。世祖授清、瑄俱爲管軍千户，其從者亦授百户、總把。

至元十三年，丞相伯顔以大軍趨臨安，清、瑄亦率所部克上海，入吴淞江。宋主納款，清、瑄運宋帑藏至大都。後從張弘範克厓山，真授千户、武略將軍，佩金符。

十七年，從元帥阿塔海招海中羣盜，又平陳吊眼於福建。

十八年，宋都統崔順有衆五千、戰艦百艘，數寇山東沿海州縣。冬，泊於紫霧島，世祖命清招撫之，問用兵多少。清曰："但率壯士二人，及朱虎在此，不煩兵力。"虎，清之次子也。清乘舟至紫霧島，賊矢發如雨。清呼曰："我朱相公也，皇帝命我招崔都統。從我者，共取富貴。"衆指一巨艦，爲都統舟，清等即登舟。順聞之，甲而出，清宣讀詔書，乘間即捽順首，斬以徇，衆皆讋服請降。時車駕駐天門鎮，清上謁，賞賚甚厚。

二十年，命阿塔海統舟師，瑄爲招討使，清爲總管，東征日本。師至八角島，無功而返。

二十一年，仍與阿塔海率舟師一萬五千人伐占城。

二十二年，創行海運，從清、瑄之議也。乃以清行海道運糧萬户府事，瑄爲海運千户。二十四年，命清子濟，瑄子文虎，並爲千户，運糧十七萬石討交趾。以海運勞，遥授清鎮國上將軍，真除江東道宣慰使，兼領漕事。二十七年，運遼陽、高麗糧，加驃騎衛上將軍，賜銀印以寵之。清奏蠲建康淘金税役，免溧陽歲課，以甦民力。又討平溼縣賊趙良繪。

元貞二年，授資善大夫、河南行省參知政事。大德三年，擢大司農。四年，遷行省左丞，賜玉帶。瑄亦至資善大夫、江南行省參知政事，遷左丞。清、瑄並移居於太倉。太倉爲崑山惠安鄉之屬地，不滿百家。清、瑄營建第宅，開海道通於直沽，糧艘商舶雲集於市。清、瑄兩家子弟，佩金銀符者百餘人，蕃夷珍貨、文犀翠羽，充斥於府庫之内，富貴赫奕，爲東南之冠。

七年，僧祖芓訐二人有逆謀，樞密院斷事官曹拾得從中主之。詔籍其家，逮清、瑄至京師。清歎曰：「我世祖舊臣，寵渥逾衆，豈從叛逆？不過新進宰相圖我家貲，欲以危法中我耳。」遂發憤，以首觸石而死，年六十七。瑄與子文虎、清子虎俱棄市。虎妻茅氏没官，有千户欲娶之，自縊死。至大三年，中書奏雪其冤，以清幼子完者都爲樞密院判官，子孫悉返太倉，還其田宅。

清子顯祖，海運千户；虎，昭勇大將軍、都水監；旭，最知名。

瑄，豪横甚於清，鄉人忤其意，則縛而投於海。其第四妾尤悍，瑄嬖而畏之，爲建大第，號四夫人府。兩家田宅徧於吴中，籍没後，官立提舉司專掌其租賦。

瑄子文龍，流漠北。文龍子天麟，大德九年伏闕訴冤，使中書召還文龍，董日本賈舶。至大初，遷都水監，仍督海運。天麟，授絳州坑冶提舉，不就。延祐二年，詔還所籍。天麟晚通《易》學。元統二年，江浙平章玥璐不花薦之，仍不起，卒。

與清、瑄同事者有五萬户：黄真，昭武大將軍，海道都漕運糧正萬户，佩三珠虎符；劉必顯，信武將軍、海運副萬户；徐興祖，昭勇大將軍、海運副萬户，追封東海郡侯，謚宣惠；虞應文，清女婿也，海運副萬户。朱明達，海運上千户。朱日新，清之養子，宣武將軍、江州路總管。楊茂春，松江嘉定所千户，佩金符。范文虎、柏良弼、黄成，俱海運千户，佩金符。俱爲崇明人。

初，清、瑄爲海盜，東行三日夜，得沙門島，又東北過高麗海口，見文登諸山，又北見碣石山，亡慮十五六往返，私念南北海道此最徑直，又不逢淺角，識之。及朝廷議輓漕，清、瑄遂建言海運焉。

旭，字子陽，清第三子。事親以孝名，處富貴之中，泊如也。以大臣薦，授忠顯校尉、海道運糧千户，佩金符。秩滿，不樂仕進，遂告歸。日與士大夫以詩酒爲樂，博涉經史。尤長於書法，早從趙孟頫學，已有書名，晚年所造益精。卒於家。

文虎，字山雲，瑄中子，善騎射。至元十五年，授管軍總把，佩銀符。二十一年，遷管軍千户，换金符，督餉輸京師。丞相引見，上嘉歎，詔去帽，撫其顱曰：「真我國能臣也。」二十四年，從鎮南王伐安南，授交趾海船萬户，佩虎符，轉餉至松柏灣，逆戰，賊敗走。王議罷兵，以文虎殿後，竟全師而返。二十五年，超授懷遠大將軍、慶遠路總管，佩三珠虎符。二十八年，行户部尚書、海道都漕運府事。二十九年，拜湖廣行省參知政事。大德三年，改江浙行省。五年，領江淮財賦都總管。七年，坐父事，誅。

史臣曰：元之海運，創於朱清、張瑄，重利而輕民命，不仁莫甚焉。二子用此致富貴，然亦不免誅夷。君子鑒於作俑，有以哉！

羅璧，字仲玉，鎮江丹徒人。幼孤，事母以孝聞。長而魁偉，沈鷙，善騎射。從朱禩孫入蜀，累官武翼大夫、利州西路馬步軍副總管。禩孫移荆湖，璧從之。阿里海涯至江陵，璧從禩孫降，入覲，授宣武將軍、管軍千户，隸阿朮麾下。從平歙寇，領本州安撫使事。

至元十五年，從張弘範定廣南。十七年，以功賜金符，擢明威將軍、管軍總管，鎮金山，居四年，海盜屏絶。徙上海，督造船六十艘，再月而畢。

廷議轉江南之粟實京師，下其事於行省，璧獨謂海道便。部漕舟從海道至楊村，不數十日達京師，賜金虎符，進懷遠大將軍、管軍萬户，兼管海道運糧。

二十四年，乃顔叛，璧轉餉遼陽，浮海抵錦州小凌河，至廣寧。加昭勇大將軍。二十五年，督運至直沽倉。潞河水溢，倉幾壞。璧樹栅、築堤以捍之。賜宴中書省，擢昭毅大將軍、同知淮西道宣慰司事。上便宜十二策，帝嘉納之。又請以兩淮荒田給貧民，三年後量收其入。從之，歲得粟數十萬石。拜鎮國上將軍、海北海南宣慰使都元帥。

大德三年，除饒州路總管，兼府尹。改廣東道宣慰使、都元帥。初，峒蠻占奪民田，不納租税。璧召其酋至，以禍福諭之，相率奉版籍聽命。北軍戍廣東，多瘴死，璧求良藥，給諸郡療之。有請加鹽額置轉運司者，璧力言其不可，民皆悦服。尋除都水監，換正奉大夫。通州多水患，鑿二渠以分水勢，又浚阜通河而廣其堤，歲增漕六十餘萬石。至大元年，奉命治徐、邳水災，又治兩淮屯田。得疾歸，卒於家，年六十六。

子坤載，以孝聞。璧病，坤載刲股爲粥以進，不仕，卒。

黄頭，一名世雄，唐兀氏，後徙濮州鄄城。祖璉赤，山東道宣慰司副都元帥。父阿榮，襲璉赤職，累遷汀州總管、同知邵武路事，有惠政，轉德慶路總管、階懷遠大將軍，卒。

黄頭，其長子也。以世襲職讓其弟山住。從弟朵羅歹爲廣衍倉使，虧官粟，黄頭賣其宅以償之。辟浙西元帥府掾，累遷興國路大冶縣達魯花赤，調安豐路懷遠縣，兼領蒙城縣，鎮南王伐安南，道過其境，供張辦而民不擾，王善之，解所御衣服弓矢以賜。擢嘉興等處運糧千户，佩金符，在職八年，改温台等處運糧千户。

延祐元年，擢海道都漕運萬户府副萬户，運米二百七十萬至京師。遷海道都漕運萬户，佩雙珠虎符，階武德將軍。前後九渡海，海運利弊，靡不周知。運船雇於瀕海居民，常以船壞失事。黄頭預以運費借之，使修船，由是失事者日少。運船受雇者直甚厚，船主貪飲博，或失期受責。黄頭爲之封識，時其當用給之。運船竊米者多，黄頭使漕兵、柁工、水手之屬得相收倚連坐，其弊遂除。自温台至福建，皆雇民船載米至浙西，復還浙東入海。黄頭請移米慶元，自烈港入海，無迂道之費。温、台運船水脚之費，歲於行省關撥，黄頭請給鈔於温、台，使船人受訖即行。船行遲疾不一，舊例至直沽以次受之，先至者或食盡不得去。黄頭請於朝，至則受之，民以爲便。運船回空，樞密差官搜閲，因爲姦利，或誣執榜掠，罄其囊篋，黄頭請禁止之。運船過河間，監司率以鹽草爲辭，舟人無所得爨。黄頭請正鹽草地界，購其界外之薪。運船禱祠費，歲不給，黄頭請借官鈔千緡，收息供之。運船至直河，禁船人登岸。黄頭請寬其禁，使柁工、水手得飲食於市。凡所張弛之法，後人皆遵用之，以爲定例焉。未幾，卒。

子保童，崇仁縣達魯花赤，以轉輸至集慶海洋，海船人有識之者，驚曰：「此吾萬户公子也。」相率羅拜，且衛之。其爲人所感戴如此。

咬童，阿魯威氏。由中書直省舍人出爲濟南總管府治中，拜陝西行臺監察御史，改内臺。江淮再置財賦總管府，遷同知府事。至順三年，改海道都漕運副萬户。先是，春運先從浙西裝發。是歲，浙西大水，行省議撥江東糧十七萬石補之。咬童曰：「風信不可失，儻誤國計，非細故。請先發浙西所有，徐以江東糧補之。」行省韙其言，立爲改命。無錫州千户玉倫赤不花不聽命，咬童劾按之，各所咸儆戒，無敢後期。及達直沽，咬童復以卸糧情弊白於監察御史，著爲令。會科撥海船，别給脚直，運遼東粟菽八萬石，舟人争欲承載，咬童使拈鬮決之，衆乃帖服。事竣，入覲京師，道卒。咬童精悍勤敏，臺省交章薦之，未及大用，時論深惜焉。

【校勘記】

〔一〕「旭」，原作「九」，據正文改。

新元史卷之一百八十三　列傳第八十

崔斌宋欽其　劉宣　秦長卿仲　楊居寬居簡　楊朵兒只教化　不花　蕭拜住

崔斌，字仲文，大同弘州人，一名燕帖木兒。性警敏，世祖在潛邸召見，應對稱旨，命佐卜鄰吉歹將遊騎戍淮南，卜鄰吉歹甚敬禮之。使斌覘敵形勢，斌潛襲之，多所俘獲。俄丁父憂，襲授金符，爲總管。中統元年，改西京參議宣慰司事。世祖嘗命安童舉漢人識治體者一人，安童舉斌，入見，陳時政得失，甚合帝意。

時帝鋭意圖治，斌危言讜論，面斥是非，無所諱避。帝幸上都，嘗召斌，斌下馬步從，帝命之騎，因問爲治大體當何先，斌以任相對。帝曰：「汝爲我舉可爲相者。」斌以安童、史天澤對，帝默然良久。斌曰：「陛下豈以臣猥鄙，所舉未允公議，有所惑歟？今近臣咸在，乞采衆言，陛下裁之。」帝俞其請，斌立馬颺言曰：「敕問安童爲相可否？」衆讙呼萬歲。帝悦，遂並相二人。除斌左右司郎中。每進見，必與近臣偕，其所獻替，雖執政大臣有不得聞者，故人多忌之。會阿合馬立制國用使司，專總財府，一以掊克爲事。斌曰：「與其有聚斂之臣，寧有盜臣！」於帝前屢斥其姦。

至元四年，出爲東平路總管。五年，大兵南征，道壽張。兵士有撤民席，投其赤子於地以死，訴於斌，斌馳謂主將曰：「未至敵境，而先殺吾民，國有常刑，汝亦當坐。」於是下兵士於獄，自是衆莫敢犯。歲大祲，徵賦如常年，斌馳奏免之，復請於朝，得楮幣十萬緡以賑民饑。六年，除同僉樞密院事。

大軍圍襄陽，命斌僉河南行省事。方議攻鹿門山，斌曰：「自峴山西、萬山北，抵漢江，築城浚塹，以絶餉援，則襄陽可坐制矣。」時調曹、濮民丁屯田南陽，斌議罷之，補以近地兵民以爲便。又議户部給濱、棣、青、滄鹽券，付行省募民以米貿之，仍增價和糴。遠近輸販者輻輳，饋餉不勞而集。敕河南四路籍兵二萬以赴襄樊，斌馳奏曰：「河南户少而調度繁，實不堪命，減其半爲宜。」從之，襄陽既下，轉嘉議大夫，仍僉行中書省事。

十一年，詔丞相伯顔伐宋，改行省爲河南宣慰司，加中奉大夫，賜金虎符，充宣慰使。伯顔既渡江，分命阿里海涯定湖南，以斌貳之，拜行中書省參知政事。

十二年十月，圍潭州，斌攻西北鐵壩。阿里海涯中流矢，不能軍，斌率諸將夜集壩下，黎明畢登，戰不利。斌曰：「彼小捷而驕，今焚其角樓，斷其援道，塹城爲三周，則城可得。」諸將然之。乃銜枚以待鐵壩，人積芻稭梯其樓火之，且竪木柵壩上。詰旦，大軍布雲梯而上，斌挾盾先登，奪木栅據之。阿里海涯持酒勞曰：「取此城，公之力也。」斌曰：「潭人膽破矣。若斂兵不進，許其來降，則土地人民皆我有，自湖以南，連城數十，可傳檄而定。若縱兵急攻，彼無噍類，得空城何益？」阿里海涯從之，遣人開示禍福，城人出降。諸將怒其久抗，咸欲屠之。斌喻以興師本意，諸將曰：「百姓當如公説，兵必誅之。」斌曰：「彼各爲其主耳，宜旌之，以勸未附者。」諸將乃止。潭人德之，爲立生祠。

十三年，奉詔諭廣西，尋命還治湖南。安化、湘鄉賊周龍、張唐、張虎等，所在蜂起，及事平，同僚議盡戮降者，以懲反側。斌但按誅首惡，脅從者盡釋之。十四年，遷行省右丞，進階資善大夫。

十五年，召入覲。時阿合馬擅權，廷臣莫敢言。斌從帝至察罕淖爾，帝問：「江南各省吏治如何？」斌對以治安之道在得人，今所用多非其人。因極言阿合馬姦蠹，一門子弟並爲要官。帝乃令御史大夫相威、樞密副使孛羅按問之，黜其親黨，檢覈其不法事，罷天下轉運司，海内稱快。斌又言：「阿老瓦丁，臺臣劾其盜官錢事猶未竟，今復授江淮參政，何以儆貪吏！」詔罷之。適尚書留夢炎、謝元昌言：「江淮行省事至重，而省臣無一人通文墨者。」乃遷斌江淮行省左丞。既至，凡蠹國病民之政，悉革之，仍條具以聞。阿合馬屏其疏不上。時江淮行省平章政事阿里伯亦與阿合馬有隙，阿合馬乃誣阿里伯與斌盜河南營田府官糧四十萬石，命刑部尚書李子忠按其事，逮營田府提控案牘宋欽其下獄。欽其不承，以酷刑訊之，不改辭。阿合馬益怒，復遣北京行省參知政事張澍等四人雜治之，斌與阿里伯俱論死。裕宗在東宫，聞之，方食，投著惻然，遣使止之，已不及矣。天下冤之。年五十六。至大初，贈推忠保節功臣、太傅、開府儀同三司，追封鄭國公，謚忠毅。

子三人：良知、威、恩，皆爲顯官。

宋欽其者，字敬之，申州人。初爲府掾，阿里海涯器之，擢河南營田府提控案牘。後要束木又緣事逮之，道卒。子文瓚，天曆中爲禮部侍郎。

劉宣，字伯宣，其先潞州人，後徙陽曲。父訓金，河南省掾，博學知名，與元好問友善。宣沉毅清介，有經世之志。宣撫張德輝至河東，見而器之，還朝，薦爲中書省掾。遂從國子祭酒許衡受學，初命爲河北、河南道巡行勸農副使。

至元十二年，入爲中書户部郎中，改行省郎中。從丞相伯顔平江南，伯顔嘗命宣詣大都獻捷，世祖召見，應對稱旨，賜器服寵之。江南平，命宣沙汰江淮冗官，其所存革，悉合公論。除知松江府，未幾同知浙西宣慰司事。在官五年，威惠並著。遷江淮行省參議，擢江西湖東道提刑按察使。

二十二年，入爲禮部尚書，遷吏部。時將伐安南，宣上言曰：

連年日本之役，百姓愁戚，官府擾攘。今春停罷，江浙軍民歡聲如雷。安南小邦，臣事有年，歲貢未嘗愆期。邊帥生事興兵，彼因避竄海島，使大舉無功，將士傷殘。今又下令再征，聞者莫不恐懼。自古興兵，必須天時。中原平土，猶避盛夏，交廣炎瘴之地，毒氣害人，甚於兵刃。今以七月會諸道兵於静江，比至安南，病死必衆。緩急遇敵，何以應之？又安南無糧，水路難通，不免陸運。一夫擔米五斗，往還自食外，官得其半。若十萬石，用四十萬人，止可供一二月。軍糧搬載，船料軍須，通用五六十萬人。廣西、湖南調度頻數，民多離散，户令供役，亦不能辦。況湖廣密邇溪洞，寇盜嘗多。萬一奸人伺隙，大兵一出，乘虚生變，雖有留後人馬，疲弱衰老，卒難應變。請與彼中兵官深知事體者，商量萬全方略，不然將復蹈前轍矣。

及再征日本，宣又上言曰：

近議復置征東行省，再興日本之師，此役不息，安危繫焉。唆都建伐占城，阿里海涯言平交趾，三數年間，湖廣、江西供給船隻、軍須糧運，官民大擾，廣東羣盜並起，官兵遠涉江海瘴毒之地，死傷過半，連兵未解。安南與我接境，蕞爾小邦，親王提兵深入，未見報功，唆都爲賊所殺，自遺羞辱。況日本海洋萬里，疆土闊遠，非二國可比。今此出師，實爲履險，縱不遇風，可到彼岸，倭人徒衆猥多，彼兵四集，我師無援，萬一不利，欲發救兵，其能飛渡耶？隋伐高麗，三次大舉，喪師百萬。太宗親征高麗，雖取數城而還，徒增追悔。且高麗平壤諸城，皆居陸地，去中原不遠，以二國之衆加之，尚不能克。況日本僻在海隅，與中國相懸萬里哉。

疏入報聞。

二十三年十二月，中書議更鈔用錢。宣獻議曰：

原交鈔所起，漢、唐以來，皆未嘗有。宋紹興初，軍餉不繼，造此以誘商旅，爲沿邊糴買之計，比銅錢易於賫擎，民甚便之。稍有滯礙，即用見錢，尚存古人子母相權之意。日增月益，其法浸弊，欲求目前速效，未見良策。新鈔必欲創造，用權舊鈔，只是改換名目，無金銀作本稱提，軍國支用不復抑損，三數年後亦如元寶矣。鑄造銅錢，又當詳究。秦、漢、隋、唐、金、宋利病，著在史策，不待縷陳。國朝廢錢已久，一旦行之，功費不貲，非爲遠計。大抵利民權物，其要自不妄用始。若欲濟丘壑之用，非惟鑄造不敷，抑亦不久自弊矣。

適桑哥謀立尚書省，以專國柄，錢議遂罷。

二十五年，由集賢學士除御史中丞，行御史臺事。時江浙行省丞相忙古台，悍戾縱恣，尤忌宣。一日，御史大夫與中丞出城點視軍船，有軍船載葦，御史張諒詰之，知爲行省官所使，詣揚州覆實。忙古台圖報，復遣伺臺中違失，臺官皆竦懼，陰求自解，惟宣屹然不動，忙古台怒，羅織宣之子繫揚州獄。又令酒務、淘金等官及録事司官以罪免者，誣告行臺沮壞錢糧，聞於朝，必欲置宣死地。朝廷爲置獄於行省，鞫其事。宣及御史六人俱就逮，既登舟，行省列兵衛驅迫之，至則分處，不使往來。九月朔，宣自剄於舟中。

宣將行，書後事緘付從子自誠，令勿啟視。宣死，視其書曰：「觸怒大臣，誣構成罪。豈能與經斷小人交口辯訟、屈膝於怨家之前？身爲臺臣，義不受辱，當自引決，但不獲以身殉國爲恨耳。嗚呼！天乎！實鑒此心。」别有文書言忙古台罪狀，其藁塗抹不能識，宣友前治書侍御史霍肅爲叙次其文，讀者悲之。

宣既引決，行省白於朝，以爲宣知罪重自殺。前後構成其事者，郎中張斯立也。斯立，濟南章邱人，爲行省員外郎。宣爲參議，相得甚歡。斯立坐阻格江南鈔法，尚書省命宣杖之。宣爲任其事，貸斯立罰。至是，斯立徇上官意，周納宣罪，時論薄之。延祐四年，自誠持上宣行實，御史臺以聞，贈資善大夫、御史中丞、上護軍，追封彭城郡公，謚忠憲。

子：自勉，上蔡、臨潁二縣尹；自得，杞縣主簿。

秦長卿，河南洛陽人。性俶儻有大志。世祖在京兆，已聞其名。既即位，以布衣徵至京師。長卿尚風節，好論事，與劉宣同在宿衛。

是時，尚書省立，阿合馬專政。長卿上書曰：「臣愚戇，能識阿合馬。其爲政擅生殺人，人畏懼之，固莫敢言，然怨毒亦已甚矣。觀其禁絶異議，杜塞忠言，其情似秦趙高；私蓄踰公家貲，覬覦非望，其事似漢董卓。《春秋》人臣無將，請及其未發誅之。」事下中書省，阿合馬便佞，善伺人主意，左右亦爲捄解，事遂寢。然由是大恨長卿。除興和宣德同知鐵冶事，竟誣以折閲課額，逮長卿下吏，籍其家産償官，又使獄吏殺之。獄吏濡紙塞其口鼻，即死。未幾，王著殺阿合馬，帝悟其姦，斲棺戮屍。而長卿冤終不白。

長卿從子仲，字山甫，爲建康府判官，聞長卿冤狀，即日棄官歸。阿合馬伏誅，姚燧與執政言：「仲以諸父之冤，不肯仕，宜薦之。」行臺侍御史裴道源舉爲昭州知州。至元二十年，卒於官。

仲子從龍，仕至南臺治書侍御史；從德，中書參知政事。從龍預修《經世大典》，夢其父問：「長卿事已言於史館否？」從龍乃以歐陽玄所作家傳上之。

楊居寬，字子裕，東昌莘縣人。辟中書省掾，擢左右司郎中，累遷江浙行省參議，入爲中書參知政事。性剛直。桑哥爲總制院使，倖進者入賄即得美官，居寬在中書省恒裁抑之。桑哥怒，及拜尚書右丞相，誣以罪殺之，籍其家，惟其子集賢直學士勳不連坐。居寬死時，年五十五。

弟居簡，從世祖伐宋，累遷唐州知州，有能名。桑哥伏誅，上愬兄冤，詔還所籍産，官其二孫。居簡子昇，翰林國史院檢閱官。居寬從弟居義，浦東場鹽司丞，亦有吏能。

楊朶兒只，河西寧夏人。父式臘唐兀台，給事裕宗，早卒。裕宗崩，隆福太后在東宫，問左右曰：「式臘唐兀台有子否？」以朶兒只及其弟教化對。乃命教化侍武宗，朶兒只侍仁宗。成宗崩，仁宗自懷慶入靖内難，先命朶兒只偕李孟至京師，與右丞相哈剌哈孫定計。及仁宗至，命朵兒只領禁衛，親解御帶以賜。仁宗爲皇太子，授家令丞，旦夕侍側，至廢休沐。武宗聞其賢，召見之。皇太子爲先容曰：「此人誠可任大事，然剛直寡合。」帝然之。

仁宗即位，執朝臣誤國者，將盡誅之，朵兒只曰：「爲政而尚殺，非帝王之治也。」仁宗感其言，止誅脱虎脱等。它日，與中書平章李孟論元從人材，孟以朵兒只爲第一，拜禮部尚書。初，尚書省改作至大銀鈔，一當中統鈔二十五，又鑄銅爲至大錢，至是議罷之。朵兒只曰：「法有便否，不當視立法之人爲廢置。鈔固當廢，錢與楮幣相權而用，古之道也。國無棄寶，民無失利，錢未可遽廢也。」言雖不盡用，時論韙之。遷宣徽副使，御史請爲臺官，帝不許。

有言近臣受賄者，帝怒其非所當言，將誅之。御史中丞張珪叩頭諫，不聽。朵兒只從容言曰：「世無諍臣久矣，張珪真中丞也。」帝説，竟用珪言，且拜朵兒只侍御史。嘗侍宴，羣臣或談笑逾常度，而朵兒只獨正色，帝爲之改容。遷中丞，平章張閭以妻病，謁告歸江南，奪民河渡地，朵兒只以失大體，劾罷之。江東、西奉使斡來不稱職，朵兒只劾而杖之。

御史納璘以言忤旨，帝怒，朵兒只救之，一日至八九奏，曰：「臣非偏護納璘，誠不願陛下有殺諫臣之名。」帝曰：「爲卿宥之，可左遷昌平令。」朵兒只又言：「以御史宰京邑，無不可者。但以言事左遷，恐後來引以爲戒，莫肯盡言矣。」它日，帝讀《貞觀政要》，朶兒只侍側，帝顧謂曰：「魏徵，古之遺直也，朕安得用之？」對曰：「直由太宗，太宗不聽，徵雖直，奚益？」帝笑曰：「卿意在納璘耶？當赦之，成爾直名。」

有上書論朝廷闕失面觸宰相者，宰相怒，將奏殺之。朶兒只曰：「詔書云：『言雖不當，無辜。』今若此，何以示信於天下？果殺之，臣亦負其職矣。」帝悟，釋之。加昭文館大學士，進階榮禄大夫。時位一品者，多乘間邀贈先世王爵。或謂朶兒只倚眷隆，宜奏請。曰：「家世寒微，幸際遇至此，已懼弗稱，况敢多求乎？且我爲之，何以風厲徼幸者？」遷中政院使。未幾，復爲中丞。

初，鐵木迭兒用興聖太后旨，召爲中書右丞相，非上意也。居兩載，有罪，託病去。既而夤緣近臣，再入相，恃勢貪虐，中外切齒，然莫敢發其姦。朶兒只慨然以糾劾爲己任。會張弼子獄起，朶兒只廉得鐵木迭兒受贓六萬貫，其大奴亦受數千，告監察御史玉龍帖木兒、徐元素按實入奏。而御史亦輦真別發其它私罪二十餘事。帝本惡鐵木迭兒，至是震怒，詔逮問。鐵木迭兒走匿太后宫中，帝爲不御酒者數日，以待決獄。誅其大奴數人，鐵木迭兒終不能得。朶兒只持之急，徽政院臣以太后旨，召朶兒只至宫門，責之。對曰：「待罪御史奉行祖宗法，必得罪人，非敢違太后旨也。」帝仁孝，恐忤太后意，但奪其丞相印綬，而還朵兒只集賢學士，猶數以臺事訪之，對曰：「非臣職事，不敢與聞。所念者，鐵木迭兒雖去君側，反爲東宮師傅，在太子左右，恐售其姦，則禍有不可勝言者。」

仁宗崩，英宗在諒闇中，鐵木迭兒復相，即宣太后旨，召朵兒只至徽政院，與徽政使失列門、御史大夫脱忒哈雜鞫之，責以違旨之罪。朵兒只曰：「恨不斬汝以謝天下！果違太后旨，汝尚有今日耶？」鐵木迭兒又使同時爲御史者二人證其獄，朵兒只顧二人，唾之曰：「汝等皆備位風憲，顧爲犬彘事耶？」坐者皆慚俛首，即入奏。執朵兒只載於國門外，殺之。是日晝晦，都人恟懼。英宗即位，詔天下，加以誣妄大臣之罪。

朵兒只少孤，與兄教化友愛。兄死，事寡嫂有禮，視兄子如己子，家人化之。及死，權臣欲奪其妻劉氏與人，劉氏翦髮毁容，自誓以免。後贈思順佐理功臣、金紫光禄大夫、上柱國，追封夏國公，謚襄愍。

子不花，官至僉河東廉訪司事。有殺子誣怨家者，獄成，不花讞之曰：「以十歲兒受十一創，已可疑。且彼以斧殺仇人子，必盡力，何創痕之淺反不入膚耶？」卒得其情，平反之。天曆初，陝西兵入河東，戰没，二僕皆從死。

教化，幼事武宗於潛邸。武宗總兵北邊，以成宗所賜玉印爲符令，使教化懷之。大德十年，教化入奏軍事，且請頒歲賜。太府卿持其券不下，教化憤怒，責之曰：「太子躬擐甲胄，防邊於萬里之外，賴歲賜以給軍旅之用，奈何靳之？恨不得面質汝罪於天子！」引所持撾擊之。

及成宗崩，教化疾馳至懷州，見仁宗，請即日入朝，内難遂平。武宗即位，羣臣以次召見，問教化：「太府卿孰爲汝所擊者？敕誅之，以其家産賜教化。」對曰：「事在赦前，不可失大信於人。至以其家産賜臣，臣尤不敢奉詔。」武宗嘉歎，從之。超拜同知太府院事。

至大二年，御史臺奏爲江南湖北道肅政廉訪使。入辭，帝不悦曰：「此朕左右手，何可令遠去？」留爲將作院使。是年卒，年三十三。贈效節宣忠翊戴功臣、大司徒、金紫光禄大夫、上柱國，夏國公，謚襄敏。子衍飭，監察御史。

蕭拜住，契丹石抹氏。曾祖醜奴，仕金爲古北口千户。大兵南下，同戍之將招燈必舍遁，醜奴獨帥三千人，夜襲大營，力戰不克，乃開關遣使納降。太祖命醜奴追襲招燈必舍，及諸平、灤，降之。從大軍攻取平、灤、檀、順、深、冀等州，下昌平縣及紅螺、平頂諸砦，又兩敗金兵於邦君甸，以功爲檀州軍民元帥。車駕西征，驛送竹箭、弓弩弦各一萬，擢檀、順、昌平萬户，仍管打捕鷹房人匠。卒，官醜奴弟老瓦爲禿魯花，襲檀州節度使，與金人戰，没。祖青山，襲萬户，從丞相伯顔平宋，官湖北提刑按察使。父哈剌帖木兒，少事太子真金，典東宮宿衛，出知檀州，卒。

拜住嘗從成宗北征，由知檀州入爲禮部郎中、同知大都路總管府事，又出知中山府，以憂去官。屬仁宗出居懷孟，道過中山，有同官譖於近侍，謂知府之去，憚迎候勞耳。仁宗頷之，適見田中老嫗，問府官孰賢，嫗對：「有蕭知府，奔喪還，禱其速來。」帝意乃釋。武宗即位，起復中書左司郎中，出爲河間路總管，召充右衛率使，遷户部尚書，拜御史中丞。皇慶元年，遷陝西行中書省右丞。延祐三年，入拜中書平章政事，罷爲典瑞院使，歷崇祥院使，階銀青榮禄大夫。拜住在中書，頗牽制鐵木迭兒所爲，又發其姦贓諸辜。鐵木迭兒恨之，遂與朵兒只同被誣陷。英宗曰：「人命至重，不宜倉卒。二人罪狀未明，當白與聖宫，付法司詳讞。若果有罪，誅之未晚。」鐵木迭兒竟殺之，並籍其家。拜住死，有吴仲者，守其屍三日不去，卒收葬之。

鐵木迭兒死，會地震風烈，敕廷臣集議弭災之道。集賢大學士張珪、中書參議回回，抗言於坐，謂蕭、楊及賀勝寃死，實致沴之端，聞者失色，言終不得達。及珪拜平章，告丞相拜住曰：「賞罰不當，枉抑不伸，不可以爲治，若蕭、楊等之冤，何可不亟爲昭雪？」遂請於英宗，贈楊朵兒只官謚。泰定初，贈拜住守正佐治功臣、太保、儀同三司、柱國，追封冀國公，謚忠愍。蕭、楊死後一年，御史鎖咬兒哈的迷失、觀音保，亦爲鐵木迭兒子瑣南所害。

史臣曰：阿合馬殺崔斌、秦長卿，忙古台殺劉宣，皆緣吏事，中以危法。至鐵木迭兒殺蕭拜住、楊朵兒只，則矯母后之命，以快其報復之私。雖明如世祖，斷如英宗，不能燭其姦而戮之。嗚呼！長國家者，愼勿爲憸人所蔽哉？

新元史卷之一百八十四　列傳第八十一

姚天福　崔彧

姚天福，字君祥，絳州稷山人。少爲懷仁縣吏，見同列所爲，恥之。從儒者受《春秋》，學能知大義。世祖以皇太弟駐白登，縣令使天福進蒲萄酒於行帳，應對敏給，帝奇之，留直宿衛。至元初，授懷仁縣丞。丞相塔察兒奉使北藩，代州知州楊闊闊出薦天福於塔察兒，俾從行，塔察兒以爲能。五年，塔察兒爲御史大夫，妙擇官屬，以天福爲架閣管勾兼獄丞。

十一年，拜監察御史。時群臣奏事皆便服，天福朱衣秉笏以入，衆駭顧，莫知所爲。見帝，首論阿合馬擅政爲奸利，出詣中書省，執阿合馬。阿合馬亦期得對，必殺天福。及至帝前，天福探皂囊，出二十四事，抗聲論之。才及其三，帝爲之動容，曰：「即此已不容誅，況其餘乎？」國語謂虎曰巴而思，帝賜天福名巴而思，且諭之曰：「有敢違祖訓而干紀犯法者，其擊之勿縱。」是時阿合馬方以言利得幸，帝雖韙天福言，然寵任如故也。

既而天福按事北邊，道過其家，其母趙氏見之，大怒曰：「汝爲御史，胡私歸？」立遣之去，且告曰：「汝勿以吾爲慮。苟言事得罪，吾雖爲汝死亦甘心。」廷臣聞其母言，以奏，帝曰：「賢哉！非此母，不生此子。」命付史館書之。

大名路達魯花赤小甘浦，冬獵於郊，民不堪命。事聞，帝遣御史按之，反爲小甘浦所歐，更命天福往。天福微服廉問，盡得其實，立捕小甘浦，劾治之，並及他淫虐不法事。小甘浦素貴，猝見折辱，皆款服，械以俟命。爲侍御史安兀失納所營救，詔釋之。小甘浦騎過臺門，爲詬誶語，天福聞之曰：「敢爾耶！」率吏卒執之，於佩囊得賂安兀失納書，詰之，則賂在道士家。天福搜得賂如書，而安兀失納不知也。明旦，方坐御史府治事，天福叱左右撤其案，手執之。安兀失納絶裾而逸，天福持贓入奏。帝曰：「朕嘗貰小甘浦十死罪。」天福曰：「今小甘浦死罪十有七，陛下貰其十，其七誰當之？且太祖之法，安可壞耶！」於是小甘浦竟伏誅，安兀失納亦坐免官。

後安兀失納與御史大夫孛羅宴見，爲雙陸於帝前，天福入奏事，引其衣而出之，曰：「罪人也，安得近至尊？」左右皆失色。

是時，月魯那延與孛羅同爲御史大夫，天福奏曰：「一蛇九尾，首動尾隨。一蛇二首，則不能行矣。今臺綱不振者，由一蛇二首也。」帝曰：「朕亦思之，巴而思之言是。」孛羅遂以年少自劾去。

詔罷各道提刑按察使。天福見月魯那延，反覆言所係之重，月魯那延曰：「非御史，見不及此。」夜見帝於卧内奏之，帝亦大悔，未旦，趣命中書省復立之。

阿合馬畏天福久爲御史，謀去之。會帝幸上都，遂托事，使兵馬司率騎士猝縛天福去，索其家，僅有脱粟數升。天福曰：「丞相反！無詔旨自行在來，而欲擅殺御史，非反耶？」阿合馬欲鍛煉以成其罪，無所得，乃左遷天福同知衡州路事。左司召天福受命，天福曰：「吾先受密旨，勿遠去臺，俟見上乃行。」執政不敢强之，復奏爲河東路提刑按察副使。

時北邊用兵，方冬，役太原民轉粟，民苦之。天福上言曰：「外患未寧，而先失内郡民心，可乎？」帝悟，遽命罷之。太原饑，天福發廩而後奏聞，爲有司所劾，詔勿問。入拜治書侍御史。

十六年，出爲淮西江北道提刑按察使。江南初定，蘄、黄、宣、饒諸路盜發，輒以兵屠之，而大掠其近縣。又淮西多宋宿將家，官利其貲，則緣事籍之，或遣人俘良家子女。天福於津隘置吏察閲，悉還之，嚴治掠賣之罪，得免者數千人，民立祠祀之。

十八年，移江南湖北道。劾平章阿里海涯不法事，不報。天福入朝自言之，出境，遇賊劫之。已而知爲姚按察船，賊羅拜曰：「公正人，不可犯。」其爲人所感慕如此。遼東宣慰使阿老瓦丁以軍興盜官粟，獄久不決，詔天福按之。天福樹杙於庭曰：「屍贓吏於此，獄必具。」阿老瓦丁聞之曰：「我詎能抗姚公？」遂引伏。以内臣救之獲免，入見裕宗於東宮，泣告曰：「巴而思鞫臣如執豕然。」裕宗曰：「汝罪應爾，巴而思無濫刑也。」由是内外莫不震肅。

二十年，移山北遼東道。民饑，天福發廩賑之，州以無朝命，遣使止天福。天福留使者，振畢而後遣之。事聞，帝亦不之罪也。有叔姪争田者，數十年不決。天福讞其事，問姪：「有歐汝叔者，汝救之否？」曰：「救之。」又問其叔：「有戕汝姪者，何如？」曰：「吾仇也。」天福曰：「然則汝何争耶？」皆感泣而去。州民以游牧爲業，天福勸以農事，民日富。又立學校，延師以教之，政化大行。

二十二年，帝選六部尚書，問巴而思所在，召拜刑部尚書。有疑獄讞上，天福不肯署，同列代決之，天福乃引疾去官。後其事果如天福所疑，人始服其明允。尋除揚州路總管。

二十六年，復改淮西路提刑按察使。行省平章政事昂吉兒，其子昂阿禿與大盜七人交通。天福捕七人，誅之，劾昂吉兒贓巨萬。時行御史臺在揚州，天福自詣臺，白其事。昂吉兒使其兵校丁文虎道殺天福，天福並執之。事聞，詔近侍阿朮、治書侍御史萬僧按問，昂吉兒懼，因館人餽米，貯金於米囊中，持以入。天福詗知之，亦隨之入，發囊得金。昂吉兒詞伏，立杖之。然昂吉兒卒以功臣議宥，後還都，猶譖天福擅殺。帝曰：「殺賊何罪耶？」

二十八年，遷平陽府尹。有男子僞爲女巫，妄言禍福。天福曰：「是亂常敗俗者。」立命撲殺之。天福決平湖爲水磑田，民便之。按察副使速魯蠻沮其事，天福不爲動，並劾其受賕，速魯蠻坐免官。三十一年，拜甘肅行省參知政事，以母老，辭不行。

元貞元年，授陝西、漢中道肅政廉訪使，又改真定府尹。隆福太后建佛寺於五臺山，役真定民。時麥熟，天福輒止之，上言請緩至農隙，從之。欒城有殺人於逆旅者，縣令執主人考之，誣伏。獄三上，天福三疑之，縣令卒不肯改。天福問死者之母曰：「爾子所賫鈔，有私識乎？」曰：「有。」取主人之贓，使辨之，曰：「非也。」天福曰：「信冤矣。」持其事不下。居一月，而得真盜於德興。

大德三年，拜江西行省參知政事，又以病辭。四年，以通奉大夫、參知政事，行大都路總管、大興尹事。三河縣民得銅印於田間，未及送官，怨家誣爲謀反。事上府，天福取其印視之，則故三河縣印也，笑釋其縛而遣之，治縣令與告者之罪。有寡婦朱，畀弟錢爲賈，後索錢，弟不肯予，朱告於官，皆以無券，不直朱。天福使朱歸，而召其弟曰：「爾昔貧今富，今有盜扳爾爲其徒黨，信乎？」弟惶懼，具言假姊錢致富，有簿記可按也。天福乃召朱至，按簿分其半與之。其斷決明識皆類此。

六年，卒，年七十三。敕内侍董文忠宣付天福事於史館，贈正奉大夫、河南江北行省參知政事、護軍、平陽郡公，謚忠肅。

初，天福官山北遼東道時，有武平縣民劉成暴死，其弟告嫂阿李與人通，疑爲所殺。縣令丁欽驗之，無死狀。天福趣欽三日復命，欽憂懣不知所爲。其妻韓聞之，告欽曰：「死者頂骨中當有物，塗藥泯其跡耳。」欽濯而求之，果於頂骨中得鐵三寸許，持白天福，且言得妻之教。天福召韓問之，則夫死再醮者也。遣吏發前夫之棺，驗之，得頂骨中之鐵，與成無異。韓款服，不旬日而兩獄皆具。又天福按事過景州，有旋風起馬前，天福使二卒從之。至大澤葭葦中，得殺死者五人，一人腰間懸小印。天福曰：「吾得之矣！」下令括城中布，盡市之，且使吏四出邀行賈。有四人，載布五驢，止之，驗布上印文相合。訊以殺人事，皆款服。此二事尤爲當世傳頌云。

子：祖舜，秘書郎；侃，内藏庫使。

崔彧，字文卿，小字拜帖木兒，江淮行省左丞斌之弟也。負才氣，剛直敢言，世祖甚器之。至元十六年，奉詔偕牙納朮至江南，訪求藝術之士。還朝，首劾忽都帶兒根索亡宋財貨，擾百姓，身爲使臣，挈妻子以往，所在索鞍馬芻粟。疏上，不報。

十九年，除集賢侍讀學士。彧言：「參知政事阿里請以阿散襲其父阿合馬職，倘得請，其害不可勝言。賴陛下神聖，拒而不可。臣已疏其奸惡十餘事，乞召阿里廷辯。」帝曰：「已敕中書，凡阿合馬所用，皆罷之，窮治黨與。事竟之時，朕與汝有言也。」又請將郝禎剖棺戮屍，從之。尋敕鉤考樞密院文牘，由刑部尚書拜御史中丞。彧言：「臺臣於國家政事得失，生民休戚，百官邪正，雖王公將相，亦宜糾察。近惟御史得有所言，臣以爲臺官皆當建言，庶於國家有補。選用臺察官，若由中書，必有偏徇之弊。御史宜從本臺選擇，初用漢人十六員，今用蒙古十六員，相參巡歷爲宜。」從之。

二十年，復爲刑部尚書，上疏言時政十八事：「一曰廣開言路，多選正人，番直上前，以司喉舌，庶免黨附壅塞之患。二曰當阿合馬擅權，臺臣莫敢糾其非，迨事敗，然後接踵隨聲，徒取譏笑。宜別加選用，其舊人除蒙古人取聖斷外，餘皆當問罪。三曰樞密院定奪軍官，賞罰不當，多希阿合馬風旨。宜擇有聲望者爲長貳，庶號令明而賞罰當。四曰翰林官亦頌阿合馬功德，宜訪南北耆儒碩望，以重此選。五曰郝禎、耿仁等雖正典刑，若是者尚多，罪同罰異，公論未伸，合次第屏除。六曰貴游子弟，用即顯官，幼不講學，何以從政？得如左丞許衡教國子學，則人才輩出矣。七曰今《起居注》所書，不過奏事檢目而已。宜擇蒙古人之有聲望、漢人之重厚者，居其任，分番上直，帝王言動必書，以垂法於無窮。八曰憲曹無法可守，是以奸人無所顧忌。宜定律令，以爲一代之法。九曰官冗若徒省一官員，併一衙門，亦非經久之策。宜參衆議，而定成規。十曰官僚無以養廉，責其貪則苛。乞將諸路大小官，有俸者量增，無俸者特給。然不取之於民，惟賦之於民。蓋官吏既有所養，不致病民，少增歲賦，亦將樂從。十一曰内地百姓流移江南避賦役者，已十五萬户。去家就旅，豈人之情，賦重政繁，驅之致此。乞降旨招集復業，免其後來五年科役，其餘積欠並蠲，事産即日給還。民官滿替，以户口增耗爲黜陟，其徙江南不歸者，與土著一例當役。十二曰凡丞相安童遷轉舊臣，悉爲阿合馬擯黜，或居散地，或在遠方，併合拔擢録用。十三曰簿録奸黨財物，本國家之物，不可視爲横得，遂致濫用。宜以之實帑藏、供歲計。十四曰大都非如上都止備巡幸，不應立留守司，此皆阿合馬以此位置私黨，宜易置總管府。十五曰中書省右丞二，而左丞缺，宜改所增右丞置諸左。十六曰在外行省不必置丞相、平章，止設左右丞以下，庶幾内重，不致勢均。彼謂非隆其名不足鎮壓者，姦臣欺罔之論也。十七曰阿里海牙掌兵民之權，子姪姻黨分列權要，官吏出其門者十之七八，威權不在阿合馬下。宜罷職理算，其黨雖無污染者，亦當遷轉他所，勿使久據湖廣。十八曰銓選類奏，賢否莫知，自今三品以上，必引見而後授官。」敕與御史大夫玉昔帖木兒議行之。

又言：「江南盜賊相挺而起，凡二百餘所，皆由拘刷水手與造海船，民不聊生，激而成變。日本之役，宜姑止之。又江西四省軍需，宜量民力，勿强以土産所無。凡給物價與民者，必以實。召募水手，當從其所欲。伺民氣稍蘇，我力粗備，三、二年後，東征未晚。」世祖以爲不切，曰：「爾之所言如射然，挽弓雖可觀，發矢則非是矣。」

彧又言：「昨中書奉敕差官度量大都州縣地畝，本以革權勢兼併之弊，欲其明白不得不於軍民諸色人户通行覈實。又因取勘畜牧數目，初意本非擾民。而近者浮言胥動，恐失農時。」又言：「建言者多，孰是孰否，中書宜集議，可行者行之，不可則明諭言者爲便。」又言：「各路每歲選取室女宜罷。」又言：「宋文思院小口斛，出入官糧，無所容隱，所宜頒行。」皆從之。

二十一年，彧劾奏盧世榮不可居相位，忤旨，罷。二十三年，起爲集賢大學士、中奉大夫、同僉樞密院事。尋出爲甘肅行省右丞，召拜中書右丞。與中書平章政事麥朮丁奏曰：「近桑哥當國四年，中外諸官鮮有不以賄得者。其昆弟、故舊、妻族，皆授要官美地，唯以欺蔽九重、朘削百姓爲事。宜令兩省嚴加考覈，凡入其黨者，皆汰逐之。其出使之臣及按察司官受賕者，論如律，仍追宣敕，除名爲民。」又奏：「桑哥所設衙門，其間冗不急之官徒費禄食，宜令百司集議汰罷。及自今調官，宜如舊制，避其籍貫，庶不害公。又大都高貲户，多爲桑哥等所容庇，凡百徭役，止令貧民當之。今後徭役，不問何人，宜皆均輸，有敢如前以賄求人容庇者，罪之。又軍、站諸户，每歲官吏非名取索，賦税倍蓰，民多流移。請自今非奉旨及省部文字，敢私斂民及役軍匠者，論如法。又忽都虎那顔籍户之後，各投下毋擅招集。太宗既行之，江南民籍已定，乞依太宗之法爲是。」並如所請。

二十八年，由中書右丞遷御史中丞。或奏：「太醫院使劉岳臣嘗仕宋，練達政事，比者命其參議機務，衆皆稱善。乞以爲翰林學士，平議朝政。」又言：「行御史臺奏：『建寧路總管馬謀，因捕盜延及平民，有搒掠至死者多，又俘掠人財，迫姦處女，受民財積百五十錠，獄未具，會赦。如臣等議，馬謀以非罪殺人，不在原例。』宜令行臺詰問明白定罪。」又言：「昔行御史臺監察御史周祚，劾尚書省官忙兀帶、教化、納速剌丁滅里姧贓，納速剌丁滅里反誣祚以罪，遣人詣尚書省告桑哥。桑哥曖昧以聞，流祚於憨答孫，妻子家財並没入官。祚至和琳遇亂，走還京師。桑哥又遣詣雲南理算錢穀，以贖其罪。今自雲南回，臣與省臣閱其狀詞，罪甚微，宜復其妻子。」從之。

二十九年，或偕御史大夫玉昔帖木兒等奏：「四方之人來闕下，率言事以干進。國家名器，資品高下，具有定格。臣等以爲，中書、樞密院宜早爲銓定，應格者與之，不當與者使去。」又言：「事有是非當否，宜早與詳審言之。當者即議施行，或所陳有須詰難條具者，即令其人講究，否則罷遣。」帝嘉納之。

又奏：「納速剌丁滅里、忻都、王巨濟，黨比桑哥，恣爲不法，楮幣、銓選、鹽課、酒税，皆更張變亂之。銜命江南，理算積久逋賦，期限嚴急，胥卒追逮，半於道路，民至嫁妻賣女，殃及親鄰。維揚、錢塘受害最慘，無故而殞其生者五百餘人。近者闍里按問，悉皆首實請死，士民乃知聖天子仁愛元元，而使之至此者，實桑哥及其凶黨之爲也，莫不願食其肉。臣等共議：此三人者既已伏辜，宜令中書省御史臺從公論罪，以謝天下。」

又言：「河西人薛闍干領兵爲宣慰使，吏詣廉訪司告其三十六事，檄僉事簿問。而薛闍干率軍人擒問者，辱之，且奪告者以去。臣議：從行臺選御史往按問薛闍干，仍先奪其職。」又言：「去歲桑哥既敗，使臣至自上所者，或不持璽書，口傳聖旨，縱釋有罪，擅籍人家，真僞莫辨。臣等請自今凡使臣必降璽書，省、臺、院諸司，必給印信文書，以杜奸欺。」帝曰：「何人乃敢爾耶？」對曰：「咬剌也奴、伯顔察兒，比嘗傳旨縱罪人。」帝悉可其奏。

又言：「松州達魯花赤長孫，自言不願錢穀官，願備員廉訪司，令木八剌沙上聞。傳旨至臺，特令委用，臺臣所宜奉行。但徑自陳請，又嘗有罪，理應區别。」帝曰：「此自卿事，宜審行之。」

又奏：「江南李淦言葉李過愆，敕赴都辯論，今葉李已死，事有不待辯者。李淦本儒人，請授以教官，旌其直言。」又奏：「鄂州一道，舊有按察司，要束木惡其害己，令桑哥奏罷之。臣觀鄂州等九郡，境土亦廣，宜復置廉訪司。行御史臺舊治揚州，今揚州隸南京，而行臺移治建康；其淮東廉訪司舊治淮安，宜移治揚州。」又奏：「諸官吏受賕，在朝則詣御史臺首告，在外則詣按察司首告，已有成憲。自桑哥當國，受賕者不赴憲臺憲司，詣諸司，故爾反覆牽延，事久不竟。臣謂宜如前旨，惟於本臺、行臺及諸道廉訪司首告，諸司無得輒受。又監察御史塔的失言：『女真人教化的，去歲東征，妄言以米千石餉闍里帖木兒軍萬人，奏支鈔四百錠。』宜令本處廉訪司究問，於本處行省追償議罪。」皆從之。

三月，中書省臣奏，請以彧爲右丞，世祖曰：「崔彧敢言，惟可使任言責。」閏六月，又同御史大夫玉昔帖木兒奏：「近耿熙告：河間鹽運司官吏盜官庫錢，省臺遣人同告者雜問，凡負二萬二千餘錠，運使徵八千九百餘錠，猶欠一萬三千一百餘錠。運使張庸嘗獻其妹於阿合馬，有寵。阿合馬既死，以官婢事桑哥，復有寵。故庸夤緣戚屬，得久漕司，獨盜三千一百錠。宜命臺省遣官，同廉訪司倍徵之。」又言：「月林伯察江西廉訪司官朮兒赤帶、河東廉訪司官忽兒赤，擅縱盜賊，抑奪民田，貪污不法。今月林伯以事至京，宜就令詰問。」又言：「揚州鹽運司受賄，多付商賈鹽，計直該鈔二萬二千八百錠。臣等以謂追徵，足日課以歸省，贓以歸臺，斟酌定罪，以清蠹源。」又奏：「江西詹玉始以妖術致位集賢，當桑哥持國，遣其掊刻江西學糧，貪酷暴横，學校大廢。近與臣言：『撒里蠻、答失蠻傳旨，以江南有謀叛者，俾乘傳往鞫。』明日，訪知爲禿速忽、香山欺罔奏遣。玉在京師，猶敢誑誕如此，宜亟追還訊問。」帝曰：「此惡人也。遣之往者，朕未嘗知之。其亟執之！」

三十年，彧言：「大都民食唯仰客糴，頃緣官括商船載遞諸物，致販鬻者少，米價翔踴。臣等議：勿令有司括船爲便。」寶泉提舉張簡及子乃蠻帶，告彧嘗受鄒道源、許宗師銀萬五千兩，又其子知微訟彧不法十餘事，敕就中書自辯。彧已書簡等所告，與已宜對者爲牘，袖之，視而後對。簡父子所告皆無驗，並繫獄，簡瘐死，仍籍其家一女入官。乃蠻帶、知微皆坐杖罪除名。

三十一年，成宗即位。先是，千户闊闊出得玉璽於扎拉爾氏，以示彧，其文曰「受命於天，既壽永昌」，彧使上之徽仁裕聖皇后。至是，皇后手授成宗。

彧以久任憲臺，乞選他職，不許。帝諭之曰：「卿若辭避，其誰抗言？」彧言：「肅政廉訪司案牘，而令總管府檢劾非宜。」帝曰：「朕知其事，當時由小人擅奏耳，其改之。」

大德元年，彧又條陳臺憲諸事，皆見於施行。彧居御史臺久，又守正不阿，人疾之。

監察御史斡羅失剌劾奏：「彧兄在先朝嘗有罪，不宜還所籍家産。」帝怒其妄言，笞而遣之。十一月，御史臺奏：「大都路總管沙的，盗支官錢，及受贓計五千三百緡，准律當杖百七，不叙，以故臣子從輕論。」帝欲僅停其職，彧與御史大夫只而合郎執不可。已而御史又奏：「彧爲中丞且十年，不宜久任。」彧遂以病辭，帝諭之曰：「卿辭退誠是，然勉爲朕少留。」

閏十二月，兼領侍儀司事，與太常卿劉無隱奏：「新正朝賀，歲常習儀大萬安寺。」帝曰：「去歲兀都帶以雪故來遲，今而復然。諸不至及失儀者，殿中司、監察御史同糾之」。

二年，加榮禄大夫、平章政事，尋與御史大夫秃赤奏：「世祖聖訓，凡在籍儒人，皆復其家。今歲月滋久，老者已矣，少者不學，宜遵先制，俾廉訪司常加勉厲。」帝深然之，命彧與不忽木、阿里渾撒里同翰林、集賢議，特降詔條，頒於各路。

彧以是年九月卒。至大元年，贈推誠履正功臣、太傅、開府儀同三司，追封鄭國公，謚忠肅。

史臣曰：漢之汲黯，宋之包拯，元之姚天福，所謂邦之司直者也。崔彧鑒於斌之受禍，不劾阿合馬、桑哥，而事後論其黨附者，猶不免於畏强禦。然議論侃侃，切於時務，亦天福之次也。

新元史卷之一百八十五　列傳第八十二

王磐　李昶　劉肅賡　王鶚　徐世隆　孟攀鱗

王磐，字文炳，廣平永年人。世業農，歲得麥萬石，鄉人號萬石王家。父禧，金末入財佐軍興，補進義副尉。大兵破永年，將屠城，禧復罄家貲以獻，遂獲免。金人遷汴，乃渡河，居汝州之魯山。

磐從麻九疇學，客居貧甚，晝盌粥爲朝暮食。年二十六，登正大四年進士第，授歸德府録事判官，不赴。避亂襄、淮間，宋荆湖制置司辟爲議事官。太宗八年，襄陽内附，乃北歸，至洛陽。會楊惟中奉詔招集儒士，得磐，深禮敬之。東平行臺嚴實興學養士，迎磐教授，受業者常數百人，後多爲名士。

中統元年，拜益都等路宣撫副使，頃之，以疾免。磐樂青州風土，乃買田淄河之上，題其居曰「鹿庵」，有終焉之意。及李璮謀反，磐覺之，脱身至濟南，得驛馬馳入京師，因侍臣以聞。世祖即日召見，嘉其誠節，撫勞甚厚。璮據濟南，大軍討之，帝命磐參議行中書省事。壇平，挈妻子至東平。召拜翰林直學士，同修國史。

出爲真定、順德等路宣慰使。邢水縣達魯花赤忙兀觪貪暴不法，民苦之。有趙清者發其罪，既具伏，其妻賄人以利，使殺清。清逃，盡殺其父母妻子。清訴於官，不爲理，又欲反其獄。磐奏置忙兀觪於法，籍其家貲。

真定有西域賈人，稱貸取息，償不以時，輒置獄於家，拘繫搒掠。且恃勢干官府，坐宣慰廳事，指撝屬吏。磐大怒，叱左右捽下，箠之。時府治寓城上，即投之城下，幾死，郡人稱快。

未幾，蝗起真定，督捕使者役夫四萬人，以爲不足，欲牒鄰郡助之。磐曰：「四萬人多矣，何煩他郡？」使者怒責磐狀，期三日捕盡。磐不爲動，親率役夫督捕，三日蝗盡滅，使者驚以爲神。

至元七年，復入翰林爲學士。累遷承旨，領集賢院事。言於宰相：「害民之吏，轉運司爲甚，至税人白骨，使死者不得改葬。宜罷去之，以蘇民力。」由是運司遂罷。阿合馬諷大臣，請合中書、尚書兩省爲一，拜右丞相安童爲三公，陰欲奪其政柄。詔會議，磐言：「合兩省爲一，以右丞相總之，寔便。不然，宜仍舊。三公不預政事，不宜虛設。」其議遂沮。遷太常少卿，乞致仕，不允。

時朝儀未立，凡稱賀，臣僚雜至帳殿前，執法者不能禁其諠擾。磐上疏曰：「按舊制，天子宮門不應入而入者，謂之闌入。闌入之罪，由第一門至第三門，輕重有差。宜令宣徽院籍兩省而下百官名，各依班序，聽通事舍人傳呼贊引，然後進。其越次者，殿中司糾察定罰，不應入而入者，準闌入罪。庶朝廷之禮，漸可整肅。」從之。

曲阜孔子廟，歷代給民户百，以供灑掃，復其家。至是，尚書省盡括之。磐言：「林廟户百家，歲賦鈔不過六百貫，僅比一六品官終年俸耳。聖朝疆宇萬里，財賦歲億萬計，豈愛一六品官俸不以待孔子？且於府庫所益無多，損國體甚大。」時論韙之。

帝以天下獄囚滋多，敕諸路自死罪以下，縱遣歸家，期秋八月，悉來京師聽決。囚如期至，帝惻然憫之，盡原其罪。他日，命近臣作詔，戒喻天下，皆不稱旨，磐獨以縱囚之意命辭。帝喜曰：「此朕所欲言而不能者，卿乃能爲朕言。」嘉奬不已，取酒賜之。再乞致仕，不允。

國子祭酒許衡將告歸，帝遣近臣問磐，磐言：「衡素廉介，其所以求退者，得非生員數少，坐縻禀禄，有所不安耶？宜增益生員，使之施教，則庶幾人才有成，衡之受禄亦可以無愧。」從之。

磐移疾家居，帝遣使慰諭曰：「卿年雖老，非任煩劇，何以辭爲？」仍詔禄之終身，並還所斷月俸。磐不得已，復起。詔集百官，問鈔輕物重事，磐言：「物貴則不足，物賤則有餘，要以節用而不妄費，庶鈔、貨可平。」

時方伐宋，凡帷幄之謀，有所未決，即遣使問之。磐所奏，每稱上意。帝將用兵日本，問以便宜，磐言：「今伐宋，當用吾全力，庶可一舉取之。若分討東夷，恐曠日持久，功難卒就。俟宋滅，徐圖之未晚也。」江南既下，磐上疏，大略言：「禁戰軍士，選擇官吏，賞功罰罪，推廣恩信，所以撫安新附，消弭寇盜。」其言要切，皆見施行。

朝議汰冗官，欲並裁按察司。磐奏曰：「各路州郡，去京師遥遠，貪官污吏，侵害小民，無所控告，惟賴按察司爲之申理。若指爲冗官，一例罷去，則小民冤死而無所訴矣。若謂京師有御史臺糾察四方之事，是大不然。夫御史臺，糾察朝廷百官、京畿州縣，尚恐弗及，安能及外路？若欲併入運司，運司專以營利增課爲職，與管民官常分彼此，豈暇顧細民之冤抑哉？」由是按察司得不罷。

朝廷録平宋功，遷宰相執政者二十餘人，因議更定官制。磐奏曰：「歷代制度，有官品，有爵號，有職位。官、爵所以示榮寵，職位所以委事權。臣下有功有勞，隨其大小，酬以官爵；有才有能，稱其所堪，處以職位。此人君御下之術也。臣以爲有功者，宜加遷散官，或賜五等爵號，如漢唐封侯之制可也，不宜任以職位。」

日本之役，師行有期，磐入諫曰：「日本小夷，海道險遠，勝之則不武，不勝則損威，臣以爲勿伐便。」帝震怒，謂非所宜言，且曰：「此在國法，言者不赦，汝豈有他心耶？」磐對曰：「臣赤心爲國，故敢言之。苟有他心，何爲冒萬死而歸陛下？今臣年已八十，又無子，他心欲何爲耶？」明日，帝遣侍臣以温言慰諭磐，出内府碧玉枕賜之。

磐以年老，累乞骸骨。丞相和禮霍孫爲言，詔允其請，進資德大夫，致仕，仍給半俸終身。皇太子聞其去，召入宫，賜食慰問良久。行之日，皇太子賜宴聖安寺，公卿百官出送麗澤門外，縉紳以爲榮。磐無子，命其婿著作郎李稺賓爲東平判官，以養磐。每大臣燕見，帝數問磐起居，始終眷顧不衰。磐資性剛方，閒居不妄言笑，每奏對，不肯阿意承順，帝嘗以古遺直稱之，雖權倖側目，弗顧也。阿合馬方得權，以重幣求文，磐拒弗與。所薦宋衜、雷膺、魏初、徐琰、胡祗遹、孟祺、李謙，後皆爲名臣。卒年九十二。贈端貞雅亮佐治功臣、太傅、開府儀同三司，追封洺國公，謚文忠。

李昶，字士都，東平須城人。父世弼，從外家受孫明復《春秋》。金貞祐初，三赴廷試，不第，推恩授彭城主簿。復求試，一夕，夢在李彦榜下及第。時昶年十六，已能文，乃更其名曰彥。興定二年，父子廷試，昶果以《春秋》中第二甲。世弼在第三甲，授東平教授，卒。

昶釋褐，授徵事郎、孟州温縣丞。累遷尚書省掾，再調漕運提舉。金亡，行臺嚴實辟爲都事，改行軍萬户知府事。實卒，子忠濟嗣，擢昶爲經歷。忠濟怠於政事，昶諫曰：「比年内外裘馬相尚，飲宴無節，庫藏空虚，百姓匱乏，若猶循習故常，恐生他變。惟閣下接納正士，黜遠小人，損騎從，省宴遊。雖不能救已然之失，尚可以弭未然之禍。」時朝廷裁抑諸侯，法制寖密，忠濟縱侈自若。昶以親老求去，不許。俄以父憂去官，杜門教授，一時名士若李謙、馬紹、吴衍等，皆出其門。

世祖伐宋，次濮州，聞昶名，召見，問治國用兵之要。昶上疏，論治國，則以用賢、黜不肖、務本清源爲對；論用兵，則以伐罪、救民、不嗜殺爲對。世祖嘉納之。

明年，世祖即位，召至開平。昶知無不言，眷遇益厚。時徵需煩重，行中書省科徵税賦，雖逋户不貸。昶移書時相曰：「百姓困於弊政久矣，聖上龍飛，首頒明詔，天下之人，如獲更生，拭目傾耳，以徯太平。半年之間，人漸失望，良以渴仰之心太切，興除之政未孚故也。今又聞欲據丁巳户籍徵税，比之見户，或加多十六七。止驗見户，應輸猶恐不逮，復令包補逃亡，必致艱難。苟不以撫字爲心，惟事苛徵，則諸人皆能之，豈聖上擢賢更化之意哉？」省臣感其言，爲蠲逋户之賦。

中統二年春，阿里不哥來降，昶上表賀，因進諫曰：「患難所以存儆戒，禍亂將以開聖明。伏願日新其德，雖休勿休，戰勝不矜，功成不有，和輯宗親，撫綏將士，增修庶政，選用百官，儉以足用，寬以養民。恒以北征宵旰之勤，永爲南面逸豫之戒。」世祖稱善久之。世祖嘗燕處，望見昶輒斂容曰：「李秀才至矣。」其見敬禮如此。

會嚴忠濟罷，以其弟忠範代之。忠範表請昶，師事之，特授翰林侍講學士、行東平路總管軍民同議官。昶條十二事，剗除宿弊。廷議令百姓老疾者，仍充賦役。昶言於政府曰：「鰥寡廢疾之人，命所在優恤，此近日德音也。旬月之間，一予一奪，何以示信於民？」其議始格不行。

至元元年，減併各路官，昶謝事家居。五年，起爲吏禮部尚書，品格條式，選舉禮文之事，多所裁定。凡議大政，宰相延置上座，傾聽焉。六年，阿合馬議立尚書省，昶請老。七年，詔授南京路總管府尹，不赴。八年，授山東東西道提刑按察使，務持大體，不事苛細，未幾致仕。二十二年，昶年已八十三，復遣使徵之，以老疾辭，賜田千畝。二十六年卒，年八十七。著《春秋左氏遺意》二十卷、《孟子權衡遺説》五卷。

劉肅，字才卿，威州洺水人。金興定二年進士。爲尚書省令史。盜竊内藏珠及官羅，逮繫貨珠牙儈及藏吏，誣服者十一人。刑部議皆置極刑，肅執之曰：「盜無正贓，殺之冤。」金主怒，有近侍夜見肅，具道上意。肅曰：「辯析冤獄，我職也。惜一己而戕十一人之命，可乎？」明日，詣省辯愈力。右司郎中張天綱曰：「汝具奏辯之。」奏入，金主悟，囚得不死。調新蔡令。先時，縣賦民以牛多寡爲差，民匿牛不耕。肅至，命樹畜繁者不加賦，民遂殷富。瀕淮民有竄入宋境，籍爲兵而優其糧，間有歸者，艱於衣食，時出怨言曰：「不如渡淮。」告者以謀叛論，肅曰：「淮限宋境，一水耳，果欲叛，不難往也。口雖言而心無實，準律當杖八十。」奏可。擢户部主事。

金亡，依東平嚴實，辟行尚書省左司員外郎，又改行軍萬户府經歷。東平歲賦絲銀，復輸綿十萬兩、色絹萬匹，民不能堪，肅贊實奏罷之。世祖居潛邸，以肅爲邢州安撫使，肅興鐵冶及行楮幣，公私賴焉。

中統元年，擢真定路宣撫使。時中統新鈔行，罷鈔銀不用。真定以銀鈔交通於外者，凡八千餘貫，公私嚻然，莫知所措。肅建三策：一曰用舊鈔，二曰新舊兼用，三曰官以新鈔如數易舊鈔。中書從其第三策，遂降鈔五十萬貫。二年，授左三部尚書。未幾，兼商議中書省事。三年，致仕，給半俸。四年，卒，年七十六。

肅性舒緩，有執守。嘗集諸家《易》説，曰《讀易備忘》。後累贈推忠贊治功臣、金紫光禄大夫、上柱國、大司徒、邢國公，謚文獻。子愨，長葛縣主簿，贈光禄大夫、大司徒、邢國公，謚孝靖；憲，禮部侍郎；愻，大名路總管。愨子賡。

賡，字熙載。幼師事王磐。至元十三年，授國史院編修官。遷應奉翰林文字，辟司徒府長史，仍兼應奉。出爲德州同知，累擢太常博士，拜監察御史。中丞崔彧好使氣，他御史拜謁，彧平受之，獨見賡則禮焉。

大德二年，擢翰林直學士。秋，大雨，河決蒲口，詔賡等塞之。七年，奉使宣撫陝西。至大二年，拜禮部尚書，兼翰林學士。明年，遷侍御史。未幾，拜翰林學士承旨，兼國子祭酒。皇慶元年，遷集賢大學士，仍兼祭酒。延祐元年，復爲承旨。六年，拜太子賓客。七年，拜集賢大學士。尋又爲翰林承旨。泰定元年，加光禄大夫。會集議上尊號，賡抗言不可，事遂已。天曆元年卒，年八十一。至順三年，贈河南行省平章政事、柱國，追封趙國公，謚文貞。

賡官至一品，年七十，父愨尚亡恙，賡躬奉飲食，昕夕侍側。仁宗聞之曰：「此我國家人瑞也。」刻玉爲鳩杖以賜，士論榮之。

王鶚，字百一，開州東明人。始生，有大鳥止於庭，鄉人張大淵曰：「鶚也，是兒其有大名乎！」因名之。幼聰悟，日誦千餘言，長工詞賦。

金正大元年，登進士一甲第一，授應奉翰林文字。累遷同知申州事，行蔡州汝陽令。丁母憂。金主遷蔡州，詔尚書省移書恒山公武仙進兵，金主覽書，問誰爲之，右丞完顔仲德曰：「前翰林應奉王鶚。」曰：「朕即位時狀元耶？」召見，惜擢用之晚。起復，授尚書省右司都事，擢左右司郎中。蔡州陷，將受戮，萬户張柔聞其名，救之，館於保州。

世祖在藩邸，訪求遺逸之士，遣使聘鶚。及至，使者數輩迎勞，召對。進講《易》、《尚書》、《孝經》及齊家治國之道，古今事物之變，每夜分乃罷。世祖曰：「我未能即行汝言，安知異日不行之耶？」鶚就聘時，其友馬雲漢贈以孔子畫像，鶚奏請行釋奠禮，世祖悦。禮畢，鶚進胙於世祖。自是春秋二仲，歲以爲常。歲餘，鶚乞還，賜以馬，仍命近侍闊闊、柴禎等五人從之學。繼命徙居大都，賜宅一區。嘗因見，請曰：「天兵克蔡，金主自縊，其奉御絳山焚葬汝水之傍。禮，爲舊君有服，願往葬祭。」世祖義而許之。至則爲河水所没，設牲酒爲位哭之。

定宗元年春正月辛卯朔，日有食之，世祖問，鶚以宋富弼故事對，世祖爲罷宴徹樂，明日始受賀。憲宗六年，遣李堯咨以安車徵鶚，與魏璠同召見，奏對稱旨，將任以政事，鶚力辭。

中統元年，首授翰林學士承旨，制誥、典章，皆所裁定。至元元年，加資善大夫。上奏：「自古帝王得失興廢可考者，以有史在也。我國家以神武定四方，天戈所臨，無不臣服者，皆出太祖皇帝廟謨雄斷所致。若不乘時紀録，竊恐久而遺亡。宜置局纂實録，附修遼、金二史。」又言：「唐太宗始定天下，置弘文館學士十八人。宋太宗承太祖開創之後，設内外學士院。史册爛然，號稱文治。堂堂國朝，豈無英才如唐、宋者乎？」皆從之，始立翰林學士院，鶚薦李冶、李昶、王磐、徒單公履、郝經、徐世隆、高鳴爲學士，楊恕、孟攀鱗爲待制，王惲、雷膺爲修撰，周砥、胡祗適、孟祺、閻復、劉元爲應奉文字。一時人才，搜羅殆盡。復奏立十道提舉學校官。

有言事者，謂宰執非其人，詔儒臣廷議可任宰相者。時阿合馬巧佞，欲乘隙取相位，大臣復助之，衆知其非，莫敢言。鶚奮然擲筆曰：「吾以衰老之年，無以報國，既欲舉此人爲相，吾不能插驢尾矣！」振袖而起，事遂寢。五年，乞致仕，詔有司歲給廩禄終其身。十年卒，年八十四。十五年，翰林學士承旨和禮合孫、前中書左丞張文謙奏：「鶚，藩邸舊人，宜有封謚。」詔特謚文康。

鶚性樂易，爲文章不事雕飾，嘗曰：「學者當以窮理爲先，分章析句，乃經生舉子之業，非爲己之學也。」著《論語集義》一卷，《汝南遺事》四卷，詩文四十卷。無子，以婿周鐸子之綱爲後。之綱，官至翰林侍讀學士。

徐世隆，字威卿，陳州西華人。金正大四年進士，爲縣令。其父戒世隆曰：「汝年少，學未至，毋急仕進，當讀書以益智識，俟三十入官未晚也。」世隆遂辭官，益篤於學。

金亡，嚴實招致幕府，俾掌書記。世隆勸實收養寒素，一時名士多歸之。又使世隆考其甲乙，屢入高等者擢用之，李謙、閻復、孟祺、張孔孫、夾谷之奇等皆預其選。

憲宗即位，以爲拘榷燕京路課税官，世隆固辭。世祖在潛邸，召見於日月山。時將伐雲南，以問世隆，對曰：「孟子有言：『不嗜殺人者能一之。』夫君人者，不嗜殺人，天下可定，況蕞爾之小夷乎？」世祖曰：「誠如卿言，吾事濟矣。」實得金太常登歌樂，世祖遣使取之，世隆典領以行，既見，世祖欲留之，世隆以母老辭。遣尚書柴禎送世隆還，嚴忠濟署爲本府經歷。

中統元年，擢燕京等路宣撫使。世隆以新民善俗爲務。中書省檄諸路養禁衛羸馬，數以萬計，世隆曰：「國馬牧於北方，無飼於南者。上新臨天下，京畿根本地，煩擾之事，必不爲之。馬將不來。」吏白：「此軍需也，其責不輕。」世隆曰：「責當我坐。」卒弗爲備，後馬果不至。清滄鹽課，虧不及額，世隆綜覈之，得增羨若干，賜銀三十錠。二年，移治順天，歲饑，世隆發廩貸之，全活甚衆。三年，宣撫司罷，世隆還東平，請增宮縣大樂、文武二舞，令舊工教習，以備大祀，從之。除世隆太常卿，兼提舉本路學校事。四年，世祖問堯、舜、禹、湯爲君之道，世隆取書所載帝王事奏之，帝喜曰：「汝爲朕直解進讀，朕將聽之。」書成，帝命翰林承旨安藏譯國語以進。

至元元年，遷翰林侍講學士，兼太常卿，詔命典册多出其手。世隆奏：「陛下帝中國，當行中國事。事之大者，首惟祭祀，祭必有廟。」乞敕有司以時興建，從之。逾年廟成，迎祖宗神御奉安太室，而大饗禮成。俄兼户部侍郎，承詔議立三省，定内外官制上之。七年，遷吏部尚書。世隆以銓選無可守之法，撰《選曹八議》，俱著爲令。九年，乞補外，佩虎符爲東昌路總管。至郡，專務以德率下，不事鞭箠，郡人頌之。十四年，遷山東提刑按察使。時有妖言獄，所司逮捕凡數百人，世隆剖析詿誤者十之八、九，悉縱遣之。十五年，移淮東。宋將許瓊家童，告瓊匿官庫財，有司繫其妻孥。徵之，瓊所匿者亡宋之物，不得與盜官財者同論，世隆獨抗章辯明，行臺是之，釋不問。十七年，召爲翰林學士，又召爲集賢學士，皆以疾辭。

世隆慈祥樂易，人忤之無慢色。喜賓客，樂施與，明習前代典故，尤精律令。二十二年，安童再入相，奏世隆雖老，尚可用。遣使召之，仍以病辭，附奏便宜九事。賜田十頃。未幾卒，年八十。著有《瀛洲集》百卷、文集若干卷。

孟攀鱗，字駕之，雲内人。曾祖彦甫，以明法爲西北路招討司知事。有疑獄當死者百餘人，彦甫執不從，後三日得實，皆釋之。祖鶴、父澤民，皆金進士。

攀鱗幼日誦萬言，時號奇童。金正大七年，擢進士第，仕至朝散大夫、招討使。金亡，北歸居平陽。定宗元年，爲陝西帥府詳議官，遂家長安。世祖中統三年，授翰林待制、同修國史。

至元初，召見，攀鱗條陳十七事，勸上親祀天地、宗廟，制禮樂，建學校，行科舉，擇守令以字民，儲倉廩以贍軍，省無名之賦，罷不急之役，百司庶府統有六部，紀綱制度悉由中書，是爲長久之計。世祖嘉納之，咨問諄諄。後論王鶚、許衡優劣，對曰：「鶚文華之士，可置於翰苑；衡明經傳道，可爲後學矜式。」帝深然之。又嘗召問親祀郊廟儀制，攀鱗悉據經典以對。時帝將親祀，命攀鱗會太常議定禮儀，攀鱗畫南北郊及宗廟之圖以進，帝覽而善之。復以病請歸，命就議陝西五路四川行中書省事。四年，卒，年六十四。延祐二年，贈翰林學士承旨、資德大夫、上護軍、平原郡公，謚文定。

新元史卷之一百八十六　列傳第八十三

張惠　石天麟　楊湜　張昉　張天祐　高鸘　張九思　郝彬　王伯勝

張惠，字廷傑，成都新繁人。大兵入蜀，惠年十四，被俘至杭海。居數年，盡通諸國語，孟速思愛其才而薦之，入侍世祖藩邸，以謹敏稱，賜名兀魯忽訥特。世祖即位，授燕京宣慰副使。爲政寬簡，奏免分數錢，罷硝碱局。

至元元年八月，拜中書參知政事，行省山東。贖俘囚二百餘家爲民，其不能歸者，使爲僧，建寺居之。李璮之亂，山東民被掠者甚衆，惠大括軍中，悉縱之。遷制國用使司副使。會改制國用司爲尚書省，拜參知政事。遷中書左丞，進右丞。伯顔伐宋，詔惠主饋餉，凡江淮錢穀皆領之。

十三年，宋降，伯顔命惠與參知政事阿剌罕等入城，按閱府庫版籍，收其太廟與景靈宫禮樂器及郊天儀仗。籍江南民爲工匠凡三十萬户，惠選通藝業者十餘萬户，餘悉奏還爲民。伯顔以宋主北還，使惠居守。惠不待命，輒啟府庫封鑰，伯顔以聞，詔左丞相阿朮、平章政事阿塔海詰之，徵還京師。

二十年，拜榮禄大夫、平章政事，行省揚州。二十二年，復命以平章政事行省杭州。至無錫卒，年六十二。惠所至有能聲，然依附阿合馬，士論少之。以潛邸舊臣，故世祖眷顧獨厚云。

石天麟，字天瑞，大都順州人。年十四，入見太宗，因留宿衛。天麟好學，通諸國文字。帝命耶律楚材釐正庶務，擇賢能爲參佐，天麟預選，賜名蒙古台。宗王旭烈兀征西域，以天麟爲斷事官。

憲宗六年，遣天麟使於海都，拘留久之。既而叛王劫皇子北安王以往，寓於天麟所。天麟與其用事者習狎，因告以逆順禍福之理，海都遂遣天麟與北安王同歸。天麟留二十八年始還，世祖大悦，賞賜甚厚。拜中書左丞，兼斷事官，天麟辭曰：「臣奉使無狀，陛下幸赦弗誅，何敢叨榮寵，貽廟堂之羞？」帝嘉其誠懇，從之。

或譖丞相安童嘗受海都官爵，帝怒。天麟奏曰：「海都親藩，非仇敵比，安童不拒絶之，殆欲導其歸命。」帝怒乃解。江南道觀藏宋主畫像，有僧與道士交惡，發其事，將寘極刑。帝以問天麟，對曰：「遼帝、后銅像今尚在西京佛寺，未聞干禁令也。」事遂寢。天麟年七十餘，帝以金龍頭杖賜之，曰：「卿年老，出入宮掖，可杖此。」時權臣桑哥用事，人莫敢言。天麟獨劾其奸，無所顧忌。

成宗即位，加榮禄大夫、司徒。召宴玉德殿，醉，命御輦送還。武宗即位，進平章政事。至大二年秋八月卒，年九十二。贈推誠宣力保德翊戴功臣、開府儀同三司、太師、上柱國，追封冀國公，諡忠宣。

子珪，累官治書侍御史，遷樞密副使，復爲治書侍御史，拜河南行省中書右丞、南臺御史中丞，卒。次子懷都，累官刑部尚書。

楊湜，字彦清，真定藁城人。工書算，始以府吏遷檢法。中統元年，辟中書掾，與中山楊珍、無極楊卞齊名，時人以「三楊」目之。中書省初立，國用不足，湜論鈔法宜以榷貨制國用，朝廷從之，使掌其條制。四年，授益都路宣慰司咨議。遷左司提控掾，請嚴贓吏法。

至元二年，除河南、大名諸處行中書省都事。三年，制國用司總天下錢穀，以湜爲員外郎，佩金符。改宣徽院參議。湜計帑立籍，具其出入之算，每月終上之，遂定爲令。加諸路交鈔都提舉，上鈔法便宜事，謂平準行用庫白金出入有盜濫之弊，請以五十兩鑄爲鋌，文以「元寶」，用之便。

七年，改制國用司爲尚書省，拜户部侍郎，仍兼交鈔提舉。時用壬子舊籍定民賦役之高下，湜言：「貧富不常，歲久浸易，不可以昔時之籍而定今之賦役。」廷議善之。湜心計精析，時論財政者咸推其能。未幾，卒。

子克忠，安豐路總管。孫貞。

張昉，字顯卿，東平汶上人。父汝明，金大安元年進士，官至治書侍御史。

昉性縝密，遇事敢言，以任子試補吏部令史。金亡，還鄉里。嚴實辟爲掾。鄉人有執左道惑衆謀不軌者，事覺逮捕，詿誤甚衆，僚佐莫敢言，昉獨別白出數百人。實才之，擢幕職。有將校死事，以弟襲其職者，至是革去，昉辯明，復之，持金夜饋昉，昉卻之，慚謝而去。同里張氏，以絲五萬兩寄昉家，俄昉家被火，貲用悉焚，惟張氏絲以家人營救獨完，人尤義之。權知東平府事，以疾辭，家居養母。

中統四年，參知中書省事。商挺表爲四川等處行樞密院參議。至元元年，入爲中書省左右司郎中。三年，遷制國用使司郎中。丁内憂，哀毁踰制。尋詔起復，録囚東平，多所平反。七年，轉尚書省左右司郎中。九年，改中書省左右司郎中。昉有識慮，損益古今，裁定典憲，名爲稱職。十一年，拜兵刑部尚書，上疏乞骸骨，致仕，卒。贈中奉大夫、參知政事，追封東郡公，謚莊憲。

子克遹，平陰縣尹。孫振，秘書著作郎；揆，中書省左司都事；拱，常德路蒙古學教授。

張天祐，字吉甫，開封浚儀人。幼給事裕宗，以年勞授工匠總管府經歷，有能名。至元十四年，轉歷城尹，未赴，改同知棣州。十八年，詔發濟南十路民丁五萬濬膠河以通海運，責天祐董其役，丞相哈必赤監之。冬寒，天祐數言宜休衆，待春徵集，哈必赤不從。天祐行堤，見僵尸枕籍，歎曰：「吾曹媚上急功，使民凍死，可乎？」悉縱遣之，言於哈必赤曰：「有罪吾請身坐，不以相及。」事聞，帝大爲嗟異。裕宗擢爲功德司經歷，尋改總判院，晋奉訓大夫。二十二年，出爲太原路總管，有惠政，部民刊石頌之。召參議尚書省事。二十五年，拜中書參知政事。大德四年，改僉宣政院事，進資善大夫、同知江南行宣政院事。

卒，年六十三。

高觿，字彦解，本女真渤海部人，後改高氏，徙潞州上黨。父守忠，國初爲千户。太祖九年，從親王口温不花攻黄州，殁於兵。

觿事世祖，備宿衛，甚見親幸。至元初，立燕王爲皇太子，詔選才儁充官屬，以觿掌藝文監，兼領中醞、宫衛監門事，又監作皇太子宫，規制有法，帝嘉之，錫金幣、廐馬，因觿面黄，賜名失剌。十八年，授工部侍郎、行同知王府都總管府事。十九年春，皇太子從帝北幸。時丞相阿合馬留守大都，專權恣横，益都千户王著與高和尚等謀殺之。

三月十七日，觿宿衛宫中，有番僧二人至中書省，言今夕皇太子與國師來建佛事。省中疑之，使出入東宫者雜識之，觿等皆不識，乃作番語詢僧曰：「皇太子及國師今在何處？」二僧失色，又以漢語詰之，倉皇不能對，遂執二僧屬吏。訊之，皆不伏。觿恐有變，乃與尚書忙古兒、張九思，集衛士各執弓矢以備。頃之，樞密副使張易亦將兵駐宫門外。觿問：「何爲？」易曰：「夜當自見。」觿固問，乃附耳語曰：「皇太子來誅阿合馬也。」夜二鼓，忽聞人馬聲，遥見燭籠儀仗，將至宫門，一人前呼啟關，觿謂九思曰：「他時殿下還宫，必以完澤、賽音二人先，請見二人，然後啟關。」䶮呼二人不應，即語之曰：「皇太子平日未嘗行此門，今何來此？」賊計窮，趨南門。䶮留張子政守西門，亟走南門伺之。但聞呼省官姓名，燭影下遥見阿合馬及左丞郝禎已被殺。䶮乃與九思大呼曰：「此賊也！」叱衛士急捕之，高和尚等皆遯去，惟王著就擒。黎明，中丞也先帖木兒與䶮等馳驛至上都，以其事聞。高和尚等尋被獲，皆伏誅。

二十二年，遷嘉議大夫、同知大都留守司事、少府監。久之，遷中奉大夫、河南等處宣慰使。卒，年五十三。後贈推誠協亮功臣、太傅、儀同三司、上柱國、魯國公，謚莊僖。

張九思，字子有，大都宛平人。父滋，薊州節度使。至元二年，九思入備宿衛，裕皇居東宫，一見奇之，以父蔭當補外，特留不遣。江南平，宋庫藏金帛輸内府，分授東宫者，置都總管府以主之。九思以工部尚書兼府事。

十九年春，世祖幸上都，皇太子從，阿合馬留守，妖僧高和尚、千户王著等謀殺之。夜聚數百人爲儀衛，稱皇太子，入健德門，傳令啟關甚遽。九思適直宿宫中，命衛士勿擅啟關，語在《高䶮傳》。賊知不可紿，循垣趨南門外，擊殺阿合馬、郝禎。時變起倉卒，且昏夜，衆莫知所爲。九思審其詐，叱衛士并力擊賊，賊遁去，惟王著就擒。賊之入也，矯太子命，徵兵於樞密副使張易，易遽以兵與之。易既坐誅，刑官復論以知情，將傳首四方。九思啟太子曰：「張易應變不審，授賊以兵，死復何辭？若坐以同謀，則過矣，請免其傳首。」九思從之。九思討賊時，右衛指揮顔進中流矢死，怨家誣爲賊黨，將籍其家，九思力辯，得免。

是年冬，立詹事院，以九思爲丞，遂舉名儒上黨宋衜、容城劉因、滕州夾谷之奇、鄆州李謙，分任東宮官屬。二十二年，皇太子卒，朝議欲罷詹事院。九思抗言曰：「有皇孫在，固宗社之所屬，人心之所繫也，奈何爲斯言乎？」衆韙之。

三十年，丞相完澤薦之曰：「昔妖僧之變，能審詐禦賊者也。」遂拜中書左丞，兼詹事丞。明年，世祖崩，成宗即位，改詹事院爲徽政院，以九思爲副使。十一月，進資善大夫、中書右丞，兼領修《裕宗實録》事。大德二年，拜榮禄大夫、中書平章政事，兼領徽政院副使如故。五年，改授大司徒、徽政院副使，領將作院事。賜小車，得乘出入殿門，諭之曰：「朕知卿必以禮辭，誠念卿宫府舊臣，不忍卿步履之艱也，其毋辭。」既而又詔曰：「昔在東朝，卿於事無所違缺，朕素念之。今佐朕理天下如詹事，朕所望也。」時人榮之。六年，加光禄大夫，卒，六十一。追封魯國公，贈推誠翊亮功臣、太傅、上柱國，謚惠獻。

子金界奴，天曆三年爲大都留守。文宗建奎章閣，金界奴爲都主管公事，帝嘉其才，命爲九思立神道碑以寵之。歷官河南行省右丞。

郝彬，字景文，後改名元良，霸州信安人。年十六，爲東宫宿衛。擢揚州路治中。宋末，鄞縣賊顧閏聚衆劫掠海上，宋霸縻以官，内附後益横，彬討擒之。泰興人有被殺者，賊二年不獲，吏誣平人，獄已具。彬疑其誣，讞之，果得真賊。

二十二年，遷同知淮西道宣慰司事，覈户版，理屯田，諸廢修舉。改江淮財賦府總管府，掌東宫田賦。官屬皆以膾事奏授，不隸中書，往往爲奸利誅求無厭。彬爲總管，入見，請受憲司糾察以革私弊，罷所隸六提舉司以便民，從之。兩淮鹽課當天下之半，法日弊壞，以彬行户部尚書經理之。彬請度舟楫所通，建六倉，煮鹽於場，運之，歲首聽羣商於轉運司探倉籌買券，又定河商、江商市易之法，著爲令。

大德中，入爲工部尚書，改户部尚書。至大元年，拜中書參知政事，俄以病自免歸。尚書省立，拜參知政事，辭不獲命，出爲江西行省參知政事。三年，復爲尚書參知政事。仁宗在東宫，彬懇辭至，稱疾篤。時相强起之，彬堅卧一榻，至數月。迨尚書省臣得罪，彬獨不與焉。家居七年，仁宗召爲大司農卿，又固辭。延祐七年卒，年六十二。

彬從兄從，河間清鹽使；從子志善，監察御史。並有時名。

王伯勝，霸州文安人。兄伯順，給事内廷，爲世祖所親幸，因以伯勝入見，命直宿衛。伯勝年十一，廣顙巨鼻，狀貌偉麗，帝顧謂伯順曰：「此兒當勝卿。」因賜名伯勝。帝嘗沃盥，水温冷適當，問誰進者，内侍以伯勝對。帝曰：「此兒達人情，他日必知爲政。」

至元二十五年，從征乃顔，以功授朝列大夫、拱衛直都指揮使。初，拱衛直隸教坊，市井無賴往往竄名衛卒，伯勝盡募良家子易之。大德五年八月，扈從上都，天久雨，夜聞城西北有聲如戰鼓。伯勝出視，乃大水暴至，伯勝立具畚鍤，以土石、氈罽塞門，分決壕城，至旦始定，而民弗知。丞相完澤以聞，帝嘉之。以侍成宗疾，忤安西王，出爲大寧路總管，伯順亦出爲梁王傅。

武宗即位，召拜大都留守，兼少府監。大都土城，歲必蓑葦以禦雨，日久城日堅，徒爲勞費，伯勝奏罷之。

仁宗即位，敕百司改升品級者悉復至元舊制，降授資政大夫，尋復進榮禄大夫，拜遼陽等處行中書省平章政事。遼陽俗陋敝，民不知學。伯勝增置州學，子弟擇名師教之。

度田百頃，募民耕種，以給廪餼。歲大旱，禱雨立應，人謂之平章雨。延祐二年，仍爲大都留守，遼陽民具狀乞留，不得請，相與涕泣而去。三年，特授銀青榮禄大夫。

至治二年，賜金虎符，授武衛親軍都指揮使，兼大都屯田事，仍大都留守。奉詔監修太廟及咸寧殿。泰定三年卒。贈翊忠宣力保惠功臣、太保、金紫光禄大夫、上柱國，追封薊國公，謚忠敏。

長子恪，初名安童，累官兵部尚書、南臺治書侍御史、僉宣徽院事。次馬兒，以宣武將軍襲武衛親軍都指揮使。孫善果，襲伯順官，至大司徒。

新元史卷之一百八十七　列傳第八十四

尚文　李謙　王約　張昇

尚文，字周卿，祁州深澤人，後徙保定。幼嗜學，卓犖負奇志。中統元年，張文謙自河東還，前參知政事王椅薦文才，文謙辟掌書記。至元元年，西夏行中書省復辟之。六年，始立朝儀，太保劉秉忠言於世祖，詔文與諸儒採唐《開元禮》及近代禮儀之可用者，斟酌損益，凡常朝、朔望起居、元日、冬至會覲，内外文武仗衛、服色差等、圖象、規製，皆文掌之。七年，朝儀成，敕爲綿蕝於禁城東，使百官肄習。帝見大書「宸極御座之居」，召文問之，對曰：「天極居中，衆星環拱，帝德無爲，天下歸之，其象如此。」帝大悦，遂爲定制。遷文司農都事。八年，禮成，置侍儀司。秉忠以文見帝於仁智殿，擢右直侍儀使。十二年，復爲司農都事。

十七年，出爲輝州知州。懷孟民馬氏、宋氏，誣伏殺人，獄久不決。使者檄文讞之，得吏卒羅織狀，兩獄皆釋。十九年，召爲户部司金郎中。初，竹税置提舉司，懷、衛二州居民犯一笥一竹，率以私論，至破家。至是，文抗言罷之，俾州縣收其課，民便之。江西行省與宣慰使交訟，皇太子使文訊其事，罷行省官及宣慰使各一。

二十二年，遷御史臺都事。南臺御史上封事，言帝春秋高，宜禪位皇太子，皇太子聞之懼，文因寢其奏不發。答即古、阿散等知之，奏請收内外百司吏案，索天下錢糧之埋没者，實欲藉發其事。文白於右丞相安童、御史大夫月吕魯那延，並拒不問。翌日，答即古等奏聞，敕宗正薛徹干取其奏。皇太子益懼，文曰：「事急矣！」白月吕魯，請就省圖之，至謂安童曰：「丞相、大夫皆朝廷柱石，皇太子天下根本。固本安天下，兩公任也。此輩傾險，乘釁圖不逞，禍且不測。今先事言之，使噤不容喙，策之上者也。」安童與月吕魯即入言狀，帝怒曰：「汝等無罪耶？」安童進曰：「臣等無所逃罪。但此輩皆阿合馬餘黨，名麗刑書，藉事動揺人心，宜以重臣爲之長，庶可杜紛擾。」帝怒稍解，可其奏。既而答即古受人金，與其黨俱坐姦贓論死，事始寢。未幾，擢大司農丞。

二十四年，置尚書省。桑哥爲右丞相，使者四出，峻繩督，務贏官緡〔一〕，以邀功賞。文奉使江南，得鈔緡四十萬，以三之一還於民。桑哥雖不悦，無以罪之。明年，復使江西，時至元鈔始行，禁私易金銀，胥吏緣爲姦利。或誣熊甲買金尺，乞輸直，不聽，乃貸簪珥作新尺，符其妄。劉甲誣其弟貿金銀，獄久不決。文至，俱辨其誣。二十六年，遷司農少卿。

尚書省罷，遷吏部侍郎，攝尚書省變革所不當者，奏上之。明年，出爲江南湖北道肅政廉訪使。三十一年，召爲刑部尚書。

元貞元年，拜中臺侍御史。湖州司獄郭玘訴浙西廉訪司僉事張孝思多取廩餼，孝思繫玘於獄，行臺使監察御史楊仁鞫之。浙江行省平章鐵木爾逮孝思至省訊問，又令其屬官與仁同鞫玘事，仁不從。行臺及浙西廉訪使劾鐵木耳不法者十七事，詔遣文往訊之。鐵木耳挾貴力争不服，以國制軍數禁密，劾御史違制取會防鎮軍數，帝命行臺、宣政使諸大臣會議，咸曰：「平章所犯者輕，事宜宥，御史法當死。」文抗言：「平章不受簿責，無人臣禮。御史因兵士争訴，責其帥均役，情無害法。必謂軍數有禁，則胥吏掌給鹽米伍籍，誰不知者。上初登大寶，豈宜濫刑以累聖德？」詔廷辯數四，帝意悟，平章、御史各杖遣之。

二年，建言：「治平之世，不宜數赦。」及停罷不急之役，帝皆嘉納之。出爲河北河南肅政廉訪使。大德元年，河决杞縣蒲口，文上言：「自孟津而下，地平土疏，遷徙不常，蒲口不塞便。」語詳《河渠志》。會山東官吏争言：「不塞，則河北盡爲魚鱉之區，塞之便。」帝復從之。明年，蒲口再决，塞河之役，無歲無之。是後水北入巴河，復故道，竟如文言。

三年，調山東肅政廉訪使。歷行省參知政事、行御史臺中丞。七年，召拜資善大夫、中書左丞。浙西饑，發廩不足，奏請募民入粟補官以賑之。又奏斥罷江南白雲宗，與民均事賦役。西域賈人進售珍寶，其價六十萬錠，省臣顧謂文曰：「此所謂押忽大珠也，六十萬酬之不爲過矣。」一坐傳玩，文問：「何所用之？」曰：「含之可不渴，熨面可使目有光。」文曰：「一人含之，十萬人不渴，則誠寶也。若一寶止濟一人，用已微矣。吾之所謂寶者，米粟是也，一日不食則饑，三日不食則疾，七日則死。有則百姓安，無則天下亂，以功用較之，豈不愈於彼乎？」省臣固請觀之，文竟不爲動。年六十九，告老歸。十年，拜昭文館大學士、中書右丞，商議中書省事，固辭。

自是累召皆不至。延祐六年，拜太子詹事，使者三往，乃起。常見上於嘉禧殿，上謂太保曲樞曰：「此自世祖時效力潔净人也。」命教太子，待以殊禮。泰定三年，以中書平章政事致仕。明年，卒於家，年九十二。追封齊國公，謚正獻。

李謙，字受益，鄆州東阿人。祖元，以醫著名。謙始就學，日記數千言，與徐世隆、孟祺、閻復齊名。爲東平府教授，生徒四集。累官萬户府經歷。先時，教授無俸，郡斂儒户銀百兩爲束脩，謙辭不受。

翰林學士王磐以謙名聞，召爲應奉翰林文字，一時制誥，多出其手。至元十五年，遷待制。扈駕至上都，賜銀壺、藤枕。十八年，遷直學士，爲太子左諭德，侍裕宗於東宮。陳十事：曰正心，曰睦親，曰崇儉，曰幾諫，曰戢兵，曰親賢，曰尚文，曰定律，曰正名，曰革弊。裕宗崩，世祖又命傅成宗於潛邸，轉侍讀學士。帝飲羣臣酒，謂謙曰：「聞卿不飲，然爲朕强飲。」因賜葡萄酒一鍾，曰：「此極醉人，恐汝不勝。」令近侍扶之出。二十六年，以足疾辭歸。

三十一年，成宗即位，驛召至上都。既見，勞曰：「朕知卿有疾，然京師去家不遠，且多良醫，能愈疾。卿當與謀國政，餘不以勞卿也。」遷翰林學士。元貞初，引疾歸。大德六年，召爲翰林學士承旨，以年七十一，乞致仕。九年，又召還。至大元年，給半俸。仁宗爲皇太子，召爲太子少傅，謙固辭。

仁宗即位，召舊臣十六人，謙居其首。乃力疾見帝於行在，疏言九事，曰：「正心術以正百官，崇孝治以先天下，選賢能以居輔相之位，廣視聽以通上下之情，恤貧乏以重邦家之本，課農桑以豐衣食之源，興學校以廣人材之路，頒律令使民不犯，練士卒使武備不弛。至於振肅紀綱、糾察内外，臺憲之官尤當選素著清望、深明治體、不事苛細者爲之。」帝嘉納焉。遷集賢大學士、榮禄大夫，致仕，賜銀一百五十兩，金織幣及帛各三匹。歸，卒於家，年七十九。

謙文章醇雅，不尚浮巧，學者宗之。子偘，官至大名路總管。

王約，字彥博，其先開封人，後徙家真定。約少從中丞魏初游，博覽經史，工文辭。至元十三年，翰林學士王磐薦爲從事，承旨和魯火孫以司徒開府，奏爲翰林國史院編修官，兼司徒府掾。既而辟中書掾，除禮部主事。

二十四年，拜監察御史，首請建儲及修國史。時丞相桑哥銜參政郭佑爲中丞時奏劾盧世榮等，誣以他罪，約上疏直佑冤。轉御史臺都事。南臺侍御史程文海入言事，多斥桑哥罪狀。桑哥怒，以約與之表裏，奏請殺之，上不從。約以秦隴地遠，請立陝西行臺，從之。出賑河間饑民，全活甚衆。

三十一年，遷中書右司員外郎。四月，成宗即位，條上二十二事，曰：「實京師，放差稅，開獵禁，蠲逋負，賑窮獨，停冗役，禁鷹房，振風憲，除宿蠹，懟遠方，却貢獻，詢利病，利農民，勵學校，立義倉，覈稅户，重名爵，明賞罰，擇守令，汰官屬，定律令，革兩司。」又請中書外取信於行省，内責成於六部。調兵部郎中，改禮部郎中。請復贈謚之典，付時政記於史館，立供需府以專供億，皆從之。拜翰林直學士、知制誥同修國史。奉詔賑京畿東道饑民，因奏京東利病十事，請再發廪賑之。中書用其言，民困以甦。高麗王昛年老，傳國於太子謜，讒臣以飛語間之，及謜朝京師，留謜不遣。昛復位，乃委用小人，淫刑厚斂。國人羣愬於朝，使約驗問之。約至，諭之曰：「天地間至親者父子，至重者君臣。彼小人知自利，寧肯爲汝家國地耶？」昛感泣，謝曰：「臣年耄，聽信憸邪，是以致此，今聞命矣。願奉表自雪，且請謜還國，奸臣黨與，悉聽使者治之。」翼日，約逮捕奸臣黨與，流二十二人，杖三人，黜有官者二人，命舊臣洪子藩爲相，更其弊政，東民大悦。還報稱旨，除太常少卿。

尋詔約同宗正、御史讞獄京師，約辭職在奉祭祀，帝不允。乃閲諸獄，決二百六十六人，當死者七十二人，釋無罪者八十六人，平反十人，杖流八十人。因議鬭毆殺人者宜減死一等，著爲令。浙民訟於臺、省，獄久不決，命約訊之。約至杭，二十日而決，臺省無異辭。使還，特拜刑部尚書。

大德十一年，仁宗至自懷州。平章賽典赤、安西王阿難答與左丞相阿忽臺潛謀爲亂，命刑部按其罪狀。約曰：「在法，謀逆不必搒掠，當伏誅。」帝從之。

監察御史言通州倉米三萬石，因雨濕敗。約謂乃積氣所蒸，釋守者罪。宗王兄弟二人守邊，兄陰有異志，弟諫不聽，即馳去。兄遣奴挾弓矢追之，弟發矢斃其奴，兄訴囚其弟，獄當死。約慮囚曰：「兄之奴即弟之奴，况殺之有故。」立釋之。

遷禮部尚書，請定丁憂、旌表之制，免都城煤炭税，皆從之。京師民王甲歿，有遺腹子育於姊家，年十六，訴其姊匿貲若干，有司責之急。約曰：「無父之子育之成人，姊之恩多矣。誠利其貲，寧有今日耶？」改前議而斥之。

至大二年正月，上武宗尊號及册皇后，凡典禮儀注，皆約所手定。仁宗在東宫，雅知約名，思用以自輔，擢太子詹事丞。從幸五臺山，約諫不可久留，即日還上都。初，安西王以謀逆誅，國除，版賦入詹事院。至是，大臣奏請封其子。約曰：「安西以何罪誅？今復之，無以懲將來。」議遂寢。明年，進太子副詹事。

承制立左衛率府。統侍衛萬人，同列欲署軍官，約持不可，衆難之曰：「東宫非樞密使耶？」約曰：「詹事，東宫官也，預樞密事可乎？」仁宗復召問約，對曰：「皇太子事，不敢不爲；天子事，不敢爲。」仁宗悟，竟罷議。同列復傳命增立右衛率府，取河南蒙古軍萬人統之。約屏人語曰：「左衛率府，舊制有之，今置右府何爲？諸公宜深思之，不可累儲宫也。」又命收安西兵仗，給宿衛士，約謂詹事完澤曰：「詹事移文數千里取兵仗，人必驚疑。主上聞之，奈何？」完澤謝曰：「吾慮不及此。」又命福建取繡工童男六人，約曰：「福建去京師六七千里，使人父子兄弟相離，有司承風擾累，豈美事耶？」仁宗立罷之，稱善再三。家令薛居敬上言陝西分地五事，請使約往，約不爲署行，語之曰：「太子，潛龍也。當勿用之時，爲飛龍之事，可乎？」遂止。約薦翰林學士李謙爲太子少傅，請立故丞相淮安忠武王伯顔祠於杭州，皆從之。

仁宗賜犀帶，又賜江南所取書籍，皆固辭。帝字而不名，謂羣臣曰：「事未經王彦博議者，勿啟。」又謂中丞朶䚟曰：「在詹事而不求賜予者，惟彦博與汝二人耳。」一日，帝幸西園觀角觝戲，敕取繒帛賜之。約入，遥見，問曰：「汝何爲來？」帝遽命止之。又欲觀俳戲，事已集而約至，即命罷去。其見敬禮如此。四年三月，帝即位，欲用陰陽家言，御光天殿，即東宫也。約言於大保曲樞曰：「正名定分，當御大内。」曲樞入奏，遂即位於大明殿。中書奏約陝西行省參知政事，特拜河南行省右丞。約陛辭，帝賜卮酒及弓矢。

先是，至大間，尚書省用言者，冒獻河南官民地爲無主地，奏立田糧府，歲輸數萬石。是歲詔罷之，竄言者於海外，命河南行省還其田於業主，省吏並緣爲奸，田仍未給。約至，立限檄郡縣，釐正之。會更銅錢銀鈔法，且令天下税，盡收至大鈔。約度河南歲用鈔七萬錠，必致上供不給，乃下諸州，凡至大、至元鈔相半。衆以方詔命爲言，約曰：「吾豈不知？第歲終諸事不集，責亦匪輕。」丞相卜憐吉歹從之，遣使白於中書，省臣大悦，遂徧行天下。

皇慶改元元日，詔中書省曰：「汴省王丞可即召之。」約至，召見，慰勞，特拜集賢大學士。建議行封贈、禁服色、興科舉，皆著爲令。疏薦國子博士姚登孫、應奉翰林文字揭傒斯、成都儒士楊静，請起復中山知府致仕輔惟良、前尚書參議李源、左司員外郎曹元用，皆擢用有差。

延祐二年，丞相帖木迭兒專政，奏遣大臣分道奉使宣撫，命約巡行燕南山東道。衛輝民有毆母者，有司論如法。其母訴言：「老妾惟此一息，死則門户絶矣。」約原其情，杖一百遣之。冠州民有兄訐其弟厭祖者，讞之，則曰：「我求嗣也。」索《授時曆》驗其日，良信，立縱之。使還，拜樞密副使，視事，明日召見賜酒，帝謂左右曰：「人言彦博老病，朕今見之，精力尚强，可以大任也。」是夕，知樞密院駙馬塔失帖木兒宿衛，帝戒之曰：「彦博非汝友，宜事之。」

英宗即位，帖木迭兒復相，約辭職不出。二年，以年七十致仕。三年，丞相拜住當國，約復拜集賢大學士，商議中書省事，每日一至中書省議事。朝廷議罷征東省，立三韓省，詔下中書雜議。約對曰：「高麗去京師四千里，地瘠民貧，非中原比，萬一梗化，平之非易，不如守祖宗之舊。」丞相稱善，議遂寢。高麗人聞之，圖約像歸，祠之曰：「不絶國祀者，王公也。」

天曆元年，文宗踐祚，約入賀，賜宴大明殿，帝勞問甚歡。時年七十有七。至順四年二月卒，年八十二。皇太后聞之嗟悼，以尚醖二尊遣徽政院臣臨吊致奠，敕中書省以下賻贈有差。

約有《史論》三十卷，《高麗志》四卷，《潛丘稿》三十卷，行於世。子思誠，秘書監著作郎。

張昇，字伯高，其先定州人，後徙平州。父昂霄，管勾濟民鹽場，有文行。

昇幼警敏，既長，力學，工文辭。至元二十九年，用薦者授翰林國史院編修官，預修《世祖實録》，遷應奉翰林文字，尋升修撰。歷興文署令、太常博士。成宗崩，中書議奉徽號，饗宗廟，昇曰：「凡有事於宗廟，必書嗣皇帝名，今將何書？」議遂寢。

武宗即位，議躬祀禮，昇據《禮經》以對，帝嘉納之。除禮儀院判官。久之，出爲汝寧府知府。民告有寄書於其家者，逾三年取閱，有禁書一編，且記里中大家姓名於上。昇亟呼吏焚其書，曰：「妄言誣民，且再更赦矣，勿論。」同列懼，皆引起。既而事聞，廷議遣使窮問，卒無跡可指，乃詰以擅焚書狀，對曰：「昇備位郡守，爲民父母，今屏誣訴，免冤濫，重得罪不避。」乃坐奪俸二月。旁郡移文報術者言：「歲值壬子六月朔日蝕，其占爲兵寇，歲癸丑，其應在吴分野。」同列欲召屬縣爲備禦計，昇曰：「此譌言，久當自息，毋惑民聽。」衆論韙之。部使者舉治行爲諸郡最。歷江西行省左右司郎中，除紹興路總管。

初，大德間，越大饑，且疫厲，民死者殆半，賦稅鹽課責里胥代納，吏並緣爲姦，害富家，昇證於簿籍，白行省蠲之。前總管爲江浙行省參知政事，争代者禄米，有隙，欲内之罪，移平江歲輸海運糧布囊三萬，俾紹興製如數，民不能堪。更數總管，謂歲例如此，置弗問。昇言：「麻非越産，海漕又於越無涉。」章上，卒罷之。歷湖北道廉訪使、江南行臺治書侍御史，召爲參議中書省事，改樞密院判官，尋復中書參議。

至治二年，又出爲河東道廉訪使，未行，拜治書侍御史。明年，出爲淮西道廉訪使。泰定二年，拜陝西行省參知政事，加中奉大夫，尋遷遼東道廉訪使。致和元年，永平大水，民多捐瘠，昇請發海道糧十八萬石，鈔五萬緡賑饑民，且蠲其歲賦，朝廷從之，全活甚衆。明年，召拜侍御史。

天曆初，出爲山東道廉訪使，賜尚醖文幣。逾年，召爲太禧院副使，兼奉贊神御殿事，除河南省左丞，復遷淮西道廉訪使。昇時年六十有九，上書乞致仕。至順二年，復起爲集賢侍講學士。

元統元年，惠宗即位，首詔在廷耆艾，訪問治道，昇條上所宜先者十事。尋兼經筵官，廷試進士，特命昇讀卷，事已，告省先墓。帝賜金織文袍，以寵其歸。明年，以奎章閣大學士、資善大夫、知經筵事召，賜上尊，趣就職，以疾辭。命本郡月給祿半，以終其身。至正元年卒，年八十一。贈資德大夫、河南等處行中書省左丞，謚文憲。

弟曇，幼有令譽，日誦數千言，受業於滕安上。安上卒，曇方爲兵曹掾，棄官奔其喪，時論高之。早卒。

史臣曰：尚文、李謙諸人，歷仕累朝，年逾耆艾，忠規讜論，始終一節，可謂人之模範，國之蓍龜。《書》曰：「詢兹黄髮，則罔所愆。」諸人其庶幾焉。

【校勘記】

〔一〕「羸」，原作「羸」，據蘇天爵《國朝文類》卷六八《平章政事致仕尚公神道碑》改。

新元史卷之一百八十八　列傳第八十五

王惲遜志　高鳴　王思廉荆玩恒　馬紹　閻復　王倚　高克恭　夾谷之奇　臧夢解　燕公楠　白恪　李衎　張伯淳

王惲，字仲謀，衛輝汲縣人。父天鐸，金户部主事，著《易學集説》，爲名儒。惲好學，善屬文。史天澤將兵過衛，一見接以賓禮。中統元年，左丞姚樞宣撫東平，辟爲詳議官。時省府初建，令諸路各上儒吏能理財者一人，惲以選至京師，上書論時政，與渤海周正並擢爲行中書省詳定官。二年春，從行中書省丞相禡禡等赴開平，轉翰林修撰、同知制誥，兼國史院編修官，尋兼中書省左右司都事。初，高麗國相致書於省府，欲命惲爲答書。惲曰：「境外之交，非人臣所宜。范仲淹諭元昊，尚得罪於仁宗，可以爲戒。」乃止。

至元五年，建御史臺，拜監察御史，條奏百五十餘事。時都水劉晸陷没官糧四十餘萬石，惲劾之，又言：「晸監修太廟，轉官受賞。今纔數年，梁柱摧朽，事涉不敬，宜論如法。」

秩滿，陳天祐、雷膺交薦於朝。

九年，授平陽路總管府判官。初，絳州太平縣民殺其兄，蔓引逮繫者三百餘人，五年不決。朝廷委惲鞫之，一訊而服，乃盡出逮繫者。州久旱，一夕大雨。十三年，奉命試儒人於河南。十四年，除翰林待制，拜朝列大夫、河南江北道提刑按察副使。尋遷燕南河北道。十八年，拜中議大夫、行御史臺治書侍御史，不赴。

裕宗在東宫，惲進《承華事略》，其目曰：廣孝、立愛、端本、進學、擇術、謹習、聽政、達聰、撫軍、崇儒、親賢、去邪、納誨、幾諫、從諫、推恩、尚儉、戒逸、明分、審官，凡二十篇。裕宗覽而善之，賜酒慰喻。

十九年春，改山東東西道提刑按察副使，在官一年，以疾告。二十二年春，召爲左司郎中。時右丞盧世榮以聚斂進用，屢趣惲入都，不赴。或問其故，惲曰：「力小任大，剥衆利己，未有能全者。遠之尚恐見浼，况近之乎？」既而果敗。

二十六年，授少中大夫、福建閩海道提刑按察使。黜官吏貪污者數十人，察繫囚冤滯者，决而遣之。戒戍兵無寓民家，創營房居之。惲以爲治之本在於得人，奏福建連山距海，爲邊徼重地，今行省官平章政事、左丞尚缺，宜選清望素著、簡在帝心、足以撫綏黎庶、折衝外侮者任之。又以行省討劇賊鍾明亮無功，條陳利害。帝並韙之。

二十八年，召至京師。二十九年春，見帝於柳林行宫，上書極陳時政，授翰林學士。成宗即位，又獻《守成事鑑》十五篇，所論悉本於經義。元貞元年，加通議大夫、知制誥同修國史，纂修《世祖實録》，因集《聖訓》六卷上之。大德元年，進中奉大夫。二年，以惲與閻復等十二人清貧守職，各賜鈔二千一百餘錠。乞致仕，不許。五年，再上章求退，授其子公孺爲衛州推官，以便養，仍官其孫笴秘書郎。八年六月，卒。贈翰林學士承旨、資善大夫，追封太原郡公，謚文定。著有《相鑑》五十卷，《汲郡志》十五卷，《承華事略》、《中堂事記》、《烏臺筆補》、《玉堂嘉話》，並雜著詩文，合爲《秋澗集》一百卷。曾孫遜志。

遜志，字文敏。以廕授侍儀司通事舍人，累遷監察御史。劾奏詹事卜蘭奚、平章政事宜童皆逆臣子孫，當屏諸遐裔。不報。除太府少監，出爲江西廉訪副使，召僉太常禮儀院事。京師陷，百官出降，遜志獨家居衣冠而坐。其友中正院判官王翼來曰："新朝寬大，不惟不死，且録用，曷詣官自陳？"遜志艴然曰："君既不忠，又誘人爲不義耶？"撝之，出語其子曰："汝速行，以繼吾宗。"遂自投井中死。

高鳴，字雄飛，真定人。少以文學知名。元好問薦於世祖，未報。諸王旭烈兀將征西域，聞其賢，遣使三召之，鳴乃起，條上二十餘策，旭烈兀稱善，薦爲彰德路總管。政暇即詣學舍，親講經義，郡人知有經學，自鳴始。

世祖即位，賜誥命金符，召爲翰林學士，兼太常少卿。至元五年，立御史臺，以鳴爲侍御史，臺章多其裁定。尋立四道按察司，選任名士，鳴所薦居多。時中書、樞密事務壅滯，言者請置都事官各二人，鳴曰：「臣職在奉憲，願舉察之，毋庸員外置人。」七年，議立三省。鳴上封事曰：「臣聞三省設自近古，其法由中書出政，移門下，議不合則有駁正，或封還詔書，議合，則還移中書。中書移尚書，尚書乃下六部、郡國。方今天下大於古，而事益繁，取決一省，猶恐壅滯，況三省乎？且多置官者，求免失政也。但使賢俊萃於一堂，連署參決，自不至於曠廢，豈必別官異坐，而後無失政乎？不如一省便。」世祖深然之，議遂罷。川、陝盜起，省臣請專戮其尤者，朝議將從之。鳴諫曰：「制令天下上死囚，必待論報，所以重用刑、惜民命也。今從其請，是開天下擅殺之路，害仁政甚大。」帝曰：「善。」令速止之。

鳴每以敢言被上知，嘗入内，值大風雪，帝謂御史大夫塔察兒曰：「高學士年老，後有大政，就問可也。」賜太官酒肉慰勞之。九年，遷吏禮部尚書。十一年，病卒，年六十六，謚文獻。著有《河東集》五十卷。

三子：易訓、書訓、詩訓，俱知名。書訓，官應奉翰林文字、同知制誥兼國史院編修。

王思廉，字仲常，真定獲鹿人。幼師太原元好問，既冠，張德輝宣撫河東，辟掌書記，謝病歸。至元十年，董文忠薦於世祖，帝問文忠曰：「汝何由知其賢？」對曰：「鄉人之善者稱之。」遂召見，授符寶局掌書。十三年，姚樞舉爲昭文館待制，遷奉訓大夫、符寶局直長。

十四年，改翰林待制，嘗進讀《通鑑》，至唐太宗有殺魏徵語，及長孫皇后進諫事，帝命内官引至皇后閤講之，后曰：「是誠有益。爾宜擇善言進講，勿以瀆辭煩上聽也。」每侍讀，帝命御史大夫玉速帖木兒、太師月赤察兒、御史中丞撒里蠻、翰林學士承旨撥立察等，咸聽受焉。帝嘗御延春閣，大賚羣臣，命十人爲列以進，思廉在衛士之列，帝責董文忠曰：「思廉儒臣，豈宜列衛士中！」

十八年，進典瑞少監。十九年，帝幸白海，時千户王著矯殺奸臣阿合馬於大都，辭連樞密副使張易。帝召思廉至行殿，屏左右，問曰：「張易反，若知之乎？」對曰：「未詳。」帝曰：「反已，何未詳也？」思廉徐奏曰：「僭號改元謂之反，亡入他國謂之叛，羣聚山林、賊害民物謂之亂。張易之事，臣實不知。」帝曰：「朕自即位以來，如李璮之不臣，豈以我若漢高祖、趙太祖，遽陟帝位者乎？」思廉曰：「陛下神聖天縱，前代之君不足比也。」帝歎曰：「朕往者有問於竇默，其應如響，蓋心口不相違，故不思而得。朕今有問汝，能然乎？且張易所爲，張文謙知之否？」思廉曰：「文謙不知。」帝曰：「何以明之？」對曰：「二人不相能，臣故料其不知。」因此文謙獲免。

二十年，遷太監。裕宗居東宮，思廉進曰：「殿下府中宜建學官，令左右近侍皆親正學，必能裨輔明德。」裕宗然之。裕宗欲買甲第賜思廉，思廉固辭。二十三年，改嘉議大夫、同知大都留守，兼少府監事。乃顏叛，帝親征，思廉謂留守段貞曰：「藩王反側，地大故也，漢晁錯削地之策，實爲良圖，盍爲上言之？」貞白其事於帝，帝曰：「汝何能出是言？」貞以思廉對，帝嘉之。二十九年，遷正議大夫、樞密院判官。

成宗即位，遷中奉大夫、翰林學士，仍樞密院判官，以病歸。三年，起爲工部尚書，拜征東行省參知政事。七年，總管大名路。八年，召爲集賢學士。十一年，授正奉大夫、太子賓客。

仁宗即位，以翰林學士承旨、資善大夫致仕。延祐七年，卒，年八十三歲。贈翰林學士承旨、資德大夫、河南江北等處行中書省右丞、上護軍，追封恒山郡公，謚文恭。

初，思廉官符寶局，有荆玩恒與思廉齊名，世祖嘗謂荆、王二人可爲司符寶者師表云。

玩恒，字文紀，趙州寧晉人。少從李治受學。張文謙薦爲興文署校理，遷符寶局直長，擢典瑞監丞，遷少監。世祖以符寶國之重器，擇儒臣慎密者掌之，得玩恒，以爲稱職。故玩恒在典瑞監十三年，不遷他官。

後出爲淮東道提刑按察使，改肅政廉訪使。時徹里爲江浙行省平章政事，玩恒奏言：「奸臣桑哥倚勢弄權，衆皆慴伏，獨近侍徹里不避雷霆之怒，言於陛下，卒使奸臣伏辜。臣素知其人，進退不苟，有大臣蹇諤之風。宜置於朝廷，使獻可替否，弼成大業。」時世祖已不豫，遂召還徹里侍醫藥。成宗即位，改遼東道肅政廉訪使，致仕，卒，謚端敏。子訥，右衛屯田千户。

馬紹，字子卿，濟州金鄉人。從上黨張播學。丞相安童奏言，宜得儒士講經史，以資見聞。平章政事張啟元以紹應詔，授左右司都事，出知單州，民刻石頌德。至元十年，僉山東東西道提刑按察司事。益都寧海饑，紹發粟賑之。十三年，移僉河北河南道提刑按察司事，未行，屬江淮甫定，選官撫治，遷同知和州路總管府事。

十九年，詔割隆興爲東宮分地，皇太子選署總管。未幾，入爲刑部尚書。萬億庫吏盜絨四兩，時相欲置之重典，紹言：「物情俱輕，宜貸減。」乃決杖釋之。河間李移住妄言惑衆，謀爲不軌，紹被檄按問，多所全活。二十年，擢參議中書省事。二十二年，改兵部尚書。逾年，復爲刑部尚書。二十四年，分立尚書省，拜參知政事，賜中統鈔五千緡。

時更印至元鈔，前信州三務提舉杜璠言：「至元鈔公私不便。」平章政事桑哥怒曰：「杜璠何人，敢沮吾鈔法耶？」欲當以重罪，紹從容言曰：「國家導人使言，言可采，用之，不可采，亦不之罪。今重罪璠，豈不與詔書違戾乎？」璠得免罪。進尚書左丞。邊卒有過支廩米者，有司以聞，帝欲究問，紹言：「方邊庭用兵，罪之，懼失將士心。所支逾數者，當明年之數可也。」從之。

海都作亂，其民來歸者七十餘萬，散居雲、朔間，桑哥議徙之內地，紹持不可。桑哥怒曰：「馬左丞愛惜漢人，欲令餒死此輩耶？」紹徐曰：「南土地燠，北人居之，慮生疾疫。若恐餒死，曷若計口給羊馬之資，俾還本土。言有異同，丞相何以怒爲？宜取聖裁。」乃奏聞，帝曰：「馬秀才所言是也。」

桑哥集諸路總管三十人，導之入見，欲以趣辦財賦之多寡爲殿最。帝曰：「財賦辦集，非民力困竭必不能。然朕之府庫豈少此哉？」紹退録聖訓，付史官書之。時議增鹽課，紹獨力爭山東課不可增。議增賦，紹曰：「苟不節浮費，雖重斂數倍，亦不足也。」事獲寢。都城種苜蓿地，分給居民，省臣因取爲己有，以一區授紹，紹獨不取。桑哥欲奏請賜紹，辭曰：「紹以非才居政府，恒憂不能塞責，詎敢徼非分之福，以速罪戾！」桑哥敗，索其行賂之簿閲之，獨無紹名。桑哥曰：「使吾早信馬左丞之言，必不至今日之禍。」帝曰：「馬左丞忠潔可尚，其復舊職。」尚書省罷，改中書左丞，居再歲，移疾還家。元貞元年，遷中書右丞，行江浙省事。大德三年，移河南省。明年卒。

閻復，字子静，其先平陽人，後徙於高唐州。復始生，有奇光照室。幼入東平府學，師事名儒康曄。嚴實招諸生肄進士業，延元好問校試，四人中選，復爲首，徐琰、李謙、孟祺次之，時稱東平四傑。憲宗九年，行臺辟爲書記，遷御史臺掾。至元八年，用王磐薦，授翰林應奉文字，充會同館副使，兼接伴使。扈駕上都，應制賦詩，寓規諷之意，帝顧和禮霍孫曰：「有才如此，何可不用！」擢翰林修撰。十四年，出僉河北河南道提刑按察司事。十六年，入爲翰林直學士，以州縣學官多不稱職，建議定銓選之法。累遷侍講學士，兼集賢侍講學士，兼領會同館事。

二十三年，擢翰林學士，改集賢學士。二十八年，尚書省罷，帝召對便殿，諭以「卿爲執政官何如？」復謝不勝任，帝謂左右曰：「讓爲美事，勿强之。」遷浙西道肅政廉訪使。先是，桑哥當國，復被命撰《桑哥輔政碑》。至是，桑哥敗，詔有司踣其碑，復亦坐免官。

成宗即位，詔舊臣入朝，除集賢學士，階正議大夫。疏言：「京師宜建孔子廟，用釋奠雅樂。」從之。又言：「宜復曲阜縣守塚户。」其後詔賜孔林灑掃二十八户、田五千畝，皆由復之請云。三年，因星變，條上十九事，帝賜鈔幣旌之。大德元年，仍遷翰林學士。三年，帝召至榻前，密問曰：「左丞相缺，孰可代者？」復薦哈剌哈孫，帝大悦。拜翰林學士承旨，階正奉大夫。

武宗即位，復奏上三事，曰惜名器、明賞罰、擇人才。未幾，復怨家以飛語上聞，帝怒，事且不測。執政曲爲營解，始命復以老致仕。進榮禄大夫，遥授平章政事，給半俸終養。仁宗即位，遣使召復，以病辭。皇慶元年卒，年七十七。

復以文學知名，然高自矜詡，不喜獎誘後進，士論以是少之。既卒，復婦弟淮東宣慰使李處恭，方爲吏部侍郎，慨然曰：「豈可使閻公無以易名！」請於朝，贈光禄大夫、大司徒、上柱國、永國公，謚文康。有《静軒集》五十卷。子嗣慶，威州知州。

王倚，字輔臣，本東萊人，後徙宛平。祖温，主管京城課税。倚讀書，務躬行，不事章句。

世祖選良家子入侍東宫，倚年弱冠，在衆中儀觀獨偉，太保劉秉忠器之，即以充選。倚侍皇太子，日見信任。凡時政所急，知無不言。是時宫職未備，皇太子湯沐邑地廣事繁，乃拜倚工部尚書，行本位下隨身民匠都總管。至元二十一年，置東宫官屬，拜家丞。又置儲用司，掌貨幣出納，令倚兼之。後以倚辭職，仍給家丞禄終養，倚固辭，方許之。

二十六年，皇孫出鎮懷孟，帝選舊臣護之，乃以屬倚。陛辭，帝目之良久，謂侍臣曰：「倚，修潔人也，左右皇孫得人矣。」未幾，從皇孫召還。二十八年，授禮部尚書，以疾辭。皇太子妃召見，問曰：「人皆求進，卿獨求退，何也？」對曰：「臣見宫廷舊人如臣等者，十去八九。臣蒙恩最厚，願留侍皇孫，備宿衛。」聞者賢之。明年卒，年五十三。贈正義大夫、禮部尚書，追封太原郡侯，謚忠肅。

子鵬，翼樣局總管，官至大司徒，追封太原郡侯，謚忠懿。

高克恭，字彥敬，其先西域人，後占籍大同。父亨，字嘉甫，治《易》、《詩》、《書》、《春秋》，有時名。世祖時，臺、省交章論薦，召對便殿，稱旨，世祖欲官之，固辭，歸老房山卒。

克恭傳家學，於羣經奥義，靡不研究。至元十二年，由京師貢補工部令史。江南平，選授行臺掾。從御史大夫相威入覲，世祖顧問再三，曰：「是高嘉甫兒耶？」賜鈔二千五百貫。累遷河南道提刑按察使判官，改山東西道。二十五年，入爲監察御史。是時，桑哥秉政，擢克恭右司都事，克恭棘棘不阿。明年，遣使江淮行省，考覈簿書文法，吏多希旨，務從深刻，克恭獨持以平恕。還，授兵部郎中。

出爲江淮行省左右司郎中。儒户例蠲傜役，而故籍散失，行省持論可否，期歲不能決。克恭至，命讀書者皆占儒籍，得自拔於氓隸，士論翕然頌之。浙西公田七十五萬頃，糧千一百三十九石，居諸路三之二。克恭視民所輸，較私田增二十倍，奏言：「宋季賈似道斂怨誤國，田有虚額，官無蠲，征急則負逋者衆，吏民交困。今宜講求良法，保固邦本，不當重爲煩擾，復循舊弊。」疏入，不報。有以朝命至杭，增湖東夏税者，自執政以下皆取認狀，獨克恭不肯。比去，克恭徐語之曰：「吾才不逮子遠甚，子昔官於此不能增，而謂吾能耶？子毋重瘠吾民。」事卒寢。杭州歲調民司庫藏，有折耗，至鬻子女償之。克恭選州縣吏充其役，滿一歲輒擢去，公私稱便，遂爲常例。

元貞二年，遷山南河北道廉訪副使。時暢師文爲僉事，克恭奏言：「師文敭歷中外幾二十年，臣資歷尚淺，師文學行夐出倫輩，非臣所能及。況臣素兄事師文，一旦躐居其上，情實不安。」明年，乃擢克恭江南行臺治書侍御史，師文亦改山東道，入爲國子司業，人皆多克恭之讓。克恭抵任，條上興學校、選真才、汰冗官、增吏俸、慎刑獄五事。又言：「朝廷累放詔旨，議行貢舉法，而權臣扳引朋類，沮格不行。今所至乏才，宜設科取士，以副上意。」

四年，復入爲工部侍郎，轉翰林直學士。五年，敕克恭與直學士王約賑京師水災，惠利周浹，民德之。六年，授吏部侍郎。出爲彰德路總管，未赴。八年，改刑部侍郎，擢尚書。奏言：「明刑弼教，莫重於君臣、父子、夫婦、兄弟之叙，今子證父，婦證夫，奴證主，大傷倫紀，宜禁之。」旋除大中大夫、大名路總管。克恭在刑部，與同官議事，不肯曲意附和。及去，凡克恭所定者，胥吏皆準爲程式。至大三年，卒，謚文簡。子秬，秘書著作郎。

克恭詩自得天趣，畫學米芾父子，後用李成、董元法，造詣精絶，尤工墨竹，與宋文與可齊名。

夾谷之奇，字士常，其先出女真加古部，譌爲夾谷，後徙家於滕州。之奇少孤，好學，受業於東平康曄。授濟寧教授，辟中書省掾。大兵南伐，授行省左右司都事。時阿合馬當權，與行省官有隙，遣使覈其財用。之奇職文書，亦被按問。張弘範率其屬詣使者言：「夾谷都事素公清，若少有侵漁，弘範當與連坐。」事聞，適御史臺立，乃擢之奇僉江南浙西道提刑按察司事，既而移僉江北淮東。

至元十九年，召爲吏部郎中，立黜陟之法，著爲令。歲大旱，之奇請省經費，輟土木之役，以召和氣，弭災變。時論韙之。

二十一年，遷左贊善大夫。時裕宗爲皇太子，每進見，必賜坐，顧遇甚優。桑哥欲以均輸法益國賦，慮提刑按察司撓其事，請與轉運司併爲一職，詔集羣臣議之。之奇言：「按察司者，控制諸路，發擿姦伏，責任匪輕，若使理財，則心勞事冗，將彌縫自救之不暇，又安能繩糾他人，併之弗便。」事遂寢。

又與諭德李謙條時政十事，上之皇太子：一曰正心，二曰睦親，三曰崇儉，四曰幾諫，五曰戢兵，六曰親賢，八曰尚友，九曰定律，十曰正名。會皇太子卒，除翰林直學士。改吏部侍郎，遂拜侍御史。二十五年，丁母憂。以吏部尚書起復，屢請終制，不許。明年卒。

臧夢解，慶元鄞縣人。宋末，中進士第。至元十三年，授婺州路軍民人匠司提舉。未幾，司罷，淛東宣慰司舉夢解才兼儒吏，可試州郡，授息州知州，改海寧州知州，時淮東按察副使王慶之按部至海寧州，見夢解剛直廉慎，門無私謁，凡差役皆當，其貧富新增民户七百六十有四，新闢田畝四千四百有三十，政平訟簡，爲諸州最，舉夢解宜擢清要之職，御史臺亦抗章薦之。未及報，夢解以秩滿去任。

二十七年，江陰饑，江浙行省委夢解賑之。夢解躬至其地，人給以米，所活四萬五千餘人，江南行臺治書侍御史荀宗道以其名上聞，除同知桂陽路總管府事。三十年，擢奉議大夫、廣西肅政廉訪副使。故事，煙瘴之地，行部者多不親至。夢解徧歷上下江諸路，按問賓州、藤州兩路達魯花赤，發其姦贓。又平反邕州黄震被誣贓罪，及藤州唐氏婦被誣殺夫罪，民翕然頌之。

大德元年，遷江西肅政廉訪副使。臨江路總管李倜素狡獪，又附大臣勢，省、臺皆畏之。夢解據實劾奏，一道肅然。六年，遷淛東肅政廉訪副使。九年，除廣東肅政廉訪使，以老病致仕。後至元元年，卒。

夢解爲時名儒，敏於政事，操守尤爲介特。所著書有《周官考》三卷，《春秋微》一卷。夢解自號魯山，稱爲魯山先生云。

燕公楠，字國材，南康建昌人。祖燮，父堂，俱仕宋。母雷氏夢五色大鳥入幃，而生公楠。十歲能屬文，居父喪，廬墓三年。以師府辟，五遷至贛州通判。

至元十三年，江南平，授同知贛州事。遷同知吉州路總管府事。二十二年，召至上都，奏對稱旨，賜名賽因囊加帶，欲用爲參知政事，固辭，除僉江浙行中書省事。江淮置尚書省，又改僉行尚書省事。初，公楠在江浙，奏請置兩淮屯田。二十五年，用前議，拜行大司農，領八道勸農營田司事。公楠按行州縣，劾江西營田使沙不丁貪横，罷之。

二十六年，擢江淮行省參知政事。桑哥敗，蠹政尚未盡去，民不堪命。公楠入覲，極言其弊，請更張以固國本，世祖悦。會欲易政府，帝以問公楠，公楠薦伯顔、帖哥、不忽木、徹里、闊里吉思、史弼、徐琰、趙琪、陳天祥等十餘人。帝又問：「孰可爲首相者？」對曰：「人望所屬，莫如安童。」問其次，曰：「伯顔可。」又問其次，曰：「完澤可。」明日，拜完澤爲右丞相，以公楠與不忽木爲平章政事，公楠固辭，改江浙行省參知政事，賜弓刀及衛士十人。三十年，上言，請立行大司農司於江南，以究豪右隱匿田租。從之。復拜大司農，得藏匿公私田六萬九千八百六十二頃。

元貞元年，丞相完澤以究隱匿田租不多，且病民，罷行大司農司，遷公楠爲河南行省右丞。大德三年，改湖廣行省。五年，召入朝。明年，卒於京師，年六十二。帝悼惜甚，敕中書致祭，遣官乘驛護其喪南歸。

公楠前後條時政得失，凡百餘事，如屯田、鹽法、賦役，皆著爲令。劉深討西南夷，公楠料其必敗，深竟坐誅。又語平章劉國傑，宜積糧於思、播、順元，然後進兵。國傑不從，後轉餉之士瘴没者至十餘萬。沅州唐運判奪民田，武昌令劉權殺主簿，誣繫其妻子，公楠悉正其罪，時論尤稱之。子璋、琦，俱總管府判官。有《五峰集》十五卷。

白恪，字敬甫，冀寧陽曲人。父華，字文舉，以文學知名。

至元十四年，江南行臺大夫相威辟恪爲掾，恪條二十事以獻，相威見世祖力陳之，允其十八，如大辟讞上刑部，聽報可，賈似道公田租，歲減什二，皆是也。十八年，授建康道按察司經歷。改湖廣行省都事。省臣要束木恣爲威福，恪度不可諫，辭不拜。復除福建宣慰司經歷。

三十一年，哈剌哈孫爲湖廣行省平章政事，薦恪爲行省都事，擢員外郎。左右江官吏俸，受於行省，道遠，所得不償旅食，恪建議隨所部給之，著爲令。戍兵屯田，官出牛，輸其租，牛死，歲率錢以償之，恪令牛死納皮角於官，戍兵由是免害。省臣奏廣西地肥沃可爲田，徙湖南民五千户往耕之，恪力言不可，哈剌合孫從其議，奏止之。

大德四年，進江西行省理問官，時閻復爲翰林承旨，慨然曰：「白文舉父子，俱有文名，敬甫老不入翰林，咎將誰執？」奏爲翰林待制，復同僉太常禮儀院事。至大二年卒，年六十三。

李衎，字仲容，大都人。由太常寺太祝累遷淮東道宣慰使都事，擢江南行省左右司員外郎。二十八年，除都功德司經歷。

成宗即位，衎以禮部侍郎使於安南，賜金符，以兵部郎中蕭泰登副之。國王奉表謝罪，歸侵地三百里，偕其使入朝。明年，出爲同知嘉興路總管府事。再遷婺源州知州。衎有吏能，奉詔録囚江南，多所平反。常州學田僧冒種三之一，衎白於行省，還之。

皇慶二年，請致仕，召爲吏部尚書。仁宗聞衎名久，禮遇優洽，字而不名。衎以年老請致仕，帝不允，曰：「仲容舊人，宣力有年，不可令去禁掖。」超拜集賢大學士。延祐七年卒，年七十八，諡曰文簡。衎善畫竹石，爲一時之冠。

張伯淳，字師道，嘉興崇德人。少舉童子科，有薦其善書大字者，宋理宗親試之，伯淳書一「天」字，詰之，對曰：「『惟天爲大，惟堯則之。』」理宗大悦，遂中選。以父任授迪功郎、淮陰尉，改揚州司户參軍。尋舉進士，累擢觀察推官，除大學録。

至元二十三年，用薦者言，授杭州路儒學教授。遷浙東道按察司知事。二十八年，遷福建廉訪司知事。又有與帝言：「此人非憲司知事才。」即日驛召至都。明年，入對，陳時務十餘事，詞意愷切，上爲動容，命就中書與執政議次第舉行。其第一事曰罷冗官，方條舉辨法，而執政已不悦，曰：「遠人欲奪吾官耶？」使健兒要諸途，詬辱之，伯淳幾不免，事亦寢。授翰林直學士，進階奉訓大夫，謁告歸。换慶元路總管府治中，行省檄伯淳按衢、秀二州疑獄，皆得情實。

大德四年，拜翰林侍講學士，扈從上都。帝選近臣祀岳瀆，伯淳在遷中，以老病辭。明年卒，謚文穆。

伯淳與妻弟趙孟頫，俱以文學擅名，其文源出韓愈，謹嚴有法，得立言之體。著《養蒙集》十卷。子采，河東宣慰副使。

新元史卷之一百八十九　列傳第八十六

程鉅夫　袁桷

程鉅夫，名文海，避武宗御名，以字行。其先自徽州徙郢州京山，後又徙建昌。宋德祐元年，鉅夫叔父飛卿，以軍器監知建昌軍，大兵至，迎降。鉅夫入爲質子，授宣武將軍、管軍千户。世祖召見，問：「宋何以亡？」對曰：「賈似道誤之。」又問：「似道何如人？」對曰：「爲邊將一似道也，爲宰相又一似道也。」帝悦，命給筆札書之。鉅夫即御前，以銀盆磨墨，書二十餘紙以進。帝問居何官，以千户對。帝曰：「卿儒者，授非所宜。」特命改直翰林，且諭之曰：「自今政治得失，廷臣邪正，卿爲朕直言無隱。」鉅夫頓首謝。十六年，授應奉翰林文字。明年，進修撰，尋遷集賢直學士、中議大夫，兼秘書少監。

鉅夫條陳五事：

一，取會江南仕籍。

昨者欽奉聖旨，許令江南曾有官人賫告敕赴省换授，此最良之法。奸邪賣弄，遂至顛倒。求仕者憑外省之咨，而外省貪饕，尤爲不法。有賣家喪業，而卒不沾一命者。亦有全無根脚，白身而受宣敕者。又有外省官將空頭咨示，旋來内省，尋趁有錢人員，書填姓名。亦有内省通同作計，公行添插人員。又有一等奸人，置局京師，計會保官，誣寫根脚，保明而得者。吏治之弊，至此已極。省府欲行考究，似覺費力。今有捷法，可以永除病根。乞選清强通曉官員，無論南北，每省差兩員前去，同本道按察司，取會江南州縣城郭鄉村鄰甲，保明詣實元在亡宋有官人員姓名，一概置籍明書本人鄉貫、三代及入仕根脚，賫來省部，以憑照勘。遇有求仕人員，一閲而知真僞，極爲便當。仍與申飭外省，遇有求仕者，合與行下本郡，令鄉都鄉甲保明本人是何出身，即量輕重咨來，不許邀阻。其有邀阻者，許令求仕人赴御史行臺及按察司論訴。庶幾公私兩得便當。籍成之後，却與商略白身人求仕格式，行下江南。

一，通南北之選。

聖主混一車書，南北之人皆得入仕。惜乎北方之賢者，間有視江南爲孤遠，而有不屑就之意。故仕於南者，除行省、宣慰、按察諸大衙門，出自聖斷選擇而使，其餘郡縣官屬指缺願去者，半爲貪污狼藉之輩。南方之賢者，列姓名於新附，而冒不識體例之譏，故北方州縣並無南方人士。且南方歸附已七八年，是何體例難識如此？欲乞令省部，刷具南北府州縣官員脚色參對，今後南北選房，流轉定奪。若以南人爲未識體例，則乞於北方州郡每處且與參用一二人，秩滿却與通行定奪。其北人注南缺而不赴者，重與罪過。庶幾吏稱民安，可以上副聖主兼愛南北之意。

一，置考功歷。

國朝建御史臺，雖有考課之目，而未得其要，莫可致詰。欲乞照前朝體例，應諸道府州縣，下至曹掾等，各給出身印紙歷子一卷，書本人姓名、出身於前，俾各處長吏聯銜結罪保明，書其歷任月日，在任功過於後。秩滿，有司詳視而差其殿最。則人之賢否一覽而知，考核得實，庶無僥倖。

一，置貪贓籍。

國朝内有御史臺，外有行臺、按察司，其所以關防貪官汙吏者，可謂嚴矣。而貪污狼藉者，往往而是，何也？蓋其弊在於以徵贓爲急務，以按劾爲具文。故今日斥罷於東，明日擢用於西，隨仆隨起，此棄彼用。多方計置，反得美官。相師成風，愈無忌憚。欲乞省臺一體，應内外諸路官員，有以貪贓罷者，置籍稽考，不許收用。其吏人犯贓者，重置於法。内外一體照應，庶幾官吏知所警戒。

一，給江南官吏俸錢。

仕者有禄，古今定法。無禄而欲責之以廉，難矣。江南州縣官吏，自至元十七年以來，並不曾支給俸錢，直是放令推剥百姓。欲乞自今並與支給各合得官俸錢，其有貪贓者，重罪不恕，人自無詞。

奏上朝廷，皆采而行之。

二十年，加翰林集賢直學士，同領會同館事。二十三年，改集賢直學士，進少中大夫。入見，乞建國學，又請搜訪江南遺逸，御史臺、按察司宜南北人參用。帝並嘉納之。二十四年，立尚書省，拜參知政事，鉅夫固辭，又命爲御史中丞。臺臣言：「鉅夫南人，且年少。」帝怒曰：「汝未用南人，安知南人不可用？」遂拜侍御史，行御史臺事，奉詔求士於江南。初，詔書皆用蒙古字，至是特命以漢字書之。帝素聞趙孟頫、葉李名，密諭鉅夫，必致此二人。鉅夫又薦趙孟頫、余恁、萬一鶚、張伯淳、胡夢魁、曾晞顔、孔洙、曾冲子、凌時中、包鑄等二十餘人，帝皆擢置清要。入都復命，時宫門已閉，世祖聞之喜甚，不覺起立曰：「程秀才來矣。」

鉅夫奏《民間利病》七事：

一，江南買賣宜許用銅錢或零鈔。

竊維江南貧民多而用錢細，初歸附時，許用銅錢，當時每鈔一貫準銅錢四貫。自銅錢不用，每鈔一貫所直物件比歸附時不及十分之二。在前上司指揮官收銅錢有私藏者，坐以重罪，其拘收到官者必多，或民間尚有窖藏，亦難盡知。計江南銅錢，比故宋時雖或鎔廢，其到官者寧無十分之五，在民者無十分之一。若盡廢在官之錢，使民間以鈔一貫就官買錢若干，添貼使用，其有民間窖藏者，立限出首納官免罪，如限外不首，私自發掘行用，許鄰右主首諸色人捕告，驗實坐以元罪。有誣告者，亦反坐之。如不復試行一二年，如公私果便，永遠行用。如其不便，然後再禁，公私亦無所損。如不復用銅錢，更宜增造小鈔。比來物貴，正緣小鈔稀少。如初時直三、五分物，遂增爲一錢。一物長價，百物隨之。省府分有小鈔發下，而州縣庫官不以便民爲心，往往憚勞而不領取，提調官亦置而不問。於是民日困而鈔日虛。宜令增造小鈔，分降江南各路，特便細民博易，亦利民重鈔之一端也。

一，軍人作過甚者，責其主將，仍重各路達魯花赤之權。

各路管民官與管軍官不相統一，軍卒肆凶，小民受害，管軍官不肯問，而管民官不敢問。甚則如臨江之兵揮刃以擬總府，吉州之兵奮拳以毆府官，此風何可浸長？國家置達魯花赤，本令兼管軍民。江南諸路達魯花赤固多失職，亦緣地遠軍驕，故不能制。宜特降旨，今後諸處經過屯戍軍兵，敢於民間剽奪姦汙者，本路達魯花赤即將犯人準法處斷。如漏失本人姓名，具管軍官姓名呈省，自其牌子頭至百户定罪有差。若十人以上同罪，罪其主將。庶幾每翼頭目，各務鈐束其下，不致生事，軍民相安，遠方幸甚。

一，百姓藏軍器者死，而劫盜止杖一百單七，故盜日滋，宜與藏軍器同罪。

盜之害民，劫盜爲甚。故自古立法，劫盜必死。江南比年殺人放火者，所在有之。被害之家纔行告發，巡尉吏卒名爲體覆，而被害之家及其鄰右先已騷然。及付有司，則主吏又教以轉攤平民，坐延歲月。幸而成罪，不過杖一百單七，而蔓延逮捕平人死獄中者，乃十之四五。況劫盜倖免，必圖報復，而告發之家無遺種矣。被賊劫者，誰敢告發？盜勢日張，其禍何可勝言！夫諸藏兵器者處死，況以兵器行劫，而罪乃止於杖，此何理也？故盜無所畏，黨日以多。今後强盜持軍器劫人財物，贓證明白，只以藏軍器論罪，郡府以便宜從事，並免待報。庶使凶人警畏，平民安帖，其於治勢實非小補。

一，江南和買物件及造作官船等事，不問所出地面，一切遍行合屬，處處擾害，合令揀出産地面行下。

凡物各有所出、所聚處。非其處而謾求，如緣木求魚，鑿冰求火，無益於官，徒擾百姓。如紵絲、邵緈、木錦、紅花、赤藤、桐魚、鰾膠等物，非處處皆出，家家俱有者也。而行省每遇和買，不問出産在何地面，件件都是遍行合屬。其各道宣慰司承行省文字如此，亦遍行合屬總管府，總管府又遍行合屬州縣。遂使江南百姓，因「遍行」二字，處處受害。及申到和買諸物，又行移體覆，動輒半年、一年。及上司放支價錢，官吏通同，不復給散於民，虚寫收管，粘入卷中，以備照刷，公私俱弊。欲令省家先計必合和買物件，某物出於何處，聚於何處，采之公論，置簿籍記。如在江東，止行下江東；在兩浙，止行下兩浙。量遠近，立限期，仍令本處宣慰司止行下所出、所聚去處，委廉正官一員，依時給價，於係官錢内即行放支，結保申呈。如後經手官吏作弊事發，依至元十九年聖旨條畫盜官財物罪犯追斷。

又造船一事，其弊與前略同。自至元十八年至今，打造海船、糧船、哨船，行省並不問某處有板木，某處無板木，某處近河採伐利便，又有船匠，某處在深山採伐不便，又無船匠，但概驗各道户口，敷派船數，遍行合屬宣慰司，仍前遍行合屬總管府。以江東一道言之，溧陽、廣德等路，亦就建康打造，信州、鉛山等處，亦就饒州打造。勾喚丁夫，遠者五六百里，近二三百里，離家遠役，辛苦萬狀。兼木植或在深山窮谷，去水甚遠，用人扛擡過三五十里山嶺，不能到河，官司又加以箠楚。所以至元二十一年，寧國路旌德縣民余社等，因而作哄，亦可鑒也。又所用鐵、炭、麻、灰、桐油等物，官司只是樁配民户，不問有無，其造成船隻，並係倉卒應辦，元不牢固，隨手破壞，誤事尤多。宜令凡是海船，止於沿海州郡如建德、富陽等處打造，糧船、哨船止於江西、湖南、湖北等處打造。仍乞照故宋時打造官船體例，差官領錢與河、海船匠，議價打造，每人願造若干船隻，領若干錢，寫立文書，須管十分堅牢。如有違約，即追罰價錢，依法治罪。所委官在彼守待了畢，交領而回，則民户無遠役之費，匠户無差役之苦，官吏無催督之勞。或有欺盜發覺，照盜官財物例追斷，公私兩便。而所造船隻，亦可爲長久之用。

一，江南諸色課程多虛額妄增，宜與蠲減。

江南茶、鹽、酒、醋等税，近來節次增添，比初歸附時十倍以上，今又逐季增添。姑正緣一等管課程官，虛添課額，以諂上司，其實利則大概入己，虛額則長掛欠籍。以酒課言之，自前日有司陡增酒課，每米一石，收息鈔十兩，而江南糯米及所用麴蘖等工本，通僅七兩。以七兩工本，而官先收十兩和息，寧有此理？所以杭州、建康城裏酒價，不半月間，每瓶驟增起二百文。其他可類推也。前來欽奉聖旨，「諸色課程從實恢辦」，既許從實，豈可虛增？除節次累增課額實數，及有續次虛增數目，特與查照，並蠲減，從實恢辦。庶將來不致陷失歲課，亦不致重困民力。

一，建昌路分小於撫州，而雜造段匹三倍撫州，工役不均，宜只依撫州例。諸處凡似此不均者，比附施行。

竊惟建昌雖名一路，而在宋時止稱爲軍，宋初本是撫州屬縣。兩處民户物産，大不相侔。况建昌四縣近又割出管内南豐一縣以爲州，事力小弱甚矣。今江西卻令建昌路安機一百張，每年造生熟段匹二千二百五十段，而撫州路止安機二十五張。建昌何重，撫州何輕？撫、建甚近，土性相同，非建昌獨宜織造也，緣建昌曾有一路官，刻下民、媚上司，妄添數額，遂不可減。作俑有自，流毒無窮，本郡不堪其擾。臣昔家此，實所備知。如令比附撫州體例，特與末減，似望公私易爲趁辦，段匹又加精好，而本路之民少得一分之寬。然此特建昌一路興織造一事也。其他路分及工匠等事，似此不均者，亦乞令各處有司，比附上項事理施行，生民幸甚。

一，江南官吏家遠俸薄，又不能皆有職田，故多貪污之吏，宜於係官田地撥爲職田。

江南官吏多是北人，萬里攜家，鈔虚俸薄，若不侵漁，何以自贍？中前曾令依腹裏州縣體例，各給與職田，而行省行下，必令於荒閑田地内摽撥。夫江南州縣，安得處處有荒閑田地？只爲此語糊塗浮泛，得職田者，遂無幾人。今欲一一添俸，則費鈔愈多，虚鈔愈甚，莫若職田之爲便也。宜令行省徧下諸道諸路州縣，凡各處係官田，即撥與各官充合得職田，比腹裏例。毋令減少，使潔己守官者既免饑寒之憂，其病民蠹國者自甘懲汰之罰。如此然後治平可冀也。

其言皆切中當時之弊，帝韙之，超授集賢學士，仍兼行御史臺。時桑哥顓政，法令苛急。鉅夫入朝奏言：

天子之職，莫大於擇相；宰相之職，莫大於進賢。苟不以進賢爲急，而以殖貨爲心，非爲上爲德、爲下爲民之意也。昔漢文帝以決獄及錢穀問丞相周勃，勃不能對，陳平進曰：「陛下問決獄責廷尉，問錢穀責治粟内史。宰相上理陰陽，下遂萬物之宜，外鎮撫四夷，内親附百姓。」觀其所言，可以知宰相之職矣。今權姦用事，立尚書省鈎考錢穀，以割剥民生爲務，所委任者皆貪〔一〕饕嗜利之人。江南盜賊竊發，良以此也。臣竊以爲，宜革尚書之政，損行省之權，罰言利之官，行恤民之事，於國爲便。

桑哥大怒，留鉅夫不遣，奏請殺之。凡六上，帝皆不許，命鉅夫歸。二十九年，又詔鉅夫與胡祗遹〔二〕、姚燧、王惲、雷膺、陳天祥、楊恭懿、高凝、陳儼、趙居信十人赴闕，召對便殿，勞問甚悉。三十年，出爲福建海北道肅政廉訪使。大德四年，改江南湖北道肅政廉訪使。湖廣行省平章縱家奴害民，鉅夫按治之，榜其罪於市，民大悦。八年，召爲翰林學士、知制誥同修國史。明年，加商議中書省事。時亢旱，風災尤甚，鉅夫應詔陳言，奏敬天、尊祖、清心、持體、更化五事。十一年，出爲山南江北道肅政廉訪使。

武宗即位，留翰林學士，加正奉大夫。凡朝廷大議，必咨之。每議事歸家，人占其顔色，以知時政之得失。至大三年，復拜山南江北道肅政廉訪使。

仁宗即位，召老臣十六人赴闕，鉅夫與焉。帝素重鉅夫爲人，每呼程雪樓而不名。雪樓，鉅夫別字也。未幾，改浙東海右道肅政廉訪使，留爲翰林學士承旨、資善大夫、知制誥兼修國史。二年，旱，鉅夫應詔陳桑林六事，忤宰相意。明日，帝遣中使賜上尊，勞之曰：「昨中書集議，惟卿言最當。後遇事，其盡言無隱。」皇慶元年，進榮禄大夫，詔鉅夫與李孟、許師敬等議貢舉法。鉅夫言：「朱子貢舉私議，可損益行之。」又言：「取士當以經學爲本，經義當用程、朱傳注。唐、宋詞章之弊，不可襲。」從之。二年，以疾乞歸，不允，命尚醫給藥物，官其子大本郊禮署令。三年，疾益劇，平章政事李孟亦爲之請。特加光禄大夫，賜上尊，命廷臣以下餞於文明門外，大本乘驛護侍南還，仍敕所在有司常加存問。五年，卒，年七十。泰定二年，贈光禄大夫、大司徒、柱國，追封楚國公，謚文憲。

鉅夫博聞强識，文章議論爲海内宗尚者四十餘年。臨大事，決大議，風采懔然，不爲利害所動。常曰：「士生天地間，當以利人濟物爲心，奈何瑣瑣爲身家之計？」論者謂鉅夫不愧其言。有《雪樓集》四十五卷。

子大年，金谿縣尹；大本，秘書監著作郎。孫世京，集賢修撰。

袁桷，字伯長，慶元鄞縣人。曾祖韶，宋同知樞密院事。祖似道，宋知嚴州。父洪，字季源，七歲通《詩》、《書》、《春秋》，宋京尹馬光祖辟爲掾，以敏達聞，累遷太社令。賈似道不樂四明人，洪與同州六十餘人皆被廢。咸淳九年，起爲建康路通判，大帥趙溍委以府事。諸將桀驁，數以語侵，洪請較射，洪三發三中，衆驚服。後爲制置司參議官，不拜而歸。至元十五年，授同知邵武路總管府事，二十年，改温州，並以疾辭。卒，年五十四。

桷幼好學，讀書常達旦不寐。稍長，師事王應麟、舒岳祥，其學精深核實。以行臺薦，授麗澤書院山長，不就。大德初，閻復、程鉅夫、王構俱薦之，擢翰林國史院檢閲官。成宗初建南郊，桷進《郊祀十議》，其序曰：

「五帝不相沿樂，三王不相襲禮，所由來尚矣。損益之道，其旨同焉。嬴政絶滅三代典禮，臆爲之制，《禮經》廢缺，殘灰斷壁。收合於西漢之世，名爲宗周，而祠祭廣衍，皆祖秦舊。逮王莽尊信《周官》，後漢二鄭申釋名義，違異於《五經》者，旁傅曲會，皆得以合。自漢而降，言禮者悉本於此。愚嘗紬繹經傳，審問慎思，緊儒先是，證郊社大典，秦、漢而下，莫有疑義。惟合祭同異，其詳可得聞矣。若郊非圜丘，帝非天帝，沿襲舊説，卒無與正。夫天無二日，是天尤不得有二也；五帝非人也，然不得謂之天，作《昊天五帝議》。祭天歲或爲九，或爲二，或以變禮者爲正，作《祭天名數議》。圜丘不見於《五經》，郊不見於《周官》，作《圜丘非郊議》。后土，社也，先儒言之而復疑焉，作《后土即社議》。三歲一郊，非古也，作《祭天無間歲議》。燔柴，古經之可見者也，《周官》以禋祀爲天，其義各旨，作《燔柴泰壇議》。祭天之牛角繭栗，用牲於郊，牛二，合配而言之也，禮成，於周公未之有，改增羣祀而合祠焉，非周之制矣，作《郊不當立從祀議》。郊，質而尊之義也；明堂，文而親之義也，作《郊明堂禮儀異制議》。郊用辛，魯禮也，卜不得常爲辛，猶至日之不常爲辛，作《郊非辛日議》。北郊不見於《三禮》，尊地而遵北郊，鄭玄之説也，作《北郊議》。多聞闕疑，先聖有訓。私不自量揆，妄爲之説，實有悳焉。鴻藻碩儒，洽通上下，其必有以折衷而深證之。大德五年春三月，具官袁桷序。」

《昊天五帝議》：

言昊天者有三説。鄭玄六天之妄，攻之者衆矣。王肅謂祭天有二，冬郊圜丘，春祈農事。若明堂迎氣，皆祭人帝。歷唐而下，則謂郊祀配天者爲昊天，明堂配上帝者爲五帝。甚者因其説之不通，併《孝經》后稷配天本文而非之。其説紛雜，良由天與帝之號不明故耳。夫在郊者謂之天，在明堂者謂之帝。河南程氏曰：「萬物本乎天，人本乎祖。故冬至祭天而以祖配之，以冬至者，氣之始也。萬物成形於帝，人成形於父。故季秋饗帝，而以父配之，以季秋者，物成之時也。」胡宏氏曰：「天言其氣，帝言其性。」其説是矣。故由其在郊，則以其遠祖配，尊而無文之義也。由其在明堂，則以其父配，尊而親之之義也。鄭氏六天，本於讖緯，攻之者雖力，而卒莫敢廢。漢、魏以來，名號不一。漢初曰上帝，曰太一元始，曰皇天上帝。魏初元間，則曰皇皇天帝。梁則曰天皇大帝。至唐，始曰昊天上帝，從長孫無忌之議，而廢六天之謬。後復尊鄭而不敢廢者，蓋鄭氏謂星經之天皇，即《周官》之昊天，上以合夫《周官》，而下復合夫從祀。於是郊之所主爲昊天，而其壇之二等復有天皇焉。此存鄭之説，至於唐、宋而不敢廢者，以此也。王肅言明堂爲人帝者，固非，而攻王者未嘗不泥於五帝，至以明堂之祀五常，其來已久。或者又謂禋祀五帝爲祭天，以此病肅，然卒無以歸於一當之論。愚嘗獨謂五帝非人帝，其所謂人帝者，五帝之配耳。且五帝非天也。新安朱氏之定五帝，有取夫《家語》五帝之説。天有五行，木、火、土、金、水，分時化育，以成萬物，其神謂之五帝，而不敢加天以混之。唐永昌之敕亦曰：「天無二稱，帝是通名。承前諸儒互生同異，乃五方之帝亦謂爲天。自今郊祀唯昊天上帝稱天，餘五帝皆稱帝。」證以二説，則六天之説不攻而自破，五帝之誤可證而不誣矣。獨黄幹泥夫鄭學，謂饗帝於郊，而風雨節、寒暑時，非人帝所能爲。殊不知五人帝者，若太皞是也；五人神者，若句芒是也。今以五行之官名佐成上帝，而稱五帝，何憂不能寒暑節、風雨時？獨不可稱天帝以混夫昊天上帝之號耳。陳祥道言「五帝無預乎昊天上帝」，其説良是。而下文言「上帝則五帝兼存焉」，此亦泥夫鄭説。又謂「明堂之上帝兼昊天與五帝而一之」，其説又不通。獨三山林岊言「古之祭上帝與祭五帝」之禮，以經推之，禮莫盛於周，周之祭上帝，亦曰祀天，郊祀之天，明堂之上帝，即一也。郊祀從簡，爲報本反始。以稷配明堂從備，爲大饗報成。以文王配稷，王業所始，文王王業所成，從其類也。祭於郊曰天，於明堂曰上帝，天言兆朕，帝言主宰也。《周官》先言祀上帝，次言祀五帝，亦如之。謂大臣之贊相，有司備具，至其圭弊，則五帝各有方色，未嘗與上帝混同也。愚嘗妄謂《周官》無明堂郊天之文，先儒必欲合於《五經》，其説愈不可解。天官大宰祀五帝，則掌誓戒，後云祀大神示，亦如之。鄭謂大神示即天地也，是重五帝於大神示也。五帝之説，盛於吕不韋之《月令》，《詩》、《書》所載未嘗有五帝之號。尊上帝而黜五天帝，要不爲無據也。

《祭天名數議》：

天歲有九祭，鄭玄之説也。何以謂之九祭？祀昊天於圜丘，五天帝於四郊，復立郊祀、明堂而爲二，龍見而雩帝於南郊，此九祭也。王肅謂天惟有一，歲有二祭，南郊之祭爲圜丘以冬祭，其祈農事也以春祭，謂之二祭。梁崔靈恩宗鄭而黜王，不過謂郊丘不可爲一，而五帝之祀同爲天帝，明堂之不可廢，猶大雩之不可廢也。自唐以後，非六天者皆是，而九祭之名微與鄭異者，則謂春祈穀，夏大雩，秋明堂，冬圜丘，兆五帝於四郊，爲九祭。歷代尊黜異同，不過出於三者之説。愚獨以謂其説皆無足取證。鄭氏之五天帝不得爲天，前已辨之詳矣。以圜丘、南郊爲二者，分帝爲太微，爲天皇，而非昊天之本名也。王肅之祈農事，先儒之言大雩，愚請得而論之。按《月令》「元日祈穀於上帝」，《噫嘻》之《小序》「春夏祈穀於上帝」，祈穀之祭非郊與明堂之比也。善乎廬陵胡氏之論曰：鄭謂此即郊，按《特牲》又云「郊迎長日之至」，注引《易》説，謂春分日漸長，則此未春分也。《易》説三王之郊，一用夏正。孟獻子云「啟蟄而郊」，則此未啟蟄也。獻子又云「郊祀后稷以祈農事」，此不祀后稷而祀帝也。足明此但祈穀非郊天。大祭詩云：「春夏祈穀」，豈謂郊乎？先儒亦言祈者，以民食之重，有求於天，不得與南郊、明堂並，而大雩之祭尤不宜與二大祭同議。按《春秋》之書雩，旱祭也。司巫女巫之舞雩，皆不得已吁嗟而求之，其甚者則歌哭而請之，禮之變也。《爾雅》曰：「雩，號祭也。」《春秋》書雩之例，三傳雖有異同，大較紀其旱烖之極。若昭公之季年一月而兩書焉，足以見夫旱之極矣，謂夫子紀魯之僭者，非也。魯之雩壇舞詠而歸者，非歟？又按鄭注，周雩壇在南郊之旁，則非郊天之壇明矣。《詩》之《小序》，自歐陽氏、蘇氏、朱氏疑而去之者已久，詳《小序》之箋，則先已有疑於本文，故其箋曰：「《月令》孟春祈穀於上帝，夏則龍見而雩，是與？」夫「是與」者，疑之之辭也。春猶得以祈穀言，夏不得以祈穀言矣。孔疏知「是與」爲若不審之辭，復引仲夏大雩，以祈穀實爲證，是徇《小序》之失，不若鄭氏之置疑也。祀天之禮，有常有變，有因事之祭，若國故之旅於上帝，師行之類於上帝，天地之大烖、疾病、水旱，皆不得不禱於天。孰謂雩旱而可謂常祭者也？今定以南郊爲一，明堂爲二，此爲一歲之大祭。若祈農事，雖非變禮，要爲祭之次者。《呂令》固有議之者矣。獨祈農於上帝，誠不可廢。而元日之祭，不得與郊祭並。故兩存而復議之。

《圜丘議》：

圜丘之名，獨見於《周官·大司樂》，《詩》、《書》、《春秋》、《儀禮》之所不載。二戴

《禮》先儒謂出於漢儒，今不復引。以《周官》考之，圜丘非祀天之地。其本文曰：「凡樂，圜鐘爲宫，黄鐘爲角，太族爲徵，姑洗爲羽。靁鼓、靁鼗、孤竹之管，雲和之琴瑟，雲門之舞。冬日至於地上之圜丘奏之。若樂六變，則天神皆降，可得而禮矣。函鐘爲宫，太蔟爲角，姑洗爲徵，南宫爲羽。靈鼓、靈鼗，孫竹之管，空桑之琴瑟，咸池之舞。夏日至，於澤中之方丘奏之。若樂八變，則地示皆出，可得而禮矣。」鄭康成釋以爲禘祭，又謂天神爲北辰，地示爲崑崙。歷代相承，皆謂祀天於圜丘。王肅之徒雖難鄭説，能知禘之非祀天，而謂「郊即圜丘，圜丘即郊」，其説率雜而不能定。愚按圜丘非郊也。圜丘非祀天之所，獨鄭康成言之，既不能合於《詩》、《書》、《儀禮》，而於《周官》復有所背。以《周官》之本文言之，止言於地上圜丘奏之，不聞其祀天於圜丘也。況《大司樂》前云奏黄鐘，歌大吕，舞雲門，以祀天神；奏太蔟，歌應鐘，舞咸池，以祭地示。夫祀天神、祭地示，其樂與圜丘所奏實異。則當以黄鐘、大吕、雲門爲祀天，不當用圜丘降神之所，而遽言爲祀天之所也。其祭地也，亦當以太蔟、應鐘、咸池爲祭地，不當用方丘降神之所爲祭地之所也。鄭康成知其説之不通，遂釋前天神爲五帝，日月星辰圜丘之天神爲北辰，後來紛紛沿襲其説。而王肅六天之辨，復泥於祀天圜丘之説，不能詳明其本文而折其謬，乃謂「郊即圜丘，圜丘即郊」。故崔靈恩、孔穎達咸宗鄭而黜王。夫《大司樂》既無祀天圜丘之文，而鄭氏天神復釋爲二，有不待辨而明。按釋圜丘者，謂爲自然之丘，非人力所爲，其說與《爾雅》合。雍鎬近郊宜或有此，若後代國都於平衍之地，將人力而爲之耶？抑亦爲壇以象之耶？或曰：圜丘祀天，鄭康成必本於前代。愚曰《詩》、《書》、《易》、《春秋》、《儀禮》之所無者，不必信。鄭氏之說本於秦始皇祠八神地主之圜丘，又漢武帝作十九章之歌，以正月上辛用事甘泉圜丘，二者皆非祀天。鄭氏陰取之，而不敢明證其事。若謂南郊即圜丘，北郊即方丘，不知《周官》四郊非南北郊之郊，《詩》、《書》、《春秋》之郊非圜丘之制，不得合而爲一。謂祀天於圜丘者，特鄭氏之說，初非《周官·大司樂》之本文。陳祥道《禮書》謂「祭祀必於自然之丘，所以致敬；燔瘞必於人爲之壇，所以盡文」，亦宗鄭之說而微異。崔靈恩《義宗》亦宗鄭黜王。而所謂「郊即圜丘，圜丘即郊」之誤，乃不能正其說。歷漢至宋諸儒，悉不過以《周官》傅合於《詩》、《書》、《春秋》，滋以啟後來之誤，故爲之辨。

《后土即社議》：

《周官》無祭地之文，先儒言之詳矣。而其言近於地者有五：曰地示、大示、土示、后土、社，是也。鄭氏之釋地示，則曰：「北郊神州之神及社稷。」夫以北郊爲祀地，此祀之大者，不得合社與稷而言，合社與稷，是爲三祀，非祭地明矣。曰大示，鄭無明釋。或謂大示，乃地示之大者。祀地以北郊爲大，則地示之大者，將何以祀之？曰土示，鄭謂原隰平地之神，此又非祀地矣。曰后土，鄭氏則直謂：「后土，黎所食者，后土官名，死爲社而祭之。」又曰：「后土，土神。」不言后土社也。其答田瓊則曰：「此后土不得爲社者，聖人制禮，豈得以世人之言著大典？」明后土土神不得爲社。至於太祝建邦國告后土，鄭復曰：「后土社神。」獨此説違戾特甚，啟歷代之謬謬，實自此始。

按《尚書》曰：「告於皇天后土。」孔注曰：「社也。」《泰誓》之「宜於冢土」，亦社也。《召誥》之「社於新邑」者，亦后土也。《甫田》之「以社以方。」注：「社，后土也。」后土與社，皆地之稱，今悉疏經文之可證者而言之：《泰誓》曰：「郊社不修，禮日祭地於郊，所以定天位也，祀社於國，所以列地利也。」又曰：「郊所以明天道，社所以神地道。」又曰：「郊社所以事上帝。」又曰：「明乎郊社之義。」又曰：「禮行於郊，而百神受職；禮行於社，而百貨可極。」若然，則社即后土，后土即社。鄭氏之釋《大宗伯》，既以黎所食者爲是，而復有所疑而不決，於是答田瓊之問，以后土不得爲社。四者之説，更相背戾。而方丘、北郊復爲二説，終莫能定。至胡宏氏始定郊、社之義，以爲祭地於社，猶祀天於郊也。故《泰誓》曰「郊社不修，而周公祀於新邑，亦先用二牛於郊，後用太牢於社。《記》曰：「天子將出，類乎上帝，宜乎社。」而《周禮》以禋祀祀昊天上帝，以血祭祭社稷，別無地祇之位。「四圭有邸」，舞雲門以祀天神；「兩圭有邸」，舞咸池以祭地祇。而別無祭社之說，則以郊對社可知。後世既立社，又立北郊，失之矣。此說足以破千古之惑，故新安朱氏《中庸》「郊社」，亦以社爲祭地，取夫胡氏，而獨以其廢北郊之說爲未然。愚按北郊不見於經，獨見於鄭氏。鄭氏之北郊，非至日方丘之祭。攻鄭氏神州之説者多，而不能辨鄭氏北郊之不經；攻合祭之説者力，而不考以地爲郊之失，亦始於王氏。郊以祀天，社以祀地。謂郊爲祀地，吾知其不出於《六經》也。《春秋》書魯之郊止於郊天，不聞其郊地也。用牲幣於社，間於兩社，皆天子之制也。謂魯爲僭郊社，則可；以魯郊爲祀地，則不可。《雲漢》之詩曰：「祈年孔夙，方社不莫。」又曰：「自郊徂宮。」宮，社宮也。告天地之禮，郊、宮爲二，則《詩》之郊，亦非祀地也。朱氏亦曰：「《周官》止言祀昊天，不言祀后土。」先儒之言祭社者爲是。其言《周官》禮大神、祭大祇，皆無明文，是深有疑於《周官》之非全書也。或謂社不足以盡地，此蓋因諸侯大夫皆得宜社，遂因此以致疑。按《大宗伯》：「王大封，則先告后土。」又曰：「建邦國，先告后土。」謂之后土者，建國之始稱。若武城之告於后土者是也。左祖、右社，親地之道也。此言社之名成於告后土之後也。先儒謂尊無二上，故事天明獨行於天子，而無二事地察，故下達於庶人，而且有公私焉。胡宏氏曰：「諸侯之不敢祭天，猶支庶之不敢斷祖也；諸侯之得祭地，猶支庶之各母其母也。」其説爲是。且社有等差，至於州黨族間，愈降愈少，獨天子之社爲羣姓而立。王社之説，孔疏謂書傳無文，其説莫考。陳祥道釋社、后土之辨，終泥於鄭氏。至謂建邦國先后土爲非社，曾不知社之未立，其不謂之后土，其可乎？

《祭天無間歲議》：

古者天必歲祭。三歲而郊，非古制也。然則曷爲三歲而郊也？三歲之禮，始於漢武。其祀天也，不於泰壇而於甘泉壇。有八觚席，有六采、文章、采鏤之飾，玉女、樂石之異，鸞輅、騂駒之靡，瑄玉、寶鼎之華，其禮也侈，其用民也勞，如之何其勿三年也？至於後世，不原其本，而議其末。三年之祭，猶不能舉其能力行者。若唐之太宗，享國長久，亦不過三、四。至宋仁宗以後，始克遵三年之制。夫三年一祭，已不得爲古，則一、二舉者，尤非禮也。蘇氏曰：「秦、漢以來，天子儀物，日以滋多，有加無損，以至於今，非復如古之簡易也。今所行皆非周禮。三年一郊，非周禮也。先郊二日而告原廟，一日而祭大廟，非周禮也。郊而肆赦，非周禮也。優賞諸軍，非周禮也。自后妃以下至文武官皆得蔭補親屬，非周禮也。自宰相宗室已下至百官皆有賜賚，非周禮也。」先儒又曰：「古之郊禮，以事天也，以報本反始，以教民尊上也。天子前期齋戒，命冢宰誓百官而涖事焉，事之莫尊者也。」近世則變矣。三年而一郊，其所事者，則軍旅億醜之賞賚耳。事軍旅億醜之賞賚，則誠不專於享帝，制不一於報本。夫郊，以報一歲生物之功也。夫豈三歲一生物而三歲一報耶？古者，大路素而越席，大圭不琢，大裘不飾，牲用繭栗，器用陶匏，謂德産精微，物所以稱，故其文至簡，而其誠至懿。近世盛鑾輅冕服，珠玉金繒之飾，唯懼不華；内闕觀宫一夕之具，唯恐不工。其文至繁，而其費至廣，豈所以降格天神之意邪？如是，則郊天之禮，自漢而下皆非古制。禮樂百年而後興，誠能如三代之禮，其繭栗、陶匏，費不爲甚廣；罷壇陛從祀之位，止以始祖爲配，則千百年之廢禮墜典由是而舉，豈不甚盛！其或不與祭，則如《大宗伯》所謂「若王不與祭祀，則攝位」，鄭氏之釋《量人》亦曰「冢宰位佐王，祭亦容攝祭」，庶幾破千古之陋，上以合於天道，而下足以解諸儒之疑議云。

《燔柴泰壇議》：

《儀禮·覲禮》曰：「祭天，燔柴；祭山，丘陵，升；祭川，沈；祭地，瘞。」《祭法》亦曰：「燔柴於泰壇，祭天也；瘞埋於泰折，祭地也。」《爾雅》曰：「祭天曰燔柴，祭地曰瘞薶。」《祭法》、《爾雅》雖各自爲書，而其説與《儀禮》合者，獨燔柴無異。《周官》曰：「以禋祀祀昊天上帝，實柴祀日月星辰，槱燎祀司中、司命、飌師、雨師。」夫《周官》之柴歸於日月星辰，而以禋祀爲祀天，是不與《儀禮》合也。《禮器》曰：「至敬不壇，掃地而祭。」不壇，非燔柴也；掃地而祭，非《周官》之祀也。合《儀禮》、《周官》、《禮器》三書而言之，實有不同。自鄭氏必欲合三禮之説爲一，而後人附會者曲爲之遷就。崔靈恩則謂：「先燔柴及牲玉於丘訖，次乃掃地而祭。祭天之法，皆於地上，以下爲貴，故不祭於人功之壇。」陸佃則曰：「祭天之禮，升禋於泰壇，奏樂於圜丘，所以致天神也。天神皆降，可得而禮，然後掃地而祭。樂者陽也，其聲無形，故奏於自然之圜丘。煙者，陽中之陰，其氣有象，故燔於使然之泰壇。至於禋祀實柴，有異於《儀禮》。」鄭氏則云：「禋，煙也。三祀皆積柴實牲體，於日月言實柴，於祀天言禋，三祀互相備矣。」其釋《覲禮》則曰：「燔柴祭天，祭日也。祭天爲祭日，則祭地瘞者，祭月也。日月而云，天地靈之也。」敢各疏其穿鑿，以從古禮經之正。《周官》之不與《儀禮》、《易》、《詩》、《書》、《春秋》合者，不止於祀天地，今止因《三禮》之異同，諸儒之附會，而言其非是。夫《周官》之圜丘，乃奏樂之所，非壇也。自漢而下，皆祀於圜丘，已失《周官》之意。崔氏謂圜丘即壇，爲人功之壇。按釋圜丘者爲自然之丘，非人功之壇，崔説與釋圜丘者異矣。使果從壇下掃地而祭，則燔柴於人功之壇，不可謂質，而獨掃地之祭，得謂之質矣。若然，則《儀禮》之燔柴爲末，而掃地之祭爲本。歷考梁、陳以來，不聞有祭於圜丘之下者。是崔氏之説，不得以行也。陸氏謂自然者爲丘，使然者爲泰壇，是祀天之地有二。愚嘗謂：合於《周官》，則泰壇之制未嘗有合於《儀禮》，則燔柴之制無圜丘。歷代之失祀於圜丘，非是。陸氏獨不能證其誤，是爲二壇者，亦非也。鄭氏謂煙，禋也。《詩·生民》之禋祀，《書》之「禋於六宗」、「禋於文武」，釋者謂禋，敬也。又曰「精意以享」之謂也。使從鄭説，以禋爲煙，則六宗之祀不得與上帝並，而祀文武於宗廟，又難與燔柴之祭同也。鄭氏之釋燔柴，以祭天爲日，祭地爲祭月，其説尤妄。是殆尊《周官》之書，其不可合者，遂臆説以非古禮。如夏正郊天迎長日之至圜丘，南郊二天帝之説，類皆若是。古《禮經》獨《覲禮》爲天子禮，捨燔柴爲祭天。則此書又如王安石之罷黜，不能以用於世。《戴記》之合於經傳者，先儒類皆取之。若《王制》、《禮器》、《儒行》、《明堂位》等篇，固有疑之者矣。獨燔柴、泰壇爲祭天，與古禮合，特取其説。鄭泰壇雖不見於《儀禮》，然從古傳襲，未嘗不以壇壝爲正。《覲禮》之壇十有二尋，周公之三壇，同墠司儀之爲壇，三成去祧爲壇。下至周末，齊侯爲柯之盟，有壇先君適四國，未嘗不爲壇。況祀天欽崇之實，其可廢壇壝哉！

《郊不當立從祀議》：

郊有從祀，西漢末之見也。禮之失，始於建武。建武采元始之制而爲之。元始，王莽之政也。王莽之失，在分牢，在同祭，不聞其從祀也。杜佑尊時王之禮，而深知其非，謂：「從祀之坐，近古皆有，梁、陳及於國朝，始相沿襲。」夫謂之近古者，非古明矣。開元之禮，成於徐堅之徒，而開寶所作，祖於開元。大較從祀損益，咸取於建武。今因開元所定而論著其非是。其第一壇曰五帝，曰大明夜明。以《周官》言之，五帝之祀在四郊，大明夜明以實柴，而朝日夕月之制，復見於經傳，此不得混而一之之證也。壇之第二與第三，皆以星經爲之制。杜佑謂：「天有萬一千五百二十星」，地亦如之。考其所祭，知其壇壝之不足以容也。遂爲外官、内官以别，而節其數。開寶以後，又復增五獄、四瀆、飌師、雨師之類，而併祭之。其壇愈廣，其牲牢愈繁，而其禮愈失。考於《周官》，則《大宗伯》之實柴槱燎，此又不得混而爲一之證也。今考於《虞書》，其類上帝之後，則行六宗、山川羣神之祀，不聞其合祭也。湯之元牲，武成之柴望，皆若此矣。《召誥》用牲於郊牛二者，后稷配天之始也。若魯之三望，雖爲非禮，亦皆無總祀之理。自漢而下，牲犢、尊罍之數，不勝其煩，其郊禮之費，竭九州之貢賦，不足以供。由是，雖三年之祭亦不能舉。壇壝繁雜，宫縣四立，有司臨事，登降傴仄，懼不能以周旋，跛倚顛仆，無所不至。昔之儒先，能議合祭天地之非，而不能正合祭羣祀之失；能以親郊爲是，而不能以三年一郊爲非；能知牛羊供給之費廣，而不能盡角繭栗之誠慤。甚者配帝之争不決，遂有二配帝於壇上。依違莫從，一至於是。今若悉如三代典禮，不傷財，不害民，一歲一郊，則何憚其不可行也！

《明堂與郊天禮儀異制議》：

晉摯虞議曰：「郊丘之祀，埽地而祭，牲用繭栗，器用陶匏。事反其始，故配以遠祖，明堂之祭，備物以祭，三牲並陳，籩豆成列，禮同人理，故配以近考。」新安朱氏曰：「爲壇而祭，故謂之天。祭於屋而以神示祭，故謂之帝。」晉傅玄亦云：「於郊尚質，於明堂尚文。」若然，則儀文悉皆有異矣。郊以牲，明堂以牛羊，詩曰：「我將我享，維羊維牛。」此牲之異者也。燔柴以報陽也，猶宗廟之裸鬯也。明堂與宗廟近，則燔柴乎何有？席用藁鞂，器用陶匏，象天之質也。玉爵、代匏、尊罍、簠俎之屬，一以宗廟。此元豐議禮之得也。郊之祭，用氣也，進孰之失，始於唐。自唐以降，未之有改也。《記》曰：「郊血，大饗腥，三獻爓，一獻孰。」解者曰：「郊，祭天也；大饗，祫祭也；三獻，社稷五祀也；一獻，羣小祀也。」郊不以血，而以孰薦，禮之褻而失之甚者也。然則明堂之祭，其不進孰與？曰：「聖人亨，以享上帝」，上帝，明堂之稱也。用於明堂而不用於郊，其義明矣。特牲少牢之始於薦孰，大夫之禮也。用大夫之禮於郊，不可也。用於明堂，近宗廟也。配羣祀於郊，非禮矣。明堂，國中也；邑外曰郊，引而近之，其瀆莫大焉。尊罍，尚質也，彝以盛鬱鬯，郊得以用之也。《記》曰：「黄目，鬱氣之上尊。」彝得謂之尊也。定尊罍於天地，六彝於宗廟，鄭氏之説也。開元遵而不用於郊，猶曰以質不以文。明堂，宗廟之近，而文物之極也。其不用也，則野矣。凡此皆禮儀文質之異，不可以不辨也。

《郊非辛日議》：

《郊特牲》曰：「郊之至也，迎長日之至也」，又曰：「郊之用辛也，周之始郊日以至」。鄭玄謂：「迎長日者，建卯而晝夜之分也。」「三王之郊，一用夏正。」其釋「周之始郊日以至」，則謂：「魯無冬至祭天圜丘之事，是以建子之月郊天，示先有事也。」夫以迎長日爲建卯，胡氏非之至矣。三王之郊以寅，則冬至圜丘之祭，是周以冬爲春矣。正月正歲，猶日以子爲首，若以冬爲春，是非矣。蓋「郊之用辛」，言魯禮也。「周之始，郊日以至」，言周以冬至而郊也。易周爲魯，以附夫臆鑿之論，則大有所不可。周爲周王，魯爲魯公，合周、魯爲一禮，曷不曰「魯之始郊日以至」？葉夢得氏曰：「以郊爲迎長日之至，下言郊之用辛。周之始郊日以至，正以別魯禮。鄭氏反之，强以建卯爲日至，甚矣，其好誣也！」冬至祭天，此周之正禮，不可易者。孟春建寅之郊，蓋祈穀之祭。魯雖得郊，不得同於天子。是以因周郊之日，以上辛，三卜不從，至建寅之月，正魯郊，殆周祈穀之祭故。左氏謂：「啟蟄而郊也。」或曰：郊雩必以辛，周之制與？曰：以至日而祭，則至日非常以辛也。魯之郊雩皆辛，是魯之禮也。然則周郊非辛與？曰：周官祀大神則卜日。崔靈恩謂：「卜日以至，爲主不吉，始用它日。」是有疑於卜也。横渠張氏謂：「日至不必卜日，周之始郊日以至，言日至則不容卜，言月至則有卜，卜日則失氣至之時矣。」是定以爲卜日也。《曲禮》曰：「大饗不用，卜吕大臨。」謂天時陰陽之至，日月素定，故不問卜。若他饗，則問卜矣。或又曰：周之不用辛，有所本與？《召誥》曰：「越三日，丁巳用牲於郊。」非辛也。至翼日而社，非卜也。《五經異義》、《春秋公羊説》，禮郊及日皆不卜，常以正月上丁，成王命魯使卜從乃郊。故魯以上辛郊，不敢與天子同也。是足以明周郊之非辛矣。歷代之月時不一，獨唐武德以冬至祀天，孟春辛日祈穀於南郊，能取二説而裁正之，號爲近古，故特表而出之。

《北郊議》：

北郊之名，不見於《五經》。謂北郊見於《周官》，鄭玄之論也。《周官》無北郊之本文，因鄭玄讖緯之説，而與《周官》並行者，王莽、劉歆實爲之始也。先儒能攻王莽南北合祭之義，而不知立北郊之説者，始於匡衡，成於王莽。捨其大而議其細，相承謬誤，今千七百餘年矣。敢推其本始而詳言之。夫《周官》圜丘、方丘爲奏樂之地，非祭之所。圜丘之辨詳矣。鄭氏祭地之法有二：夏至之日，祭崑崙之神於澤中之方丘，一也；正月，祭神州地示於北郊，二也。是方丘、北郊爲二。今合而言之，不知其何所始也？按《大宗伯》之本文，鄭氏之不能釋者有二：曰以貍沈、以疈辜，則曰：「不言祭地，此皆地祇祭地，可知。」以黄琮禮地，則曰：「禮地以夏至，謂神在崑崙者。」至於《大司樂》之地祇，則又曰：「祭於北郊。」鄭氏既以方丘、北郊爲二，而後人之尊鄭者，未嘗不以方丘、北郊合而爲一，神州讖緯非之者至矣。至若方丘之不爲祭所，北郊之無所經見，皆泥其説而無有辨之者。或曰：北郊始於匡衡，非王莽自爲之説。謹按《漢志》，高帝因北時而備五帝，至武帝時，后土猶未立，建始之際方立南北郊。匡衡、張譚以天隨王者所居，援據《禮經》皆自爲損益，若所引祭地於泰折在北郊就陰位之説，今《戴記》無北郊之文。陳祥道《禮書》知其説之無所據，遂謂南郊祀天，則北郊祭地，祀天就陽位，則祭地就陰位，以强合夫鄭氏北郊之説。夫郊非天不足以言，社非地不足以盡，二者相對，如天之不可以合祭也。謂之郊地，其何所據哉？先儒能明祭之不可以合，而不能辨社之不可以爲郊，沿襲建始之弊。自漢而降，無有知其非者。祀地之爲社，詳見於后土之議。尊地之説，莫先於罷方丘、廢北郊，以全古禮之正。王肅之攻鄭玄，其説雖行於泰始，惜猶以郊、丘爲一，故宗鄭者多，而王説復廢。馴致今日，郊社盛禮，方由是損益，以承三代之正。罷北郊之謬，其不在兹乎？

禮官推其博洽，多採用之。擢應奉翰林文字、同知制誥兼國史院編修官，遷待制，拜集賢直學士，移疾歸。復以集賢直學士召，改翰林直學士、知制誥同修國史。至治元年，遷侍講學士。時拜住當國，重桷學識，欲使撰遼、金、宋三史，桷上《採訪遺書條例》。未幾，英宗遇弑，事不果行。泰定初，告歸，卒於家，年六十二。贈中奉大夫、江浙行省參知政事、護軍，追封陳留郡公，謚文清。

桷於近代禮樂之沿革，官吏之遷次，士大夫之族系，百家諸子之目録，悉能推本源委詳言之。文章奥雅，與虞集、馬祖常以議論相師友，當時文體爲之一變。有《清容居士集》五十卷。

子瓘，同知奉化州事。後至元中，修三史，桷孫曮進家藏書數千卷，擢秘書監著作郎。

史臣曰：程鉅夫條時政得失，事覈而詞直，雖文采不耀，然切用之言也。遭遇世祖，事多施行江南，新附之民，實被其澤，仁言利溥，信矣哉！袁桷議郊祀典禮，斟酌古今，爲當時所採用，故著其《十議》，以備一朝之掌故焉。

【校勘記】

〔一〕「貪饕」，原作「食饕」，據程鉅夫《雪樓集》卷一〇改。

〔二〕「胡祇遹」，原作「胡祇適」，據《元史》卷一七二列傳第五十九《程鉅夫傳》改。

新元史卷之一百九十　列傳第八十七

趙孟頫　趙與票　趙大訥　葉李

趙孟頫，字子昂，湖州歸安人。宋太祖裔孫秀王子偁五世孫也。幼聰敏，讀書過目成誦。

宋亡，益自力於學。吏部尚書夾谷之奇薦爲翰林編修，不就。侍御史程鉅夫奉詔搜江南遺逸，又薦之。入見。孟頫神采秀異，世祖稱爲神仙中人，使坐於右丞葉李上。御史中丞奏：「孟頫亡宋宗室，不宜侍左右。」鉅夫曰：「立賢無方，乃陛下之盛德。此言將陷臣於不忠。」帝曰：「彼何知！」命左右宣敕逐之出。

會立尚書省，使孟頫草詔頒天下。帝覽之，喜曰：「卿言皆吾所欲言者。」詔集百官於刑部議贓律，以至元鈔二百貫爲滿，論死。孟頫曰：「始造鈔時以銀爲本，虛實相權，今則輕重相去至數十倍，故改中統鈔爲至元鈔。異日至元鈔必復如中統，計鈔抵法，疑於太重。古律以米、絹論贓，謂之二實，最爲適中。鈔乃宋人所造，施於邊郡，今襲用之，以此斷人死命，恐非良法。」或以孟頫南人，年少，議國法不便，厲色責之。孟頫曰：「人命至重，立法不當，人將不得其死。孟頫奉詔與議，不敢不言。」其人默然。議罷，出謝曰：「吾失在不學。細思之，公言是也。」執政擬孟頫爲吏部侍郎，參議高明持不可。

二十四年，授兵部郎中。至元鈔滯不行，詔遣尚書劉宣與孟頫乘驛至江南，責行省慢令之罪，左右司及諸路官則徑笞之。孟頫不笞一人，復命。桑哥爲丞相，鐘初鳴，即坐尚書省治事，六曹官後至者笞。孟頫一日後至，斷事官引受笞。孟頫入訴於右丞葉李，李責桑哥曰：「古者刑不上大夫，所以養人廉恥。公笞郎中，是辱朝廷也。」桑哥慚，慰遣孟頫。自後惟曹史以下始受笞。孟頫行東御牆外，道狹，馬蹶，墜於河。帝聞之，賜鈔五十錠，命移築御牆。其爲帝眷厚如此。

二十七年，拜集賢直學士。是歲地震，北京尤甚。帝幸龍虎臺，深憂之，遣平章阿剌渾撒里馳還上都，召問集賢、翰林兩院官致災之由，戒毋令桑哥知。兩院官畏桑哥，莫敢言。孟頫與阿剌渾撒里善，密告之曰：「今理算錢糧，民不聊生。地震之變，殆由於此。宜大赦天下，盡與蠲除，庶幾天變可弭。」阿剌渾撒里入奏，帝從之。已草詔，桑哥怒，謂必非上意。孟頫曰：「凡錢糧未徵者，其人死亡已盡，何所從取？不及是時免之，他日言事者以失陷錢糧數千萬歸咎尚書省，丞相何以自解？」桑哥悟，乃曰：「吾料不及此。」詔下，民大悦，咸額手相慶。

宋故相留夢炎降，帝用爲禮部尚書。一日，帝問夢炎與葉李優劣，孟頫對曰：「夢炎，臣之父執，其人重厚，篤於自信，好謀而能斷，有大臣器。李所讀之書，臣皆讀之，所知所能，臣皆知之能之。」帝曰：「卿以夢炎賢於李耶？夢炎在宋爲狀元，位至丞相，賈似道誤國罔上，夢炎依阿取容。李布衣，乃伏闕上書，請斬似道，是李賢於夢炎明矣。卿以夢炎父執，不欲斥言，可賦詩刺之。」孟頫賦詩曰：「狀元曾受宋家恩，國困臣强不盡言。往事已非那可説，且將忠直報皇元。」帝稱善。孟頫退謂奉御徹里曰：「上論賈似道誤國，責留夢炎不言。今桑哥誤國之罪，甚於似道，我等不言，他日何以辭責？然我疏遠之臣，言必不聽，公爲上所親任，讀書知義理，能爲天下除殘賊，真仁者之事也。公必勉之。」既而徹里至帝前數桑哥罪惡，帝怒，命衛士批其頰，血湧口鼻，仆於地。少間，復呼而問之，徹里執奏如初。會大臣亦有繼言者，帝大悟，遂按誅桑哥。後徹里與孟頫論及此事，歎曰：「使我有萬世名，子昂之力也。」

尚書省罷，執政多以罪去。中書參知政事賀勝以不通文字，請帝早簡輔相。帝周視左右，乃屬目於孟頫曰：「卿可至中書參決庶務。」孟頫固辭。帝問閻復、宋渤何如？孟頫對曰：「皆非相才。」詔孟頫出入宫門無禁，且謂孟頫曰：「朕年老，聰明有所不逮。大臣奏事，卿必與俱入，或欺罔，卿即爲朕言之。」孟頫謝不對，後乃力請補外。

二十九年，出爲同知濟南路總管府事。僉廉訪司事哈剌哈孫素苛虐，與孟頫不相能，以事中之。會修《世祖實録》召孟頫至京師，乃解。大德二年，除汾州知州，未行，召書金字藏經，仍命舉能書者自隨。事竣，改集賢直學士〔一〕，行浙江等處儒學提舉。至大元年，遷泰州尹。

仁宗在東宮，素知孟頫賢，召爲翰林侍讀學士、知制誥同修國史。及即位，擢集賢侍讀學士。皇慶元年，改翰林侍講學士，轉集賢侍讀學士。是年，河間路進嘉禾，有一莖數穗者，詔孟頫繪圖，藏於秘府。延祐元年，遷集賢學士、資德大夫，進拜翰林學士承旨、榮禄大夫。帝眷孟頫甚厚，字而不名，嘗以孟頫比唐李白、宋蘇軾，又言孟頫過人者數事：一帝胄，二美姿儀，三博學，四操履純正，五文詞高古，六書畫絶倫，七旁通佛老之學。或言孟頫爲趙太祖子孫，帝作色曰：「汝言趙子昂，豈家世不及汝耶？」其人惶懼而退。又有言國史載兵謀戰策，不宜使孟頫與聞。帝曰：「趙子昂，世祖所簡拔，朕憫其老，隆以禮貌，使典司著作，傳之後世，汝輩妬之何也？」孟頫常累月不朝，帝問左右，對以年老畏寒，敕御府賜貂鼠翻披。

初，孟頫用程鉅夫薦起家，後鉅夫以翰林學士承旨致仕，孟頫代之，先往拜鉅夫，而後入院，時人稱爲衣冠盛事。六年，謁告歸。帝遣使賜衣、幣，趣之還朝，以疾不果行。至治元年，詔孟頫，即其家書《孝經》，賜上尊及衣二襲。是歲卒，年六十九。贈江浙中書省平章政事，追封魏國公，謚文敏。有《松雪齋文集》十三卷。

楊載稱孟頫之才爲書畫所掩，知其書畫不知其文章，知其文章不知其經濟之學。人以爲知言。孟頫妻管氏、子雍，並以書畫知名。仁宗取孟頫及管氏與雍所書，裝爲一帙，識之曰：「使後世知我朝有一家善書者。」雍官至集賢待制。孟頫弟孟籲，字子俊，亦工書畫。

宋宗室仕元者，又有趙與罴、趙大訥。

趙與罴，字晦叔，宋宗室子。登進士第，爲鄂州教授。至元十一年，伯顏渡江，與罴率其族人詣軍門上書，力陳不殺人可以一天下，且乞全其宗族。後伯顏入朝，世祖問宋宗室之賢者，伯顏以與罴對。

十三年秋九月，遣使召至上都，與罴幅巾深衣以見，言宋亡由於誤用奸臣，詞旨激切，世祖爲之感動。即授翰林待制，進直學士，轉侍講。疏陳江南科斂，及發宋攢宫宜禁之。帝雖不能用，然不以爲忤也。二十七年，京師霧塞，明年正月甲寅，虎入南城。與罴又疏言權臣專政之咎，退而家居待罪。

未幾，桑哥敗，平章不忽木奏與票貧窶有守，世祖曰：「得非指權臣爲虎者耶？」賜鈔萬三千貫，歲給其妻子糧。累遷翰林學士。成宗即位，特命官其子孟實以終養。大德七年卒，命有司賻鈔五千貫。贈通議大夫、禮部尚書、上輕車都尉、天水郡侯，謚文簡。

趙大訥，一名良勝，字敬叔，浦陽人。宋周王元儼十世孫。有學行，由全州録事累轉龍溪尹。俗尚鬼，壘石爲紫衣神祠，黠者藉爲姦利。大訥投其像江中，移石修孔子廟。邑豪殺人，郡守受其賕出之。大訥抱案牘詣府，歷數其奸，守怒，中以他罪，改永春尹。俄調永嘉。永嘉計口賦鹽，民病之，大訥建議令富商轉售。瑞安猾吏僞爲官書，誣貧民盜販，民自殺者三人。府下大訥訊之，卒正猾吏罪。除温、台等海運千户，改知永新州。境内鵠湖、羅陂爲羣盜淵藪，大訥用奇計獲其渠魁，餘黨奔散。後告老歸，卒於家。民爲立生祠。

葉李，字太白，一字舜玉，杭州錢唐人。少受學於義烏施南，補京學生。宋景定五年，彗出於柳，理宗下詔罪己，求直言。是時世祖南伐，命賈似道禦之。會憲宗崩，世祖班師，似道自詭以爲己功，益驕肆，創置公田關子，其法病民甚，中外毋敢言者。李與同舍生康棣等八十三人，伏闕上書，劾似道。似道大怒，知藁出於李，嗾臨安尹劉良貴，誣李僭用金飾齋扁，鍛煉成獄，竄漳州。似道既敗，乃放還，與似道遇諸塗，李以小詞贈之。宋亡，歸隱富春山。江淮行省辟署蘇、杭等郡教授，不應。

至元十四年，世祖命御史大夫相威行臺江南，且求遺逸，以李姓名上。初，李劾似道書，世祖習聞之，每拊掌稱歎。及是，以姓名聞，世祖大悦，即授浙西道儒學提舉。李聞命，欲遁去，而使者致丞相安童書，有云：「先生在宋，以忠言讜論著，簡在帝心。今授以五品秩，士君子當隱見隨時，其尚悉心以報殊遇。」李乃就職。

二十三年，侍御史程文海奉命搜江南遺逸。世祖諭之曰：「此行必致葉李來。」李既至京師，敕集賢大學士阿爾渾薩里，館於院中。及召見香殿，勞問「卿遠來良苦」，又詢「治道安出」？李歷陳自古帝王得失成敗之由，世祖嘉納之，賜坐錫宴，更命五日一入議事。一日，議事朝堂，李病足不在列，帝命以所御五龍車召之。李奏請復立提舉司提調學官，課諸生講明治道，而上其成才者，以備録用，凡徭役一切蠲免。從之。

是時，乃顔叛，詔李庭討之，將校多用國人，或其親暱，立馬相嚮語，輒釋仗不戰，逡巡退卻。帝患之。李密奏請以漢軍列前步戰，而聯大軍斷其後。帝用其謀，師果奏捷。自是帝益奇李，每罷朝，必召見論事。

二十四年，特拜御史中丞，兼商議中書省事。李以足疾辭，帝笑曰：「卿足艱於行，心豈不可用耶？」李固辭，因奏：「若監察御史奏疏、西南兩臺咨禀，事關軍國，利及生民，宜令便宜上聞，以廣視聽。臣請詔臺臣言事，各許實封，幸甚。」又曰：「憲臣以繩愆糾繆爲職，苟不自檢，於擊搏何有？儻有貪啉敗度之人，宜付法司增條科罪，以懲欺罔。」由是臺憲得實封言事，其受賕者付法司科斷。

會議立尚書省，李奏：「平章政事桑哥宜爲右丞相。」帝從之。桑哥既爲右丞相，奏以李爲尚書左丞，李固辭，謂：「臣之資格，不宜遽至此。」帝曰：「商用伊尹，周舉太公，豈循資格耶？卿其勿辭。」賜大、小車各一，許乘小車入禁中，仍給扶升殿。始定至元鈔法，並取鈔樣頒行。又薦周砥等十人爲祭酒等官。帝皆從之。帝欲徙江南宋宗室及大姓於北方，李乘間言：「宋已歸命，其民安於田里。今無故遠徙，必將疑懼，萬一有奸人乘釁而起，非國之利也。」帝悟，事遂寢。遷右丞，轉資德大夫。時淮、浙饑饉，穀價騰躍，李奏免江淮租税之半，運湖廣、江西糧十七萬石至鎮江，以振饑民。帝伐安南，召李入議，李以爲：「軍旅一興，糜費鉅萬，今深入敵境，萬一蹉跌，非所以威示遠人。」帝不聽。

二十五年，遷平章政事，李又固辭，賜以玉帶，秩視一品，及平江田四千畒。時桑哥顓國政，李與之同事，無所匡救。會桑哥敗，事頗連及同列。久之，李以疾得請南還。揚州儒學正李淦上書言：「葉李本一黥徒，受皇帝簡知，可謂千載一遇。而纔近天光，即以舉桑哥爲第一事，禁近侍言事，以非罪殺參政郭佑、楊居寬，逼御史中丞劉宣自殺，變鈔法，拘學糧，徵軍官俸，減兵士餉，立行司農司、木棉提舉司，增鹽酒醋稅課，官民皆受其禍。尤可痛者，要束木禍湖廣，沙不丁禍江淮，木呼里禍福建。又鈎考錢糧，民怨而盜發，天怒而地震，水災洊至。尚賴皇帝聖明，更張政化。人皆知桑哥誤國之罪，而不知葉李舉桑哥之罪。李雖罷相權，刑戮未加，宜斬李以謝天下。」書聞，驛召淦詣京師。

二十九年二月，李南還，至臨清，帝復召爲平章政事，佐丞相完澤治省事，李上表力辭。尋卒，年五十一。李既卒而淦至，詔以淦爲江陰路教授，以旌直言。

李前後賜賚雖多，自奉甚儉。嘗戒其子曰：「吾世業儒，甘貧約。汝曹其清慎自持，勿增吾過。」指所賜物曰：「此終當還官也。」比卒，悉表上之。至正八年，贈資德大夫、江浙等處行中書省右丞、上護軍，追封南陽郡公，諡文簡。

史臣曰：趙孟頫以宋宗室之雋，委贄事元，躋於通顯。其在《大雅》之詩，曰「殷士膚敏，祼將於京」。劉向以爲憫微子之朝周，故君子不責孟頫，而爲趙氏憫也。葉李以劾賈似道受知於世祖，及爲宰相，黨附桑哥，不發其奸。《傳》曰：「君子不以言舉人」，信夫！

【校勘記】

〔一〕「集賢直學士」，「學」原作「賢」，據歐陽玄《圭齋文集》卷九《元翰林學士承旨榮禄大夫知制誥兼修國史贈江淛等處行中書省平章政事魏國趙文敏公神道碑》、宋濂《宋學士文集》卷五三及《宋文憲公全集》卷二六《題子昂書招隱卷後》改。

新元史卷之一百九十一 列傳第八十八

王構士熙 士點 魏初 劉敏中 宋衜 焦養直 楊桓 尚野師簡 李之紹 謝端 曹鑑

王構，字肯堂，東平人。父公淵，金末山東大亂，其三兄皆攜妻孥南遷，公淵獨願守墳墓，不肯從。

構少以詞賦入鄉學，行臺從事賈居貞一見器之，使其子受學，遂從居貞至京師。

至元十一年，授翰林國史院編修官。丞相伯顏伐宋，命構草詔聲其罪，甚稱帝旨。宋亡，詔構與翰林學士李槃訪賢才。構至臨安，言於董文炳："「宋三館圖書及太常禮器鹵簿，宜輦於京師。」從之，宋《實録》、《國史》得不亡。擢翰林應奉文字，遷修撰。構受業於東平李謙，推謙先擢應奉，構始受命，士論賢之。和禮霍孫拜司徒，辟爲司直。阿合馬死，和禮霍孫當國，剗除蠹弊，構之力居多。歷吏部、禮部郎中。改太常少卿，定親享太廟儀注。俄拜江北淮東道提刑按察副使，召見便殿，帝親授敕書，賜上尊以遣之。入爲治書侍御史。時桑哥秉政，嫉士之方直者，檄構與不忽木檢覈燕南錢穀，限一月治辦。事竣已逾期，構謂不忽木曰：「有罪我當任之，不以累公也。」會桑哥伏誅，乃免。再入翰林爲侍講學士。

成宗即位，遷學士，參議中書省事。有請括江南田賦者，執政欲聽之，構與平章政事何榮祖力言不可，事獲已。後以病去官。久之，起爲濟南路總管。諸王官屬怙勢横行，民莫敢忤視，構聞諸朝，徙王於北邊。武宗即位，以纂修國史趣召入都，拜翰林學士承旨。卒，年六十六。

構文章典雅，練習朝廷掌故，撰《追謚太祖册》、《世祖謚册》、《武宗立皇后册》，尤爲世所傳誦。好汲引寒士。孔顔孟學教授陳儼，年幾五十，以構薦，擢爲監察御史，遷翰林直學士、國史院編修官。王惲年七十，請於朝，俾以待制致仕。其門下士官清要者，亡慮數十人。後贈大司徒，追封魯國公，謚文肅。有文集三十卷。

子士熙，字繼學。泰定中，累官治書侍御史、中書參知政事。致和元年，泰定帝崩於上都，士熙與中書左丞朵朵等留守大都，僉樞密院事燕鐵木兒舉兵立文宗，執士熙等下獄，流於遠州，並籍其家。天曆二年，與朵朵等十二人放還鄉里。後起爲南臺御史中丞，卒。

士點，字繼志，僉淮西廉訪司事，遷雲南廉訪使，再擢江東廉訪使，卒。贈中書平章政事，追封趙國公。士點善篆書，爲當時第一。

魏初，字大初，弘州順聖人。祖珪，金進士。父思廉，金甄官署令。從祖璠，金翰林修撰。世祖居潛邸，聞璠名，徵至和林，訪以當世之務。璠條陳便宜三十餘事，如：定官號、頒俸禄、功罪有賞罰、能否有升降、重農業、嚴告訐、杜僥倖，復漢之常平、宋之經筵，皆當時急務。又舉名士六十餘人以對。世祖嘉納之。以疾卒於和林，賜謚靖肅。璠無子，以初爲後。

初好讀書，尤長於《春秋》。中統元年，始立中書省，辟爲掾史，兼掌書記。未幾，以祖母老，辭歸隱居教授。會詔左丞許衡、學士竇默及京師諸儒各陳經史、前代帝王嘉言善政，選進讀之士，有司以初應詔。帝雅重璠名，詢知初爲璠孫，歎獎久之，即授國史院編修官。尋拜監察御史。首言：「法者持天下之具，御史臺則守法之司也。方今法有未定，百司無所持循，宜參酌考定，頒行天下，」時論韙之。

帝宴羣臣於上都行宫,有不能釂大卮者,免其冠服。初上疏曰:「臣聞君猶天也,臣猶地也,尊卑之禮,不可不肅。方今内有太常、有史官、有起居注,以議典禮、記言動;外有高麗、安南使者入貢,以觀中國之儀。昨聞錫宴大臣,威儀弗謹,非所以尊朝廷、正上下也。」疏入,帝嘉納之。時襄樊未下,將括民兵,或請自大興始。初言:「京師天下之本,要在殷盛,建邦之初,詎宜騷擾?」從之。初又言:「舊制,常參官諸州刺史,上任三日,舉一人自代,况風紀之職與常員異?請自今監察御史、按察司官在任一歲,各舉一人自代,所舉不當有罰,不惟砥礪風節,亦可爲國得人。」遂舉勸農副使劉宣自代。

出僉陝西四川按察司事,歷陝西河東按察副使,入爲治書侍御史。又以侍御史行御史臺事於揚州,擢江西按察使。尋徵拜侍御史。行臺移建康,出爲中丞。卒年六十一。子必復,集賢侍講學士。

劉敏中,字端甫,濟南章邱人。張榮行臺掾劉鼎之孫也。幼卓異不凡,年十三,語其父景石曰:「昔賢足於學而不求知,豐於功而不自衒,此後人所弗逮者。」父奇之。敏中嘗與同儕言志曰:「自幼至老,相見而無愧色,乃吾志也。」至元十一年,由中書掾擢兵部主事，拜監察御史。權臣桑哥秉政，敏中劾其奸邪，不報，遂辭職歸。既而起爲御史臺都事。時同官王約以言去，敏中杜門稱疾，臺臣請視事，敏中曰：「使約無罪而被劾，吾固不當出。誠有罪，則我既爲同僚，又爲交友，不能諫止，亦不爲無過也。」出爲燕南肅政廉訪副使。召拜國子司業，遷翰林直學士，兼國子祭酒。

大德七年，詔遣宣撫使巡行諸道，敏中出使遼東山北。守令恃貴倖貪暴者，一繩以法。錦州雨水爲災，輒發廩振之。事竣，除東平路總管，擢陝西行臺治書侍御史。九年，召爲集賢學士，商議中書省事。上疏陳十事，曰整朝綱、省庶政、進善良、剔姦蠹、顯公道、杜私門、廣恩澤、實鈔法、嚴武備、舉封贈。帝嘉納之。

武宗即位，召敏中至上京，庶政多所咨訪。授集賢學士，兼太子贊善，仍商議中書省事，賜金幣有加。頃之，拜河南行省參知政事，俄改中臺侍御史。出爲淮西肅政廉訪使，轉山東宣慰使，遂召爲翰林學士承旨。詔公卿集議弭災之道，敏中疏陳七事，皆當時要政。以疾還鄉里。

敏中義不苟進，進必有所匡救，援據今古，雍容不迫。或鬱而弗伸，則戚形於色，中夜歎息，至淚濕枕席。延祐五年卒，年七十六。贈光禄大夫、柱國，追封齊國公，謚文簡。

宋衜，字弘道，潞州長子人。祖元吉，金兵部員外郎。衜幼好學，年十七，避地襄陽。已而北歸，屏居河内者十有五年。趙璧經略河南，聞其名，禮聘之。

中統三年，擢翰林修撰。李璮畔，璧行中書省事於濟南，至元五年大兵圍襄陽，璧行元帥府事，衜皆從行，軍事多所咨訪。六年，高麗權臣林衍廢國王而立其弟温，詔遣國王頭輦哥暨璧將兵討之，以衜爲行省員外郎，賫詔徙江華島居民於平壤。復命，帝甚悦，賜衣段。授河南路總管府判官，不赴。十三年，入爲太常少卿。屬省併官制，兼領籍田署事。

十六年，皇太子召見，應對詳雅，自是數蒙顧問。十八年，除秘書監。十九年，江西分地當署郡縣守令，太子皆命衜銓舉。二十年，初立詹事院，遷衜爲太子賓客〔一〕。二十三年，卒。有《秬山集》十卷，行於世。

焦養直，字無咎，東昌堂邑人。夙以才器稱。至元十八年，世祖改符寶郎爲典瑞監，思得一儒者居之。近臣有以養直薦者，帝即命召見，奏對稱旨，以真定路儒學教授超拜典瑞少監。

二十四年，從征乃顔，自北道赴行在，路險梗，上甚憫之，賜生口、貂衣帽、玉帶、鑌刀各一。二十八年，賜宅一區。入侍帷幄，陳説帝王政治，帝聽之忘倦。嘗語及漢高帝起自側微，養直從容論辨，帝然之。

大德元年，成宗幸柳林，命養直進講《資治通鑑》，因陳規諫之言，賜酒及鈔萬七千五百貫。二年，賜金帶、象笏。三年，遷集賢侍講學士，賜通犀帶。七年，詔傅太子於宮中，啟沃誠懇，帝聞之大悦。八年，代祀南海。九年，進集賢學士。十一年，遷太子諭德。至大元年，授集賢大學士，告老歸，卒於家。贈資德大夫、河南等處行中書省左丞，謚文靖。子德方，以蔭爲興國路總管府判官。

楊桓，字武子，兖州人。幼警悟，讀《論語》至「宰予晝寢」章，慨然有立志，由是終身非疾病未嘗晝寢。中統四年，近侍堅通使濟南，見桓賢，薦之，補濟州教授。後由濟寧路教授召爲太史院校書郎。奉敕撰《儀表》、《銘曆日序》，文辭典雅，賜楮幣千五百緡，辭不受。遷秘書監丞。至元三十年，拜監察御史。有得玉璽於木華黎曾孫碩德家者，桓辨識其文曰：「受命於天，既壽永昌」，乃頓首言曰：「此歷代傳國璽，亡久矣。今宮車宴駕，皇太孫龍飛，而璽復出，天其彰瑞應於今日乎？」即爲文述傳國璽始末〔二〕，表上於徽仁裕聖皇后。

成宗即位，桓疏上時務二十一事：一曰郊祀天地。二曰親享太廟，備四時之祭。三曰先定首相。四曰朝見羣臣，訪問時政得失。五曰詔儒臣，以時侍講。六曰設太學及府州儒學，教養生徒。七曰行誥命，以褒善叙勞。八曰異章服，以別貴賤。九曰正禮儀，以肅宮庭。十曰定官制，以省内外冗員。十一曰講究錢穀，以裕國用。十二曰訪求曉習音律者，以協太常雅樂。十三曰國子監不可隸集賢院，宜正其名。十四曰試補六部、寺、監及府、州、司、縣吏。十五曰增内外官吏俸禄。十六曰禁父子骨肉奴婢相告訐。十七曰定婚姻聘財。十八曰罷行用官錢營什一之利。十九曰復笞杖，以別輕重之罪。二十曰郡縣吏自中統前仕宦者，宜加優異。二十一曰爲治之道，宜各從本俗。疏奏，帝嘉納之。未幾，擢秘書少監，預修《大一統志》。秩滿，歸兗州，以貲業悉讓弟楷，鄉里稱焉。大德三年，以國子司業召，未赴，卒，年六十六。

桓爲人寬厚，事親篤孝。博覽羣籍，尤精篆籀之學。著《六書統》、《六書泝源》、《書學正韻》，大抵推明許慎之説，皆行於世。

尚野，字文蔚，其先保定人，徙滿城。至元十八年，以處士徵爲國史院編修官。二十年，兼興文署丞。出爲汝州判官。廉介有守，憲司屢薦之。二十八年，遷南陽縣尹。初至，獄訟充斥，野裁決如流，旬日遂無事。改懷孟河渠副使，會遣使問民疾苦，野建言水利有成法，宜隸有司，不宜復置河渠官。事聞於朝，河渠官遂罷。

大德六年，遷國子助教。諸生入宿衛者，歲從幸上都，丞相哈剌哈孫始命野分學於上都，以教諸生，仍鑄印給之。上都分學，自野始。俄遷國子博士。野謂諸生曰：「學未有得，徒事華藻，若持錢買水，所取有限。能自鑿井及泉而汲之，不可勝用矣。」士論稱之。

武宗即位，仁宗爲皇太子，召野爲太子文學，多所裨益。時從賓客姚燧、諭德蕭𣂏入見，太子爲加禮。至大元年，除國子司業。近臣奏分國學西序爲大都路學，帝已可其奏，野謂國學、府學同署，不合禮制，事遂寢。四年，拜翰林直學士、知制誥同修國史。詔野赴吏部試用蔭補官，野多所優假。或病其太寬，野曰：「今初設此法，冀將來者習《詩》《書》，知禮義耳，非必責效目前也。」衆乃服。

皇慶元年，遷翰林侍講學士。延祐元年，改集賢侍講學士，兼國子祭酒。二年夏，移疾歸，滿城四方來學者益衆。六年，卒於家，年七十六。贈通奉大夫、太常禮儀院使、護軍，追封上黨郡公，謚文懿。野事繼母以孝聞。文辭典雅，一本經術。

子師易，蘄州路總管府判官；師簡，字虞仲，以薦爲大都學正，拜監察御史，至正初擢奎章閣侍書學士、同知經筵事，卒，贈翰林侍讀學士、護軍，追封上黨郡公，謚文肅。

李之紹，字伯宗，東平平陰人。自幼穎悟，從東平李謙學。家貧，教授鄉里。至元三十一年，纂修《世祖實録》，以謙與馬紹薦，授將仕佐郎，翰林國史院編修官。直學士姚燧欲試其才，凡翰林應制文字積十餘事，並付之。之紹援筆立成，燧驚喜曰：「可謂名下無虚士也。」

大德二年，聞祖母疾，辭歸。復除編修官，累遷太常博士。九年，丁母憂。起復，終不能奪。至大三年，仍授太常博士，遷翰林待制。皇慶元年，遷國子司業。延祐三年，擢奉政大夫、國子祭酒。四年，擢朝列大夫、同僉太常禮儀院事。六年，改翰林直學士，復以疾還。七年，召爲翰林直學士。至治二年，遷翰林侍講學士、知制誥同修國史。三年，告老歸。泰定三年八月，卒，年七十三。子勗，蔭父職，同知諸暨州事。

謝端，字敬德，其先遂寧人，後徙武昌。祖父元賁，精於數學，制使孟珙敬禮之。一夜，叩門，謂珙曰：「流星出下階，没西方，占爲天士亡，吾必當之。明年大將卒，公是也。」已而果然。

端幼穎異，弱冠與尚書宋本同學，又同教授江陵城中，以文學齊名，時號「謝宋」。史杠宣慰荆南，薦之姚燧。燧方以文章自負，少所許可，以所爲文示端。端一讀，即指摘其用意所在，燧歎獎不已。

延祐五年，擢進士乙科，授承事郎、同知湘陰州事。歲滿，入爲國子博士，遷太常博士。泰定四年夏四月，盜入太廟，失第八室黄金主。明日，當時享，衆議爲位祀之。端言：「四時之祭，皆用孟月，有故則用仲月。今盜入祏室，震驚神靈，當用仲月。」上從之。尋除翰林修撰，遷待制，以選爲國子司業，遂爲翰林直學士，階太中大夫。

端吏事精敏，在湘陰，猾吏束手，不敢舞文法。盜有殺賈人而攘其財，其家累訟於官，皆以無佐證，不爲理。端自往捕之，盜不伏，鞫其妻，妻時時仰視屋椽。端曰：「贓在是矣。」發屋椽，獲贓，盜始吐實，一州神之。部使者行部旁郡，滯訟皆委端讞，端剖決如流，有能名。

其文章體裁嚴謹，居翰林久，至順、元統以來制册，多出其手。預修文宗、明宗、寧宗三朝《實録》及累朝功臣列傳。初，文宗建奎章閣，搜羅中外才俊置其中，嘗語阿榮曰：「當今文學之士，朕惟未識謝端。」亡何，文宗崩，竟不及用端。端卒於後至元六年，年六十二。贈國子祭酒、陳留郡侯，謚文安。

曹鑑，字克明，大都宛平人。幼穎悟，既冠，通《五經》大義。大德五年，用翰林侍讀學士郝彬薦，爲鎮江路淮海書院山長。十一年，南行臺中丞廉恒辟爲掾，除興文署令。伴送安南使者，應對捷敏，使者嘆服，以爲中國有人。至治二年，授江浙行省左右司員外郎。明年，奉旨括釋氏白雲宗田，不數月而事集，纖毫無擾。遷湖廣行省左右司員外郎。時丞相忽剌歹怙勢作威福，僚屬畏之，鑑遇事不爲回撓。湖北廉訪司舉鑑宜居風紀，不報。天曆元年，調江浙財賦府副總管。屬大水，鑑減其賦什六七，勢家因而詭免者，鑑覈實，諭令首輸。

元統二年，擢同僉太常禮儀院。鑑明習掌故，集議明宗皇后祔廟，援據《禮經》，辯析精審，君子多之。至元元年，以中大夫進禮部尚書。卒，年六十五。追封譙郡侯，謚文穆。

鑑性純孝，親族貧乏者周恤恐後。歷官三十餘年，僦屋以居，歿之日，家無餘貲，惟蓄書數千卷，皆手自較定者。鑑官湖廣行省，有主簿顧淵白餽辰砂一包，鑑受之，未及啟封。後有同僚過鑑，欲求辰砂合藥，鑑取視之，乃黄金三兩，驚歎曰：「淵白以我爲何如人！」時淵白已卒，呼其子歸之。其廉慎如此。

【校勘記】

〔一〕「賓客」，原作「賓容」，據《元史》卷一七八列傳第六十五《宋衜傳》改。

〔二〕「傳國璽」，「傳」原作「傳」，據上文及《元史》卷一六四列傳第五十一《楊恒傳》改。

新元史卷之一百九十二 列傳第八十九

安藏 迦魯納答思 大乘都 唐仁祖 潔實彌爾〔一〕兀玉篤實〔二〕 脱烈海牙 燕只不花 忙兀的斤 普顔

安藏，字國寶，畏兀氏，世居別失八里。幼習浮屠法，兼通儒學，一目十行俱下，日誦萬言。憲宗聞其名，召之，奏對稱旨，賜坐。

世祖即位，進《寶藏論元演集》十卷，並勸上「宜親經史，以知古今之治亂；正心術，以示天下之向背」。譯《尚書·無逸》及《貞觀政要》、《申鑒》各一通以獻。阿里不哥潛謀不軌，帝以骨肉之親，使安藏往諭之。既而反狀益聞，乃遣近侍孟速思、帖木不花亟召安藏返，曰：「毋害善人。」既至，帝慰勞久之。安藏因舉「任賢勿貳，去邪勿疑。有言逆於汝志，必求諸道；有言遜於汝志，必求諸非道」以諫。

至元八年，與許衡共進「知人用人，德業盛，天下歸」之説，帝嘉納之。特授翰林學士、知制誥同修國史，尋商議中書省事。奉旨譯《尚書》、《資治通鑑》、《難經》、《本草》。進承旨，加正奉大夫，領集賢院、會同館、道教事。至元三十年，卒。延祐二年，贈太師，追封秦國公，謚文靖。

子斡兒妥迪欽，同知徽州路總管府事。其門人最著者爲國師天藏沙津密護赤。集賢大學士陳顥，亦從安藏受學云。

迦魯納答思，畏吾氏。通天竺教及諸國語。翰林學士承旨安藏、扎牙答思薦於世祖，召入朝，命與國師講法。國師西番人，言語不通，帝命迦魯納答思從國師習其法及言語文字，期年皆通。以畏兀字譯番經既成，進其書，帝命鋟板賜諸王、大臣。西南夷星哈剌的威二十餘國來朝，迦魯納答思於帝前誦其表章，夷酋驚服。朝議興兵討暹國、羅斛、馬八兒、俱藍、蘇木都剌諸國，迦魯納答思奏：「此皆蕞爾之國，得之何益？興兵徒殘民命，莫若遣使諭以禍福，不服而攻之，未晚也。」帝嘉納之。

至元二十四年，丞相桑哥奏爲翰林學士，帝曰：「迦魯納答思之官，非汝所當奏也。」既而擢翰林學士承旨、中奉大夫，遣侍成宗於潛邸，命以節飲戒之。成宗即位，遷榮禄大夫、大司徒，憐其老，命乘輿入殿。仁宗即位，廷議汰冗官，獨迦魯納答思爲司徒如故，仍加開府儀同三司，賜玉鞍。是年八月卒。

大乘都，別失八里人，世爲畏兀貴族。中統初，大乘都自畏兀入覲，帝知其家世貴盛，又應對稱旨，大器之。即命入侍禁中，賜貂裘、金銀器、白玉佛，且謂皇孫阿難答曰：「遺爾良師，爾願學否？」對曰：「有良師，乃所願也。」遂以大乘都爲阿難答師。未幾，忙哥太子卒，阿難答嗣爲安西王，出鎮平涼。順聖皇后請於帝，使大乘都從行。帝曰：「大乘都，我所用者，他人則可。」后固請，始允之，命其子大理都侍裕宗，大慈都直宿衛，以文學備顧問。

大乘都至平涼，皇孫按灘不花、阿都直皆師之。久之，王出征土番，曰：「八哈室老矣，其留平涼少休。」八哈室，譯言博士也。大乘都亦曰：「吾老矣，思見至尊。」遂自平涼返京師。時世祖已崩，成宗即位，拜嘉議大夫、翰林學士，賜第於京師。大德三年卒，年七十二。皇慶初，贈太傅、秦國公，謚文敏。

子大理都，樞密院參議；大慈都，中書平章政事；別怯木，陝西怯憐都管；僧奴，烏程縣達魯花赤。

唐仁祖，字壽卿，本畏兀人。祖曰唐古直，其後遂爲唐氏。唐古直，年十七給事太祖。太祖嘗語睿宗：「唐古直，人可用。」睿宗未及用，莊聖皇后擢爲達魯火赤。頃之，卒。

仁祖少穎悟，其母教之，通諸國方言。中統初，世祖親閱貴胄質子，見仁祖曰：「是唐古直孫，聰明無疑也。」命習國書。未幾，中書省選爲蒙古掾。至元十六年，録囚於平陽，平反冤獄，免死者十七人。十八年，授翰林直學士。時阿合馬在中書，奏真定、保定兩路錢穀逋負，屢歲不決，遣仁祖案之。仁祖閱其牘，皆中統間積逋，亟奏罷之。轉工部侍郎，除中書右司郎中。

二十五年，拜參議尚書省事。仁祖侃侃持正，屢忤丞相桑哥，人皆危之，仁祖自若也。桑哥欲以繁劇困之，遷爲工部尚書。尋奉使雲州，桑哥考工部織課緩，怒曰：「誤國家歲用，罪不赦。」遣驛騎追仁祖還，就見桑哥於私第，命直吏拘仁祖，即往督工，且促其期曰：「逾期必致汝於法。」仁祖退，召諸署長，諭之曰：「丞相怒在我，不在汝等，宜勉爲之。」衆感激，晝夜倍其功，未及期而辦。已而桑哥繫獄，命仁祖往籍其家。明日，桑哥以左右之援得釋，衆駭然，目仁祖曰：「乳虎之威，可再犯耶？」皆踰垣以遁，仁祖獨不爲之動。桑哥竟敗。

二十八年，拜翰林學士承旨。遼陽饑，命與近侍速哥、左丞忻都往賑。忻都欲按户籍大小口給之，仁祖曰：「不可，籍上之小口今已大矣，宜皆給以大口。」忻都曰：「汝要善名，而陷我於惡耶？」仁祖曰：「吾二人善惡，衆所夙知，豈待今日？我知恤民而已。」卒以大口給之。俄除將作院使。大德五年，再授翰林學士承旨，進階資善大夫，知制誥兼修國史。以疾卒，年五十三，贈榮禄大夫、中書平章政事，追封洹國公，謚文貞。子恕，累官亞中大夫、侍儀使。

潔實彌爾，回鶻氏。年十八，與兄兀玉篤實俱至京師。世祖召見，命兀玉篤實給事左右，潔實彌爾侍裕宗於東宫。中書省奏立延慶司，授同知延慶司事。潔實彌爾廉謹，裕宗愛之，嘗謂之曰：「高昌回紇人皆貪，獨汝不染其俗。儻日用不足，可於我取之。」潔實彌爾頓首謝。臺、省有機事，命潔實彌爾傳旨辭，裕宗曰：「以汝厚重，言不洩漏，是以命汝。」裕宗卒，事徽仁太后。

成宗即位，太后命潔實彌爾護顯宗就國。復命，成宗曰：「汝善處吾兄弟之間。」擢嘉議大夫，賜玉鞶帶、香串帶各一。未幾，晉資善大夫、同知宣政院事，領延慶使。宣政院掌僧徒，往往黷貨營私，潔實彌爾約束嚴如臺、省，人皆曰宣政院爲御史臺治事，帝聞而嘉之。帝寢疾，潔實彌爾與尚醫侍醫藥，期年寢不解帶。常病暍，或勸其還家治疾，曰：「聖體未康，臣敢自愛乎？」事聞，賜平江田五十頃。進榮禄大夫、宣政使，領延慶使。

至大初，興聖太后以潔實彌爾爲先太后舊臣，復使領延慶使，辭不許。延祐改元，議封潔實彌爾國公，又固辭，於是升延慶司爲正二品以褒之。二年，卒，年六十三。贈推誠佐理功臣、太師、開府儀同三司、上柱國，追封齊國公，謚文忠。

子咨兒麻失里，同知宣政院事；散散，翰林侍讀學士；速速，湖廣行省右丞。兀玉篤實，初授功德使司經歷，未幾擢同知司事，改同知總制院事。遷宣政副使，並同知功德使司如故。後擢資德大夫、同知宣政院事，卒。贈存誠秉德功臣、太傅、開封儀同三司、上柱國，追封齊國公，謚忠穆。

脱烈海牙，畏吾氏，世居别失八里。曾祖闊華八撒朮當，太祖西征，導亦都護迎降，帝嘉其有識，欲官之，辭以不敏。祖八剌朮，始徙真定，仕至帥府鎮撫，富而樂施，貸不償，則火其券，人稱爲長者。父闍里赤。

脱烈海牙性整暇，雖倉卒未嘗見其急遽。喜從文士遊，犬馬聲色之娛一無所好。由中書宣使出爲寧晉主簿，改隆平縣達魯花赤，有惠政，及滿去，民勒石頌之。拜監察御史。時江西參知政事胡頤孫殺其弟，訟久不決，脱烈海牙一訊而伏。出僉燕南道肅政廉訪司事，務存大體，不事苛察。在任六年，黜汙吏百四十餘人。召爲户部郎中，轉右司員外郎，升右司郎中。

仁宗在東宫，知其嗜學，出秘府經籍及聖賢圖像以賜，時人榮之。母霍氏卒，哀毁骨立。事聞，賜鈔五萬貫給葬事。起爲吏部尚書，改禮部尚書，領會通館事。進中奉大夫、荆湖北道宣慰使。歲大饑，脱烈海牙先發廩賑之，而後以聞，朝議韙之。至治三年，遷淮東宣慰使。七月，以疾卒，年六十有七。贈通奉大夫、河南江北等處行中書省參知政事、護軍，追封恒山郡公。弟觀音奴，有幹才，亦仕至清顯。

燕只不花，字延真，回鶻氏，居哈剌和卓，爲北庭大族。曾祖布克布呼托克托，祖達爾布呼托克托，父阿布納托克托，相繼爲錫勒沁城酋長。太祖時，亦都護納款入朝，阿布納托克托從之，太祖授爲錫勒沁城達魯花赤，使領其部衆。尋内徙，留直宿衛。燕只不花與其兄曲出皆得出入禁中。曲出累遷中書省斷事官，恩幸無比。

世祖即位，曲出面奏：「臣弟年力壯，願備奔走，效犬馬之勞。」帝素知燕只不花才，欲因事試之。會營新都，命也速不花董其役，而以燕只不花副之。至元七年，詔領校尉十人，卒五百人巡都城迤北順州拜郊臺、羔糜店、咸寧莊等處苜蓿近地，兼典御厩。八年，帝幸五臺山，也速不花奏：「燕只不花宣勞日久，貴而能貧。」命給真俸二千兩，賜尚方鑄印。十五年，江南平，大會廷臣，賜燕只不花白金五十兩、衣一襲。十六年，建太廟司天臺及皇城内外橋梁，中書省復薦燕只不花董之。

十八年，出僉福建廣東道提刑按察司事。十九年，巡部至臨漳，值建寧賊黄華叛，連陷政和、松溪，入古田縣，燕只不花曰：「事急矣，不應拘常法。」乃擅發鋪遞，檄陳、李二萬户邀擊於建安尤溪口，賊敗遁。二十一年，改授僉山南湖北道提刑按察司事。辰、沅驛路自北寺至白牛堡，相距七十里，由五現嶺而上，巖谷深險，過者或戰慄失足。燕只不花曰：「是豈置郵傳地耶？」於是鑿山通道四十餘里，直抵沅州，行旅便之。二十七年，遷嶺北湖南道提刑按察司副使。武岡獠據綏寧縣城，爲十五團以自保，湖南行省命萬户孫定遠會武岡，集義軍討之。燕只不花持不可，且曰：「愚民無知，宜以恩信誘之，多殺何爲？」乃遣人賫榜招諭之，猺衆大喜，皆出降。二十九年，除廣南西道宣慰副使。

大德元年，改葛蠻軍民安撫使。丁内憂，去官。久之，除沅州路總管府達魯花赤。大軍討烏蒙諸蠻，使燕只不花開道給餽餉，軍以不乏。十年，除南安路總管府達魯花赤，累遷海北廣東道肅政廉訪使、廣東道宣慰使副元帥。其子袞布巴勒以父年高，宜致仕，乘間率諸弟言之。燕只不花太息曰：「吾老矣，豈耽榮進者？顧朝廷待我厚，臣子之義，東西惟命，馬革裹尸，吾志也。」諸子乃不敢復言。延祐元年卒，年七十二，廣東人肖其像於觀音寺，歲時祀之。

子袞布巴勒，嶺北湖南道肅政廉訪副使；多爾濟巴勒，同知江陰州事。

忙兀的斤，畏兀氏，父朵羅朮，從亦都護内附，用畏兀字教授部人。世祖在潛邸，亦從學焉。及即位，朵羅朮已卒，召忙兀的斤入見，謂昭睿順聖皇后曰：「是兒容儀壯偉，宜侍朕左右，朕不忘朵羅朮也。」以宫人忽都花妻之。至元十年，命提點資成庫，主尚方幄殿。十五年，改資用庫爲尚用監，拜忙兀的斤爲太監，階中順大夫。十九年，遷太府太監。二十五年，又改尚用爲中尚監，忙兀的斤仍爲太監。未幾，遷中尚卿，尋命兼知太府監事，進通議大夫。

成宗即位，以舊恩特授正奉大夫。武宗即位，拜中尚院使。未幾，拜大司徒，階榮禄大夫，忙兀的斤固辭，不許。初，仁宗奉昭憲元聖皇后入平内難，召忙兀的斤計事，忙兀的斤多援祖訓以對，仁宗嘉納之。皇慶元年，復拜中尚監，敕中書賜鈔萬緡，忙兀的斤又辭不受。是年卒，年七十六。元統元年，贈銀青光禄大夫、太保、上柱國，追封薊國公，謚忠簡。

子十人：曰明理，瀘州達魯花赤；曰八札不花，安豐路達魯花赤；曰秃忽赤，裕州達魯花赤；曰德奴，光州達魯花赤；曰塔納，監察御史。

普顔，字君卿，畏兀氏。祖普顔脱忽憐，從太祖西征，戰死，贈中書左丞，追封恒山郡公，謚靖忠，父愛全，受知於憲宗，尤爲莊聖太后所敬禮，命徙居湯沐邑，贈司徒，追封趙國公，謚文靖。

普顔幼給事北平王，授石城縣達魯花赤，以治稱。後宿衛仁宗潛邸，帝一見器之，補東宫必闍赤。及即位，拜監察御史，糾劾無所憚。狃兒堅元帥亦剌思受賕，普顔承詔鞫之，正其罪。正旦糾朝儀，有二品而立於一品班首者，普顔斥使退，其人不從，即劾罷之。上行幸次大口，問宰相：「御史七品，普顔散官正八，何也？」對曰：「初仕當爾。」乃特授承事郎，擢僉河北河南道肅政廉訪司事。陛辭，賜魚籃觀音像。靈壁民李甲殺劉乙，繫獄，獄卒㗱使誣其兄授意，普顔讞得其實，釋之。黜污吏四百人。移浙西道。白雲宗僧人蠹浙尤劇，普顔上其事，朝廷爲奪印罷之。運使李英恃勢貪虐，普顔發其贓。部使者牒普顔詣行臺，行臺復命普顔告於中臺。時帝已幸上都，普顔又馳至上都。事聞，帝深嘉之，親酌酒以賜，且命上方賜食，敕省臺擇能吏與本道雜問，英始罷黜。改燕南道。英宗行幸定興、五臺，皆以行部進見，賜賚厚渥。改奉元路總管，以疾去，移守吉安。歲大旱，民食且盡，普顔禱雨輒應，黍稷穗生稿節，民爲德政碑紀之。召入，遷奉政大夫、淮西江北道肅政廉訪使。未幾，致仕歸。後至元三年八月卒。贈嘉議大夫、禮部尚書、上輕騎都尉，追封恒山郡公，謚正肅。

長子黄頭，同知諸暨州事。弟忽都魯篤爾彌實，奎章閣大學士，趙國公，謚文穆。惠宗嘗閔普顔職不逮弟，欲擢以顯官，普顔固辭，尤爲人所重云。

史臣曰：唐之中葉，回紇改稱回鶻，唐末回鶻衰，西併高昌而居其地，又改稱畏兀兒。故畏兀兒地爲高昌，人爲回紇。或曰：高昌之遺種，則稱高昌人；回紇之舊部，則稱畏兀兒氏、回鶻氏云。

【校勘記】

〔一〕「潔實彌爾」，「爾」字原脱，據正文及本書卷二一九《氏族表下》補。

〔二〕「兀玉篤實」，「篤」原作「都」，據正文改。

新元史卷之一百九十三　列傳第九十

趙天麟　鄭介夫

趙天麟，東平人，博學能文。世祖至元末，以布衣進《太平金鏡策》，前後數萬餘言，議論政事多切時宜。今撮其大要曰：

國家鋪張治具，整頓條綱，内焉三公九卿，外而庶疆諸尹，例皆舉賢推德，揆務分司，蓋欲有生皆樂，無物不安，旁推惻隱之心，續迓文明之治。至於中書一令，樞密一使，嘗使東宮領之。連旬累月，望儲闈銅輦之臨；虚榭空帷，設銀桌金墀之坐。事專歸於副相，政並決於同僚。臣以爲：中書者，機務之關津，天門之鎖鑰；樞密者，疆埸之守衛，熊虎之綱維。軍、民二柄，治亂所關，非其才尚恐難行，曠其官云何可治？且太子正名之後，雖諸王莫得而同，有三師、三少之徒，立詹事屬官之院。君行則守，有官則從，從曰撫軍，守曰監國。又何必列一品之高階，占大臣之上位？名爲重之，適所以輕之也。若謂藉其重以鎮之，則太師、太保、太傅、司徒勳舊大臣亦嘗任之矣，觀彼四職，不下於此，皆令異姓爲之，何獨他人不可居此職哉？况太子之道，春誦夏絃，秋習禮，冬讀書。龍樓問寢，殷勤於内豎之前；甲觀尊師，懇惻於春官之側。以徽柔爲本，以仁孝爲先。及其既冠，則有記過之史，徹膳之宰，進善之旌，敢諫之鼓。此所以周公示法於成王，賈誼忠告於漢文。伏望慎選耆碩，早加輔導，無令降居臣職。則乾符來握，黔黎知大本之安；震德維新，天地有長男之美。更望陛下近擇宗室，旁及岩穴，舉大賢充令使之官，即以錫軍民之福也。

禮，天子立七廟，在都内之東南。太祖中位乎北，三昭在東，三穆在西，廟皆南向，主皆東向。都宫周於外以合之，牆宇建於内以别之。門堂室寢，分方庭砌，唐陳異地。山節藻棁，以示崇高；重檐刮楹，以示嚴肅。斲礱其桷，以示麗而不奢；覆蓋用茅，以示儉而有節。蓋廟之制度也，祖功宗德，百世不易。親盡之廟，因新而祧，祧舊主於太祖之夾室，祔新主於南廟之室中。昭以取其向明，而自班乎昭；穆以取其深遠，而常從其穆。穆祔而昭不動，昭祔而穆不遷。二世祧，則四世遷於二世，而六世遷於四世，以八世祔昭之南廟矣。三世祧，則五世遷於三世，而七世遷於五世，以九世祔穆之南廟矣。孫以之祔於祖父，孫可以爲王父尸，由其昭穆之同，非有尊卑之辨。故祧主既藏祫則出，餘則否祔。廟貴新，易其檐，改其塗。蓋廟之祧祔也，散齊七日，致齊三日。牲牷肥腯，旨酒嘉栗，粢盛豐潔，器皿具備，衣服既鮮，水火又明。祀宜羔豚膳膏薌，禴宜腒鱐膳膏臊，嘗宜犢麛膳膏腥，烝宜鱻羽膳膏羶。設守祧所掌之遺衣，陳奕世遞傳之宗器。王后及賓，禮成九獻，辟公卿士，奔執豆籩，此廟之時祭也。太祖廟主循常東面，移昭南穆北而合食，就已毁未毁而制禮，四時但陳未毁而祭之，五年兼其已毁而祭之，此廟之祫祭也。三年大祭，祭始祖之所出，以始祖配之，此廟之禘祭也。

臣聞：祭祀者，人之大端；衣食者，人之常理。聖朝立太常之正卿，設司農之大寺，職尸三禮，望重三農，欽乃攸司，可謂備矣。但今藉田之禮尚未施行，公桑之儀似猶虧闕。至如郊天祀祖，奚爲具豐潔之粢盛？有事致齋，何以得鮮明之衣布？則將發倉廩而取粟，向坊局而求衣，是皆農夫之所樹藝，紅女之所繅織。雖有藉田，而實非陛下之所耕也；雖備服物，而實非後宮之所出也。以之對越神祇，享於祖禰，道或未盡，禮不徒成，陛下之心能無少歉乎？謹按《禮經》之義，遠稽前古之文，適三陽交泰之春，當是月上辛之日，祈穀於太微之帝，再擇乎吉亥之辰。封入壝宫，掌舍設梐，太僕秉轡，保介從行。綴黛耟於紺轅，冠朱紘之華冕。平秩東作，爰至南郊，天顔咫尺，恭就三推，黎庶三百，遂終千畝。公卿以下，隨爵秩而亦耕；燕飲之宜，布龍光於既返。内宰獻穜於厥后，神倉斂獲於西成，一旦用之，中心足矣。此天子藉田之禮也。

載按古經之文，周達王后之制，衣服不備，不敢以祭。天子有公桑之地，地逼於川，築蠶室於其旁，建后宫於其上。宫高一丈，棘繞垣墉，外户扇而掩之。禁伐桑柘，因具植筐，后妃齋戒而臨焉，戕斧由斯而動矣。浴蠶乎水，戾葉乎風，蠶卒眠矣，歲既單矣，吉婦之勤就矣，奉繭獻於后矣。后於是而言曰：「此以爲君服與？」遂副褘而受之，少牢以禮之。復詮良日，后乃親繅，手既三盆。事終，羣下染以玄黄朱緑，爲之黼黻文章，君王致祭，從而服之。此后妃公桑之制也。望陛下勿怒虢公之直諫，式同漢帝之親耕，於彼大田，成兹盛事。更望中宫協聖，仿古親蠶，大增助日之月光，深盡配天之坤厚。如此則下使田家服勤，上獲宗廟垂祐矣。

井田之法，六尺爲步，步百爲畝，畝百爲夫，夫三爲屋，屋三爲井。井方一里，凡九百畝，其中爲公田，八家皆私百畝，同養公田。井百爲成，成方十里，成百爲同，同方百里，同百爲畿，畿方千里。臣嘗計方千里之地，提封百萬井，山川城市等除百分提封之三十六外，定六十四萬井，中爲私田五萬一千二十萬畝。其井中區，除宅居二十畝之餘，爲公田五千二十萬畝。又乘除粟稻等子粒之多寡，每畝歲率一石五斗計之，則私田子粒可得七萬六千八百萬石，公田子粒可得七千六百八十萬石。其鰥寡孤獨無告者，尤先賑惠焉。上下相睦，貧富相均。此隆周所以旁作穆穆迓衡，而孟子所以不憚區區告人也。自嬴秦變法之後，富者田連阡陌，貧者無置錐之地。越至於今，迫於豪富官貴而不能復聖朝。東西南北，地境無窮，國家用費之資僅足，下民愁歎之聲未除。且古者方千里之地，得公田子粒七千六百八十萬石，今能得之乎？臣知其斷不能也。方今之務，莫如興復井田。尚恐驟然騷動，宜限田以漸復之。望陛下一新田制，凡宗室王公之家，限田幾百頃。無族官民之家，限田幾十頃。凡限外退田者，賜其家長以空名告身，每田幾頃官階一級，不使居實職。凡限外蔽欺田畝者，坐以重罪。至限外之田有承佃者，即令佃户爲主。其未經開墾者，令無田之民占而闢之，本年免其租税，次年減半，三年始依例科徵。所占田亦不得過限。其無田之民，不欲占田者聽。以後有賣田者，買田亦不得過限。是私田既定，乃定公田之法，凡九等：一品者二十頃，二品者十八頃，三品者十五頃，四品者十二頃，其下俱以二頃爲差，至九品但二頃而止。庶乎民獲恒産，官足養廉，行之五十年後，井田可復興矣。

方今御史臺官，内有監察院以隸之，外有廉訪司以承之，所以整齊百僚，激揚白姓。御史之職，非天子視聽之官而何哉？是以霜蘭露車，柏林石室，昭其清也；授以立秋，象以熒惑，昭其嚴也；鷹擊之喻，豸冠之服，昭其威也；千步清道，王公遜避，昭其重也；中書、門下，並爲三司，昭其貴也。五者備矣，然後能觸邪指佞，使雄奸巨猾膽破聲消，封豕長蛇骨寒心顫，將狐狸眇害、蠭蠆微毒，不攻而自息矣。顧阿合馬擅政於前，桑哥弄權於後，臺官以下閉口吞聲，寡居高坐。幸而太原俠客揖聶政之高風，大理名卿致皋陶之淑問，一旦凶渠頓翦，赤子更生，美則美矣，未盡善也。且我國家建茲臺班，豈徒稽朝祭之末儀，糾案牘之細事已哉！然而不言，蓋由省府之職秩懸殊，而不敢抗衡故也。況權臣之計，百網千機，崔斌、楊居寬等同爲執政，猶陷之於死地。進而守正，則徒遭刑戮，而令聖朝有殺直之名；退而引病，則誣以不忠，而謂不肯效皇家之力。伏望厲憲臺之丰采，俾行省以齊階，則委任既專，而體統自肅矣。

臣聞：設紀張綱，莫如清簡；建官置吏，切戒繁多。夫爵者，官之尊也；階者，官之次也；品者，官之序也；職者，官之掌也；位者，官之居也；禄者，官之給也；吏者，官之佐也。雖曰事非官不辦，亦有事因官多而益紊。此聖王所以貴寡不貴衆，欲静不欲躁也。唐虞稽古，建官惟百，夏商官倍，亦克用乂，周卿分職，各率其屬。厥後官愈多，而治愈不古。是以漢廢四百縣，而下民業定；隋廢五百郡，而天下政行。

皆以官不用多，而在乎得賢；政不徒煩，而貴乎省事也。今國家立制，自宗王及國王、郡王、國公以下爲爵，自特進、崇進至將軍、大夫、校尉、郎爲階，自正一至從九爲品，掌典當行爲職，各職所居爲位，各位養廉之資爲禄，各司贊佐行文之史爲吏，其制亦詳矣。然文武二等，分部中外，本欲圖寧，而似乎難寧也。伏見京師不急之司、院，無用之署、局，及隨朝臺、省、院、部以下諸有司官吏，可兼而不兼，可併而不併者有之矣。畿外行省，隨省諸有司，宣慰、廉訪等司，路、府、州、縣、倉、庫、局監諸衙門，官吏亦有冗者矣。武臣萬户所統不滿萬人，千户所管不及千人之類，亦已有之矣。臣竊以冗官之大弊有三：一曰選法之弊，二曰政事之弊，三曰軍民之弊。夫文武官吏員數既多，當考滿之時，近春秋之選，資格之簿擾攘紛紜，保薦之文交錯旁午，有司行文且未暇，奚暇顧孰果有才、孰果有德而考校之哉？既不遑考校，則取準於官牘薦書之所陳布已耳。於是雜流之途進，貨賄之竇開，遂致員多闕少，無如之何。經營者是得遷除，養高者坐淹歲月，此選法之弊也。夫文武官吏人數既多，有當決之事而不決，有當行之事而不行。問其職，則曰：「我職也。」問其施，則曰：「僚屬非一，豈我所能獨主？」及乎朝廷聞之，遂立稽違期限之罰，不亦甚與！此政事之弊也。夫國家用人路廣，浮濫得升，使之臨涖在下，必不能敷宣政化，如是則刻剥之苦，役使之煩，爲害良多。此軍民之弊也。三弊不絕，而徒立法以防之，不知法立而懼法之人姦欺之計益生矣。伏望察此三弊，凡内外不急之官吏、無用之衙門，可罷者罷之，可併者併之，然後以慎重名器之法，擇人而用，又以黜幽陟明之法，順理而考，則典選者易見其人，易程其效，而選法清矣；臨政者事有所歸，職有所主，而政績成矣；在下者省於煩役，免於苦刻，而民業定矣。民者，天下之本。民業定而天下不太平者，未之有也。

又曰：赦者，欲以蕩滌瑕穢，與民更始。以負罪者言之，則爲莫大之深恩；以致治者論之，則非太平之常事也。近世以來，郊天、祝宗、建儲、立后，未有不肆赦者。僥倖之子，逆知期會，能不起非濫之心哉？且罹獄者，皆人之切心側目者也，及乎啼烏夜啟，驛馬宵流，玉籥告靈，金雞樹伏，雷雨一解，例皆釋之，名爲嘉吉之符，實皆變異之徵也。遂使攘劫服贓而詑議，善人屏息以銜冤，養稂莠於良田，縱豺狼於當道。獨不念害嘉穀而傷平民乎？又况大赦之後，邪奸未嘗衰止，朝脱囹圄，夕攖縲絏，其不能承化自新，亦已明矣。今國家哀囚徒之孽苦，憫小民之庸騃，頻降赦條，此蓋朝廷不忍人之心形於外而不能自已也。推此以及良民，順大道以正生殺，則周文之治不難同矣。若當罪而宥之，當殺而生之，亦猶來暄風於霜雪之辰，行春令於秋冬之際，如此而欲天道之成，臣不知其可也。伏望明罰飭法，振紀肅綱，俾姦人貪吏革面洗心，不敢覬非常之恩，怍倖邀之想，天下幸甚。

臣聞：堯居茅屋，禹戒雕牆，周王之卑服，漢帝之皂綈，非徒盡質素之本心，亦以杜人民之奢汰也。下至晉武焚雉頭裘，宋武碎琥珀枕，隋文帝同土價於黄金，唐太宗悲苦寒之鸚鵡，斯中主之雄，匹夫之聖，猶能卓然特立。而國家乃使纂組綾錦逸其身，金珠璧玉逸其心，禽鳥犀象逸其視，俳優絲竹逸其耳，珍饈異饌逸其口腹，臣竊危之。

今國家官階各異，服色惟三。是故有紫，有紅，有緑，有碧者，實唐朝之公服也。意或水一、火二、木三、金四者，用四方之間色也。今又舉三等之色而遺其碧者，從當時之宜也。至於玉犀、金角之飾帶，金銀錫鍇之殊節，象板以爲笏，銀銅以爲章，此在公之品級也。山節藻梲，複室重檐，黻繡偏諸，肩繪日月，皆古天子宫室衣服之制也。今市井臧獲皆敢居之服之，此臣所以惜之也。車馬者，古之命物也。今六合爲一，冀代多馬，天下之人皆得乘之，無足深怪。然大夫不敢徒行，是以有車。今市井之家往往以驂服駕車而乘之，與士大夫無異，此臣所以惜之也。上自省、臺，下及州、府中人，前世皆用黛色爲區別，今猶闕焉，出入公庭與庶人無異，此臣所以惜之也。僧尼、道士之服，自有其宜，今不遵本教，雜混常俗，此臣所以惜之也。古者五十方衣帛，七十方食肉，今富人牆屋被文繡，鞍轡飾金玉，婢妾曳絲履，犬馬食菽粟，甚至權吏濫官，豪富子弟，大率以貞廉爲愚，以節儉爲恥，此臣所以惜之也。奏上，多爲時所採用。

成宗即位，天麟復上《逃民策》曰：

伏讀辛酉詔命，中統建元以前逃户復業者，户下差税，本年全免，次年半徵，三年復始例起科。自此累頒詔文，優恤逃户，蠲免積逋，斯皆先帝之惠也。臣謂逃民之故有五：一曰天，二曰官，三曰軍，四曰錢，五曰愚。蓋有田之家，田爲恒産，屢經饑饉，糧竭就食。如此而逃者，天爲之也。守令苛刻，役斂煩興，富以賂免，貧難獨任。如此而逃者，官爲之也。軍資不贍，鬻賣田産，無以供給。如此而逃者，軍所致也。生理不周，舉債乾没，子本增積，不能速償。如此而逃者，錢所致也。弗恤艱難，損墜遺業，悔恨莫追，窮困失所。如此而逃者，乃自愚也。夫逃民，皆無奈之民也。倘稍能自存活，豈肯逃哉？又詔云「苟避差發」，臣謂此則非民之罪，實官長之罪耳。昔漢倪寬爲内史，軍發負租，課殿當免，民聞之，大家牛車，小家擔負，輸租繦屬課，更以最此。蓋民信愛之故也，豈有「苟避差發」者哉？伏望陛下一新污俗，再整淳風，下哀痛之詔，察化導之義，從前逋負差税並行除免。凡有田而逃者聽復本業，無田而逃者聽於曠土占田，其間貧無牛種及田器者，官爲貰而頒之，限三年外酬其貰主之直而無息。凡因軍而逃者，驗實貧爲助資之户。凡欠負他人錢債者，復業之後，限五年外一本一利償還，有既復業而尚游手荒廢農務者，鄉三老舉於官而罪之。逃民已定，於是慎名器以絶濫虚之官，限田産以絶兼併之路，重農桑以絶失業之人，設義倉以絶凶歲之厄。向之逃民，雖賞之亦不復逃矣。此謂之務本。

雲南金齒路進馴象，天麟又上策曰：

當今殊方異物，禽鳥犀象，自山海而來者多矣。其間爲害不一，試略陳之。夫牛馬雞犬之類，中國之所常有，上下之所共育畜之，無失其時，則可以充國用而利民生。彼異域之産，有之不足以增光，無之不足以滋歉者，近年以來，駢羅而至，梯山航海，輦贐輿金。或重譯而來呈，或望風而並湊，府無虚月，史不絶書。若以冠帶百蠻、車書萬里而論，則百世之嘉猷，莫大之神功；若以帝王大體、古今論議而言，則受之而不却，啟之而不杜，亦非所以盡聖明之本心也。按夏禹任土作貢，而召公之戒其主且曰：「不作無益害有益，功乃成；不貴異物賤用物，民乃足。珍禽異獸不育於國，不寳遠物，則遠人格。」真知言者也。東周之際，楚子不臣，包茅不至，無以縮酒，齊桓仗義而問其罪，《春秋》大之。西漢之時，大宛未服，天馬未來，怒激中國，武帝恃力而侵其域，當代病之。此二者，足以審中國之貢，乃所當然，而遠人之物，未宜取之也。豈惟遠人之物未宜取哉？即中國無益之物亦不可取。是以孝文還千里馬，元帝罷齊三服官，仁儉之名，如揚日月，雖欲下民之不感，豈可得哉！且異物蕩心，其害一也。使外國聞之，而以國家爲有嗜好，其害二也。水陸轉運，役人非細，其害三也。有三害而無一利，亦何尚之有？伏望陛下昭播徽聲，俾揚遐境。凡四遠之納款者，聽書檄奏聞，而不求其獻物；聽子弟入朝，而不求其納賄。則化天下以德，示天下以無欲，將見西番東徼之渠長承恩而來享，慕道而來王矣。

又言：「訓宗室，在教行而知禮，法明而畏罪。閥閱子弟例得補廕者，宜嚴定試法。至於獻商計羨餘者，莫非掊尅之臣；被笞杖復官者，類皆無恥之輩。其大夫以上有罪者，先禁卒徒詈辱，當刑者聽其自裁，籍没者子孫免禁錮之限，家財給無告之人。」其論人材，「辨三德而分爲九科，簡八材而分爲二十六等」。其論建官行省，「革藩鎮諸侯之專，中書爲公卿大臣之任」。其論選法，「當以賢能爲先，稱職是尚，而不計資序之淺深」。又如立社倉、置諫院、定軍役、除差税、惜農時、開武科、設天駟監、廣羣牧所，皆裨益時政之大者。

天麟所著詩文尤富，皆不傳於世。

鄭介夫，字以居，衢州開化人。性剛直敢言。成宗大德七年，上《太平策》一綱二十目，略曰：

昔齊桓五子爭立，而霸業遂微；晉獻讒廢申生，至國亂數十年；始皇以扶蘇不定，致使滅宗；惠帝以繼子不明，幾至易姓。自後由此敗亡者，不可勝計。草茅之士，猶不能忘情，而秉鈞當軸之臣，略不及此，何邪？今皇太子嗜欲未開，心術未定，宜擇端人正士以傅翼之，與之居處出入，使通古今治亂之成迹，明君子小人之情僞。所謂教得而太子正，太子正而天下定矣。古者建東宮，立太子，將以重國本、定民志，非泛然之美稱也。今諸王公子例呼太子，嫡庶親疏略無差別。昔晉申允曰：「太子統天下之重，而與諸王齊冠遠遊，非所以辨貴賤也。」同衣冠猶不可，況可同名號哉！

吏之與儒，可相有而不可相無者也。儒不通吏，則爲腐儒；吏不通儒，則爲俗吏。必儒吏兼通，而後可以蒞政臨民。《漢書》稱以儒術飾吏治，正此謂也。今吟一篇詩，習半行字，即名爲儒；檢舉式例，會計出入，即名爲吏。吏則指儒爲不識時務之書生，儒則詆吏爲不通古今之俗子。儒、吏本出一途，析而爲二，遂致人員之冗，莫甚此時。久任於内者，但求速化，未知民瘼之艱難；久任於外者，惟務苟禄，不諳中朝之體統。今朝廷既未定取人之科，當思所以救弊之策。百官自三品以下，九品以上，並内外互相注授。歷外一任，則升之朝；隨朝一任，則補之外。凡任於外者，必由内發；任於内者，必從外取。庶使儒通於吏，吏出於儒，儒、吏不致扞格，内外無分重輕矣。

古者自州縣官以上，皆天子自選。故銓曹每擬一官，必先禀命於天子；天子欲用一人，亦詢其可否於執政。今乃以省部除授之官，指爲常選；以天子委用之人，指爲别里哥選。夫天下之官，孰非天子之臣？安得一以朝省，而自分爲兩途邪？

漢以銅錢而權皮幣之重，皮幣爲母，銅錢爲子。宋以銅錢而權交會之重，交會爲母，銅錢爲子。國初以中統鈔五十兩爲一錠者，蓋别乎銀錠也，以銀爲母，中統爲子。既而銀已不行，所用者惟鈔，遂以至大鈔爲母，小鈔爲子。今以至元一貫準中統五貫，是以子勝母，以輕加重。以後逾前，勢不至於大壞，極弊不止。夫鈔爲一時之權宜，錢爲萬世之長計。盜賊難以賫行，水火不能消滅，世世因之，以爲通寶。説者謂鑄一錢費一錢，無利於國。不知費一錢可得一錢，利在天下，即國家無窮之利也。

唐劉晏專用榷鹽，以充軍國之用，其言曰：「官多則民擾，但於出鹽之鄉置鹽官，收鹽户所煮之鹽轉鬻於商，任其所之，自餘州縣不復置官，或商絶鹽貴，則減價鬻之，謂之常平鹽。由是國用充足，民不困敝。」此已驗良法也。今宜祖其遺規，將鹽運司衙門及各場所設官吏、團軍、巡卒盡歸有司管領，選省部内才幹官一員，充榷鹽使，於各州縣摘佐貳官一員，提調鹽務，於産鹽處所設鄉官一員，專掌支發。但僉取本處富家應當亭户，分認周歲鹽額，令亭户自行收貯，竈户任便煎煮，隨處立倉交納，亭户不致逃亡，竈户可免追剥，民户亦無團巡誣逮之擾，自皆樂於應辦。若非亭户、竈户自煎者，方爲私鹽，許令鹽户告發，依條治罪。商人獲利既厚，販者必多，而民間亦可得賤鹽食用。古今鹽法，不過爲辦課耳。使課而無虧，何必廣布衙門，自取多事？今鹽有定額，户有定數，私煎有定罪，若一委之有司取辦亭户，既省俸給工本，自可全收課程，官享其利，而民安其業矣。

今市街之間，名曰「嫁漢」，曰「把手合活」，曰「坐子人家」，十室而九，各路争相倣效，此風尤爲不美。且抑良爲賤者，待告而禁，終不能絶。若令有司覺察，或許諸人陳首，但有此等，盡遣從良。此可厚俗之一也。南北風俗不同，北方以買來者謂之軀口，南方以受役者即爲奴婢。故唐法，奴告主者皆勿受。此可厚俗之二也。古者宗廟四時之禴祀烝嘗，皆天子親享，不敢使有司攝也。宜檢討舊典，親行享廟之儀。仍今天下無論官庶之家，有親在，而諸子忍於分析，及居官客外，而違於生事死葬者，並坐以不孝之罪。此可厚俗之三也。父子夫婦，綱常之大。今鬻子休妻，視同犬豕。雖有抑良買休之條，而轉售者則易其名曰過房，受財者則易其名曰聘禮。今大都、上都有馬市、羊市、牛市，兼有人市，致使人畜相等，極爲可憐。宜嚴行禁絶，使各相保守，無棄天倫。此可厚俗之四也。九品之官，定爲九等。士、農、工、商、僧、道，定爲六等。下而臧獲，定爲一等。使服飾各安分，限貧富不得僭逾。此可厚俗之五也。

漢立常平倉，穀賤，增價而糴以利農；穀貴，減價而糶以利民。朱文公常行之浙東，最爲得法。然不可行於今矣，何也？官吏爲奸。若官入官出，民間未沾賑濟之利，且先被尅減計點之擾，適以重困耳。宜於各處驗户口多寡，設立義倉，令百姓各輸己粟，自掌出入之數。凡入一石之粟，自得一石之用。不費公錢，亦無損於私蓄。猶慮風俗不古，急義者少，則官爲之立式。有地百畝者，限以一歲出粟一石，令本甲户執其綱領，擇鄉里廉幹者掌其收支。歲添新粟，則旋廣倉廩，每遇闕乏，如取諸寄。其中或有侵欺，則令司縣官依竊盜例科斷。或司縣官因而挾勢借貸，則令巡按官依枉法贓例定罪。若所在官司有能勸率成效，優加升賞，誠爲安民定業之長策。至於目前所急，尤思先有以救之。雖官司賤價賑糶，以有限之粟，應未已之荒，所濟無幾。

若勒令富家平糶，則大户縱賄而求免，小户力貧以奉行，流害滋甚。今被災之處雖多，而江淮、湖廣皆稔熟，及此秋成之餘，急爲立法，收米四百餘萬石，半運赴都，半留隨省，以備明年之荒可也。或倣漢時輸粟爲郎，宋時官賣度牒之例。二者但費朝廷之一紙，不動聲色，而數百萬糧可立致矣。

國家立政，必以刑書爲先。今天下所奉行者，有例可援，無法可守，官吏因得並緣爲欺。内而省部，外而郡府，抄寫格條多至數十。間遇事有難決，則檢尋舊例，或中無所載，則旋行比擬，是百官莫知所守也。民間自以耳目所得之敕旨、條令，雜采類編，刊行成帙，名曰《斷例條章》，曰《官民要覽》，家置一本，以爲準繩。試閲二十年間之例，較之三十年前，半不可用矣。更以十年間之例，較之二十年前，又半不可用矣。是百姓莫知所避也。號令不常，初降隨没，遂致民間有「一緊、二慢、三休」之謡。京都爲四方取則之地，法且不行，况四方乎？如往年禁酒而私醖者比屋，禁牛而私宰者盈市。奸盗殺人，罪在不赦，而每歲放秃魯麻婚姻聘財，明有官庶高下折鈔之例。而今之嫁女者，重索財物，與估賣軀口無異。買賣田宅，舊有先親後鄰之條，而今民業多歸勢要。推此數端，天下概可知矣。今有司每視刑名爲重，而户婚、錢債略不加意。殊不知民間争競之端，無不始於户婚、錢債，而因之以至於奸盗殺人者也。憲司巡按，每以贓罰爲重，而一切民詞略不省察。殊不知百姓負冤，上無所訴，是開官吏以受贓之路也。更兼衙門紛雜，事不歸一，正宫位下自立中政院，匠人自隸金玉府，校尉自歸拱衛司，軍人自屬樞密院，諸王位下自有宗正府、内史府，僧則宣政院，道則道教所，又有宣徽院、徽政院、都護府、白雲宗所管户計諸司，頭目布滿天下，彼此不相統攝。無法之弊，莫此爲甚。昔先帝嘗命修律，未及成書。近議大德律，所任非人，譌舛益甚。宜於臺閣省部内，選擇通經術、明治體、練達時宜者，酌以古今之律文，參以建元以來制敕命令，採以南北風土之宜，修爲一代令典，使有所遵守，生民知所畏避，庶政體歸一，獄無久淹矣。

古者立刑，必先施於贓吏。蓋贓吏爲患，甚於酷吏之肆虐。贓既不行，則刑自平矣。昔國家定爲枉法、不枉法之例。今則枉法者除名不叙，不枉法者並殿三年。制法雖明，而犯者未已，終莫能禁其萬一。且如司縣官困於正從七品、八品間，終老無受宣之望；吏員困於路縣，終老無受敕之期。凡人之自愛其身而重於犯法者，以清議之可畏，前程之尚遠也。既無所畏，又無所慕，則仕而爲貧耳，復何所惜？在昔有刺配籍没之法，文其面則終身不齒於鄉里，籍其資則全家不免於饑寒。治贓吏，無出此法之善也。

贜吏固嚴其罪矣，而廉吏則未見賞。今省部置立過名簿，不聞有功績簿；憲司歲報贜罰册，不聞有廉能册。朝廷雖有封贈之典，未見舉行。嗣後内外大小官，有卒廉無擾者，歷一考，則封贈其父母，歷再考，則封贈其妻妾。不過邀朝廷一命之恩光，而可收激勸人材之實效矣。

當今之弊，不在俸禄之薄，而在俸禄之未均；不患俸禄之未敷，而患設官之太濫。均有餘以周不足，取濫設之米以給合設之官，則國無所損，而官有所利。議事之臣若能裒多益寡，截長補短，則職田所收自可敷用。今又額外多出俸米二十八萬餘石，徒損國儲，無益官吏。且丞相職居人臣之右，每月得俸八錠有零，一日之俸不滿十四兩，若倣晉之何曾，日食萬錢，雖竭私帑不能自給矣。天子立相，必須厚禄以優崇；大臣律身，自宜戒奢而從儉。豈可先處以約，而薄其所養哉？今俸自三錠以上者，不得添米，官益高而俸益薄，甚非尊尊貴貴之道。又如隨朝大小官及各行省、宣慰司，皆樞要重臣，既無所取於民，又無職田可收，縱添俸米，何足養廉？宜盡取元撥職田，合計子粒，官爲收貯，將中外人員差等而普及之。内外臺察廉訪司，事煩而形神勞，官清而交往絶，比之有司，量加優厚，所以重風憲也。和林、上都、山後、河西諸路，不係産米之地，依本處時估折價，不拘以定數，所以重邊鄙也。軍民各色官吏，但請俸錢者，隨所給鈔數，按月支米。元無俸錢者，隨所授品從，依例增支。將官收職田錢糧，先儘外任數足，其餘盡令起運赴都，以給隨朝官吏。計其所得，倍多於前，又可不費太倉之粟，此利國利官之要道也。

昔田千秋一言寤主，即登侯相；鄭然明一言見知，便獲賞識。古人際遇，往往皆然。若必待羔雁以爲先容，幣帛以將厚意，則千秋老死於郎官，然明終役於堂下耳。今之隸名儒籍者，不知壯行本於幼學，而謂借徑可以得官，皆曰：「何必讀書，然後富貴？」仕路既不出於儒，何須虛費日力？但厚賂翰林、集賢院，求一保文，或稱茂異，或稱故官，或稱先賢子孫，其人即保教授。才入州選，便求升路；才歷一任，便幹提舉。但求遷轉之速，何問教養之事？學校遂成廢弛，言者皆歸咎於差役所致，不思唐、宋盛時，儒人未嘗免差，而士風甚盛，人材甚廣，無他，聲名誘之於前，利禄引之於後也。使前數年不當差役，亦未見有一人成材者。果業儒而獲用，則人自慕尚，雖當役不足以抑之；苟業儒而無用，則人皆厭棄，雖免役亦不足以勵之也。比者，如編《一統志》、寫金字經，非有追章琢句之巧，考古證今之難也。愚夫下流，但能繕書者，皆可與選，給食賞鈔已足以酧其勞，更與之升職減資，是朝廷開天下以奔競之路也。

明詔：「德行文學高出時輩者，有司保舉，廉訪司體覆相同，以備擢用。」年來中外所舉不爲少矣，未見擢一才，拔一士，豈非虛文求人乎？明詔：「上書陳言者，皆得實封進獻。」年來官庶所陳，不爲少矣，未聞納一諫，從一事，豈非虛文求言乎？格例：「諸縣尹以五事備者爲上選，三事成者爲中選，五事俱不舉者黜。」今實備五事而無力者，止常調；虛稱五事而有力者，則引例升等，豈非虛文考績乎？國家立御史臺及肅政廉訪司，糾彈諸人，無得沮壞。今所糾者僅可施之卑官、下吏，所薦者呈省到部，俾同故紙，而外任巡按書吏人等，反借風憲之威，徇私納賄，無所畏忌，其爲民患，過於有司，豈非虛文重臺察乎？《至元新格》：「常事五日程，中事七日程，大事十日程。」今小事動經半年，大事輒以數歲，豈非虛文議獄乎？詔書累降停罷勞民不急之役，存恤鰥寡孤獨之人，今之隸名官籍者皆坊正巷長，略舉市井所知，以應故事，其實窮而無告者未嘗登籍沾惠也，豈非虛文愛民乎？國家立司農司以敦農政，路縣正官銜內加以兼勸農事，每歲仲春令親行勸課。今官吏出郊，借此遊宴，里正、社長科斂供給，豈非虛文務農乎？

國家倣古立翰林院、集賢院、秘書監、太常司，可謂得彬彬文物之盛矣。今翰林多不識字之鄙夫，集賢爲羣不肖之淵藪，編修、檢閱皆歸門館富兒，秘監、署丞半是庸醫、繆卜。職奉常者，誰明乎五禮、六律？居成均者，誰通乎《詩》、《書》、六藝？他如醫學、儒學、蒙古學，各置提舉司，尤爲無益。國政豈非虚文設官乎？國家設立太史、司天，以明占測；崇奉國師、宗師，以嚴祈禱，可謂盡事天之誠矣。今日月薄蝕，則期集鼓奏以彰信推曆，未嘗尅定其應驗；星象失躔，但託辭禳度以分受官物，未嘗指稱其變故。罄竭帑藏，以供西僧好事；盛陳金帛，以副黄冠醮筵。豈非虚文對越乎？

聖朝定奪諸色户計，何嘗一毫損民？如水馬站户，與之除糧免差，糧資足以補辦，祗應可抵里役。如金户辦金，則就凖本户合納之税；匠户當工，則官支口糧以資贍養；竈户燒鹽，則給以工本；銀場煉煆，既給工本，又與口糧。計所入課程，正與買價無異，愛民之厚，於此可見。今各處巡尉司設弓手，各路縣獄司設禁子，牧民官各衙門設祗候、曳剌，既免糧以優之，而有司不與開除，反令税户分任包約，於各輸額糧之外，别立名項曰包米，誠古今所未見。且各户勞逸相懸，如站有消乏，金須本色，竈欲辦課，匠不離局，設有不及，訶責踵至，所凖税糧，豈足供給？而弓手、祗候、曳剌、禁子等户，役甚優閑，無費於己，且可肥家，不知何自而與之免糧也？

古稱侍衛禁直，左右前後之人，今謂之怯薛歹。以今倣古，古者數多名繁，今視古頗簡。《周禮·天官冢宰》曰膳夫、庖人，曰内饔、外饔，曰漿人，曰烹人、籩人，今之博兒赤也。曰幕人，曰司服、司裘，曰内宰，今之速古兒赤也。曰掌舍、掌次，今之阿察赤也。曰閽人，今之哈勒哈赤也。曰縫人、屨人，曰典婦功，今之玉烈赤也。曰宮人，今之燭剌赤也。古者分以職役，定以等差，用當其人，人當其任，是以人無覬覦，各守分義。今則不限以員，不責以職，但挾重貲有梯，援投門下，便可報名請糧，獲邀賞賜，皆名曰怯薛歹。是各官門下之怯薛，非天子御前之怯薛也。比者朝省嚴行分揀，如有職役定員，則挾貲投入者無所容力，有出身定例，則別里哥選不禁自絶矣。

今國家財賦，半入西番。紅帽禪衣者，公然出入宮禁。道家以老子爲宗，惟在清净無爲，辟穀棄人間事，今張天師縱情姬愛，廣置田園，招攬權勢，凌轢官府，此江南一大豪霸也。朝廷前立宣政院、道教所，以其棄俗出家，非有司所宜統攝，而乃恃寵作威，公行賄賂，僧道詞訟數倍。民間如奸盜殺人不法事，往往見告。各寺既有講主、長老，各觀既有知觀、提舉，足任管領之責。隨路又濫設僧録司、道録司，各縣皆置僧綱威儀，反爲僧、道之蠹，並宜革去。且僧、道另設衙門，三代以下所未有。亡金棄人尚鬼，故置二司，與民官鼎立而三，豈謂聖朝踵其弊政！僧、道既全免繇税，愚民多出財産託名詭寄，以求避役。驅國家之實利，歸無用之空門。視民間輸税之外，又當里正、主首、和顧、和買，非惟棄本逐末，實且勞逸不均。今後寺觀常住税糧，宜準古法，盡令輸官。外有白雲宗一派，既自別於俗人，又復異於僧、道，朝廷不察其僞，特爲另立衙門，亦宜革去，以除國蠹，以寬民力。

《春秋》二百四十二年之間〔一〕，災變迭出，地震者五。國家自十數年來，凡三見之。以今考古，未有若此之數數也。漢史翼奉言：「地變爲陰氣太盛，宜疏后黨，親同姓，出後宮，損陰氣。」李尋曰：「地震有上中下，上位應后妃，中位應大臣，下位應庶民。」宜弱外戚，强本支，崇陽抑陰，以救其咎。或以言游畋土木，或以言宦官嬖倖，或以言小人黨盛，各因時弊而指斥之耳。以今日人事觀之，闈儀嚴肅，女謁不行，如呂、韋之專，趙、楊之寵，無有也。後宮列陳，名不盈數，如三千、一萬之充滿，無有也。秉國鈞者，皆色目，漢人未嘗一官任舅后之族，如呂、霍、上官之僭奢，無有也。敷奏出納，非臺、省不得與聞，未嘗一事出閹寺之口，如恭、顯、魚、程之專擅，無有也。春秋出畋，循行故典，宮牆殿宇，一安舊規，如阿房、複閣之興，樓船、錦纜之侈，無有也。然則致是變也，既皆非此之故，意當歸之執政大臣乎？季路問事鬼神，子曰：「未能事人，焉能事鬼？」敢問死，曰：「未知生，焉知死？」此一章，乃三教是非之所由分也。況達摩面壁九年，維摩不二法門，止爲身計，何嘗施禍福於人？張道陵遠處深山，薩真人一瓢自隨，厭與俗接，何曾妄有希求？往年帝師之死，驛取小帝師來代，不過一庸厮耳，舉朝郊迎，望風羅拜，榮遇之過，一至如此。昔達摩自南天竺來，梁武帝問曰：「朕造寺、舍經、度生不可勝紀，有何功德？」師曰：「並無功德，此但天人小果有漏之因，如影隨形，雖有非實。」此語足以解求福田利益者之惑。陳摶隱華山，宋太宗召至，使宰相宋琪等問以修養之道，對曰：「鍊養有術，縱使白日升天，何益於治？今聖上洞達古今，深究治亂，正君臣合德致治之時，勤行修鍊，無以逾此。」斯言可爲求神仙者之鑒。唐會昌間，爲僧尼耗蠹天下，命併省佛寺，上都、東都各留二寺，上州留一寺，中下州並廢。寺分三等，上等留僧二十人，中等十人，下等五人，餘僧及尼皆勒歸俗。通毁招提蘭若四萬餘區，收良田數千萬畝、奴婢十五萬人、歸俗僧尼二十六萬五百人，真是快活條貫，宜體此意。

今日未嘗無邊遠選，固有准保定奪者矣。但保舉之初，忽於立法防奸；選用之後，失於計功覈實。如雲南、甘肅、八番、兩江等處統帥、藩臣，一赴闕下，便行保人。以所保之品級，定價值之輕重，多者百錠，少亦三之二。或當時取盈，或先與其半，或立利錢文書呈解到省，官可立得。街市富子每聞一帥臣至，則争先營求，並未嘗涉歷塞庭、練習邊事也。近者兩江元帥累保得除者，幾及百人，各鎮蹈其故轍，公然賣保，遂致邊鄙失得才之實，朝廷負濫爵之名，皆諸帥不忠誤國之故。

自古天下之田，無不屬官。先王受田，使貧富强弱不相過，得以自耕，故天下無甚富、甚貧之民。至成周時，其法大備，畫地爲井，八鳩、五規、二牧、九夫，以等其高下，溝洫、畎澮、川涂、畛徑，以立其隄防。疆井既定，雖欲貪，並不得也。商鞅用秦，已不復有井田之舊。於是阡陌既開，乃有豪强兼併之患，然猶不明言田在民也，官不得治而民得自占爲業耳。漢亡，三國並立，兵火之餘，人稀土曠。當是時，天下之田既不在官，亦終不在民。以爲在官，則無人；以爲在民，又無簿籍契券，但隨其力所能至而耕之。元魏行均田，唐因而損益之，爲法雖善，然令民得賣其口分、永業，日漸一日，而公田盡變爲私田矣。田既屬民，乃欲奪富者之田以與無田之民，禍亂羣興，必然之理也。董仲舒在武帝朝，去古未遠，乃曰：「井田雖難卒行，宜少近古，限民名田以贍不足。」言甚善而未果行。至哀帝時，孔光、何武曰：「吏民名田無過三十頃，期盡三年，而犯者没入官。」時丁、傅用事，董賢隆貴，不便於己，遂寢其議。三十頃之田，周民三十夫之田也。以一人而兼三十夫之田，亦已過矣，而期之三年似太迫。爲今之計，豪强卒難禁止，惟有限田之法可以制之。酌古準今，宜爲定制。

古者給價換馬，已非良策。今乃刷馬民間，尤爲弊政。且南北風土不同，生長於南者則不禁其冷，生長於北者則不禁其熱。若刷東南之馬以供西北用，則立見其死亡耳。且牧於野者，安於水草，習於馳驟，以之臨敵，易於鞭策。畜於家者，飽以芻豆，勤以剪拂，一旦置之荒郊，便已無力。朝廷不循廣馬之成規，而行刷馬之下策，雖曰和買，何異白奪？且政出亡金，其時鄰敵交攻，疆土滋削，未免刷之民間，以應一時之急。堂堂天朝，豈宜出此？兼以刷至之馬實無所用，而民怨皆歸於國，甚非經久之計。唐初得牝馬三千匹，徙之隴右，命張萬歲掌之，蕃息至七十萬匹，分爲八坊、四十八監，各置使領之。是時天下以一縑易一馬。及玄宗以王毛仲爲内外閑廐使，東封之日有馬四十三萬匹，牛羊稱是，此已然之明驗也。今國家土宇數倍於唐，水甘草美之處，盡在版圖。若擇宜牧之地，各設牧馬監，官給牝馬，選用能吏，使專牧養之權，重職任，優俸禄，責以成效，不十數年，馬不可勝用矣。

奏上，多見采納。後以省臣薦，授金谿縣丞，卒。

史臣曰：唐劉蕡對策，忤宦官，宜其不遇也。趙天麟、鄭介夫，議論足以從政，文章足以經國，又無奸人媢嫉，蔽日月之明，然其不遇，乃與蕡無以異。嗚呼！以世祖之用人，成宗之待士，而使野有遺賢，不亦惜乎！

【校勘記】

〔一〕「二百四十二年」，原倒作「二百二十四年」，據文意改。清邵遠平《元史類編》卷二五亦作「二百四十二年」。

新元史卷之一百九十四　列傳第九十一

陸垕　李拱辰　潘澤　李廷　王道　郭郁　任仁發　苗好謙　韓冲中

陸垕，字仁仲，江陰人。父渙，宋江陰軍安撫副使。大軍南下，垕從父降，授江陰軍判官。

至元十六年，入覲，除朝列大夫、同知徽州路總管府事。垕儒家子，又年少，民易之。及涖事，發摘奸伏，明斷如神，衆乃大服。有爭山葬者，各指一塚，莫知其歲月遠近。垕視之曰：「必發爾塚。」爭者曰：「法不許也。」垕曰：「吾固欲發之。」命具畚鍤，爭者逸，發之果虛塚也。縣解官錢夜爲人盜去，莫知主名。垕召役夫詰之，指其一曰：「訊彼。」一訊而伏，贓具在。或問何以知之，垕曰：「吾以色聽耳。」官命江南路造船，集昇州之龍灣，垕白宣慰司：「徽州道險遠，請就太白渡便。」從之，役中止。又欲運其材於京師，垕持不可。未幾，旌德募民運木，亂者蠭起，卒如垕言。

二十五年，遷江東宣慰副使，旋改江南浙江道提刑按察副使。垕劾去貪吏數十人，追贓以鉅萬計。織染局官受賄，事連行省胥吏十餘人。㕍移文右司逮之，右司訴於參政，謂分司不當案省吏，以違制論。㕍曰：「分司不得案省吏，固也。吏受賕，御史亦不得問乎？」白其事於行臺，論如律。按察司改肅政廉訪司，㕍以例去官。久之，起中順大夫、同知台州路總管府事。

元貞元年，改江東建康道肅政廉訪副使。㕍治辦有聲，臺、省交薦之，㕍益感激，遇事侃侃不撓。部使者市紅、藍，受賈人金；又奉旨造浮屠像者，攫官吏金幣逾五萬錠，㕍俱劾罷之。由是權倖側目。時檢覆諸縣水災，㕍檄一令往，令以病卒於道，仇家嗾其子訴㕍，謂㕍實死之，用事者將中以危法。㕍不自辯，以母老乞養歸。舟行至湖口，行省遣使者逮之，不知㕍在舟中，及入城，㕍已去。使者曰：「余知其無罪也，天相之矣。」以追不及返命。㕍知其事，自至京師，訴於御史臺。人皆知㕍無罪，畏用事者，莫敢言。尋降三官，改授嶺北湖南道肅政廉訪副使。湖南俗尚競渡，歲有溺死者，峒丁以盜牛相鬬訟，㕍皆禁之。有里婦，僧出入其家，夫久出，或誣婦與僧殺之，指道傍尸爲驗。僧不任笞，已誣服。㕍閱其牘，尸死於夏月，而衣冬服，疑之，根究得實，乃何人先數月受杖而踣於道，非其夫。僧得訟繫，免死。逾年，湖南吏部送軍糧至鄂州，遇其夫，趣使還家自首，僧之冤始白。㕍平反疑獄多類此。未幾，擢海南廣東道肅政廉訪使，復以母老去官。

垕持身廉介，扁所居曰「義齋」，嘗曰「吾平生受用義字不盡。」家居，患差役不均，爲立式推排，除詭寄虚樁之弊，分户九等，各出助田，先後差次，每歲充里正者，即以助田義粟畀之，歲終稽其出入，數年後義粟有羨，乃買田如助田之數，歸助田於本户。鄉人德之，至今守其法不變。大德十一年卒，年五十。延祐中，贈嘉議大夫、上輕車都尉、吴興郡侯，謚莊簡。

子鏜，德清縣尹；銓，規運提點大使。

李拱辰，字廷弼，本磁州人。曾祖儀爲滏陽令，因家於滏陽。祖轂，以駙馬忒木台采地在磁州，爲駙馬人匠局提領。父著，襲轂職。

拱辰幼聰慧好學。著卒，當襲提領，歎曰：「是可以行吾所學耶？」遂棄去，游京師，以善譯語，入直宿衛。大德三年，授高郵府判官。高郵初爲路，隸淮東宣慰司，後改爲散府，宣慰司仍役屬之，吏民以爲病。拱辰白於宣慰使，復隸宣慰司使。事聞中書，奏從其請。會福院設營田提舉司，爲民害，用拱辰言罷之，而責其事於有司，民德之。

至大元年，遷紹興路新昌縣尹。拱辰患經界不正，覈其地圖，與保甲册印分兩券，官執左，民户執右，鬻産則券隨之，隱設詭緝之弊悉除。新昌去郡遠，不通舟檝，拱辰請以土産布代糧。縣民惑於陰陽之説，親死至數十年不葬，拱辰下令：「不葬其親者以不孝論。」其俗遂革。新昌人以爲自設縣以來，未有及拱辰之爲政者。

皇慶二年，擢湖州歸安縣尹。有京師貴人指縣民某甲妻爲逃婢，督捕甚急。拱辰留不遣，卒完其夫婦。經理田土令下，奉行者率務增多，拱辰獨聽民自占，僅增田百五十頃。行省又議倍賦，拱辰曰：「吾官可去，民不可病也。」竟格其事不行。臺、省交章薦拱辰廉能。

延祐四年，除中書户部司計。六年，擢監察御史。有以藥術媒進，躐遷翰林學士承旨。拱辰曰：「承旨職任親密，豈彼所堪？」同列噤不敢一語，拱辰獨抗疏劾之，帝初不以爲忤。會内府市莊炭乾没錢十餘萬緡，拱辰發其奸。章再上，不報，遂解印綬去。譖者因誣拱辰按奏不實，執政素重拱辰，多方營救，始獲免。未幾，起爲僉福建閩海道廉訪司事，仍進三品爲奉議大夫。丁憂，不赴。七年冬，復拜監察御史。英宗夙聞拱辰名，至治二年〔一〕，特授御史臺都事，又以丁憂去官。泰定元年，卒於家，年七十七。子益，江浙行省檢校官。

潘澤，字澤民，順寧宣德人，從許衡受學。由太府監掾史，累遷知宏州諸軍奥魯。有盗八人繫獄，澤一讞知其枉，皆出之。未幾，真盗盡獲。太原民從貴家奴得僞鈔，獲罪，過宏州，號於市曰：「神明如潘公，獨不能活我乎？」澤聞之，竟雪其冤。轉興中州，入爲監察御史。時桑哥用事，及得罪，御史臺召按不能致，澤從卒捕之，論如律。

轉僉山北遼東道提刑按察司事。有佃户殺其主，獄已具。澤覆讞之，則其妻與奸夫所爲，乃出佃户，抵二人罪。又有訟爲豪家奴其一族十七人者，有司數年不能決。澤以鬻奴皆畫男女左右食指横理於券，以其疏密，判人長短壯少。索其券，内有十三歲兒指理如成人，澤曰：「僞也！」召郡中兒年十三者十人，以符其指，皆不合。豪理屈，毁券還之。

或言高麗王謀反，詔近侍偕澤按之。澤謂王尚公主，設舉事，公主必上變，安能噎默從之？未幾，公主果遣使辯誣。入爲御史臺都事，遷江北提刑按察司副使，轉江南浙西道。至元二十九年卒，年五十五。

李廷，字瑞卿，本廣州人，後遷於大都。廷早孤，樵薪養母，其母亦有賢名。大都人柴好禮聞之曰：「毋貞子孝，不興何待？」遂以女妻之。歷左司吏部掾。太子詹事完澤薦於裕宗，得召見，用爲南昌尹。復入爲詹事及中書掾，累遷泉府司丞。受詔覈江南賦，賦平，擢同知河南府事，祠二程、張、邵、司馬於府學，士論稱之。三遷爲户部郎中，進中議大夫、江州路總管。歲饑，發廩粟賑之，又使醫載藥療饑民之疾，全活甚衆。改兩淮屯鹽總管。田之没於民者二十餘頃，户之入於他籍者千二百餘户，逃於他郡者九千餘户，皆復之。糧之逾於額者六千四百餘石，皆除之。歲省公帑十七八，而鹽課日增。世祖知其賢，數賜幣獎之。召爲兵部尚書，改刑部尚書，拜淮東道宣慰使。以老乞致仕，卒。贈通奉大夫、江西行省參知政事、護軍，追封潞陽郡公，謚忠靖。

王道，字之問，先世京兆終南人，後遷濰州北海縣。至元初，以布衣上書，請置執法官則，吏畏政肅。六年，建御史臺，辟爲掾史，道恥之，引疾去。竇傑薦爲東宮講書。

十三年，宋平，除福建行省左右司郎中。宋宗室趙元章等六十三家，有誣與山賊通者，行省欲盡殺之，道抗言：「宋之宗室累詔恩恤，今以曖昧孥戮，傷國家好生之德。」遂獲免。陳吊眼據漳州叛，招討使逾城走，行省以失守罪縛出，將斬之。道曰：「招討使三品大吏，有罪當稟命朝廷，不可擅殺。」行省遣甲士環道而詬之曰：「若不署字，當從坐！」道乃具朝服，望闕再拜曰：「省臣不有朝廷，脅我以兵，欲將何爲？吾寧死不署字也。」招討使竟得減死論。由是豪强氣褫，民間畫道像祀之。

二十四年，授泉州路總管。先是，安溪土賊張大老、方德龍嘯聚畬洞，爲一方之患，垂三十年。聞道至，相謂曰：「王老子來，宜謹避之，勿輕出。」道布耳目，設方略，不逾月擒賊首二十餘人，悉榜殺之，餘黨駴散。百姓歌頌之。後卒於官。

郭郁，字文卿，汴梁封邱人，金末徙於大名。性穎悟，六歲讀書，博通經史。年十九，辟充江淮行樞密院令史。元貞元年，河南行省丞相卜憐吉歹薦爲行省掾，中書丞相哈剌合孫留於都省。定水門料工者多虛計，郁覈實，省官費一千三百錠。車駕幸縉山，姦人劉甲等冒領納鈔草料，省臣使郁治之。既伏罪，郁乃白省臣，奏聞利病，置孛哥孫分司印，御史刷籍，冒領之弊遂革。又以縉山民饑，請賑之。

大德九年，除宣徽院都事。本院歲買湯羊多虛額，郁以實價買羊，增買三千隻，省鈔三千餘錠，以此忤長官意。十一年，出爲江浙行省都事。考覈荒田，增科糧四萬餘石。

至大元年，漕吴松江，役夫歲一人除糧十五石，郁視其牘曰：「役不過二月、三月耳，而除一歲之糧，何也？」於是追理十六萬石，以充海運。四月，立衛率府，摘發一萬五千人，期九月至都。郁曰：「今軍士饑窘在道，遷延非計之得者，宜聽其還家收蠶麥，如期至都可也。」比至，則軍資整備，最諸省。初行至大錢，拘民間銅器，郁白於大臣：「廣濟庫藏舊錢數百萬，例許使用。止拘廢銅足矣，何必毁已成之器？」從之，上下稱便。

皇慶元年，擢浮梁知州，括隱漏田二百餘畝、米三千餘石，以爲諸生餼廩，廣弟子員百餘。賦役驗實有户，以定上中下之則，於是詭名規避者無所隱匿。官田額重者折收輕賦，以剔偏負虚包之弊，民翕然頌之。省、臺考績，升秩一等。

延祐五年，入爲中書檢校官。丁父憂，去官。服除，授中順大夫、知高郵府。涖官五月，墾田六萬餘畝，逃民歸者千二百餘家。至治三年，進階中憲大夫、同知兩浙都轉運鹽使司事。建言減鹽額五萬錠以寬竈户，又平反鹽徒十七家，由是課程增羨額外至二萬二千四百錠。

泰定元年，擢僉江西湖東道肅政廉訪司事，舉劾務存大體，不以苛察爲事。吉、贛、南安饑，郁經營賑濟，活者數十萬人。二年，除亞中大夫、慶元路總管，兼勸農事。始下車，決疑獄三百餘事，民爲立德政碑。四年，進嘉議大夫、福建等處都轉運鹽使。是時，鹽法久弊，民不堪命。郁曰：「水不清者，宜澄其源。」乃白於省府，裁冗濫職事百餘人，請給分司印，以革私鹽之弊，禁預辨增餘帶耗。又鹽徒犯法，輒妄引平民，株連者衆，郁讞之，止坐犯事之家，應時科斷，不增入一人。由是獄無冤滯，民安其業。未幾，卒。

郁廉潔自持，不可干以私，所至有聲，爲元明善、馬祖常諸人所重。

任仁發，字子明，松江上海人。幼穎悟，異羣兒。年十八，袖刺謁平章游顯，一見奇之，辟宣慰司掾。至元二十五年，以蔭襲爲海道副千户，轉正千户。從征安南，改海船上千户。

時浙西淫潦爲災，仁發白省臣，以爲河沙匯乃吴淞江咽喉，必先治此而後事集。省臣不從，後果湮塞，水患日甚。大德中，仁發陳利弊、疏濬之法於中書省。江浙平章政事徹里委仁發濬之，凡四月，工竣。入覲成宗，賜賚有差，進都水監丞。

至大元年，除嘉興府同知。又明年，遷中尚院判官。大都通惠河閘底壞，水洶湧，謠言中有水怪，省臣束手，檄仁發按視。仁發繕補壞閘，卒無他患。時會通河亦淤，仁發疏泉脈，钁僵沙，役不浹旬而畢。升都水少監。二年，河決歸德及汴梁之封邱縣，詔仁發董其役。仁發縛蘧蒢夾掃濱河口，築堤五百餘里以禦横流，河防始固。

延祐初，出知崇明州。調築鹽官州海岸，又疏鎮江練湖淤積。泰定元年，詔賜銀幣，與江浙行省左丞朶班疏吴淞二道，大盈、烏泥二河。以年七十乞致仕，帝不聽，特授都水庸田使司副使。凡創石閘六，築塍圍八千，浚溝洫千有奇。仁發治河爲天下最，大工大役，省臣皆委之。累遷浙東道宣慰副使，秩中憲大夫。卒，年七十三。著有《浙西水利議答録》十卷，切中時弊，行於世。子賢佐，台州判官。

苗好謙，東平城武人。大德中，由大宗正府都事累擢僉江北淮南道廉訪司事。彈劾不法，甚有名譽。至大二年，僉淮西道廉訪司事，獻種桑之法：分農民爲三等，上户地十畝，中户五畝，下户二畝或一畝，周築垣牆，以時收採桑椹，依法種之。武宗善之，頒其法於各路。延祐三年，以好謙所至種桑，皆有成效，申命各路，著爲令。入爲司農丞。五年，大司農買住等進好謙所撰《栽桑圖説》，帝曰：「農桑衣食之本，此圖甚善。」命刊印千帙散之。後遷江北淮南道廉訪使，卒於官。

韓冲，字進道。其先大都人，遼、金世族，與劉六符、馬人望、趙思温等爲四大姓。祖珍，金昌武軍節度使，金亡，始徙家衛州。父天麟，兵部郎中。

冲夙爲丞相完澤所知，累擢工部主事、陝西行省左右司郎中。有家奴怨其主歲給衣食不均，殺其主之子，誣他奴，積十餘年，獄不決。冲一讞而服。中使笞館人，館人夜殺之。有司疑爲盗，弗獲，按其從者，誣服。冲驗之，乃問之衆曰：「中使過此，曾虐汝乎？」對曰：「嘗笞館人。」冲徐召其人詰之，遂得實。臨洮富人子有妾方娠，妻賣之，二十餘年，夫死，官主其家貲。忽一人至曰：「我遺腹子也。」冲疑之，檢其家，得佛書一册，背有書云：「某年月日，妾有孕，賣於鞏昌某家。」遣人至鞏昌，求得遺腹子，詢其歲月皆合。一郡嘆服。

大德初，選爲安西王相府郎中令，王敬禮之。十一年，改知沔陽府，擢峽州路總管府。六年，以工部尚書致仕。弟中，爲陝西行臺侍御史，亦請老。兄弟同時歸里，士論榮之，爲畫《二老出關圖》。卒年八十三。贈通議大夫、禮部尚書、南陽郡侯，謚康靖。子汝霖，陝西行臺掾。

中，字大中。由中臺掾累擢監察御史，拜山東道廉訪副使，轉淮東道。以母疾辭歸，丁母憂，服除，三遷爲漢中道廉訪使，又轉陝西行臺侍御史。中事母至孝，庭竹生芝，姚燧、蕭𣂏皆賦詩美之，謂中誠孝所感。卒年七十九。贈集賢直學士、亞中大夫，追封南陽郡侯，謚貞孝。

史臣曰：自陸垕以下，其人皆有吏能，勤於民事，故撮其施爲方略著於篇，以補舊史之闕。

【校勘記】

〔一〕「至治」，原作「至元」，據本書卷一八《英宗本紀》改。

新元史卷之一百九十五　列傳第九十二

陳思濟　梁貞　申屠致遠　雷膺　徐毅　滕安上　蕭泰登　張完　權秉忠　王輿祖　黄肯播

陳思濟，字濟民，睢州柘城人。幼讀書，即知大義。世祖在潛邸，聞其名，召之以備顧問。廉希憲等行中書省於陝西，命思濟佐之。中統三年，召希憲入中書，思濟還。會阿合馬入省，希憲去位，省臣晨集，掾屬皆憚阿合馬，不敢前。思濟獨先以文牘進，阿合馬輒於希憲位署押，思濟掩以手曰：「此非相公署位也。」阿合馬怒目視之，衆爲之懼，思濟神色自若。除右司都事，從希憲行省山東。

至元五年，遷同知高唐州事，以績最聞，拜監察御史。時阿合馬立尚書省，權在中書右，思濟與魏初等劾其不法。帝命近臣詰之，御史各以次對，思濟獨厲聲曰：「御史，言官也，非爲辯訟設。」拂袖而去。

出知泌州，爲政簡要，不務苛察。遷同知紹興路總管府事，承檄讞獄。桐廬有囚，羸瘠將死，縱還家，候期來決。囚拜請曰：「聞公名久矣，若不早決，恐終不可保。」乃閲其案，而釋之。時盜起新昌玉山，宣慰陳祐率師討之，中流矢卒。或誣城中少年將與外寇合謀變，軍帥欲殺少年千餘人，思濟曰：「若輩無反狀，以無罪殺之，人心危亂，變恐不止此，請以全家保之。」事乃止。轉同知兩浙都轉運司事，調陝西漢中道提刑按察副使，丁母憂，去官。

二十三年，加少中大夫、同知浙東道宣慰司事。時浙西大水，民饑，浙東倉廩殷實，即轉粟賑之，全活者衆。兩淮鹽課不敷，授嘉議大夫、兩淮都轉運使，奸弊盡革，商賈通行，歲課以充。擢嶺北湖南道肅政廉訪使，改池州路總管。江浙行省平章也速答兒摘淘金户三千，括民間田畝，檄下，抗章止之。累遷中議大夫、僉河南江北等處行中書省事。大德五年，卒，年七十。贈正議大夫、吏部尚書、上輕車都尉，追封潁川郡侯，諡文肅。子誠，監察御史，僉廣西道肅政廉訪司事。

梁貞，字幹臣，彰德人。父璧，爲賈人，有持金鍍銀貿物者，誤爲銀，璧斷而視之，金也，追貿物者返之，人稱其信義。

貞，以宣撫司推擇，爲中書左三部提控令史。聞父疾，六日馳千二百里至家，父已卒，哀毁踰禮，廬墓側。部檄三至，力請終制。中書省下本郡，加優禮以旌之。服除，授濟源縣令。始入境，從人求田婦所負水飲馬，婦難之。貞問，對以地無井，得水不易。貞曰：「吾豈可以因馬擾民？」遂縱馬，任其所之。馬前蹴地以待，貞鑿地，得泉甘洌，民爲立祠，號「梁公井」。濟源民趙成訴虎食牛，乞蠲徭役，貞戚然曰：「令不善之所致也。」償其牛直。未幾，虎斃於神祠下。貞爲令三年，決笞罪止二十七人。蝗大起河朔，獨不入濟源境。許衡在中書，兩薦貞。時廷議郡縣吏治最者，僅二人，其一貞也。俄以疾去，縣人立碑紀之。

至元初，始立御史臺，世祖御廣寒殿，召拜監察御史。遇事敢言，不畏强禦。八年，遥授中山府判官，行河南等路行尚書省部事。十一年，出爲代州知州，引滹沱水澆瘠田，皆爲沃土。禁昏嫁論財及火葬，民尤頌之。十四年，擢奉議大夫、江北淮東道提刑按察副使，未逾月，劾屬吏不職者二人，同僚震慴，貞處之泰然。十八年，移山南湖北道，進階朝請大夫，以母老請終養，母卒，遂不出。大德十一年卒，年七十九。孫遷，黄巖知州。

申屠致遠，字大用，其先開封人，金末遷東平壽張。致遠肄業東平府學，與李謙、孟祺等齊名。世祖南征荆湖，經略使乞實力台薦爲經略司知事，贊畫軍中機務。師還至隨州，所俘男女，致遠悉縱遣之。

至元七年，崔斌守東平，聘爲學官。十年，御史臺辟爲掾，不就。授太常太祝兼奉禮郎。帝遣太常卿孛羅問毛血之薦，致遠對曰：「毛以告純，血以告新，禮也。」

宋平，焦友直、楊居寬宣慰兩浙，舉爲都事，首言：「宋圖籍宜運之京師，江南學田宜仍以贍學校。」行省從之。轉臨安府經歷。臨安改杭州，遷總管府推官。宋駙馬楊鎮從子玠節家富於貲，守藏吏姚溶竊其銀，懼事覺，誣玠節與宋廣、益二王通。有司榜笞，誣服，獄具。致遠讞之，得其情，溶服辜。玠節以賄爲謝，致遠怒絶之。杭人金淵者，欲冒入儒籍，儒學教授彭宏不從，淵誣宏作詩有異志，揭書於市，邏者以上。致遠察其情，坐淵誣告。屬縣械反者十七人，致遠一訊，知爲詿誤，皆釋之。西僧楊璉真加作浮圖於宋故宮，欲取高宗所書《九經》石刻以築基，致遠力拒之。改壽昌府判官。

二十年，拜江南行臺監察御史。江淮行省宣使郗顯、李兼愬平章忙兀台不法，憲司不問，仍以顯等付忙兀台鞫之。繫于獄，抵死罪，致遠慮囚浙西知其冤狀，將縱之，忙兀台脅之以勢，致遠不爲動，親脱顯等械，使從軍自贖。桑哥當國，治書侍御史陳天祥劾平章要束木，桑哥摘其疏中語，誣以不道，遣使往訊之，天祥就逮。時行臺遣御史按部湖廣，莫敢往，致遠慨然請行。比至，纍疏極論之。桑哥方促定天祥罪，會致遠疏上，桑哥氣沮。江西行省平章馬合謀於商税外横加徵取，轉運使盧世榮榷茶牟利，致遠並劾之。又言：「占城、日本與内地隔絶，涉海遠征，徒勞中國。銓選限以南北，優苦不均，宜考其殿最，量地遠近定爲制，則銓衡平而吏弊革。」他如罷香莎米、弛竹限禁，設司獄官、醫學職員，皆致遠發之。二十八年，丁父憂，起復江南行臺都事，以終制辭。二十九年，僉江東建康道肅政廉訪司事，未至，移疾還。

元貞元年，纂修《世祖實録》，召爲翰林待制，不赴。大德二年，僉淮西江北道肅政廉訪司事。行部至和州，得疾卒。

致遠清修苦節，恥事權貴。聚書萬卷，名曰「墨莊」。家無餘産，教諸子如嚴師。所著《忍齋行稿》四十卷，《釋奠通禮》三卷，《杜詩纂例》十卷，《集驗方》二十卷，《集古印章》三卷。

子伯騏，嶺北湖南道肅政廉訪司知事；驥、驪，俱爲學官；駉，兵部員外郎。

雷膺，字彦正，大同渾源人。父淵，金監察御史。膺生七歲而孤，母侯氏挈膺北歸渾源，織紝爲業，課膺讀書。膺篤志於學，事母以孝聞。太宗時，詔選試占儒籍者復其家，膺年甫弱冠，得與選，愈自砥礪，遂以文學稱。丞相史天澤辟爲萬户府掌書記。

世祖即位，初置十路宣撫司，授膺大名路宣撫司員外郎。中統二年，翰林學士承旨王鶚薦膺爲翰林修撰、同知制誥兼國史院編修官。至元元年，調陝西四川按察司參議。二年，改陝西五路轉運司參議。四年，佩金符，參議左壁總帥府事，師還，遷同知恩州事。憲府表薦其能，入拜監察御史。首以「正君心、正朝廷百官」爲言，又斥聚斂之臣不宜爲相。十一年，出僉河東山西道提刑按察司事，以稱職聞。

十四年，進朝列大夫、山南湖北道提刑按察副使。是時江南新附，諸將利俘獲，往往濫及無辜，或强籍新民以爲奴隸。膺下令，得還爲民者以數千計。十八年，轉淮西江北道提刑按察副使，以母老辭。二十年，遷行臺侍御史，奉母之官，分司湖廣、江西，奏劾按察使二人及行省官吏之不法者。二十二年，丁母憂去官。明年，起復，授中議大夫、江南浙西道提刑按察使。時蘇、湖二州饑，膺請於朝，發廩米二十萬石賑之。江淮行省以發米太多，議留三之一，膺曰：「宣布皇澤，惠養困窮，行省臣職也，豈可效有司出納之吝？」行省不能奪。時年六十二，即致仕歸老山陽。二十九年，徵拜集賢學士。

成宗即位，朝會上都，召諸故老咨詢國政，膺多所建白。一日，延見便殿，奏對稱旨，賜白玉帶環一。明年賜鈔五千貫，進秩二品。大德元年夏六月，卒於京師，年七十三。贈通奉大夫、河南江北等處行中書省參知政事、護軍，追封馮翊郡公，謚文穆。子肇，順德路總管府判官。孫豫，南陽府穰縣尹。

徐毅，字伯弘，平陽趙城人。祖玉，河東南路常平倉提舉。父德舉，重然諾，負氣尚俠。李璮叛，平陽路總管李毅受其僞檄，坐誅，幼子青童徙遼東，德舉哀之，率其家僮訟於樞密院，得釋歸。世祖遣使者諭大理，爲所殺，以蠻口數十人賞使者之子，爲郡豪所冒領已三十年。德舉白其事於提刑按察司，坐豪罔上受恩，官吏見知藏匿皆罪黜。二事尤爲人所推服。

毅幼穎異，從許衡受業於太學。辟通政院掾，調同知檀州事。時阿合馬當國，徵斂苛急，州縣惴惴奉令恐後，毅獨不阿其意，爲政務尚寬大。世祖聞其名，擢監察御史。疏言：「江南新附未久，宜隱恤流亡，以固民心。京師天下根本，宜蠲除地税，以厚民力。檢覈災傷，宜以時發倉廩之儲，捐山澤之利，申明酒禁，以修荒政。鰥寡孤獨宜有養。宜遣使問民所疾苦。」又言：「憲司監治官吏，不可因人之誣告，遽行降黜。行樞密院、行大司農、行通政院及尚書省理算受賞進官者，皆可罷。」又以日食、地震，乞罷諸行省官，其妄啟邊釁以邀功生事者，宜勿聽。軍官承襲，皆膏粱子弟，不知兵，當别議銓授法。增國子之員，重教官之選，以興學校。治宗廟以崇典禮，修國史以存故實。他如擇官吏、減錢糧、理詞訟，馬禁、水利、鹽鈔諸法，其弊當救者，前後上七十餘疏，多見施行。

世祖崩，毅奏封事於太皇太后曰：「四海不可一日無君，大行皇帝奄棄天下已五日矣，苟非早定大策，萬一或啟姦覦，變生不測，實可寒心。皇孫撫軍朔漠，先帝既授以皇太子寶，聖意可知，伏願明諭宗藩大臣，叶謀推戴，遣使奉迎歸正大統，上以副先帝之遺意〔一〕，下以慰四海萬民之所屬望。」廷議韙之。

成宗即位，毅疏請早正東朝尊號，以嚴孝養。因言：「陛下方虚心求治，而大臣不肯任事。人主之職在於論相，今宰相員太多，議論不一。伯顏乃先帝舊臣，留以遺陛下者，宜亟相之。爲治不必過求高遠，但當遵守舊制，其要有四：親賢、遠佞、信賞、必罰而已。」又請建立儲貳，敦睦宗藩，選任台諫，教習親軍，勿事西南夷，而專備北邊，凡十餘事。上皆嘉納焉。擢僉陝西漢中道肅政廉訪司事，未行，改吏部員外郎。時選曹事多壅滯，毅不避權勢，凡銓量注擬，必準其資歷才品，人皆悦服。奉詔使甘肅給軍需，毅羅買轉輸，規措有法，事辦而民不擾。除僉河東山西道肅政廉訪司事，入爲徽政院長史。舊例，臺察於徽政院一無所問，毅謂：「法者，天下公器，宜共遵而行之。臺察者執法之司，何獨不預聞徽政之事？」有與毅不合者，力詆之，毅即謝病去。尋除樞密院經歷，再遷右司郎中，出爲西臺治書侍御史，並以丁父憂不赴。服除，召爲左司郎中，遷治書侍御史。時監察御史郭章劾郎中哈剌哈孫，贓罪具伏，哈剌哈孫密結權要，以枉問誣章。毅力爲申辯，有沮之者，疏入報聞，毅以言不用，自引去。召還，授陝西漢中道肅政廉訪使。入爲刑部尚書，疏言：「有國者必定律令，使有司知所遵守。今承平日久，宜參酌古今，立一代之成法。」允之，仍命毅總其事。未幾，改授河北河南道肅政廉訪使。復入爲刑部尚書、僉樞密院事。

仁宗在東宫，素知毅。及即位，拜江南行臺侍御史，召入參議中書省事。俄拜陝西行臺御史中丞，毅力辭，以疾致仕。延祐元年，卒於家，年六十一。上聞毅卒，嗟悼不已。特贈資政大夫、中書右丞、上護軍，追封平陽郡公，謚文靖，仍命爲贊以褒之。子宗義，衡州路總管。毅有奏議五卷，詩文集二十六卷。

史臣曰：世祖崩，徐毅請立皇孫以杜姦覦，可謂安社稷之言矣。世祖晚年，許文正之門人多獲擢用，如毅者亦其一人也。或謂儒者無益人國，曷觀世祖崇儒之效乎？

滕安上，字仲禮，中山安喜人。少孤，自力於學。以薦授定州教授，累遷國子博士，擢監丞，遷太常寺丞。

世祖崩，南郊請謚及升祔太廟諸典禮，皆安上所擬，朝廷采而用之。元貞元年，拜監察御史。京師地震，上疏曰：「君失其道，責見於天。其咎在内廷干外政，小人厠於君子之列，刑賞僭差，名實混淆。宜側身修行，反昔所爲，以盡弭災之道。」其言反覆深切，有司不以上聞。安上曰：「吾不得於言，可去矣。」遂辭職歸。尋起爲國子司業，以疾卒，年五十四。贈昭文館大學士，謚文穆。有《東庵類稿》十五卷。吴澄謂其文爲有學行之言。

蕭泰登，字則平，其先長沙人，後徙安成。父元永，瓊州路安撫副使。泰登早穎拔，試吏，授永豐縣丞。行省薦其才，遷湖南道儒學副提舉，擢僉廣東提刑按察司事。獠賊反攻城，衆惶惑無所措，泰登奮曰：「督捕盜賊，獨非按察司職耶？」即上馬出城，將吏從之，賊退走，因按潛通獠賊及他奸利事，守令以下抵罪者八十七人。又建議減韶州歲賦銀條，並歷舉廣東積弊二十事，自詣行臺上之。會丁母憂，去官。

成宗即位，召泰登爲兵部郎中，副禮部侍郎李衎往諭安南。抵其境，迎餽者麕至，泰登悉卻之。安南君臣既喻朝廷德意，泰登又廉敏開亮，不與前使等，益大喜過望，歸所侵地二百里，遣其臣奉表貢獻謝罪。既復命，授連州知州，未拜，丁父憂。起江西儒學提舉，改遷廣西廉訪司僉事。始至，條便宜二十五事。行都元帥薛闍干賊殺不辜，泰登劾之，詔泰登鞫其事，出薛闍干所掠生口六百七十五人、牛馬三千六百有奇，薛闍干論如律。柳州白蓮道人謀反，應死者二百人，泰登察其冤，釋一百三十七人。未幾，拜南臺監察御史，分按江浙行省，卒於舟中，年三十八。

泰登精悍細密，發必中節。或勸以太剛必折，泰登曰：「人患不剛耳，折不折天也。」故自號方厓，以見其志云。

張完，獻州交河人。性簡重。事成宗於潛邸，授興國路判官，廉明有聲。遷户部司計，點視倉站，見鷹房官爲民害，白於執政斥罷之。再遷監察御史，糾劾無所避忌。超拜治書侍御史，劾尚書省臣脱虎脱等，舉朝愕眙。會仁宗立，罷尚書省，始獲免。丁父憂，起爲河東道廉訪使，辭不赴。服除，拜工部尚書。卒，謚端恪。

完劾尚書省時，吴澄爲國子司業，完子彝肄業國學，澄遣彝告完曰：「人臣惟忠與智，忠者危身奉國，智者有益於國，不危其身。」完復澄曰：「吾寧死，不顧也。」澄嘉歎之。

權秉忠，字伯庸，潞州黎城人。祖垣，金懷遠大將軍、隰州刺史，行黎城令。秉忠幼從欒城李治學，工文辭。至元十三年，試諸路儒士於真定，秉忠中高等，山東西道提刑按察使姜彧辟爲掾。調封邱尹。大德四年，遷同知鈞州事。十年，調海陵尹。俱有聲。海陵歲饑，賑以私粟，饑民露宿，分官舍居之，民皆感悦。

至大三年，拜陝西行臺監察御史，所至申冤抑、糾貪墨，甚著風采。皇慶二年，以中書平章政事李孟薦，擢翰林待制，並國史院編修官。以年勞應遷四品，秉忠不自言。翰林學士承旨程鉅夫將薦爲直學士，會卒，年六十六。

王興祖，字景先，衛輝胙城人。以文學薦爲汝州學正，辟樞密掾。朝廷議行科舉，其條例多興祖所定。延祐四年，以恩例超一資，授奉訓大夫、禮部主事。改大宗府左右司員外郎。六年，拜監察御史，按河南，廉得參知政事你咱馬丁酗酒虐民事，劾罷之。召爲吏部員外郎。未幾，出僉燕南河北道肅政廉訪司事，建言：「敦本成化，在尊崇儒術。」又集漢、唐諫臣遺事上之，曰《憲覽》。帝稱其知要。慮囚至大名，有彭四自誣爲盜，繫獄逾年，興祖閱其辭，遽曰：「此非盜，盜未獲耳。」已而得真盜，論長吏失，入褫其官。復召爲禮部郎中。卒，年五十二。子毅，國子典籍。

黄肯播，字允蓺，利州人。初爲錦州儒學正，累遷中書檢校，改吏部主事。延祐四年，擢拜監察御史。丞相鐵木迭兒以受賕得罪，匿於興聖宫，肯播謂同列曰：「丞相受賕，罪固當治。然其罪之大者，盍悉陳之？」即疏言：「鐵木迭兒違世祖制，括江南地，致汀、漳民叛。陰奪阿撒罕太師，致關陝弗靖。降諸王監郡監縣，致宗親不睦。增江淮鹽課，致黎民困窮。引用貪邪小人，致朝廷政亂。」臺臣以聞，仁宗震怒，罷鐵木迭兒政事，黜其黨與。由是肯播名震天下。

明年春，詔御史長哥偕肯播巡行上都。先是，太府丞監造雲州佛寺，盜上所賜軍匠金帛，軍匠訴之。肯播鞫其獄，詞連平章政事烏列赤，乃入言於上，以沮格修造佛寺爲肯播罪。帝召至京師，傳旨責之。尋授雲州知州。州當南北之衝，車駕歲幸上都，供張悉賦於民，肯播取之有制，民不以爲擾。

仁宗崩，鐵木迭兒再相，誣肯播誹謗先朝，械至上都，免肯播官，籍其家。泰定元年，起爲遼陽行省左司郎中。三年卒，年五十八，子謙，秘書監管勾。

【校勘記】

〔一〕「遺意」，原作「遺意」，據黃溍《金華黃先生文集》卷二七《御史中丞贈資政大夫中書右丞上護軍追封平陽郡公謚文靖徐公神道碑》改。

新元史卷之一百九十六　列傳第九十三

李元禮　趙璧　秦起宗　席郁　韓國昌元善　董納　趙師魯　于欽　宋翼楊按札兒不花〔一〕　楊焕　胡彝

李元禮，字庭訓，真定人。歷易州、大都路儒學教授，太常太祝、博士。撰世祖皇帝、昭睿順聖皇后、裕宗皇帝尊謚議，體製温雅。請謚圜丘、升祔太室禮文，皆元禮所詳定。元貞元年，擢拜監察御史。詔建五臺山佛寺，皇太后將臨幸。元禮上疏曰：

古人有言曰：生民之利害，社稷之大計，惟所見聞而不係職司者，獨宰相得行之，諫官得言之。今朝廷不設諫官，御史職當言路，即諫官也，烏可坐視得失而無一言，以裨益聖治萬分之一哉！伏見五臺創建寺宇，土木既興，工匠夫役，不下數萬，附近數路州縣，供億煩重，男女廢耕織，百物踊貴，民有不聊生者。伏聞太后親臨五臺，布施金幣，廣資福利，其不可行者有五：時當盛夏，禾稼方茂，百姓歲計，全仰秋成，扈從經過，千乘萬騎，不無蹂躪，一也。太后春秋已高，親勞聖體，往復暑途數千里，山川險惡，不避風日，輕冒霧露，萬一調養失宜，悔將何及，二也。今上登寶位以來，遵守祖宗成法，正當兢業持盈之日，上之舉動，必書簡册，以貽萬世之則。書而不法，將焉用之？三也。夫財不天降，皆出於民。今日支持調度，方之曩時百倍，而又勞民傷財，以奉土木，四也。佛本西方聖人，以慈悲方便爲教，不與物競。雖窮天下珍玩奇寶供養，不爲喜；雖無一物爲獻而一心致敬，亦不爲怒。今太后爲國爲民，崇奉祈福，福未獲昭受，而先勞聖體，聖天子曠定省之禮，軫思慕之懷，五也。伏願中路回轅，端居深宮，儉以養德，静以頤神，上以循先皇后之懿範，次以盡聖天子之孝心，下以慰元元之望。如此則不祈福而福至矣。

臺臣以其言切直，不敢奏。大德元年，侍御史萬僧與御史中丞崔彧不合，詣架閣庫取前章封之，入奏曰：「崔中丞私黨漢人李御史，爲大言謗佛，不宜建寺。」帝大怒，遣近臣賫其奏，敕右丞相完澤、平章政事不忽木等鞫問。不忽木以國語譯而讀之，完澤曰：「其意正與吾同，往吾嘗以此諫，太后曰：『我非喜建此寺，蓋以先皇帝在時，嘗許爲之，非汝所知也。』」彧與萬僧面質於完澤，不忽木抗言曰：「他御史懼不肯言，惟一御史敢言，誠可嘉尚。」完澤等以章上聞。帝沉思良久曰：「御史之言是也。」乃罷萬僧，復元禮職。未幾，改國子司業，以疾卒，贈亞中大夫、翰林直學士、輕車都尉，追封隴西郡侯。子端，仕至禮部尚書。

趙璧，字國寶，東平陽穀人。相威爲江南行臺御史大夫，辟爲掾。改浙東提刑按察司知事，遷經歷。涖事有威名，入拜監察御史。方卜相，中書省與臺臣論難上前，或言未易口決，宜稽之案牘。璧詰之曰：「按牘乃文奸之具，何足徵耶？」上深然之。又劾東昌府達魯花赤非其人，倚内援骫法爲奸利事。訊之，具得贓罪，詔褫之，一郡稱快。轉御史臺都事，璧守法嚴，同列皆憚之。

出爲山東廉訪司僉事。山東置宣慰司，使者緣近幸，擅作威福，璧劾其不法十事。詔璧與使者辨於上前，璧面數其惡，時論壯之。尋改僉燕南路廉訪司事，入爲户部員外郎、刑部郎中、中書省右司員外郎。丁憂歸，起爲禮部郎中。武宗元年，出爲淮安路總管，賜虎符，晉階中議大夫，卒。

秦起宗，字元卿，潞州上黨人，後徙廣平。金末兵起，其曾祖竄山麓爲洞，奉其父母以居，傍竄大洞，匿里中百人，閉之，具牛酒出待兵。兵入索，惟見其父母，曰：「孝子也。」釋之去。里人曰：「秦父生我。」

起宗生長兵間，學書，無從得紙。父順，削木爲簡，寫以授之，成誦，削去更書。會立蒙古字學，辟武衛譯史。御史中丞塔察兒愛其才，遷中臺史。仁宗即位，轉中書史。累遷太子家令司典簿官，上言：「東宮官屬輔導德義，財賦非所治也。」朝廷是之。遷南臺御史，覈水災虛實，人不能欺。

文宗初，命威順王征八番，是時四川囊加台拒命未平，起宗極言：「武昌重鎮，宜備上流，親王不可遠去。」力止之。及王入見，帝謂曰：「八番之行，非秦元卿，幾爲失計。」廷議以起宗治蜀，忘其名曰秦元卿，帝引筆改曰起宗，其眷注如此。拜中臺御史，劾中丞和尚受人婦人、賤買縣官屋，不報。起宗從臺官入見，跽辯久之，敕令起，起宗不肯。會日暮，出。明日，立太子，有赦。起宗又奏：「不罪和尚，無以正國法。」和尚卒抵罪。帝曰：「爲御史當如是矣。」元會賜只孫服，令得與大宴。又劾臧卜咱耳竊父妾以逃，瀆亂天常。流之嶺南。起宗盡言無諱，多見聽用。擢都漕運使，帝召諭之曰：「漕輸事多廢闕，賴御史治之。」遷撫州路總管。至官，有司供帳甚盛，問其費從所出，小吏不敢隱，曰：「借辦於民。」遂亟使歸之，因諭衆曰：「我素農家，安儉約，務安静，庶使吾民化之。」居一歲，以兵部尚書致仕。卒，謚昭肅。子鈞，西臺御史；鏞，延徽寺經歷；銓，都省掾。

席郁，字士文，大名人。以御史薦爲殿中知班。御史中丞崔斌嘗目之曰：「是讀書明理，吾知其不回撓也。」累遷秘書郎。

至大三年，郁爲澄源書數千言，以貽兩府。大要謂：「正己以格君，任人以謀國，是在兩府。宰相，元氣也。臺臣，藥石也。元氣受病，則有藥石以輔之，彼此相維，然後君心可正，治道可成。」識者韙之。

延祐三年，出爲輝州知州，未行，拜監察御史。上言：「選官之法，宜循名而責實，察言而觀行。」又論：「興學所以立教，師道不嚴，蒙養不正，望其成功難矣。」

延祐四年，畿輔旱〔二〕，和寧諸路大雪，人畜多死。郁上言：「應天惟以至誠，愛民莫如實惠，陰陽偏勝，理有致然。宜令近臣經事多而計慮審者，雜議之。凡政令得失、民生休戚，咸得上聞，庶有以挽回天意。」仁宗嘉納之。五年卒，年六十。

郁少受學於胡祇遹，告之曰：「士所以賢於人者，以義理養心，以學問養才，能以名位養功業，以道養天下，以著述養萬世。」故郁之學醇然不雜，其立身如古獨行君子焉。

韓國昌，字勵夫，汴梁太康人。以孝廉辟廉訪司掾，累遷中書省掾。論事持正不撓，所至有聲。刑部缺主事，衆咸推國昌。或疑其資淺，執政曰：「用賢何以資爲？」卒授之。有兄弟五人爲盜，皆論死，國昌閱其牘，慼然曰：「弟從兄者也〔三〕，今若是，幾於族矣。」乃議最幼者減死。讞上，執政從之，同僚皆嘆服久之。有嫉其專者，國昌曰：「上絜其綱，下任其繁，此朝廷之通制。余何專？」遂舉人自代。改太常太樂署令，旋拜監察御史。建言皇子師友非人、起居注不舉其職及省官節用、審令、慎罰數事，皆切當時務。

延祐元年，河東廉訪司爲屬吏所訐，臺臣以爲失風憲體，奏遣國昌訊之。時國昌有疾，或止之，國昌慨然曰：「御史與散吏不同，豈可以疾病曠官守？」乃力疾往，歸，及半途而卒，年四十三。

國昌性端介，臨事踔厲奮發，人或以爲狷云。子元善。

元善，字大雅。由國子監生積分中程，除新州判官，累擢江南行臺監察御史，歷中書左司郎中、吏部侍郎、吏部尚書、僉樞密院事。至正三年，拜中書參知政事。五年，遷大司農卿，尋出爲江南行御史臺中丞、燕南肅政廉訪使。九年，召拜中書左丞、同知經筵事。

十一年，以論事忤丞相脱脱，遂與右丞玉樞虎兒吐華分省彰德。十二年，至衛輝，病卒。

元善明達政體，敭歷臺閣三十餘年，論議侃侃，不附和上官，朝廷倚之爲重。嘗謁告居家，效范文正公遺規，置田百畝爲義莊，以周貧族。至正交鈔初行，賜近臣各三百錠，元善復買田六百畝爲義塾，延名士教族人子弟云。

董納，字仁甫，趙州柏鄉人。皇慶初，由中書掾遷工部主事。時官廨土木之功，歲月不絶，官錢隱没於吏牘，納皆追徵之，得楮幣三萬餘錠、黄金千兩。近臣請於禁中海子築水殿，以備乘輿游觀，爲傀儡之戲。納言：「唐太宗命功曹選巧匠，尚書段綸教作傀儡。太宗曰：『向選巧匠，本以供國利民。今造戲具，甚失官師相規之意。』詔免綸官，史氏以爲美談。方今聖明在上，豈宜作此？」宰相韙其言，役遂罷。擢監察御史。

延祐二年冬，彗星見，納言：「宰相之職，代天理物，今天象示變，蓋由燮理非人所致。」時宰相爲鐵木迭兒，聞納言憾之。三年元旦，陳朝儀，殿廷百官將序班行禮，鐵木迭兒乘轎坐殿中，納適糾儀，乃前問曰：「此百官朝會之所，丞相不宜坐此。」鐵木迭兒怒而去。不數日，左遷大都路總管府判官。改陝西行臺都事，召還，除中書省左司都事。

英宗爲皇太子，選爲詹事院中議，進奉議大夫，遷工部郎中。鐵木迭兒欲以勞困之，出爲上都副留守，兼本路都總管府治中。納勤於職事，掎摭無所得。嘗迎車駕於北郭，鐵木迭兒問有司辦供張者誰也，左右以府判對，乃故求其過，杖之。明日，知受杖者非納，心甚慚。

臺臣以納忤權貴，改僉河東道廉訪司事。澤州高平民訴盜竊藏金，官誣執一家五人爲盜，榜掠無完膚，父子二人已瘐死，而贓竟不獲。納閱其文書，察其辭色，遽釋之。召其主人問曰：「盜未發前，何人曾至汝家？」對曰：「鄰村五人者，曾來貸粟。」納即擒五人至，並贓獲之，獄遂具，官吏坐罪有差。邑方大旱，即日雨。

未幾，進朝列大夫、江西道廉訪副使。江西民好訟，聞納嚴明，皆慴不敢犯。明年，行部至撫州，無一人控訴者。納以爲有司止之，親詢之，亦然，始知民之好訟，非其本意也。至治二年冬，詔拜吏部侍郎。泰定初，改右司郎中，尋改左司。歲餘，拜吏部尚書，奉使宣撫山北遼東道。還朝，拜江西道廉訪使。泰定四年卒。

納喜薦拔人才，如歐陽玄、李好文、吴炳等，皆當世知名士。奉使山北遼東，黜陟公允，民尤頌之。子庸，大樂署令。

趙師魯，字希顏，霸州文安人。父趾，秘書少監。師魯在太學，力學如寒士。延祐初，爲興文署丞，遷將作院照磨，辟爲御史臺掾，後補中書掾。師魯練習掌故，臨事明決，執政才之，擢工部主事，遷中書省檢校官。

泰定中，拜監察御史，奏言：「天子親祀郊廟，所以通精誠，逆福釐，生蒸民，阜萬物，百王不易之理。宜講求故事對越，以格純嘏。」帝曰：「朕遵世祖舊制，其令大臣攝之。」元夕，命有司張燈山爲樂，師魯又言：「燕安怠惰，肇荒淫之基；奇巧珍玩，發奢侈之漸。觀燈事雖微，然縱耳目之欲，則上累日月之明。」疏入，帝遽命罷之，賜酒一上尊，且命御史大夫傳旨獎其忠直。是時宰相倒剌沙專命，師魯言：「古之人君將有言也，必先慮之於心，咨之於衆，決之於故老大臣，然後斷然行之，渙若汗不可反，未有獨出柄臣之意者也。」不報。倒剌沙雖剛狠，亦稱其敢言。遷樞密院都事，改經歷。致和初，進奉政大夫、參議樞密院事。

天曆中，遷樞密院判官，改兵部侍郎。丁父憂，特旨起爲同僉樞密院事，師魯固辭不就。服除，復爲樞密院判官，持節治四川軍馬，大閱於郊，寬簡有法，士卒懷其恩信。遷中順大夫、刑部侍郎，樞密院復奏爲判官。久之，出爲河間路轉運鹽使，法度修飭，歲課大增。暇日率僚屬新孔子廟，遣吏往江西製雅樂，聘工師，春秋釋奠，士論翕然。師魯由從官出爲外吏，恒鬱鬱不樂，以疾棄官歸，卒於家，年五十有二。贈嘉議大夫、禮部尚書、天水郡侯，謚文清。

于欽，字思容，寧海文登人。祖祥，爲李全弟二太尉所掠，全妻楊氏開府山東，署祥爲從事。父世傑，有學行。宋平，慨然曰：「中原禮樂盡在江南，吾將往觀之。」遂徙家於平江。

欽少力學，有才名。集賢大學士高貫、浙江行省平章高昉皆薦之，徵爲國子助教，擢山東廉訪司照磨。丁母憂。服除，授翰林國史院編修官，三遷爲江南行臺監察御史，改詹事院長史，就拜監察御史。

泰定初，預鐵失逆謀者未盡伏法，欽上書數百言，請亟正其罪，聞者爲之咋舌。

天曆元年，欽與同僚撒里不花、鎖南班、張士弘上言：「朝廷政務，賞罰爲先，功罪既明，天下斯定。國家近年自鐵木迭兒竊位擅權，假刑賞以遂其私，綱紀始紊。迨至泰定，爵賞益濫。比以兵興，用人甚急，然而賞罰不可不嚴。功之高下，罪之輕重，皆係天下之公論。願命有司務合公議，明定黜陟。功罪既明，賞罰攸當，則綱紀振舉，而天下治矣。」

帝嘉納之。遷中書左司都事，改御史臺都事。

欽據經守律，不務刻深，忌者因其驟進，造蜚語構之，遂除同知壽福院總管府事。未幾，復拜兵部侍郎。至順四年卒，年五十。撰《齊乘》十卷，傳於世。

宋翼，字雲舉，澤州高平人。

父景祁，德州教授，以經學授徒，家居七年，時論高之。擢國史院編修官。阿合馬死，世祖嚴治黨羽，左司郎中杜昌翁居官十餘年不遷，好汲引士類，至是緣坐。景祁言於執政曰：「昌翁在衆中，宜見簡別，不然何以勸善？」遂獲免，且擢集賢學士。昌翁每語人曰：「吾善遇天下士，惟得一宋景祁耳。」景祁歷晉城、鄉寧、南漳三縣尹，所至稱廉平，專務德化，不事鞭朴。卒於官。

翼，沈静好學。初除大都路儒學正，遷中山、懷慶兩府教授。仁宗出居河内，翼從衆郊迎，帝一見奇之，問長髯者爲誰，李孟對曰：「懷慶教授也。」帝賜以卮酒。俄改永寧縣主簿。有寡嫂訟其叔侵暴，有司受叔賂不問，翼窮治之。由是訟冤者必偵翼出，乃白事，否則袖訟牒而出。陝西行臺聞其名，辟爲掾。

延祐二年，召爲國史院編修官，進應奉翰林文字。四年，任滿當代，以薦留，轉從事郎。至治二年，遷修撰，俄拜監察御史。翼居翰林七年，未嘗一謁權貴。及拜御史，歎曰：「世之清要官，亦有不求而得者。然既得之，又患失之，乃不如求而不得，猶可以自遂也。」三年，劾中丞雪雪貪淫，免其官。又與御史蓋繼元同劾鐵木迭兒，時鐵木迭兒矯殺蕭拜住、楊朵兒只等，翼歷數其惡，士論壯之。先是，御史觀音保、鎖咬兒哈的迷失、成珪、李謙亨諫造壽安山佛寺，英宗殺觀音保、鎖咬兒哈的迷失，杖珪、謙亨而竄之。至是，翼訟其冤。詔觀音保、鎖咬兒哈的迷失恤贈有差，召珪、謙亨還。

泰定元年，出爲僉淮西江北廉訪司事。時浙江行省置左丞相，翼引「五大不在邊」之說，諫阻其事，不報。鎮南王將至歷陽觀香菱塘，翼按部聞之，移廉訪司，言：「秋禾未刈，王出，恐從騎踐踏，病民，請止其行。」廉訪司不敢言，而遣翼迎勞，翼論列不已，會王以疾不果來，乃止。翼糾劾屬吏贓罪，比還，罷黜者二百餘人。二年，徵爲國子監司業，爲教寬嚴適中，學者悦服，祭酒虞集舉以自代。

天曆二年，轉奉政大夫、同僉太常禮儀院事。文宗郊祀，翼與同知太常普華奉祝册，帝見翼篤老，問參政阿榮：「白鬚者何人也？」對曰：「宿儒宋同僉。」上慰勞久之。三年，進僉太常禮儀院事。卒，年六十六。

子泉昌，東安縣尹； 紹昌，國史院編修官。

延祐中劾帖木迭兒者，又有楊安札爾不花。楊安札爾不花，西夏人，爲行臺御史，劾鐵木迭兒罪惡，不報。入爲中臺監察御史，又劾之。累遷户部尚書、治書侍御史，出爲江西行省右丞，召爲同知宣政院事使，卒。

楊焕，字文伯，汴梁祥符人。父敬直，江浙行省參知政事，贈宣忠守正奉德功臣、護軍、弘農郡公，謚忠肅。

焕以後至元初宿衛東宫，除翟縣尹。避祖諱，辭改通事舍人，轉太廟署令，又以父疾辭，尋除管勾河南行省承發架閣庫。河南饑，焕告於朝，忤省臣，不爲報。焕得見上，卒如所請。歷籍田令，請籍田植柳爲薪，免伐桑棗。召見便殿，賜御酒、金綺。拜南臺監察御史，糾劾不法者七人，分司官皆憚之，多自劾去。移西臺，按雲南省臣贓，置之法。復入中臺，上言官冗吏弊、病民蠹國等事，皆切中時弊。指揮馬馬沙横行不法，焕收捕笞之。分司上都，賜中統鈔五十錠、銀五十兩、金龍幣一。臺臣檄焕開水門造石坝，以泄蔡河夏秋之潦，復舊牐六，導蔡水入圭河，民便之。

出僉江東肅政廉訪司事，池州達魯花赤貪贓，煥發其贓罪，論如律。移僉湖北道，湖南饑民徐萬六爲盜，吏當以强劫罪，煥力争之，得不死。復移浙西道，以父敬直年高，請終養，改河南行省員外郎，尋遷郎中。敬直卒，廬墓三年。服闋，復拜監察御史，出爲閩海道肅政廉訪司副使，移湖南，擢江西榷茶都轉運使。以正議大夫、兵部尚書致仕。至正九年卒，年七十五。子圭，知湘潭州。

胡彝，字安常，彰德安陽人。父景先，有志節，隱居不仕。

彝以文學，授大都路儒學録，累擢中書省右司掾、工部主事，遷河南行省左右司員外郎。河南大饑，郡縣請先發廩後入奏，行省格其事不下。彝方代判省牘，即發三十二萬石賑之，活五十萬餘人。未幾，僉河西隴右道肅政廉訪司事，拜監察御史，遷右司都事。有張甲陳言，伏道左，乘輿馬驚，將誅之，彝抗議，卒免其死。上都獄有妻弑夫者，西僧用佛法曲宥之，中貴人傳旨引至内廷，將脱械，彝白宰相置之獄，卒正其罪。

再遷工部侍郎。漷州倉没於水，作渠分水勢，彝所董萬人，夜忽舉火讙噪，同僚惶駭，彝静坐至旦，戮其爲首者，衆復安。丁父憂，去官。服除，拜陝西行省治書侍御史。又丁母憂，遇大祥，起爲江西湖廣道肅政廉訪使，未行，改户部尚書。明宗入正大統，未幾崩，文宗即位，逾月再頒賞賚，當事者請括民間金帛充之。彝力諫，建議以鹽易銀，事辦而民不擾。拜治書侍御史，復除河南行省參知政事，未行，改江北淮東道肅政廉訪使。至正十二年卒，年五十五。

史臣曰：世祖建御史臺，分置察院，以監察御史專司耳目，非有時望者不能預其選。故自至元迄於泰定，御史多稱職者。燕帖木兒援立文宗，專愎自恣，非其黨羽輒風御史劾去之。元統以後，沿爲陋習，哈麻殺脱脱，搠斯監殺賀太平，皆先以御史之糾劾，顛倒是非，肆意誣蔑，是特奸人之鷹犬而已。嗚呼！豈世祖所及料者哉？

【校勘記】

〔一〕「楊按札兒不花」，正文做「楊安札爾不花」。

〔二〕「畿輔」，原作「畿輔」，據柳貫《柳待制文集》卷一〇《故奉議大夫監察御史席公墓誌銘》改。

〔三〕「弟從兄」，原倒作「兄從弟」，據蘇天爵《國朝文類》卷五五《監察御史韓君墓碣銘》改。

新元史卷之一百九十七　列傳第九十四

和禮霍孫　完澤　阿魯渾薩里岳柱　徹里　禿忽魯

和禮霍孫，佚其氏族。至元五年，中書省臣請設起居注，以和禮霍孫與獨胡剌並爲翰林待制，兼充起居注官。十年，兼領會同館事，主朝廷咨訪及降臣之表奏。累擢翰林學士承旨。十五年，帝諭和禮霍孫：「以後用宰相及統兵將帥，與侍從老臣同議之。」十七年，樞密副使張易薦妖人高和尚能役鬼爲兵，帝信之，命和禮霍孫偕高和尚赴北邊，和禮霍孫知其妄，不能强諫也。未幾，召還。十一月，奏：「俱藍、馬八、闍婆、安南等國俱遣使奉表入朝，宜禮而歸之。」帝韙其言，詔賜安南使者職名及弓矢、鞍勒。十八年，奏設蒙古提舉學校官於揚州、隆興、鄂州、泉州四路。是年，以翰林學士承旨守大司徒。

十九年，王著、高和尚殺阿合馬，命和禮霍孫至中書省，與省、臺官同議阿合馬所管財賦，和禮霍孫等請先封籍府庫，帝從之。四月，拜中書右丞相，降右丞相甕吉剌帶爲上都留守。五月，籍阿合馬黨七百十四人，褫其官。時阿合馬之弊政盡爲和禮霍孫所剗革，又請依劉秉忠、許衡所定官制，凡阿合馬所增置者，一切罷之。訴事者赴省臺陳告，有敢上匿名書者，罪死。中山人薛寶住爲匿名書，妄效東方朔，捕下刑部獄，和禮霍孫言：「此奸詭之民，欺君侮上，罪不可逭。」敕即誅之。和禮霍孫以儒雅爲世祖所禮重，凡奏事多蒙俞允，惟論占城行省宰相至七人違制，忤帝旨，不報。

二十一年正月，率百官奉册上帝尊號，是年，和禮霍孫建議興科舉，事下中書省議，會安童自北庭返，十一月帝罷和禮霍孫，以安童代之，科舉議遂寢。未幾，和禮霍孫以病卒。後贈保德協課佐理功臣、太師、開府儀同三司，進封齊魯國公，謚文忠。

和禮霍孫喜薦人材，麥朮丁、温迪罕、張雄飛等，後皆至宰相，有時名。

完澤，土別燕氏。

祖土薛，從太祖平諸部。睿宗伐金，以土薛爲先鋒，越漢江，略方城而北，破金兵於陽翟。金亡，從攻宋興元、閬、利諸州，拜都元帥，克成都，斬其將陳隆之。賜食邑六百户。父線真，宿衛禁中，掌御膳。中統初，從世祖北征。四年，拜中書右丞相。後罷爲宣徽使。有問以朝政者，線真曰：「我爲朝廷守大官庖，豈敢論時政！」其慎密如此。贈太師，追封秦益國公，謚忠獻。

完澤以大臣子選爲裕宗府僚。裕宗爲皇太子，署詹事長，太子甚重之。一日，燕會宗室，指完澤語衆曰：「親善遠惡，君之急務，善人如完澤，羣臣中不易得者。」自是常典東宮宿衛。裕宗卒，從成宗撫軍北邊。至元二十八年，桑哥伏誅，世祖咨於廷臣，特拜中書右丞相。完澤入相，革桑哥弊政，自中統初積歲逋負之錢粟悉蠲免之。

三十一年，世祖崩，完澤受遺詔，合宗戚大臣之議，啟皇太后迎成宗即位，詔諭中外罷安南之師。元貞以來，朝廷謹守成法，詔書屢下，散財發粟，濟人饑困，百姓翕然以賢相稱之。惟導成宗用兵於八百媳婦，致劉深喪師而返，爲人所訾云。大德四年，加太傅，録軍國重事。七年，樞密斷事官曹拾得誣告朱清、張瑄有異志，詔逮之。初，完澤奉世祖遺詔「清、瑄有大功」，命完澤保護之。至是，完澤以遺詔爲言，不從，清、瑄俱坐死。是年四月，完澤卒，年五十八。追封興元王，謚忠憲。子長壽，中書右丞。

史臣曰：阿合馬敗，世祖相和禮霍孫；桑哥敗，世祖相完澤。皆以掃除秕政，獲當時之譽。然和禮霍孫之薦士，則非完澤所及也。

阿魯渾薩里，回鶻人。父乞臺薩里，早受浮屠法於智全末利可吾坡地沙，業既成，其師字之曰萬全。至元十二年，入爲釋教都總統，拜正議大夫、同知總制院事，加資德大夫、統制使，卒。

阿魯渾薩里，以父字爲全氏，幼聰慧，受業於國師八思馬。不數月，盡通其學，且解諸國語。世祖聞其才，俾習漢文，於是經史、百家及陰陽、曆數之書，靡不淹貫。後國師西還，攜與俱。歲餘，乞歸，國師送之曰：「汝之學，非爲我弟子者，我敢受汝拜乎？」比至上都，國師已上書薦之，裕宗召入宿衛，以筆札侍左右。

至元二十年冬，有西域二僧，自言知天象，譯者不能通其說。世祖問：「誰可與語者？」侍臣脱烈對曰：「阿魯渾薩里可。」詔與問難，二僧皆屈服，世祖大説，令宿衛內廷。有江南人告宋宗室謀反，命使者逮捕至都，使已行，阿魯渾薩里趣入諫曰：「言者必妄。」世祖問：「何以知之？」對曰：「言者不告於州縣，徑赴闕廷，必其仇也。且江南初定，民未附，一旦信浮言輒捕之，恐人人自危，適中言者之計。」世祖悟，立召使者還，械言者鞫之，果以貸錢不遂，誣人謀反。世祖曰：「非汝言，幾誤，但恨用汝晚耳。」自是命日侍左右。

二十一年，擢左侍儀奉御。阿魯渾薩里勸世祖以儒術治天下，訪求亡宋遺臣及山澤道藝之士，以備任使。世祖嘉納之。命阿魯渾薩里領館事，讓於司徒撒里蠻，乃遷爲中順大夫、集賢館學士，兼太史院事，仍兼奉御如故。阿魯渾薩里又言：「國學，人才之本，請置國子監學官，增博士弟子員，優其廩餼。」世祖從之。二十三年，進集賢大學士。

明年春，立尚書省，桑哥用事。詔阿魯渾薩里佐之，固辭，世祖不許，授尚書右丞，兼太史院事。冬，拜榮禄大夫、平章政事，兼集賢大學士、太史院使。桑哥奏立徵理司，徵百姓逋欠，州縣囹圄皆滿，道路側目，無敢言者。會上都地震，阿魯渾薩里請罷徵理司，以塞天變。詔從之，都人皆市酒相慶。未幾，桑哥敗，阿魯渾薩里以坐累籍没。世祖問：「桑哥暴横如此，汝何無一言？」對曰：「陛下方信任桑哥，彼所忌衹臣一人，臣言不用，如抱薪救火，勢益張，不如彌縫其際，俟陛下自悟。」世祖意乃釋。桑哥臨刑，吏以阿魯渾薩里爲問，桑哥曰：「我惟不聽彼言，故致於敗，彼何與焉？」世祖益知其無罪，詔還所籍資。裕聖皇后聞其廉正，以金帛賜之，辭。帝又使張九思賫金帛賜之，亦辭。

二十八年秋，乞罷政事，拜集賢大學士，兼奉御如故。司天監丞告阿魯渾薩里在太史院數言災祥事，預國休戚，大不敬。世祖大怒，以爲誹謗大臣，當抵罪。阿魯渾薩里頓首曰：「臣賴天地含容之德，雖萬死莫報。然欲被言者罪，恐自後無爲陛下言事者。」其人始獲免。三十年，復領太史院事。

明年，世祖崩，成宗在北邊，裕聖后命爲書趣成宗入踐大位，又命率翰林、集賢、太常禮官，備禮册命。元貞元年，以翊戴功，加守司徒、集賢院事，領太史院事，賜楮幣二十萬緡。初，裕宗殂，世祖未知所立，問於阿魯渾薩里，以成宗對，且言成宗仁孝恭儉之德，於是大計遂決，裕聖皇后及成宗皆不知其事。數召阿魯渾薩里謝，不往，及儲位已定，成宗索棋具於阿魯渾薩里，始一至。成宗曰：「人誰不求知於我，汝獨不來。我非爲棋具，欲見汝耳，汝可謂知大臣體者。」自是召對不名，賜坐視諸侯王等，常謂左右曰：「若全平章者，可謂全才矣，於今殆無其比。」左右或呼其名，帝怒責之曰：「汝何人，敢稱其名耶？」大德三年，復拜中書平章政事。七年，罷。十一年，卒，年六十三。

阿魯渾薩里歷事兩朝二十餘年，通夕未嘗安寢，或一夕再三召見，日居禁中，其所言雖妻子不知也。延祐四年，贈推忠佐理翊亮功臣、太師、開府儀同三司、上柱國，追封趙國公，謚文定。

子岳柱、久住、邁住。阿魯渾薩里兄回鶻薩里，累官資德大夫、中書右丞、行泉府太卿，弟烏瓦赤薩里。

岳柱，字止所，一字兼山。性穎悟，八歲觀畫師何澄畫《陶母剪髮圖》，岳柱指陶母手中金釧，詰之曰：「金釧可易酒，何用剪髮爲也？」何大驚異之。既長，就學，日記千言。年十八，從丞相答失蠻備宿衛，出入禁中，如老成人。至大元年，授集賢學士、正議大夫，即以薦賢才爲事。皇慶元年，進中奉大夫、湖廣道宣慰使。延祐三年，進資善大夫，有欺之者，恬不爲意。或問之，則曰：「彼自欺也，我何與焉？」母郜氏亦常稱之曰：「吾子古人也。」

子四：普達，同僉行宣政院事；次答黑麻；次安僧，爲久住後，章佩監丞；次仁壽，中憲大夫、長秋寺卿。

徹里，燕只吉台氏。

曾祖塔赤，從太宗定中原，又敗宋將彭義斌。太宗分功臣土地，以徐、邳户不盈萬，授爲徐、邳二州達魯花赤。至治三年，追封襄安王。

祖納忽，從憲宗伐宋，攻合州釣魚山，有戰功。

父奇魯俱，襲達魯花赤。

徹里幼孤，其母蒲察氏教之讀書。蒲察氏性方嚴，徹里雖貴顯，猶受杖。至元十八年，世祖召見徹里，應對敏捷，悦之，命侍左右。乃顏叛，從世祖親征，軍中夜驚，徹里宣上命撫定之，將士帖然。師還，奏言：「大軍所過，民不勝擾累，宜加振恤。」世祖從之，賜邊民穀帛牛馬有差，擢徹里利用監。二十三年，奉使江南，訪遺逸之士。時行省鬻所在學田，以價輸官。徹里曰：「學田所以供祭祀、育人才者，安可鬻？」遽止之。還朝，奏聞其事，世祖嘉納焉。

二十四年，桑哥爲相，分中書省爲尚書省，鉤考天下錢糧，凡阿合馬用事時逋欠者，舉以爲中書失徵，奏誅參政郭佑、楊居寬。行省承風旨，督責尤峻，或逮及親鄰，械繫搒掠，民不勝其苦，自殺及死於獄中者以千百計，中外洶洶，廷臣皆莫敢言。徹里乃於帝前具陳桑哥奸貪蠹國害民狀，言辭激烈。世祖怒，謂其毁詆大臣，命左右批其頰，徹里辯愈力，且曰：「臣與桑哥無仇，所以數其罪而不顧身家者，爲國計耳。苟畏聖怒而不復言，則奸臣何由而去？且朝廷置羣臣，猶人家畜犬，賊至犬吠，主人不見賊而箠犬，犬遂不吠，豈主人之福？」世祖悟，命衛士三百人往籍桑哥家，得珍寶如内藏之半。桑哥既伏誅，枉繫者得釋。復命徹里往江南籍桑哥姻黨江浙省臣烏馬爾、蔑列、忻都、王濟，湖廣省臣要束木等棄市，天下快之。

江浙平章政事沙不丁與臺臣有嫌，乘世祖怒，從旁激之，謂湖廣廉訪使盜燒鈔八百錠，堂帖屢下，贓終未入，抱文書至世祖前曰：「稽是可見。」裂卷爲兩，縫留半印。徹里進曰：「縫用印者以杜欺罔，汝爲執政，執半印文書以訟人，餘半安在？」沙不丁語塞，世祖叱之退，臺臣誣始白。明日，拜御史中丞。未幾，進榮禄大夫、福建行省平章政事，賜金五十兩、銀五千兩。汀、漳劇賊歐狗，積歲未平，徹里引兵討之，所過秋豪無犯，降者則勞以酒食而慰遣之，他柵聞之，望風款附。未幾，歐狗爲其黨縛致軍前，梟首以徇，汀、漳平。

三十一年，世祖不豫，徹里馳還京師侍醫藥。世祖崩，與諸王大臣共立成宗。大德元年，拜江南行臺御史大夫。既涖事，謂都事賈鈞曰：「御史不知大體，巡按以苛爲明，徵贓以多爲貴，至有迫子證父、奴訐主者，傷風敗俗甚矣。君爲我語諸御史，勿庸效也。」帝聞而善之。

七年，改江浙行省平章政事。吴淞江久淤，豪民封土爲田，水道愈窒，由是氾濫爲諸郡災。海運千户任仁發條其利病、疏濬之法，中書省以聞，詔發卒萬人，命徹里董其役。凡四月而工畢，置閘以時啟閉，民便之。九年，召爲中書平章政事。時帝久不豫，徹里見左丞相阿忽台等阿附中宫，事事專決，乃引疾不出。十年卒，年四十七。卒之日，家貲不滿二百緡，人服其廉。贈推忠守正佐理功臣、太傅、開府儀同三司、上柱國，追封徐國公，謚忠肅。至治二年，加贈宣忠同德弼亮功臣、太師、開府儀同三司，追封武寧王，謚正憲。

子朶兒只，江浙行省左丞。

禿忽魯，字親臣，康里亦納之孫，亞里大石第九子。亦納，部長之稱，大石則部長之嫡子也。自幼給事世祖，命與不忽木、也先帖木兒從許衡學。帝一日問其所學，禿忽魯與不忽木對曰：「三代治平之法。」帝喜曰：「康秀才，朕初使汝就學，不意汝即知此！」除蒙古學士、客省使，遷兵部郎中，僉太史院事。至元二十年，遷中書右司郎中。未幾，用大宗正薛徹干薦，掌宗正府判署。一日歸，愀然不樂，家人問之，曰：「今日所議罪應死，我意有所疑，欲活之，未得其方耳。」他日歸，喜曰：「我得之矣，法當流徙也。」擢吏部尚書。

哈剌哈孫爲湖廣行省平章政事，薦以自輔，拜湖廣行省右丞。時湖南北多盜，哈剌哈孫患之，禿忽魯曰：「樹茂則鳥集，伐則散，戮其渠魁足矣。」盜首喬大使在九江，擒而尸諸市，闔境肅然，遠近無剽掠者。二十九年，辰州獠叛，官軍屢戰不利，移文索辰、沅弩手三千人。哈剌哈孫弗許，禿忽魯曰：「漢人不習弩，習弩者皆蠻户也。以蠻攻蠻，何不可之有？」力請與之，獠患遂平。

成宗即位，遷浙江行省右丞。平章政事不忽木卒，帝問左右：「孰有似不忽木者？」賀勝對曰：「禿忽魯其人也。」召入都，拜樞密副使。大德七年卒，年四十八。贈推忠翊運佐理功臣、榮禄大夫、江浙行省平章政事、柱國、大司徒，追封趙國公，謚文肅。

子山僧，晉寧路總管。

新元史卷之一百九十八　列傳第九十五

哈剌哈孫　不忽木回回　巎巎

哈剌哈孫，斡剌納兒氏，太祖功臣乞失里黑之曾孫也。祖博理察，父囊家台，並見《乞失里黑傳》。

哈剌哈孫威重，不妄言笑，善騎射，尤雅重儒術。至元九年，世祖録勳臣後，命掌宿衛，襲號答剌罕。自是人稱答剌罕而不名。嘗從獵，馬踢傷面，入直如平常，帝命醫療之，眷益重。帝嘗諭之曰：「汝家動載天府，行且大用汝矣。」又語皇太子曰：「答剌罕非常人比，可善遇之。」十八年，以欽、廉二州益其食邑。

二十二年，拜大宗正，用法平允。嘗遣使決各路獄囚，哈剌哈孫按獄詞不具者，悉令覆勘，僅奏決六十人。大同民毆鷹房三人死，左右以聞，帝怒，亟遣哈剌哈孫治之，止坐其爲首者。京師造僞鈔者連富民百餘家，哈剌哈孫盡釋之。時相請以江南獄隸宗正府，哈剌哈孫言其不便，事遂止。

二十八年，以丞相安童薦，拜榮禄大夫、湖廣行省平章政事。臺臣言：「哈剌哈孫在宗正，決獄平，即去，恐難其繼者。」帝曰：「湖廣非斯人不可。」命勿留，遂行。初，樞密置行院於各省，分兵、民爲二，哈剌哈孫入覲，極陳其不便，帝爲罷之，因問曰：「風憲之職，人多言其撓吏治，信乎？」對曰：「朝廷設此以糾奸慝，貪吏疾之，妄爲此言。」帝然之。三十年，平章劉國傑征交趾，哈剌哈孫戒將吏無擾民。有奪民魚菜者，杖其千户，軍中肅然。俄敕發湖廣富民萬家屯田廣西，以圖交趾，哈剌哈孫密遣使奏曰：「往年遠征失利，瘡痍未復，今又徙民瘴地，必將怨叛。」使還，報罷，民皆感悦。及廣西元帥府請募南丹五千户屯田，事上行省，哈剌哈孫曰：「此土著之民，誠爲便之，内足以實空地，外足以制交趾之寇，不煩士卒而饋餉有餘。」即命度地，立爲五屯，統以屯長，給牛種農具與之。湖南宣慰使張國紀建言，欲按唐、宋末徵民間夏税，哈剌哈孫曰：「亡國弊政，失寬大之意，聖朝豈可行耶？」奏止之。

大德二年，入朝上都，拜江浙行省左丞相，視事七日，徵拜中書左丞相，進階銀青光禄大夫。既拜命，斥言利之徒，一以節用愛民爲務，有大政事必引儒臣共議。京師無孔子廟，國學寓他署，乃奏建廟學，選名儒爲學官，使近臣子弟入學。又集羣議建南郊，爲一代定制。

五年，雲南行省左丞劉深建議征八百媳婦，右丞相完澤以帝未有武功，請從之。哈剌哈孫曰：「山嶠小夷，可喻之使來，不足以煩中國。」不聽，竟發兵二萬，命深將以往。及次順元，深使雍真葛蠻土官宋隆濟備餽運夫馬，刻期嚴急，民不堪命。遂圍深於窮谷，首尾不能相捄。事聞，遣劉國傑往援，擒斬隆濟等，然士卒存者十僅一二。帝始悔不用其言。會赦，有司議釋深罪，哈剌哈孫曰：「徼功首釁，喪師辱國，非常罪比，不誅無以謝天下。」奏誅之。

七年，進中書右丞相，嘗言：「治道必先守令。」乃精加遴選。定官吏贓罪十二章，及丁憂、婚聘、盜賊等制，禁獻户口及山澤之利，著爲令。車駕幸上都，哈剌哈孫必留守京師。帝不豫，政出中宫，羣邪黨附之，哈剌哈孫匡救其間，天下晏然。十年，加開府儀同三司、監修國史。冬十一月，帝疾甚，入侍醫藥，出總宿衛。諸王請入侍疾，不聽。

十一年春正月，成宗崩。時武宗撫軍北邊，仁宗侍太后在懷慶，左丞相阿忽台議請皇后垂簾聽政，立安西王阿難答。哈剌哈孫密遣使北迎武宗，收京城百司符印，封府庫，稱疾卧省中。内旨日數至，並不聽，文書皆不署。衆欲害之，未敢發。及仁宗至近郊，衆猶未知。三月朔，列牘諸署皇后以三月三日御殿聽政，哈剌哈孫立署之，衆大喜，莫知所爲。明日，迎仁宗入，執阿忽台及安西王阿難答等，誅之，内難悉平。自冬至春，未嘗至家休沐。

夏五月，武宗至，即皇帝位，拜太傅、録軍國重事，仍總百揆，賜宅一區，以其子脱歡入侍。初，仁宗之入也，阿忽台有勇力，人莫敢近，諸王禿剌手縛之，以功封越王，三宫盡幸其第，賜與甚厚，以慶元路爲其食邑。哈剌哈孫力争曰：「祖制，非親王不得加一字封。禿剌疏屬，豈得以一日之功，廢萬世之制？」帝不聽，禿剌因譖於帝曰：「方安西王謀干大統，哈剌哈孫亦署其文書。」由是罷相，出鎮北邊。

詔曰：「和林爲北邊重鎮，今諸部降者又百餘萬，非重臣不足以鎮之，念無以易哈剌哈孫者。」賜黄金三百兩、白銀三千五百兩、鈔十五萬貫、帛四萬端、乳馬六十匹，以太傅、右丞相行和林省事。太后亦賜帛二百端、鈔五萬貫。至鎮，斬爲盜者一人，分遣使者賑降户，奏出鈔帛易牛羊以給之。近水者，教取魚食之。會大雪，命諸部置傳車，相去各三百里，凡十傳，轉米數百石以餉饑民，不足則益以牛羊。又度地置内倉，積粟以待來者。浚古渠，溉田數千頃。復稱海屯田，歲得米二十萬石。北邊大治。

至大元年，賜斡爾朵如諸王制。十一月，寢疾，語其屬曰：「吾不能治行省事矣，汝曹勉之。」卒，年五十二。帝聞之，驚悼曰：「喪我賢相。」賻鈔二萬五千貫，詔歸葬昌平。追贈推誠履政佐運功臣、太師、開府儀同三司、上柱國，追封順德王，謚忠獻。

子脱歡，由太子賓客拜御史中丞，襲號答剌罕，進御史大夫，行臺江南，尋拜平章政事，行省江浙，進左丞相，兼領行宣政院。重厚有父風，喜讀書，爲政不尚苛暴，得衆心。致和元年卒，年三十七。子鑾鑾。

不忽木，康里氏。世爲其部大人。祖海藍伯，事克烈王汗。王汗滅，率所部遁去，太祖使招之，不從，後莫知所終。父燕真，海藍伯第十子，方六歲，爲太祖所獲，分賜莊聖皇后。性恭謹，善爲弓衣，侍世祖於潛邸，配以高麗女金氏，名長姬。及長，從征伐有功。憲宗將伐宋，命世祖居守，燕真諫曰：「上素疑殿下，今上親征，殿下不從可乎？」世祖請從，憲宗悦，使世祖分兵趨鄂州。憲宗崩，燕真統世祖留部，知阿里不哥有異志，奉皇后至上都。世祖即位，未及擢用而卒。後贈太傅、河南行省左丞相，追封晉國公，謚忠獻。

不忽木，幼事裕宗。年十二，進止詳雅，已如成人。師事贊善王恂。恂扈駕北征，詔不忽木入國學，受業於祭酒許衡。衡以爲有公輔之器，名之曰時用，字用臣。世祖命諸生獻其所習字，不忽木年十六，書《貞觀政要》數十事以進，世祖嘉歎久之。至元十三年，與同舍生疏請：「弘展國學，擇蒙古人年十五以下、十歲以上質美者百人，百官子弟與凡民俊秀者百人，定其餼廩之制，選司業、博士、助教教之。其諸生學業成就者，聽學官保舉，依例入仕。未成就者，令照舊學習，其終不可教者，聽出學。凡學政因革損益，皆得不時奏聞。」疏上，世祖嘉納之。十四年，授利用少監。

十五年，出爲燕南河北道按察副使。世祖遣通事脱脱護送西僧過真定，僧箠驛吏幾死，按察使不敢問。不忽木受驛吏狀，下僧於獄，脱脱欲出之，詞氣倔强，不忽木責以不職，使免冠跪庭下。脱脱逃歸以聞，世祖曰：「不忽木素剛正，必汝輩犯法故也。」已而不忽木奏至，世祖曰：「朕固知之。」十九年，擢按察使。静州守吏盜官錢，詔不忽木按之，歸報稱旨，賜銀鈔有差。

二十一年，召參議中書省事。時盧世榮黨附桑哥，揚言能用己，則國賦可十倍於舊。世祖問於不忽木，對曰：「聚斂之臣，操術以罔其君，及罪惡稔，國與民俱困，雖悔無及。」世祖不聽，以世榮爲中書右丞，不忽木辭參議不拜。

二十二年，世榮伏誅，世祖謂不忽木曰：「我殊愧卿。」擢吏部尚書。時方籍阿合馬家，其奴張轍札爾等當死，謬言阿合馬家貲寄頓者多，盡得之可充國用。於是鉤考隱匿，逮及無辜。不忽木曰：「此奴爲阿合馬爪牙，死有餘罪，爲此言欲徼幸不死耳，豈可復受其誑，嫁禍良善耶？」丞相安童以其言入奏，世祖悟，命不忽木鞫之，具得情實，織札爾等伏誅。

二十三年，改工部尚書，遷刑部尚書。河東按察使阿合馬貸官錢，抑取部民貲産償之。遣使者數輩按問，皆不伏。不忽木往，發其奸贓百餘事。會大同饑，不忽木便宜出廩粟賑之。阿合馬所善幸臣劾不忽木擅發軍儲，又鍛煉阿合馬之獄使誣服。世祖曰：「發粟賑饑，何罪之有？」命逮阿合馬至京師，鞫之，竟伏誅。土土哈求欽察人爲奴者充其軍籍，濫及良民，中書遣僉省王遇覈其籍汰之。土土哈奏遇有不遜語，世祖怒，欲殺之，不忽木力諫，遇得免死。

二十四年，桑哥奏立尚書省，誣殺參政楊居寬、郭佑，不忽木争之，不能得。桑哥深忌之，嘗指不忽木謂其妻曰：「他日籍我家者，必此人也。」使西域賈人詐爲訟冤者，賂不忽木珠一篋，不受。既而知其事出於桑哥，遂以病免。二十七年，拜翰林學士承旨、知制誥兼修國史。

二十八年春，世祖獵於柳林，不忽木之弟野禮審班及徹里等劾奏桑哥罪狀，世祖召問不忽木，具以實對，世祖始決意誅之，罷尚書省，復以六部隸於中書。世祖欲相不忽木，固辭，世祖問：「孰任爲相？」不忽木薦太子詹事完澤。是時上春秋高，成宗撫軍北邊，位號未正，不忽木謂相東宫舊臣，可以杜姦人之覬覦。世祖默然良久，曰：「卿慮及此，社稷之福也。」乃拜完澤右丞相，不忽木平章政事。不忽木議革桑哥弊政，召用舊臣爲桑哥所貶斥者，尤重文學知名之士，使更相引薦，布列臺省。桑哥之黨，惟忻都、納速丁蔑理、王濟等罪狀尤著誅之，其餘隨材擢用，待之無間，於是人情翕服。上都留守蔑巴爾思言改按察置廉訪司不便，摭憲臣贓罪以動上聽。世祖責中丞崔彧，彧謝病不知。不忽木面斥之，極論廉訪司不宜罷，世祖意始釋。

王師征交趾失利，復謀大舉，不忽木諫曰：「獸窮則噬，勢使之然。今陳日燇襲位，若遣使諭以禍福，彼必聽命；如不悛，加兵未晚。」世祖從之，已而日燇感懼，遣使詣闕請罪，獻前六歲之貢物。世祖曰：「卿一人之力也。」以其半賜之，不忽木固辭，惟受沉香假山、象牙鎮紙、水晶數事。

平章政事麥朮丁請復立尚書省，專領户、工、刑三部，不忽木詰之曰：「阿合馬、桑哥身戮家敗，前鑒不遠，汝奈何又效之？」事獲寢。

又有言京師蒙古人宜與漢人間遠，以示制防。不忽木曰：「此姦人欲擅貿易之利，借爲忠言，以熒上聽耳。」乃圖蒙古人第宅與民居相錯之狀奏之，事亦寢。

達剌海求征理錢穀逋懸，省臣請入止之，不忽木曰：「無庸，宜聽其所爲，彼不久自敗也。」已而果以賄誅。有請加江南包銀者，不忽木曰：「江南履畝納税，輸酒醋課及門徭、水馬驛遞，又增包銀則重斂矣，民將不堪。」其議始罷。

三十年，有星孛於帝座，世祖憂之。夜召不忽木，問以塞天變之道，對曰：「陛下，天之子也。父母怒人子，不敢疾怨，惟起敬起孝而已。故《易》曰：『君子以恐懼修省。』《詩》曰：『敬天之怒』，凡克謹天戒者，鮮不有終。漢文帝之世，同日山崩者二十有九，頻歲日食、地震，文帝能戒慎，天亦悔過，海内乂安。臣願陛下法之。」因誦文帝《日食求言詔》，世祖悚然曰：「此言深合朕意。」明日進膳，以盤珍賜不忽木。

世祖每與不忽木論古今成敗之理，至忘寢食，或危坐達旦。謂不忽木曰：「曩與許仲平論治，不及卿遠甚，豈仲平有隱於朕耶？抑卿過於師耶？」不忽木謝曰：「臣師見理甚明，臣所知何足以企萬一？臣師起於布衣，君臣分嚴，召對有時言不克究。臣托先臣之蔭，朝夕侍陛下左右，故得盡言。」世祖又謂之曰：「太祖有言：『國家之事，譬右手執之，復佐以左手，猶恐失墜。』今朕爲右手，左手非卿乎？」又嘗拊髀歎曰：「天生卿爲朕輔弼，何不前三十年及朕未衰用之？」已而顧左右曰：「此朕子孫之福也。」

或譖完澤徇私，世祖問於不忽木，對曰：「臣等待罪中書，有發其隱慝者，陛下宜面質之，明示責降，若内蓄疑猜，非馭臣下之道也。」言者果屈，世祖使批其頰而出之。是日寒甚，解所御貂裘賜之。

又有請討流求國者，詔百官集議，不忽木力言不可，乃止。世祖每稱賽典赤伯顔之能，不忽木問之，世祖曰：「憲宗時常陰以財用資朕，卿父所知也。」不忽木曰：「是所謂二心之臣。今有以内府財物私與親王，陛下以爲何如？」帝急揮以手曰：「朕失言。」

世祖不豫，故事非蒙古勳臣不得入卧内，特詔不忽木侍醫藥。及大漸，與太傅伯顔、御史大夫月魯吕諾延受遺詔，留禁中。丞相完澤至，不得入，伺伯顔出，問之曰：「我年位俱在不忽木上，而不預顧命何也？」伯顔歎息曰：「使丞相有不忽木之識慮，吾輩何至勞苦如此？」完澤不能對，入白皇太后，召三人問之。月魯吕諾延曰：「臣等受顧命，如誤國，甘伏誅。宗社事大，非宫中所當預也。」太后韙之。其後發引、升祔、請謚、南郊，皆不忽木領之。

成宗即位，躬親庶政，每廷議大事，多采不忽木之言。河東路獻嘉禾，完澤欲奏以爲瑞。不忽木詰之曰：「汝部内所産盡然耶？」曰：「祇此數莖爾。」不忽木曰：「此無益於民，何足爲瑞？」遂罷遣之。西僧爲佛事，釋罪人祈福，謂之禿魯麻。豪民犯法，輒賂以求免。有奴殺主，妻殺夫者，僧被以御服，乘黄犢車出禁門，釋之。不忽木曰：「倫常者，人治之本，豈可使亂法如此？」成宗責丞相曰：「朕戒汝，勿使不忽木知，今甚愧其言。」然自是以爲故事。」不忽木在中書，爲同僚所嚴憚，有干以私者，輒正色拒之。由是怨者日衆，遂構於完澤，出爲陝西行省平章。成宗聞知其故，大怒，責完澤面欺，命不忽木復入中書。不忽木稱疾不出。

元貞二年，拜昭文館大學士、平章軍國重事，辭曰：「本朝惟史天澤如此，臣不敢當。」詔去「重」字。大德二年，行御史中丞事。三年，兼領侍儀司事。久之，完澤知爲同列所誤，引咎自責，至於垂涕。

不忽木在御史臺，監察御史及各道廉訪使多擇士人爲之，患吏不讀書，令通一經一史者試吏，按官吏犯贓不施笞責，子不得證父，妻不得證夫，皆比附經義以改當時之法，人稱其平恕焉。

武宗出鎮北庭，百官郊餞，欲與不忽木易騎，謝不敢，第獻其所乘馬。明年，復遣使賜不忽木名鷹。大德四年，以病卒，年四十六。武宗即位，贈純誠佐理功臣、開府儀同三司、太傅、上柱國，追封魯國公，謚文貞。惠宗時，加贈太師，進封東平王。初世祖臨崩，賜不忽木白璧曰：「他日持此見朕。」及卒，遂以璧殉葬云。子回回、巎巎。

史臣曰：成宗席世祖之餘烈，哈剌哈孫輔之，黜營私罔利之臣，戮貪功生事之將，休養生息，海内宴然。不忽木篤守許衡之學，獻可替否，本於經術，方之前代，庶幾司馬光、范純仁。元之賢相，前爲安童、廉希憲，後爲哈剌哈孫、不忽木，百餘年來未有及之者也。

回回，字子淵。以大臣子直宿衛，拜集賢學士，以幼辭。大德初，用薦者言，擢朝列大夫、太常少卿，進太常卿，階嘉議大夫。以藩邸舊臣出使，稱旨。寺改爲院，擢太常院使，辭不拜。

武宗即位，海盜梗漕運，廷議設康里衛鎮其地，欲以回回爲萬户。回回曰：「弭盜在用人，不必設衛分屯，以糜廩粟。」帝從之。至大初，調大司農。御史臺議選廷臣爲諸道肅政廉訪使，回回入侍，帝問之，對曰：「中臺，表也；諸道，景也。表正則景正，陛下宜慎選正人，以長中臺，次用剛毅有爲者以使諸道，則有司知畏法矣。」帝曰：「卿言得之。」即日除山南江北道肅政廉訪使。有婦人以殺夫繫獄，回回疑其枉，重鞫之，乃仇家所殺，立雪婦冤。同列多貪墨，惡回回，數以言語侵之，回回乃乞病歸。未幾，同列皆以贓敗，人始服其先識。

至大末，改江南行臺治書侍御史。御史大夫鐵木迭兒怙權自尊，凡議事，自中丞以下皆侍立，莫敢相可否。回回獨坐，與之言事，有不直，必執法以折之，鐵木迭兒銜之。還朝，帝問臺臣優劣，遂誣奏回回不法之事，帝怒，唾其面，出之，即遣中使賜回回上尊。復遷淮西江北道肅政廉訪使。有從事以受賕被逮，累訊不引伏，回回一問即吐實曰：「吾不即伏者，以諸使者與吾無大相遠，冀遷延倖免耳。公至，尚何言？」遂伏其辜。再改河南廉訪使。行省郎中納璘爲丞相所惡，欲出之，回回察其賢，抗疏論薦，後卒爲名臣。

英宗即位，丞相拜住首薦爲户部尚書。尋拜南臺侍御史，改參議中書省事。英宗憤鐵木迭兒舞法，不及誅而死，命法司磔其尸，回回奏曰：「斯人元惡，萬磔莫贖，但初春發育之時，不宜戮遺骸，干天地之和氣。」帝稱善。帝欲選拔人材，丞相拜住命百僚各舉所知，有以中使子爲言者，回回曰：「君不見左悺、楊復光之事乎？上重惜名爵，君乃進此輩，何也：」拜住叱其人出之。高麗王兄弟不睦，帝欲廢其國爲郡縣，回回曰：「宜諭使改過自新，不從，然後擇其宗室之賢者立之。」拜住偕回回入奏，不聽，復叩頭力争，始寢其事。

司徒劉夔以訟田受賂，帝怒，欲賜之死，回回曰：「受賂而按田不實，罪准枉法論，不至死。」拜住入奏，如回回言。帝怒，欲窮究建議者，既而知其守法，釋不問。回回入謝，帝曰：「朕雖不用卿言，知卿之忠也。」會日食，帝問其故，對曰：「今徽理田賦，勞師邊塞，無罪殺楊朵兒只、蕭拜住，皆足以致天變，惟陛下察之。」帝韙其言。回回性峭直，略無顧忌，拜住嘗稱其有經濟才，謂人曰：「吾以非才，致位宰相，每慚見子淵。」拜住退朝，執政皆送至私第，回回曰：「是不過爲諂耳。」獨不往。拜住益賢之。英宗遇弑，泰定帝踐阼，詔捕斬構逆者。回回懼有變，即夜至中書與大臣定計，昧爽就其家執之，無一脱者。泰定初，拜太子詹事丞，進階中奉大夫。疏言：「太子，國家之本，宜擇正人如贊善王恂、諭德劉因者，爲輔導。」從之。後以病免，改山東東西道肅政廉訪使，未行，擢翰林侍講學士、知制誥同修國史。回回與宰相倒剌沙議不合，固辭，遷江浙等處中書右丞，進資德大夫，又以病免歸。文宗即位，拜榮禄大夫、宣政院使，擢中書右丞。時太師燕鐵木兒權勢赫奕，回回待之無加禮，乃出爲陝西行省平章政事，回回度不爲所容，力辭不就。元統元年，卒於家，謚忠定。

子祐童，濟南路總管；帖木列思，江南行臺治書侍御史。

巙巙，字子山。由宿衛授集賢待制，遷兵部郎中，轉秘書監丞。奉命往覈泉舶。改同僉太常禮儀院事，拜監察御史，累遷禮部尚書、監羣玉内司、領會同館事，尋兼經筵官。復除江南行臺治書侍御史，未行，留爲奎章閣學士院承制學士，仍兼經筵官，升侍書學士、同知經筵事。復拜奎章閣學士院大學士、知經筵事。除浙西廉訪使，復留爲大學士、知經筵事，尋拜翰林學士承旨，提調宣文閣、崇文監。

文宗勵精圖治，巙巙日以聖賢格言講誦帝前。

惠宗即位，巙巙侍經筵，益勸帝務學。帝欲寵以師禮，巙巙力辭。凡經書所載治道，爲帝言之，必使敷暢旨意而後已。帝暇日欲觀古名畫，巙巙取郭忠恕《比干圖》以進，因言商王受不聽忠臣之諫，遂亡其國。帝一日覽宋徽宗畫，稱善，巙巙奏：「徽宗多能，惟一事不能。」帝問：「何謂一事？」對曰：「獨不能爲君爾。身辱國亡，皆由不能爲君所致。人君貴能爲君，它非所尚也。」或遇天變民災，必乘間進言，謂：「天心仁愛，人君因變示儆。譬如慈父於子，愛則教之，子能起敬起孝，則父怒必釋。人君側身修行，則天意必回。」帝嘉納之，特賜只孫燕服九襲及玉帶、楮幣，以旌直言。

巙巙嘗謂人曰：「天下事在宰相，宰相不言，則臺諫言之。臺諫不言，則經筵言之。備位經筵，得言人所不敢言於天子之前，吾願足矣。」大臣議罷奎章閣學士院及藝文監，巙巙進曰：「民有千金之産，猶設家塾延館客。豈有富有四海，一學房乃不能容耶？」帝聞而深然之，即日改奎章閣爲宣文閣，藝文監爲崇文監，就命巙巙領之，又置檢討等職十六員以備進講。一日，進讀司馬光《資治通鑑》，因言國家當及斯時修遼、金、宋三史，歲久恐闕逸。後置局纂修，實由巙巙發之。又請行鄉飲酒於國學，使民知遜悌。及請褒贈唐劉蕡、宋邵雍，帝從其請，爲之下詔。

既而出爲江浙行省平章政事。未幾，復以翰林學士承旨召還。時中書平章闕員，近臣欲有所薦用，以言覘帝意，帝曰：「平章已有其人，今行半途矣。」近臣知帝意在巙巙，不復薦人。至京七日，感熱疾卒，年五十一。家貧無以爲斂，帝聞，爲震悼，賜賻銀五錠。其所負官中營運錢，臺臣奏以罰布爲之代償。謚文忠。

子維山，材質清劭，侍禁廷，由崇文監丞擢給事中，遷同僉太常禮儀院事，調崇文太監，卒。

新元史卷之一百九十九　列傳第九十六

鐵哥　乞台普濟也克吉兒　斡羅思博羅不花　慶童　愛薛　曲樞伯都　伯帖木兒　脱虎脱三寶奴　察罕

鐵哥，伽乃氏，迦葉彌兒人。

父斡脱赤，與叔父那摩俱學浮屠法。兄弟相謂曰：「吾國將亡，東北有天子氣，盍往歸之。」乃來降，太宗禮遇之。定宗師事那摩，以斡脱赤佩金符，巡行各路。憲宗即位，尊那摩爲國師，授玉印，總天下釋教。斡脱赤亦貴用事，領迦葉彌兒萬户，奏曰：「迦葉彌兒西陲小國，今尚未誠服，請往諭之。」詔偕近侍以往，其部酋不從，怒而殺之。帝發兵討平迦葉彌兒。元貞元年，追封斡脱赤代國公，謚忠遂。

鐵哥少孤，從那摩入見憲宗。帝方食雞，輟賜鐵哥，鐵哥奉而不食。問之，對曰：「將以遺母。」帝奇之，加賜一雞。

世祖即位，幸香山永安寺，見書畏兀字於壁，問之，僧對曰：「國師兄子鐵哥書也。」帝召見，偉其容止，命直宿衛。憲宗晚年，以讒言稍疏世祖，那摩密白世祖，宜加敬慎，遂友愛如初。至是，帝將用鐵哥，謂左右曰：「吾以酬國師也。」時鐵哥年十七，詔擇貴家女妻之，辭曰：「臣母漢人，欲得漢人女爲婦，臣不敢傷母心。」乃爲娶冉氏女。久之，命掌御膳湯藥，日親密。

至元十六年，鐵哥奏：「武臣佩符，古制也，今長民者亦佩符，請省之。」從之。十七年，進正議大夫、尚膳監，帝諭之曰：「朕聞父飲藥，子先嘗之；君飲藥，臣先嘗之。今卿典朕膳，凡飲食湯藥，卿宜先嘗。」詔賜第於大明宫之左，留守段圭言：「賜第逼木局，不便。」帝曰：「鐵哥第近禁闥，便於宣召。木局稍隘，曷害？」高州人言：「州多野獸害稼，願捕以充貢。」鐵哥白其擾民，不可聽，從之。

十九年，遷同知宣徽院事，領尚膳監。内府食用圓米，鐵哥奏：「粳米一石，僅獲圓米四斗，請非御用，止給常米。」帝韙之。進司農寺達魯花赤。從獵巴雅爾之地，獵者亦不刺金射兔，誤中名駝，駝死。帝怒，命誅之，鐵哥曰：「殺人償畜，刑太重。」帝亟命釋之。庾人盜鑿秔米者，罪死，鐵哥諫曰：「臣鞫庾人，其母病，盜秔米食母耳，請貸之。」詔免死。二十二年，司農寺升爲大司農司，秩二品，進資善大夫、大司農。時有司供膳，多擾民，鐵哥奏曰：「屯田，則諸物立供。」從之。

二十四年，從征乃顔，至蘇爾圖之地，叛王塔布岱率兵奄至。鐵哥請設疑兵以退敵，於是帝張曲蓋，據胡牀，鐵哥從容進酒。塔布岱覘之，懼有伏，遂引去。帝以金章宗玉帶賜之。

二十九年，進榮禄大夫、中書平章政事，以病足，聽輿轎入殿門。初，詔遣新附民種蒲萄於野馬川鴻和爾布拉克之地，鐵哥以北地苦寒，奏歲賜衣服，從之。

成宗即位，以先朝舊臣，賜銀千兩、鈔十萬貫。他日，又賜以瑪瑙碗，詔曰：「此器先帝所用，朕今賜卿，以卿久侍先帝故也。」大德元年，加光禄大夫。三年，乞解機務，從之。仍授平章政事、議中書省事。時諸王朝見，未有知故事者，帝曰：「惟鐵哥知之，使專司其事。」凡廪餼金帛之數，皆遵世祖舊制。

八年，復拜中書平章政事。平灤大水，鐵哥奏加賑恤。十年，丁母憂，詔奪情起復。遼王托托入朝，從者執兵入大明宫，鐵哥劾止之，王懼謝。從幸晉山，饑民相望，鐵哥輒發廪賑之，已而自劾專擅，帝稱善不已。

武宗即位，賜金一百兩，加金紫光禄大夫，遥授中書右丞相。有告寧遠王闊闊出謀反者，鐵哥知其誣，廷辯之，由是闊闊出得釋，徙高麗。二年，領度支院，尋賜江州稻田五千畝。

仁宗即位，授開府儀同三司、太傅、録軍國重事。奏：「世祖諸子，惟寧遠王在，宜賜還。」從之。二年，奉命詣萬安寺祀世祖神御殿，感疾歸，皇太后令内臣問疾，鐵哥附奏曰：「臣死無日，願太后輔陛下布惟新之政，社稷之福也。」未幾，卒。贈太師、開府儀同三司、上柱國，追封秦國公，謚忠穆。加贈推誠守正佐理翊戴功臣，進封延安王，改謚忠獻。

六子：忽察，淮東宣慰使；平安奴，大平路達魯花赤；也識哥，同知山東宣慰司事；虎里台，同知真定總管府事；亦可麻，同知都護府事；重喜，隆禧院副使。孫八人，伯顔，中書平章政事。

乞台普濟，河西人，本姓史氏。祖拉吉爾威，宿衛太祖。父考算爾威，材勇絶人，事世祖於潛邸，從平雲南，又從渡江攻鄂州。世祖即位，從討阿里不哥，授蒙古、唐兀軍民達魯花赤。

乞台普濟幼從父出入世祖帷幄，後選侍裕宗，以敬慎聞。武宗生，是爲皇曾孫，詔乞台普濟保育之。皇曾孫幼學，以其子也克吉兒侍讀。或游戲廢學，則撻也克吉兒以誡之。每大會，宗王讀《世祖大訓》，必謂皇曾孫曰：「此汝異日所應爲者，其謹識之勿忘。」裕聖皇后以乞台普濟善於輔導，命四衛番直官，事必咨之。

大德二年，武宗鎮撫北庭，軍事悉委於乞台普濟。四年，以文移無印寶，入朝白其事，得裕宗信寶以歸。五年，海都入寇，敗之。令軍士表紅衣於甲以自别，自是賊望見紅甲軍輒退走。

十一年，成宗崩，武宗欲棄大軍奔喪，乞台普濟曰：「使者但來告哀，須俟皇太后詔赴。」已而仁宗奉皇太后削平内難，詔武宗入繼大統，即日假乞台普濟平章政事。武宗即位，拜榮禄大夫、中書平章政事，封慶國公。七月，進儀同三司、太子太保。九月，加開府、太子太傅。至大元年二月，拜中書左丞相，加上柱國。四月，拜太保。六月，進太子太師。七月，加録軍國重事。十一月，進右丞相。又授其兄阿拉克普濟榮禄大夫，兼都元帥；弟昂吉，榮禄大夫、司徒，遥授平章政事；日爾塞，榮禄大夫、宣政院使。期年之内，貴震一時。二年八月，立尚書省，進太傅、尚書右丞相。是年十二月，以病罷。皇慶二年，進封安吉王。延祐五年四月，卒。

子也克吉兒、納里日、爾禄。納里日，光禄大夫，遥授中書左丞相，兼將作院使；爾禄，幼爲沙門，後賜御服帽，不祝髮，僉宣政院事。

也克吉兒，年二十二，從武宗於北庭。海都踰金山至庫布哩，也克吉兒將左衛射士爲前鋒，當賊驍將。既接戰，搏賊將墮馬，斬其首而還，武宗解御衣及馬鞍勒賜之。賊夜襲他部輜重，又將數百騎追敗之。四年，敗賊於昂吉爾圖，獲人畜無算。五年，海都大舉犯和林，戰於哈喇台，以數十騎出入敵陣，武宗乘之，賊始卻。十年，從武宗踰金山，斬獲萬餘。十一年，第諸將功，以也克吉兒爲冠。

武宗即位，授資德大夫、同知樞密院事。六月，賜虎符、大府院使、唐兀親軍都指揮使。七月，加特進、遥授中書左丞，又進知樞密院事，兼典瑞院使。至大元年五月，兼仁虞院使。十一月，拜御史大夫。仁宗即位，改知樞密院事。卒。

斡羅思，康里氏。曾祖哈失伯，國初款附，爲莊聖太后牧官。祖海都，從憲宗伐宋，戰殁於釣魚山。父明里帖木兒，世祖時爲必闍赤，累遷太府少監，追封益國公。

斡羅思，初爲内府必都赤。二十一年，拜監察御史，出爲雲南行省理問，領雲南王府事，忤桑哥，被譖，籍其家，惟金、玉帶各一，黄金五十，皆上所賜者，乃以公用係官孳畜罪之，帝寢而不問。二十六年，置八番羅甸宣慰司，以斡羅思爲宣慰使，諸蠻悉平，立安撫等司以守之。晉中奉大夫，賜虎符。遷八番順元等處宣慰司都元帥，賜三珠虎符。大德六年，授通奉大夫，兼管萬户，晉正奉大夫。武宗立，召爲中書左丞，領武衛親軍都指揮使、大都屯田府事。尋晉榮禄大夫、中書右丞，兼翰林學士承旨，仍領武衛屯田。屢賜貲産、第宅，皆固辭。遷四川行省平章政事。至大二年，召還，以病乞歸。皇慶二年卒，贈光禄大夫、益國公。子博羅不花、慶童。

博羅不花，初直宿衛爲速古兒赤。至大元年，累遷翰林侍講學士，以父疾乞養歸。延祐四年，起爲速古兒赤札撒孫，遷速古兒赤五十人之長，兼領皇后宫寳兒赤。出爲河南府同知。子察罕不花領其所掌宿衛。見文宗於汴，入爲温都赤。拜監察御史，累遷御史臺經歷、中書右司郎中，授中憲大夫、隆禧總管府副達魯花赤，卒。

慶童，字明德。早以勳臣子孫受知仁宗，給事内廷，掌宿衛。累遷判大宗正府，兼上都留守，江西、河南二行省平章政事。入爲太府卿，復爲上都留守，又爲遼陽行省平章政事。

至正十年，遷江浙行省平章政事。十二年，蘄黄賊攻陷杭州，慶童與行省丞相達實特穆爾遁走。城既復，省都事以下皆罷黜不敘，而慶童等釋不問。慶童大治官廨，募民爲工役，償之以錢，杭民賴以存活。

十四年，脱脱以大兵圍張士誠於高郵，軍資取給於江浙，慶童規措有方，轉輸相屬，軍中賴之。

十六年，平江、湖州俱陷，義兵元帥方家奴屯杭州北關，所部白晝殺人，日肆劫掠，民患之。慶童白丞相達識帖睦爾曰：「師無紀律，何以克敵？必斬方家奴，乃可出師。」與達實帖睦爾入其軍，數而斬之，民大悦。既而苗軍元帥楊完者求娶慶童女，時達識帖睦爾方倚楊完者禦張士誠，强爲主婚，慶童不得已與之。後楊完者益驕，達實帖睦爾不能堪，又使張士誠襲殺之，士誠遂據杭州。俄召慶童爲翰林學士承旨，改淮南行省平章政事，未行，仍留江浙。十八年，遷福建行省平章政事，又拜江南行臺御史大夫。

二十年，召還，由海道至京師，拜中書平章政事。有譖其子剛僧與宫人亂，帝怒，殺之。慶童遂移疾家居。

二十五年，起爲陝西行省左丞相。慶童在江南，逼於張士誠、方國珍，在陝西，逼於李思齊，不能有所表見，但擁臺、省虚位而已。

二十八年，召還京師。七月，明師至通州，帝出奔，命淮王帖木兒不花監國，慶童爲中書左丞相以輔之。或問何以扞禦，慶童曰：「吾知死所，尚何言哉！」城陷，慶童與帖木兒不花，平章政事迭兒必失、樸賽因不花，中書右丞張康伯，御史中丞滿川等，均不屈死之。

史臣曰：元季羣盜蠭起，受撫於官則號爲義軍。然大者據郡縣，小亦賊良民，以恣搏噬。而朝廷又以官爵寵之，故憑籍王命，益無忌憚，此獎亂之道也。使元之君相能如慶童之待方家奴，則降賊懾於威令，雖張士誠、方國珍可使之馴服，況其餘之小醜？惜乎其不知出此也！

愛薛，拂菻人〔一〕，祖不阿里，父不魯麻失。

愛薛通拂菻語及星曆、醫學。有列邊阿答者以本俗教法事定宗，薦愛薛賢，召侍左右，直言敢諫。世祖在潛邸，深重之。

中統三年春，詔二月八日作佛事，集教坊伎樂及鑾輿法駕迎之。愛薛諫曰：「今高麗新附，李璮復叛，天下疲弊，糜此無益之費，非所以爲社稷計也。」帝嘉納之。是月，帝幸長春宮，欲駐蹕，愛薛趣入，復力諫。帝愕然，拊其背曰：「非卿不聞此言。」促駕還。自是日見親近。

五年春，帝獵於保定之新安，日且久，乃從容於帝前問供給之民曰：「得勿妨爾耕乎？」帝爲罷獵。從幸上都涼亭，大宴，諸王、羣臣競起行酒。愛薛進曰：「此可飲乎？」上悟，抱愛薛置膝上，啐其頂，左手挽其鬚，以酒飲之，顧謂皇太子曰：「有臣如此，朕復何憂？」

八年，以愛薛副孛羅使於西北諸王，還，爲賊所邀截，與孛羅相失，二年始達京師。召見，以阿魯渾王所贈寶裝束帶進，帝大悦，謂左右曰：「孛羅生吾土，食吾禄，而安於彼；愛薛生於彼，家於彼，而忠於我。何相去之遠耶？」孛羅爲阿魯渾所留，遂用事。後合贊與貝杜爭國，貝杜遣孛羅使於貝杜，事具《諸王傳》。故世祖斥其「安於彼」云。愛薛拜平章政事，固辭。

十二年，拜秘書監。十三年，伯顏平江南還，阿合馬以飛語搆之，愛薛叩頭諫，事得釋。十四年，領崇福院使。十九年，進翰林學士承旨，兼修國史。

大德元年，遥授平章政事。七年，帝不豫。秋八月，地震。皇后召問：「卿知天象，災異殆民所致。」愛薛曰：「此天示警誡，民何與？願熟思之。」皇后曰：「卿何不早言？」曰：「臣事世祖及皇帝，雖寢食未嘗不見。臣今累月不入侍，言何由達？」皇后默然。

十一年，成宗崩，内旨索星曆秘文，愛薛厲色拒之。武宗即位，進金紫光禄大夫，封秦國公。至大元年六月，卒於上都，年八十二。皇慶元年，贈推誠協力贊治功臣、太師、開府儀同三司、上柱國，追封拂林王，謚忠獻。

六子：也里牙，光禄大夫、秦國公、崇福院使，領司天臺事，以與文宗逆謀，惠宗時詔暴其罪；腆哈，翰林學士承旨、兼修國史；黑厮，光禄卿；闊里吉思，同知泉府院事；魯哈，廣惠司提舉；咬難，宿衛興聖宮。

曲樞，西域人。性縝密，爲徽仁裕聖皇后宫臣。仁宗幼，以曲樞可任保傅〔二〕，命侍仁宗。曲樞入典飲膳，出則抱負之，昕夕無間。大德九年，仁宗侍皇太后居懷孟，未幾復之雲中，曲樞俱隨扈。

成宗崩，仁宗入靖内難，迎武宗即位。仁宗爲皇太子，拜曲樞榮禄大夫、平章政事，行大司農。未幾，進光禄大夫、領詹事院事，加特進，封應國公。至大元年，拜開府儀同三司、太子詹事、平章軍國重事、上柱國，依前大司農，又加太子太保，領典醫監事。明年，授太保、録軍國重事、集賢大學士，領崇祥院、司天臺事。延祐四年，詔於京師健德門外構園亭，以賜曲樞，名曰賢樂堂，且曰：「可爲朕往來駐蹕之地。」後卒於官，贈太師，追封祁連王，謚忠惠。

子二人：長伯都，大德十一年，特授學士、嘉議大夫。遷中奉大夫、典寶監卿，加資德大夫、治書侍御史。至大元年，晉榮禄大夫，遥授中書平章政事，改侍御史。明年，拜中書參知政事。三年，進右丞。年三十二卒。子咬住。

次伯帖木兒，大德十一年，特授正議大夫、懷孟路總管府達魯花赤，兼管諸軍奥魯、管内勸農事，改府正。至大二年，遷中奉大夫、陝西等處行尚書省參知政事。三年，入爲太子家令，遷正奉大夫。四年，遷資德大夫、大都留守，兼少府監，擬擢侍御史，改除翰林學士承旨、知制誥兼修國史。未幾，復爲大都留守，兼少府監、武衛親軍都指揮使，佩金虎符。皇慶元年，加榮禄大夫。卒，贈太傅，追封文安王，謚忠憲。子二人：桓澤都、鑾子。

脱虎脱，畏兀氏族。武宗即位，以潛藩之舊，授宣政院使。

是年九月，詔立尚書省，分理財用，以脱虎脱、教化、法魯忽丁三人任省事，令其自舉官屬。御史臺臣言：「至元中，阿合馬綜理財用，立尚書省，三年，併入中書。其後桑哥用事，復立尚書省，事敗，又併入中書。自大德五年以來，四方地震、水災，歲仍不登，百姓重困，便民之政，正在今日。頃又聞立尚書省，必增置所司，濫設官吏，殆非益民之事也。且理財在人，若止命中書整飭，未見不可。臣等隱而不言，懼將獲罪。」帝曰：「卿言良是，脱虎脱等願任其事，姑聽之。」既而詔脱虎脱仍爲宣政使，教化留京師，其餘尚書省官各任以職事，遂中格。

至大二年，遷中書左丞。是年，樂實言：「鈔法大壞，請變法以維之。」且圖新鈔式以進。又與保八議立尚書省，詔乞台普濟、塔思不花、赤斤鐵木兒、脱虎脱集議以聞。保八奏：「政事得失，皆前日省臣所爲。彼懼爲罪，孰願更張？陛下若矜恤臣等所議，請立尚書省，舊事從中書，新政從尚書。請以乞台普濟、脱虎脱爲尚書丞相，三寶奴、樂實爲平章，保八爲右丞，王羆參知政事。」帝並從之。塔思不花言：「此大事，乞與老臣詳議。」不聽。

八月癸酉，遂立尚書省，以脱虎脱爲左丞相。是月，命脱虎脱兼領右衛率府事。脱虎脱等奏：「中書省有逋欠錢糧、應追理者。宜存斷事官十人，餘皆併入尚書。」又言：「往者大辟獄具，尚書省議定，令中書省裁酌以聞，宜依舊制。」從之。詔：「天下敢有沮撓尚書省事者，罪之。」改造至大寶鈔，頒行天下。事具《食貨志》。已而以大都建佛寺，立行工部，命脱虎脱領之。脱虎脱等又奏：「三宫内降之旨，中書省奏請勿行，臣等請仍舊行之。倘於大事有害，則奏聞可也。」又奏：「中書政務，乞盡歸臣等。」至元二十四年，凡宣敕亦尚書省掌之。今臣等議：「乞從尚書省任人，而以宣敕散官委之中書。」帝並韙其言。其攬權罔上，事多類此。

三年，遷右丞相，定税課法及脱課官等第，以歷代銅錢與至大錢並用。六月，加太師。詔與三寶奴總理百司庶務。脱虎脱等奏：「宣徽院廩給日增，宜分減。」帝曰：「比見後宫飲膳，與朕無異，有是理耶？其覈實減之。」又敕：「尚書省事繁重，諸司有才識明達者，先從尚書省選任。」十一月，加録軍國重事，封義國公。是年，誣奏都指揮使鄭阿思蘭等十七人謀不軌，盡殺之，天下寃之。

四年正月，武宗崩。越三日，仁宗罷尚書省，以脱虎脱等變亂舊章，與三寶奴、樂實、保八、王羆俱伏誅。

三寶奴者，至大元年封渤國公，六月加録軍國重事，二年拜尚書平章政事。先是，三寶奴以罪謫武昌，與翟萬户妻劉氏往來。及爲執政，劉氏至京師上謁，不爲所禮，見榻上有逃婢所竊鞍帕，即詣御史臺訴三寶奴奪其所進亡宋玉璽一、金椅一、夜明珠二。鞫之，亡實，杖劉氏，斬書狀人喬瑜。

三年，進尚書左丞相，加太保，又賜號答拉罕。奏：「省部官惰窳，請敕其晨集暮散，後至者便宜罷之，不必奏聞。其抵任一二月稱病者，杖免。」從之。三寶奴等密勸廢仁宗，立周王爲皇太子，事具《亦納脱脱傳》。仁宗深惡之。及武宗崩，與脱虎脱等同日伏誅。

子哈剌拔都兒，累官知樞密院事。追封三寶奴郢城王，謚榮敏。

史臣曰：自世祖至武宗，凡三立尚書省。聚斂之臣災及其身，無足論者。然脱虎脱等視阿合馬、桑哥罪，宜末減，仁宗以私憾殺之，過矣。

察罕，西域板勒紇城人。

父伯得那，太宗十年旭烈兀伐宋，圍安豐，裨將伯要台薄城下，城人執長鉤及之，懸以上，伯得那在後隊，奮出助伯要台引卻，人、鉤俱墜，戮於陣前，宋人爲之奪氣。旭烈兀壯之，賜名拔都。河東陝右諸路爲旭烈兀分地，以重合剌爲總管，治解州，至是命伯德那爲副總管，伯德那因家焉。僧人誣道士置酒謀毒旭烈兀，有司逮捕數百人治之。伯德那以事至和林，見旭烈兀，白其誣，事得釋。旭烈兀欲使代重合剌爲總管，伯德那固辭，賜西錦名馬以旌其讓。重合剌者，旭烈兀之愛將，賢伯德那之讓，以養女李氏妻之，生六子。

察罕，其長子也。幼穎悟，誦諸國字書，爲行軍府奥魯千户，湖廣參知政事奥魯赤辟爲蒙古都萬户府知事。奥魯赤進平章，復辟爲理問，政事悉委裁決，且令諸子受學。

至元二十四年，從鎮南王征安南，師次富良江，安南世子遣其叔父詣軍門，自陳無罪。王命察罕數其罪而責之，使者辭屈，世子率衆遁。

二十八年，授樞密院經歷。未幾，從奥魯赤移治江西寧都。民言：「某鄉石上雲氣五色，視之，玉璽也。不以兵取，恐爲居人所有。」衆惑之。察罕曰：「妄也，是必搆害仇家者。」覈之，果然。前後從奥魯赤出入湖廣、江西兩省，凡二十一年。

大德四年，御史臺奏僉湖南按察司事，中書省奏爲武昌路治中。丞相哈剌哈孫曰：「察罕廉潔，固宜居風憲；然武昌大郡，非斯人不可治。」竟除治中。廣西妖賊高仙道以左道惑衆，平民詿誤者以數千計。既敗，湖廣行省命察罕與憲司雜治之，議誅首惡數人，餘悉縱遣，且焚其籍。衆難之，察罕曰：「吾獨當其責，諸君無累也。」以治最聞，擢河南省郎中。

武宗即位，河南平章囊家台薦之。驛召至上都，賜廐馬二匹、鈔一千貫、銀五十兩，曰：「卿少留，行用卿矣。」仁宗爲皇太子，授察罕詹事院判，進僉詹事院事，賜銀百兩、錦二匹，遣先還大都，立詹事院。仁宗至，謂曰：「上以故安西王地賜我，置都總管府，卿其領之。勿以詹事位高，不屑此也。進卿秩資德大夫。」察罕辭，改正奉大夫，授以銀印。至大元年，命閱户口江南，還，進太子府正，加昭文館大學士，遷家令。

武宗崩，仁宗哭泣不已，察罕啟曰：「天下重器懸於殿下，縱自苦，如宗廟、太后何？」仁宗輟泣曰：「囊者大喪，必命浮屠，何益？吾欲發府庫以賑鰥寡孤獨，若何？」曰：「發政施仁，文王所以爲聖。殿下行之，幸甚！」東宮故有左右衛兵，命察罕與囊加台總右衛，且令慎擇官屬。

仁宗即位，拜中書參知政事，總持綱紀，識者謂得大臣體。帝嘗賜枸杞酒，曰：「以益卿壽。」又語宰相曰：「察罕清素，可賜金束帶、鈔萬貫。」前後賞賚不可勝計[三]。皇慶元年，進榮禄大夫、平章政事，商議中書省事。乞歸解州，立碑先塋。許之。

晚居德安白雲山別墅，以白雲自號。及入覲，帝望見曰：「白雲先生來矣。」其寵遇如此。帝嘗問：「張良何如人？」對曰：「佐高帝興漢，功成身退，賢者也。」又問狄仁傑，對曰：「當唐室中衰，能保社稷，亦賢相也。」因誦范仲淹所撰狄仁傑碑，帝歎息良久，曰：「察罕博學如此。」已而譯《貞觀政要》以獻，帝大悦，詔繕寫，偏賜左右，且詔譯《帝範》，又命譯《脱必赤顔》，名曰《聖武開天紀》，及《紀年纂要》、《太宗平金始末》等書，俱付史館。後以病請告。暨還朝，帝御萬歲山圓殿，與平章李孟入謝，帝曰：「白雲病愈邪？」頓首對曰：「老臣衰病，無補聖明，荷陛下哀矜，放歸田里，幸甚。」命賜茵以坐，顧李孟曰：「知止不辱，今見其人。朕始以答剌罕、不憐吉台、囊加台等言用之，誠多裨益。有言察罕不善者，其人即非善人也。」又語及科舉并前古帝王賜姓命氏之事，因賜察罕姓白氏。

初，察罕生，其夜月白如晝，相者賀曰：「是兒必貴。」國人謂「白」爲「察罕」，故名察罕。既致仕，優游八年，以壽卒。

子外家奴，太中大夫、武岡路總管；李家奴，早卒；忽都篤，承直郎、高郵府判官。孫九人，知名者：闊闊不花、哈撒。察罕弟朶羅台，性至孝，高尚不仕，朝廷旌其閭爲「孝子」。

【校勘記】

〔一〕「拂菻」，退耕堂本作「西域」，下句「拂菻」同。《元史》卷一三四列傳第二十一《愛薛傳》云：「愛薛，西域弗林人，通西域諸部語。」明王圻《續文獻通考》卷一九三

《封建考》亦云：「愛薛，西域人。」

〔二〕「保傅」，原作「保傳」，據《元史》卷一三七列傳第二十四《曲樞傳》改。

〔三〕「賞賚」，原作「賞賫」，據《元史》卷一三七列傳第二十四《察罕傳》改。